글로벌 아마겟돈

글로벌 아마겟돈

핵무기와 NPT

정욱식 지음

책세상

글로벌 아마겟돈—핵무기와 NPT | 차례

머리말 9

제1장 핵무기와 지구 생존

1. 핵무기의 '두 얼굴' 17
2. 핵무기란 무엇인가 24
   (1) 핵무기 원리의 발견 24
   (2) 원자 폭탄에 사용되는 핵분열 물질과 폭발 장치 27
   (3) 인류 최초의 핵 실험 '트리니티'와 원폭 투하 30
   (4) 수소 폭탄, 중성자탄, 더티밤, 열화우라늄탄 36
   (5) 과학과 문명, 그리고 핵무기 40
3. 핵무기, 왜 문제인가 45
4. 핵을 가지려는 이유, 핵을 포기하려는 이유 50
5. 핵무기 억제 이론의 허와 실 58
   (1) 핵전쟁의 특징 58
   (2) 핵 억제 이론이란 62
   (3) 핵 억제 이론의 한계 65
   (4) 핵 억제 이론의 미래 70
6. 핵무기는 왜 금기의 무기가 되었나 75

제2장 NPT란 무엇인가

1. 들어가며 85
2. NPT 이전의 비핵화 움직임 88
   (1) 말잔치로 끝난 '바루크 플랜' 88
   (2) '평화를 위한 원자력'의 명암 90
3. NPT의 탄생 배경과 역사 95
   (1) NPT의 탄생 95
   (2) NPT의 내용과 특징 99
4. 미·소 탈냉전 이후의 NPT 103
   (1) '무기한 연장'에 성공한 1995년 NPT 103
   (2) '최종 합의문'을 채택한 2000년 NPT 106
   (3) '참담한 실패'로 끝난 2005년 NPT 113
   (4) 기로에 선 NPT 116
5. 대안 혹은 보완책 125
   (1) 왜 '비확산'인가 125
   (2) 핵무기 사용 금지 128
   (3) 포괄핵실험금지조약(CTBT) 133
   (4) 핵분열물질생산금지조약(FMCT) 138
   (5) 핵 테러리즘 예방을 위한 노력 140
6. 또 다른 대안, '비핵 지대' 146
   (1) 비핵 지대의 기원과 개념 146
   (2) 비핵 지대의 현황과 미래 152
   (3) 냉전 시대의 한반도와 동북아 비핵 지대 159

제3장 가진 자, 없는 자, 헷갈리는 자

1. 양대 핵보유국 미국과 러시아 165
   (1) 상호 확증 파괴(MAD)를 향하여 165
   (2) 1970년대—데탕트와 신냉전 169
   (3) 레이건과 고르바초프 173
   (4) 냉전 종식과 모순의 부활 180
   (5) 오바마의 등장과 미·러 관계의 미래 187

2. 영국과 프랑스—강대국에의 향수 193
   (1) 영국 193
   (2) 프랑스 196

3. 양탄일성(兩彈一星)의 중국 202
   (1) '종이 호랑이' 등에 올라탄 중국 202
   (2) 중국의 핵전략 206
   (3) 중국의 핵 군축에 대한 입장 210

4. NPT 밖에 있는 핵보유국의 현황 214
   (1) 이스라엘—모호성과 묵인의 교환 214
   (2) 남아시아의 인도와 파키스탄 219

5. 못 갖거나 안 가진 나라들 227
   (1) 분단국의 선택—서독과 한국의 경우 227
   (2) 남아메리카의 선택—브라질과 아르헨티나의 경우 234
   (3) 남아프리카 공화국의 극적인 전환 238
   (4) 구소련 국가들—우크라이나, 카자흐스탄, 벨라루스 240
   (5) 부시가 사랑한 리비아 245
   (6) 핵 강대국 일본? 248

6. 이란 핵 문제와 중동 아마겟돈 256
   (1) 이란 핵 문제와 유라시아 지정학 256
   (2) 이란 핵 문제의 특성과 쟁점 259
   (3) 중동 아마겟돈 268

제4장 한반도 핵 문제와 '3박자' 비핵화

1. 한반도 핵 문제의 재인식 279
   (1) 북핵에 갇힌 한국의 핵 인식 279
   (2) 북핵 20년사와 '한반도 반전 드라마' 284
   (3) 북한의 패턴 대 미국의 패턴 289

2. 21세기 '코리아 아마겟돈' 296
   (1) 북한의 핵 위협 296
   (2) 북한 급변 사태와 '코리아 아마겟돈' 300
   (3) 한국의 핵 주권론, 어떻게 볼 것인가 309

3. 한반도-동북아-세계를 잇는 '3박자 비핵화론' 315
   (1) 왜 '3박자 비핵화'인가 315
   (2) '한반도 비핵화'와 '조선반도 비핵화'의 차이 319
   (3) 오바마의 '핵무기 없는 세계' 구상 324
   (4) 일본 민주당의 '동북아 비핵 지대' 구상 328

4. 3박자 비핵화론 332
   (1) 공통분모의 발견 332
   (2) 비핵화를 둘러싼 핵심 쟁점과 해결 방안 335
   (3) 핵우산의 경우 340

(4) 뜨거운 감자 '경수로' 343
  (5) 대타협—평화 협정 체결과 북한의 NPT 복귀 348

맺는말 핵에 의한 평화에서 핵무기 없는 평화로 352

  오바마의 두 얼굴 352
  '핵에 의한 평화'를 넘어 357
  핵 주권에서 '비핵' 주권으로 362
  반핵평화 운동을 위하여 367

  부록—핵확산금지조약(NPT) 전문 373

머리말

 아마겟돈은 지구 종말을 둘러싸고 선과 악의 세력이 최후의 대결을 벌이는 격전장을 의미한다. 이 책의 제목을 '글로벌 아마겟돈—핵무기와 NPT'로 정한 것은 핵무기가 인류뿐만이 아니라 지구 자체의 파멸을 가져올 수 있는 유일한 발명품이라는 생각에서 비롯됐다. 그러나 이 책은 핵무기는 '악'이고 NPT(핵확산금지조약Nonproliferation Treaty)는 '선'이라는 단순한 이분법을 적용하지는 않았다. 영화 〈반지의 제왕〉에 나오는 절대반지처럼, 핵무기는 사람을 공포에 몰아넣기도 하고 매료시키기도 한다. 이 점이 핵무기 자체가 권력을 강화하고 전쟁을 억제하는 '선'으로도, 무고한 시민들과 지구의 생존 자체를 위협하는 '악'으로도 해석되는 까닭이다. 특히 미국이 나치 독일이나 일본 같은 파시스트 국가들보다 먼저 핵 개발에 성공하고 핵무기를 사용함으로써 2차 세계대전을 끝낸 것은 핵 숭배 문명의 정신사적 기초가 됐으며, 핵무기가 평화를 지키는 역할을 해왔다는 핵무기주의nuclearism를 낳았다. 그러나 핵무기의 위험성이 알려지고 미국과 소련을 비롯한 여러 나라들이 경쟁적으로 핵무기를 양적·질적으로 증강하면서, 핵무기는 절대로 사용되면 안 되고 궁극적으로 없어져야 한다는 반핵주의도 동시에 성장했다.

대표적인 핵 비확산 체제인 NPT 역시 핵무기의 확산으로부터 지구를 지켜야 한다는 자기 보호 본능의 반영이자, 핵클럽의 문을 빨리 닫아 핵 독점을 유지하려는 핵보유국들의 기만책이라는 '두 얼굴'을 지니고 있다. 2차 세계대전 당시 미국의 비밀 핵무기 개발 계획인 맨해튼 프로젝트에 참여한 많은 과학자들이 시간이 지나면서 반핵주의자로 돌아선 것 역시 핵무기를 둘러싼 선과 악의 복잡한 구도를 잘 보여준다. 세계 최강의 핵보유국이자 핵무기 사용의 최종적인 권한을 보유한 미국의 대통령 버락 오바마가 한편으로는 '핵무기 없는 세계'라는 급진적이고 이상주의적인 비전을 들고 나오면서도 다른 한편으로는 여전히 핵전력을 미국 안보 전략의 핵심으로 삼고 있는 것 역시 핵무기에 내재되어 있는 자기 분열적인 인식을 보여준다. 그의 의식 속에는 '단 한 발의 핵무기가 뉴욕이든, 모스크바든, 도쿄든, 베이징이든 어느 도시에 떨어져도 수백만이 목숨을 잃고 우리의 생활 양식은 파괴될 것'이라는 인식과 '핵무기가 존재하는 한, 미국은 자국과 동맹국을 보호하기 위해 핵무기를 갖게 될 것'이라는 인식이 공존하고 있다.

무기로도, 에너지로도 이용될 수 있는 '핵'은, 또 다른 지구 종말의 시나리오를 품고 있는 지구 온난화를 만나면서 '르네상스 시대'를 맞이하고 있다. 원자력이 저탄소 배출 에너지원이라는 인식이 확산되면서 많은 나라들이 원전 확보와 증설에 나서고 있는 것이다. 2009년 말 아랍에미리트의 원전 수주에 성공한 한국은 새로운 '수출 동력' 확보와 '녹색 성장'이라는 검증되지 않은 두 개의 날개를 달고 원전 강국을 향해 나아가고 있다. 특히 이명박 정부는 NPT 비회원국이면서 핵무기를 보유한 인도와도 원자력 협정 체결을 추진하고 있어 그 파장이 주목된다. 한국의 '핵 주권론'에서도 알 수 있듯이, 원전이 확대·발전하면 우라늄 농축을 통한 핵연료 확보-원전 가동-사용 후 연료봉의 재처리로 이어지는 '핵연료 주기'를 완성하고자 하는 유혹도 커지며, 이는 '핵무기 확산' 우려를 증폭시키게 될 것이다. 이처럼 지구 온난화 시대에 '핵의 재림'이 재촉되고 있는 현상에도 우리는 주목해야 한다.

미래에 역사가가 핵무기와 국제 평화를 기술한다면 아마도 2010년 봄을 빼놓을 수 없을 것이다. 우선 '코리아 아마겟돈'을 품고 있는 한반도 핵 문제가 대타협과 파국 사이의 갈림길로 들어설 것이다. 유라시아 지정학의 최대 변수로 일컬어지는 이란 핵 문제의 향방도 주목된다. 양대 핵 보유국인 미국과 러시아의 핵 감축 협상도 빼놓을 수 없다. 두 나라 정상은 2010년 4월 8일에 1991년 이후 최대 규모의 핵무기 감축에 합의해 오바마 대통령이 1년 전에 '핵무기 없는 세계'를 주제로 역사적인 연설을 한 체코 프라하에서 전략무기감축협정(START) 후속 협정 조인식을 가졌다. 또한 4월 12~13일에는 역사상 최초로 '글로벌 핵 안보 정상 회의 Global Summit on Nuclear Security'가 오바마 대통령 주최로 미국 워싱턴에서 열렸고, 4월 29일에는 비핵 지대 세계 회의가 뉴욕에서 개최됐다. 그리고 2010년 3월 5일로 발효 40주년을 맞이한 NPT는 5월 3일부터 4주 동안 8차 검토 회의에 돌입했다. 이에 발맞춰 전 세계 반핵평화 운동 단체들은 NPT 회의 개막 전날인 5월 2일, 냉전 해체 이후 최대 규모의 반핵 집회를 열었다.

이러한 대형 이벤트가 몰리면서 국제 사회에서는 부시의 집권 8년을 거치면서 붕괴 직전까지 몰린 NPT를 재건해야 한다는 목소리가 어느 때보다 높다. '핵무기 없는 세계'를 주창하고 나선 오바마는 2009년 9월 유엔 안보리 회의를 직접 주재해 이러한 구상을 담은 결의안 채택을 주도했다.

오바마는 이러한 비전에 힘입어 2009년 노벨 평화상을 수상했다. 일본에서는 동북아 비핵 지대를 정책 공약으로 내세운 민주당이 집권했다. 54년 만에 이루어진 정책 교체를 상징하듯, 일본의 핵 정책에서도 중대한 변화가 일어날 조짐이 보이고 있다. 그러나 한반도는 북한의 2차 핵 실험과 한미 동맹의 핵우산 재확인, 그리고 한국 내 '핵 주권론'의 부상으로 '핵 대 핵'의 대결 시대라는 '코리아 아마겟돈'의 우려를 낳고 있다.

기실 한반도 주민과 핵무기의 기구한 인연은 1945년에 시작됐다. 히로시마-나가사키 피폭으로 강제 징용되었던 조선인 가운데 7만 명 이상이 죽거나 다쳤지만, 이들의 고통은 해방의 함성 속에 묻히고 말았다. 이후에도 한국 전쟁의 핵전쟁으로의 비화 위험, 미국의 남한 내 대거 핵무기 배치, 박정희 정권의 비밀 핵 개발 계획, 1989년부터 불거진 북한 핵 문제, 남한의 핵 주권 논란 등으로 한반도 주민들은 핵무기와 뗄 수 없는 삶을 살아왔다. 그럼에도 한국에서는 핵 문제에 대한 일반적인 이해 수준이 극히 낮은 편이고, 관심 영역도 '북핵'을 넘어서지 못하고 있다. 그러나 북핵 문제를 포함한 한반도 문제의 올바른 이해와 해법을 모색하기 위해서는 과거와 현재, 그리고 한반도의 '안'과 '밖'의 상호 작용에 대한 이해가 선행되어야 한다.

이러한 문제의식을 바탕으로 나는 이 책에서 핵무기라는 프리즘을 통해 세계 현대사를 깊이 있게 들여다보며 핵무기를 둘러싼 다양한 측면과 선택을 그려냄으로써, 핵무기에 대한 이해를 높이고 '핵무기 없는 세상'을 만드는 데에서 우리의 비전과 역할을 찾는 토대를 제공하고자 한다. 좀 더 구체적으로 말하면, NPT와 핵무기, 그리고 개별 국가의 정책과 지정학적 상호 작용을 통해 지구적 구조가 어떻게 변해왔고, 그 속에서 행위자들이 어떤 선택을 했는지, 또 NPT로 대표되는 핵 비확산 체제는 개별 국가의 선택 사이에 어떤 영향을 주었는지를 살펴보고자 한다. 또한 핵보유국뿐만 아니라 핵 '포기' 국가들의 사례도 집중 분석함으로써 북핵 해결을 포함한 동북아 비핵 지대와 '핵무기 없는 세계'의 가능성을 타진해보고자 한다.

제1장은 핵무기에 대한 이론과 관점을 소개한다. 핵무기 제조의 과학적 원리에 대한 기초적인 설명부터 핵 억제 이론에 대한 다양한 평가까지 담았다. 제2장에서는 NPT의 역사와 쟁점, 한계와 성과를 집중적으로 다뤘다. 또한 NPT의 한계를 극복하고자 시도되고 있는 다양한 대안들과 보완책들도 소개했다. 제3장에서는 핵보유국과 비핵 국가, NPT가 인정한 핵보유국과 그렇지 않은 국가들의 다양한 배경과 선택을 그려냈다. 특히 핵보유국들의 핵 개발 동기 못지않게 비핵 국가들의 핵 포기 사례도 자세히 소개함으로써, 핵무기에 대한 인식의 지평을 넓히고자 했다. 제4장에서는 한반도 핵 문제에 초점을 맞췄다. 한반도 핵 문제를 통시적·공시적 관점에서 다룸으로써 '북핵'에 갇혀 있는 인식의 지평을 확대하고, 대안으로 한반도-동북아-세계를 잇는 '3박자 비핵화론'을 제시했다. 끝으로, 결론에 해당하는 〈맺는말—핵에 의한 평화에서 핵무기 없는 평화로〉에서는 본문의 핵심 내용을 다시 환기하면서 '핵무기 없는 세계'로 가기 위한 인식의 전환과 실천적 과제를 도출하고자 했다.

대개 외교안보 문제가 그렇듯이, 핵 문제 역시 민간인들이 접근하기에는 장벽이 높은 것이 사실이다. 그러나 히로시마와 나가사키의 사례가 말해주듯, 핵무기에 대한 잘못된 정책 결정의 가장 큰 피해자는 그 정책 결정과 아무런 관계가 없는 민간인들일 수밖에 없다. 또한 핵무기를 '금기의 무기'로 만드는 데 결정적인 기여를 한 힘도 핵무기의 위험성에 주목한 세계 시민들의 '행동하는 양심'에서 비롯됐다. 핵무기의 위험이 새롭게 제기되는 '위기'와 핵무기 없는 세계를 향한 열망이 어느 때보다 높은 '기회'가 공존하고 있는 오늘날 세계 시민 사회의 역할은 더욱 중요해졌다. 특히 지속적으로 핵 위협에 노출되어왔고, 불안한 정전 체제 속에서 한미 동맹의 핵우산과 북한의 핵 개발이 맞닥뜨리고 있는 한반도에서 그 중요성은 더욱 부각된다.

이 책은 많은 이들의 도움으로 만들어졌다. 우선 내가 기획위원으로 몸담고 있는 글로벌정치경제연구소에서 연구비를 지원해준 것이 큰 힘이 되었다. 이 연구소의 이범 이사장님과 홍기빈 소장님, 그리고 동료 기획위원들인 장석준, 홍일표, 지주형, 장진호, 나재흠, 문종만, 구본우 형들은 핵무기를 주제로 한 나의 연구 계획에 흔쾌히 동의하고 유용한 조언을 많이 해주었다. 나와 함께 평화네트워크에서 일하고 있는 이제영, 김마리아 간사님들도 어려운 여건 속에서도 함께 공부하고 실천하면서 큰 힘이 되어주었다. 이 책이 '핵무기는 지구적 문제이자 나의 문제'라는 인식을 갖는 데 작은 기여라도 할 수 있기를 바란다.

2010년 5월 평화네트워크 사무실에서

정욱식

1

Global Armageddon

핵무기와 지구 생존

1. 핵무기의 '두 얼굴'

핵무기의 독특하고도 가공할 특징은 인간의 발명품 가운데 인간뿐만 아니라 지구 자체를 파괴할 수 있는 유일한 것이라는 말로 압축된다. 물론 핵무기 이외에, 소설이나 영화에서 자주 등장하는 지구 온난화나 바이러스 같은 '절멸의 위험'도 존재한다. 그러나 이것들은 인간이 의도적으로 만들어낸 것이라기보다는 생태 환경과 자연의 이치를 무시하면서 질주해온 인간의 탐욕적 생활 양식이 빚어낸 부산물이라는 성격이 더 강하다. 인류 사회는 지구 온난화와 신종플루 같은 초국가적이고 때로는 지구적인 위험에 대처하기 위해, 실효성이 있든 없든, 공동으로 노력하고 있다. 그러나 핵무기는 이와 다르다. '핵무기 없는 세계'라는 도덕적 언명이 오래전부터 존재해왔는데도 실효성 있는 노력은 한참 뒤처져 있다. 오히려 많은 나라들은 이 절멸의 무기를 통해 생존과 권력을 도모하는 지독한 역설에 익숙하다.

〈머리말〉에서 나는 핵무기를 영화 〈반지의 제왕〉에 나오는 '절대반지'에 비유했다. 이 영화는 절대반지를 손에 넣으면 절대 권력을 가질 수 있다는 욕망과, 그러한 욕망이 모든 존재의 파멸을 가져올 수 있다는 이성

사이의 끊임없는 갈등을 훌륭하게 그려냈다. 절대반지를 핵무기로 대체하면 이 판타지 영화는 고스란히 '리얼 스토리'가 된다. 핵무기라는 절대무기의 등장은 핵무기를 갖고 싶어 하는 욕망과, 이 무기를 어떻게 해서든 통제해야 한다는 보호 본능을 동시에 가져왔다. 가진 자는 더 갖겠다는 것으로, 없는 자는 갖겠다는 것으로 표출된 욕망은 핵 군비 경쟁과 핵확산으로 이어졌다. 이에 따라 한때 지구상에는 7만 개가 넘는 핵무기가 존재했고, 2010년 현재에도 2만 3,000개의 핵무기가 남아 있다. 인류는 지구를 수십 번 파괴할 수 있는 가공할 폭탄과 반세기 넘게 불안한 동거를 해온 셈이다.[1]

절대반지를 두고 끊임없이 괴로워하는 (악한) 골룸, (선한) 스미골 같은 생명체도 실제로 인간계에 존재해왔다. 루스벨트에게 편지를 보내 독일보다 먼저 핵폭탄을 개발해야 한다고 촉구했던 아인슈타인은 이 행동을 두고 일생에서 가장 큰 실수 가운데 하나라고 후회했다. 인류 최초의 핵 실험인 '트리니티Trinity'의 책임자 케네스 배인브리지Kenneth Bainbridge 박사는 동료 로버트 오펜하이머Robert Oppenheimer 박사에게 "이제 우리 모두는 개자식이 됐다Now we are all sons of bitches"라고 탄식했다. 미국의 비밀 핵 개발 계획인 맨해튼 프로젝트의 연구 책임자였던 오펜하이머 역시 핵 실험을 지켜보면서 힌두교 경전의 한 구절을 인용해 "나는 죽음, 세계의 파괴자가 됐다"라고 하며 자책했다. 그는 자신의 처지를, 인간에게 불을 건넸다가 제우스의 노여움을 산 프로메테우스라든지, 다이너마이트가 전쟁을 종식시켜줄 것으로 믿었던 알프레드 노벨에 비유하기도 했다.[2] 존재하지도 않는 '미사일 갭' 논쟁을 촉발시켜 미국 핵무

---

1) 정욱식·강정민,《핵무기 : 한국의 반핵 문화를 위하여》(열린길, 2008), 4~5쪽.

기 보유 수를 크게 늘린 존 F. 케네디는 "세계는 사형 집행을 기다리는 감옥이 되어서는 안 된다"며 핵 폐기를 공언하기도 했다. 김일성은 "동족을 말살시킬 수 있는 핵무기를 개발한다는 것은 도저히 상상도 할 수 없는 일이다"라고 말했지만,[3] 그의 아들인 김정일은 핵 실험을 두 차례 강행했다. 세계 유일의 피폭 국가이면서 그 어느 나라보다 미국의 핵우산에 집착해온 일본은 민주당 정권 출범 이후 핵무기에 의존하지 않는 안보를 추구하고 있다.

핵무기에 대한 인식의 극적인 전환은 이른바 '네 명의 현인'으로 불리는 미국의 키신저, 페리, 슐츠, 넌에게서 나왔다. 키신저는 냉전 시대 초기에 핵전략을 고안해 일약 미국 핵전략의 아이콘으로 떠오른 인물이고, 클린턴 행정부 1기 때 국방부 장관을 지낸 페리는 1994년 한반도 위기 당시 북한 폭격을 추진한 바 있다. 슐츠는 레이건 행정부 때 국무부 장관으로 소련과 핵 군축 협상을 담당했던 인물이고, 넌은 미·소 냉전 해체기에 미국 상원의 논의를 주도한 인물이다. 이 네 사람은 2007년 1월 《월 스트리트 저널》 기고문을 통해 인류 사회는 '핵의 전환점 nuclear tipping point'에 서 있다며, 핵무기의 공포가 다시금 커지고 있는 오늘날이야말로 핵무기 없는 세상을 만들 수 있는 역사적 기회라고 강조했다. 그리고 "냉전 시대에는 핵무기가 전쟁을 억제하는 기능"을 했지만, 냉전이 해체된 이후 '상호 확증 파괴(MAD)mutual assured destruction'에 기초한 핵전략은 더 이상 필요 없게 되었다고 지적했다. 그보다는 오히려, 미국 등 핵보유국

---

2) 미국 에너지부 홈페이지의 '맨해튼 프로젝트', http://www.mbe.doe.gov/me70/manhattan/trinity.htm 참조.
3) 《북과 남이 힘을 합쳐 나라의 평화와 통일의 길을 열어 나가자(북남 고위급 회담 쌍방 대표단 성원들과 한 담화(1992년 2월 20일)》(조선로동당출판사, 2002), 4~5쪽.

들이 자신의 핵무기는 폐기하지 않고 핵무기에 안보를 의존하는 관성을 버리지 못하면 비핵 국가들의 핵무기 개발 욕구를 자극하고 테러 집단이 핵무기를 손에 넣을 가능성만 높인다며, 미국이 '핵무기 없는 세상'에 주도적으로 나설 것을 촉구했다.[4]

  미국 핵전략의 중심에 있었던 인물들이 '핵무기 없는 세계'를 주창하고 나서자, 그 파장은 일파만파로 번졌다. 냉전 종식과 핵 군축의 주역인 미하일 고르바초프는 "핵무기가 안보를 달성하는 데 더 이상 유용한 수단이 아니라는 것이 더욱 분명해졌다"며 이 제안에 대해 공개적으로 지지 입장을 밝혔다. 영국 외무부 장관인 마거릿 베켓 역시 "우리에게 필요한 것은 핵무기 없는 세계를 향한 비전과 이를 가능케 하는 실천"이라며, 영국 정부는 전 세계적인 핵무기 폐기 흐름에 협력할 의사가 있다고 밝혔다. '글로벌 아마겟돈'을 기계들의 반란으로 묘사한 영화〈터미네이터〉에서 주인공 역을 맡았던 아널드 슈워제네거 캘리포니아 주지사는 "모든 분야에서 인간은 실수를 한다. 어떻게 핵무기만 예외일 수 있겠느냐"며 지지 입장을 보탰다. 이 밖에도 클린턴 행정부 때 국무부 장관을 지낸 매들린 올브라이트, 아버지 부시 행정부 때 국무부 장관을 지낸 제임스 베이커, 미국국가안전보장회의(NSC)의 보좌관이었던 즈비그뉴 브레진스키와 새뮤얼 버거, 베트남 전쟁 당시 미국 국방부 장관이었던 로버트 맥나마라 등 미국 외교안보 분야의 거물들이 잇따라 지지 입장을 밝혔다. 그리고 이들을 포함한 수십 명의 인사들은 공동 명의로 2008년 1월에 또다시《월 스트리트 저널》에 기고문을 보내, 세계 핵무기의 95퍼센트를 보유한 미국과

---

4) George P. Shultz · William J. Perry · Henry A. Kissinger · Sam Nunn, "A World Free of Nuclear Weapons", *The Wall Street Journal*(2007년 1월 4일).

러시아가 더욱 적극적으로 핵 군축에 나서야 한다고 강조했다. 특히 미·소 냉전이 끝난 지 20년이 지나고 있는데도 양국이 여전히 유지하고 있는 '경보 즉시 발사launch on warning' 시스템은 기계 오작동이나 사람의 실수로 핵전쟁을 일으킬 위험이 있으니, 미·러 양국은 하루빨리 이러한 경계 태세를 해제하거나 완화해야 한다고 강조했다.[5]

이전까지 '핵무기 없는 세계'는 급진 좌파나 이상주의자의 주장처럼 여겨졌다. 그러나 수십 년간 미국의 핵 정책을 다루고 옹호했던 인사들이 '핵무기 없는 세계'를 만들자고 적극 나서면서 세계의 비핵화는 미국 주류 사회의 담론으로 올라섰고, 국제적으로도 상당한 파장을 일으키고 있다. 일각에서는 핵무기의 유용성은 여전히 존재하며 '핵무기 없는 세계'는 그저 '희망적 사고wishful thinking'에 불과하다고 비판하지만, "진정한 착각은 미국이 계속 핵무기를 갖고 있으면서 다른 나라들이 핵무기 통제와 핵 비확산 체제 강화에 참여할 것이라고 기대하는 것"임을 미국의 전현직 정책 결정권자들이 깨달았다는 데 큰 의미가 있다.[6] 이를 반영하듯 오바마는 이들의 주장을 적극 지지하면서 '핵무기 없는 세계'를 대선 공약 가운데 하나로 내세웠고, 2009년 4월 5일 체코 프라하에서 한 연설을 통해 자신의 비전을 천명했다.

이처럼 과학자, 정책 결정권자, 정부 등 핵무기와 관련된 행위자들이 때로는 모순적이고 때로는 자기 분열적인 인식을 드러내는 것은 핵무기가 가진 엄청나고 지속적인 파괴력 때문이다. 아인슈타인은 "총알은 사람을

---

5) George P. Shultz et al., "Toward a Nuclear-Free World", *The Wall Street Journal*(2008년 1월 15일).
6) Daryl G. Kimball, "Getting Real About Nuclear Disarmament", *Arms Control Today*(2008년 4월).

죽이지만, 핵무기는 도시를 파괴한다. 탱크로 총알을 막을 순 있지만, 인류 문명을 파괴하는 핵무기를 막을 수 있는 수단은 존재하지 않는다"라며 핵무기와 다른 무기의 차이점을 강조했다.[7] 아인슈타인의 지적처럼, 파괴력이 엄청나 마땅한 방호 수단이 없고 민간인과 전투원을 구분하지 않고 파괴하며 그 피해가 비(非)교전 당사자는 물론 주변국과 미래 세대에까지 미치는 핵무기는 다른 재래식 무기와 구별되어야 한다는 인식이 확산된 것이다.

1995년 오스트레일리아 정부가 '핵무기 없는 세계'를 위해 구성한 '캔버라 위원회'는 "만약 사람들이 핵무기의 내재적인 위험성과 그 사용 결과를 완전히 이해한다면, 그들은 핵무기를 거부할 것이고, 설사 자위적인 목적이라고 하더라도 핵무기 보유를 허용하지 않을 것이다"라는 내용의 성명을 발표했다.[8] 이 위원회를 주도한 오스트레일리아 외무부 장관 개레스 에번스Gareth Evans는 1995년 국제사법재판소(ICJ)International Court of Justice 청문회에서 "인류에게 공멸의 위협을 가하는 핵무기는 그 자체로서 악evil"이라고 말했다. 1990년대 전반기, 미국 전략공군사령부와 전략사령부의 사령관을 지낸 버틀러Lee Butler도 다음과 같이 지적했다(그는 미국 핵전략의 실질적인 책임자로 일하면서 핵무기의 도덕성과 효율성에 근본적인 의문을 품고 반핵 운동가로 변신한 인물이다).

모든 증거에도 불구하고 우리는 아직도 핵무기의 효과를 완전히 이해하지 못했다. 실제로 핵무기 사용 결과는 우리의 이성을 무시한다. 핵무기는 시간

---

7) THE EXPANDED QUOTABLE EINSTEIN 177(Alice Calaprice ed., 2000).
8) 캔버라 위원회에 대한 자세한 내용은 다음 웹페이지 참조. http://www.dfat.gov.au/cc/cchome.html(2009년 9월 18일 접속. 현재 이 페이지는 보이지 않음).

과 공간을 초월해 지구를 독살하고 지구에 거주하는 사람들을 불구로 만든다. 핵무기는 본질적으로 위험하고 매우 비싸며 군사적으로 효율적이지 못한 무기다. 우리가 핵무기를 갈등의 중재자로 삼는 것은 끝없는 걱정의 먹구름 아래에서 살라는 것과 마찬가지로, 이는 인류 사회에 대한 모독이다. 설상가상으로 핵 억제론은 갈등을 해결할 수 있는 다른 선택이 실패할 경우, 인간의 살인 본능을 통해 전쟁을 억제할 수 있다는 것을 전제로 한 것이다…… 재래식 무기를 사용하는 전쟁도 끔찍하지만 그래도 그 경우는 '전후 복구'가 가능하다. 반면에 핵전쟁은 방어와 복구가 불가능하기에 다른 전쟁과 차이가 있을 수밖에 없다.[9]

---

9) Lee Butler, "The Risks of Nuclear Deterrence : From Superpowers to Rogue Leaders", National Press Club(1998년 2월 2일).

2. 핵무기란 무엇인가[10]

(1) 핵무기 원리의 발견

핵무기는 과학과 정치의 만남으로 만들어진 대표적인 무기다. 1939년에 일부 과학자들은 핵무기의 이론적 기초인 핵분열 연쇄 반응을 과학적으로 검증해냈다. 나치 독일이 일으킨 2차 세계대전도 1939년에 발발했다. 공교롭게도 같은 해에 발생한, 경이로운 과학적 발견과 끔찍한 정치적 사건은 인류 사회가 이전에 목도하지 못한 전혀 새로운 차원의 무기를 만드는 근거로 작용했다. 이 무렵 아인슈타인이 루스벨트에게 보낸 편지는 과학과 정치의 만남을 상징적으로 보여준다. 프린스턴 대학에 체류 중이었던 아인슈타인은 1939년 8월 루스벨트 대통령에게 보낸 편지에서 핵분열 연쇄 반응을 이용하면 다량의 우라늄을 가지고 새로운 무기를 개발할 가능성이 있다고 설명하면서 미국이 독일보다 앞서 핵무기 개발에 나설 필요가 있다고 설득했다. 이 편지에서도 알 수 있는 것처럼, 당시 여러

---

10) 이 부분은 다음 두 책을 바탕으로 하여 작성했다. 정욱식·강정민,《핵무기 : 한국의 반핵 문화를 위하여》, 74~106쪽 ; Joseph Cirincione, *Bomb Scare : The History & Future of Nuclear Weapons*(Columbia University Press, 2007), 1~13쪽.

과학자들은 나치 독일의 핵무기 개발 가능성에 촉각을 곤두세우고 있었다. 그러나 아인슈타인은 나중에 이 편지에서 했던 얘기가 자기 인생의 최대 실수 가운데 하나라고 자책했다. '억제용'으로만 사용될 것으로 믿었던 핵무기가 실제로 사용되었을 뿐 아니라 핵 군비 경쟁이 격화되는 것을 보고 자신의 선택을 후회한 것이다.

그런데 아인슈타인의 편지를 접한 루스벨트는 정작 처음엔 그 주장에 소극적인 반응을 보였다. 루스벨트는 우라늄 자문위원회를 구성하긴 했지만, 1940년 봄까지 그 위원회에 불과 6,000달러를 투입했다. 그러자 루스벨트의 과학 자문역인 배니버 부시Vannevar Bush와 영국의 윈스턴 처칠 총리는 루스벨트에게 핵무기 개발을 서둘러달라고 요구했다. 이 과정에서 독일 출신 두 과학자의 편지가 결정적인 역할을 하게 된다. 영국에 망명 중이던 오토 프리슈Otto Frisch와 루돌프 펄스Rudolf Peierls가 원자 폭탄의 엄청난 폭발력을 과학적으로 입증해낸 것이다. 이들은 불과 5킬로그램의 우라늄에서 방출되는 에너지가 다이너마이트 수천 톤에 달하는 폭발력을 보일 것이라는 요지의 편지를 영국 정부에 전달했다. 편지의 골자는 독일이 핵무기 개발에 성공할 가능성을 경고하면서 "가장 효과적인 대응책은 연합국이 흡사한 무기를 가지고 독일의 위협에 맞서는 것"이라고 주장하는 것이었다. 이들의 편지를 전달받은 영국 정부의 우라늄 위원회(MAUD)는 과학적 검증에 나섰고, 이들의 주장이 합당하다는 결론에 도달했다. 그리고 1941년 10월 9일 처칠에게서 이러한 내용을 전달받은 루스벨트는 핵무기 개발을 승인하고 만다. 배니버 부시의 주도로 준비위원회가 꾸려졌고, 1942년 8월 미 육군의 레슬리 그로브스Leslie Groves 장군과 로버트 오펜하이머 박사의 책임하에 '맨해튼 프로젝트' 팀이 구성됐다.

핵무기란 핵분열이나 핵융합 반응에 의한 폭발을 대량 파괴에 이용할 목적으로 제조된 무기를 의미한다. 핵무기의 이러한 기본 원리는 2,000년 넘게 이어져온 과학적 상식을 뒤집는 것으로 시작됐다. 고대 그리스 과학자인 데모크리토스는 더 이상 쪼개질 수 없는 물질을 원자atom라고 일컬었다. 그런데 20세기 들어서면서 원자에 다른 원소들이 들어 있다는 과학적 발견이 잇따랐다. 1908년 어니스트 러더퍼드Ernest Rutherford는 원자가 전자electron, 양성자proton 등이 포함된 복잡한 구조를 갖고 있다는 것을 밝혀냈다. 1932년 영국 과학자 제임스 채드윅James Chadwick은 중성자neutron의 존재를 알아냈다. 그는 베릴륨으로 만든 얇은 판에 α선을 충돌시키자 전하electric charge를 띠지 않은 입자가 튀어나온 것을 보고, 이 입자를 중성자라고 불렀다. 이러한 과학적 발견에 힘입어 원자는 중앙에 원자핵nucleus이 있고 그 주변을 양성자와 중성자가 도는 모양을 띠고 있다는 사실이 알려졌다.

1939년 들어서는 핵분열 반응이 과학적으로 입증되기 시작했다. 당시 과학자들은 자연에 존재하는 가장 무거운 원소인 우라늄 원자가 원자핵을 흡수하면 새로운 원소를 만들어낼 것으로 생각했다. 그리고 오토 프리슈는 특정한 조건에서 원자핵이 두 개로 분열할 수 있다는 사실을 밝혀내 이를 핵분열fission이라고 불렀다. 정리하자면, 원자 폭탄의 이론적 근거가 되는 핵분열 반응은, 핵 물질이 중성자 한 개를 흡수하여 두 개의 핵분열 생성 물질로 쪼개지면서 두세 개의 중성자를 방출해 엄청난 에너지를 발산하는 물리적 과정을 일컫는다.

핵분열 반응에서는 세 가지 현상이 나타난다. 첫째, 중성자를 흡수한 우라늄 원자가 두 개로 분열된다. 둘째, 우라늄 원자를 두 개 이상으로 분열시킨 중성자가 또다시 생성되어 이들 중성자가 우라늄 원자를 계속해서

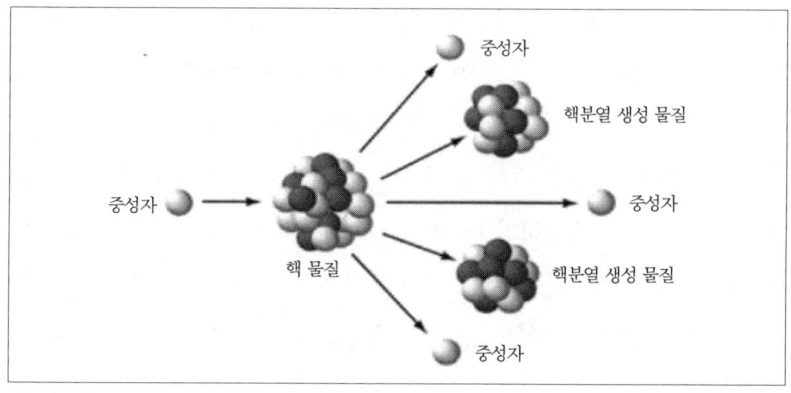

핵분열 반응

분열시켜 하나의 원자핵이 기하급수적으로 분열하는 '핵분열 연쇄 반응'이 나타난다.[11] 셋째, 아인슈타인의 공식, 즉 $E=mc^2$(E 에너지, m 질량, c 속도)에 따라 강력한 에너지가 발생한다. 이러한 원리에 따라 핵분열 반응은 동일한 질량의 다이너마이트보다 1만 배나 큰 폭발력을 갖고 있다는 것이 입증됐다.

(2) 원자 폭탄에 사용되는 핵분열 물질과 폭발 장치

그러나 이러한 과학적 발견이 곧바로 핵무기 제조로 이어지지는 않았다. 핵분열 반응을 연쇄적으로 일으킬 수 있는 물질, 즉 농축 우라늄과 플루토늄을 '생산'하는 것은 핵분열 반응을 '발견'하는 것과는 차원이 다른

---

11) 핵분열 연쇄 반응이 지속되는 상태를 '임계 상태'라고 하고, 이러한 임계 상태를 유지하는 데 필요한 핵분열 물질의 양을 '임계량'이라고 한다. 이때 핵분열 연쇄 반응을 지수 함수 방식으로 급격히 증가시키면 대량의 에너지가 폭발적으로 발생하는데, 이것이 핵폭탄의 원리이고, 핵분열 연쇄 반응의 속도를 조절하여 일정량의 에너지를 지속적으로 발생하게 만든 것이 원자로다. 원자력의 평화적 이용과 군사적 이용의 차이는 여기에서 발생한다.

문제였기 때문이다. 당시 미국은 물론이고 영국, 소련, 독일, 이탈리아, 일본 등의 과학자들도 원자 폭탄의 이론적 원리는 알고 있었지만 핵분열 연쇄 반응을 일으키는 물질의 생산에는 회의적이었다. 농축 우라늄이나 플루토늄 생산을 위해서는 대규모의 산업 시설과 이를 뒷받침하는 재정 능력 및 과학자들이 필요하기 때문이었다. 그러나 영국의 우라늄 위원회는 이러한 능력을 갖춘 미국에서는 핵분열 물질 생산이 가능할 것으로 봤다. 처칠이 루스벨트에게 핵무기 개발을 종용한 이유 가운데 하나도 바로 여기에 있었다.

영국의 적극적인 요구에 따라 맨해튼 프로젝트에 착수한 미국은 우선 무기급 우라늄 농축 프로그램 확보에 나섰다. 그런데 천연 우라늄의 99퍼센트 이상을 차지하는 U-238은 핵분열 물질이 아닌 반면에, 핵분열 물질인 U-235는 자연에 0.7퍼센트만 존재한다. 따라서 원자 폭탄을 만들려면 U-235의 농도를 높이는 과정이 필요하다. 우라늄 농축은 질량이 작은 U-235를 U-238로부터 분리해 U-235의 농도를 높이는 작업을 의미한다. 대개 3~5퍼센트의 U-235는 원전 가동에 필요한 핵연료로, 90퍼센트 이상의 U-235는 핵무기급 물질로 분류된다.[12] 저농축 우라늄 기술을 확보하면 고농축 우라늄 생산은 상대적으로 용이한데, 이에 따라, 이란 핵 문제가 잘 보여주듯, 오늘날 우라늄 농축 문제가 핵 비확산 체제의 가장 큰 난제로 떠오른 상황이다.

또 다른 핵분열 물질로는 플루토늄이 있다. U-235가 자연에 존재하는 우라늄 동위원소인 반면, 플루토늄은 인간의 발명품이다. 1940년에 버클

---

12) 참고로, 국제원자력기구(IAEA)는 U-235의 농축도 20퍼센트를 기준으로 저농축과 고농축 우라늄으로 나눈다.

리 대학의 과학자들은 U-238이 중성자 하나를 흡수하면 새로운 원소로 변형된다는 것을 알아냈고, 이 변형된 원소에 플루토늄이라는 이름을 붙였다. 그러나 플루토늄을 추출하기 위해서는 사용 후 연료봉, 즉 원자로에서 사용된 이후의 핵 연료봉에 있는 방사성의 핵분열 생성물과 기타 초우라늄 물질로부터 플루토늄을 분리해내는 작업이 필요하다. 버클리의 과학자들은 1941년에 이르러 다른 물질로부터 플루토늄을 분리하는 데 성공했다. 특히 플루토늄은 우라늄보다 적은 양으로도 핵분열 연쇄 반응을 일으킬 수 있다는 것이 입증되어 무기로서 유용성이 있다는 점이 높이 평가되었다. 그러자 맨해튼 프로젝트팀은 우라늄 프로그램과 함께 플루토늄 프로그램도 본격 가동하기 시작했다. 이를 위해 미국은 워싱턴 핸퍼드를 비롯한 여러 지역에 원자로를 건설했고, 여기서 나온 사용 후 연료봉을 재처리해 플루토늄 생산에 들어갔다. 이러한 과정을 거쳐 핵무기 연구의 중심지인 로스앨러모스 연구소는 1945년 2월에 무기급 우라늄과 플루토늄을 함께 확보한다.

그러나 핵분열 물질을 손에 넣었다고 해서 곧바로 핵무기를 제조할 수 있는 것은 아니다. 핵분열 물질이 연쇄 반응을 지속적으로 일으키게 할 수 있는 폭발 장치(혹은 기폭 장치)가 필요하기 때문이다. 핵분열 연쇄 반응은 불과 100만 분의 1초 사이에 이뤄지기 때문에, 고성능 기폭 장치가 없으면 핵분열 반응을 유도, 통제하기가 대단히 어렵다. 미국은 두 가지 기폭 장치를 고안해냈는데, 그중 한 가지가 총류형gun-type 장치다. 이 장치는 고농축 우라늄을 미임계량 상태의 두 개의 반구로 만들어 분리시킨 다음, 재래식 화약의 폭발력으로 분리된 고농축 우라늄을 초고속으로 합치해 초임계량을 만들어 핵분열 연쇄 반응을 일으키는 방식이다. 이때 화약의 폭발 속도는 핵분열 연쇄 반응보다 빠른 초속 3킬로미터 이내에

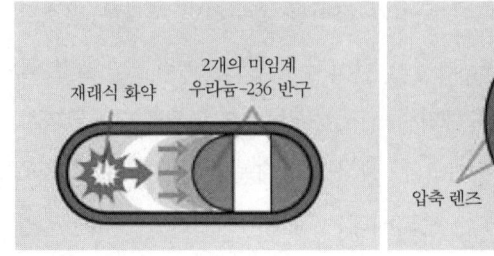
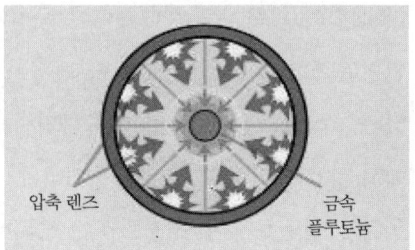

총류형 기폭 장치의 작동 원리(왼쪽)와 내폭형 기폭 장치의 작동 원리(오른쪽)

다다라야 한다. 총류형 핵폭탄은 비교적 제조가 쉬워, 미국은 사전 실험을 거치지 않고 우라늄 핵폭탄을 히로시마에 투하했다.

또 하나의 기폭 장치는 내폭형implosion 장치다. 이 장치는 핵폭탄의 성능을 현저하게 저하시키는 즉발중성자 발생률이 높다는 총류형 기폭 장치의 한계를 극복하기 위해 고안된 것으로, 플루토늄에 의한 핵분열 연쇄반응이 총류형 기폭 장치에서보다 빠르게 진행된다. 기본적인 원리는 내폭에 의한 압축파로 플루토늄의 초임계 상태를 일정하게 유지하는 것이다. 이를 위해서는 기폭 장치의 작동 여부를 검증해야 한다. 그래서 미국은 1945년 7월 16일에 '트리니티' 실험을 실시한 후 8월 9일에 나가사키에 핵폭탄을 투하했다. 플루토늄 핵폭탄은 우라늄 핵폭탄에 비해 핵 물질이 적게 들어가 폭탄의 무게를 크게 줄일 수 있다는 장점이 있다. 그래서 현대식 핵탄두는 주로 이 방식으로 제조된다.

(3) 인류 최초의 핵 실험 '트리니티'와 원폭 투하

극비리에 진행된 맨해튼 프로젝트를 통해 미국은 1945년 초여름에 3기의 핵무기를 만드는 데 성공했다. 3기의 핵무기 가운데 2기는 플루토늄

히로시마에 투하된 핵폭탄 '꼬마'(왼쪽)와 나가사키에 투하된 핵폭탄 '뚱보'(오른쪽)

핵폭탄이었는데, 각각 '개짓Gadget' 과 '뚱보Fat Man' 라는 이름이 붙여졌고, 1기의 우라늄 핵폭탄은 '꼬마Little Boy' 라고 불렸다. 그리고 1945년 7월 16일 새벽 5시 30분, 미국 뉴멕시코의 미군 폭격장에서 '성부, 성자, 성령의 삼위일체', 즉 '트리니티' 라는 이름을 달고 인류 역사상 최초의 핵실험이 단행됐다. 30미터 높이의 탑에 선 '개짓' 은 엄청난 폭발음과 햇빛보다 강렬한 섬광을 내뿜으며 '핵 시대Atomic Age' 의 개막을 알렸다. 사전 예측의 3~4배를 뛰어넘어 20킬로톤의 폭발력을 보인 이 핵 실험은 12킬로미터 상공까지 치솟은 버섯구름과 깊이 3미터, 폭 330미터의 거대한 웅덩이를 만들어냈다.[13] 거대한 파이어볼fire ball을 목격한 맨해튼 프로젝트 참여 과학자들 가운데 일부는 이후 반핵무기주의자가 되었지만, 이미 인류 사회가 지구를 절멸시킬 수 있는 핵무기와의 불안한 동거를 시작

---

13) 미국 에너지부 홈페이지 '맨해튼 프로젝트', http://www.mbe.doe.gov/me70/manhattan/trinity.htm

한 뒤였다. 이를 예고하듯 트리니티가 실시된 사막의 이름은 '죽음의 여정Journey of Death'이었다.

미국이 핵무기 개발에 성공하면서 2차 세계대전과 전후 질서에 대한 미국의 전략도 새로운 국면을 맞이했다. 핵 개발 성공에 즈음한 1945년 5월 7일 독일이 무조건적인 항복을 하면서 미국의 핵 사용 여부는 일본과의 전쟁, 즉 태평양 전쟁에 맞춰졌다. 당시 태평양 전쟁의 전세는 연합군 쪽으로 확실히 기울어 있었다. 미국 해군은 일본 해상 보급로를 봉쇄하는 데 성공했고, 3월과 5월 두 차례에 걸쳐 도쿄를 맹폭해 수백만 명의 사상자를 내기도 했다. 그러나 일본은 결사항전 의지를 굽히지 않았고, 이에 따라 미국 군부에서는 두 가지 선택이 논의되었다. 하나는 일본 본토 침공 작전이었고, 다른 하나는 핵무기 사용이었다. 맨해튼 프로젝트에 참여했던 일부 과학자들의 반대에도 불구하고 미국은 원자 폭탄 사용을 결정했다. 일본 본토 침공에 따른 막대한 미군 피해가 우려된다는 이유도 있었지만, 보다 본질적인 이유는 핵무기의 위력을 과시하는 것이 경쟁자로 떠오른 스탈린의 소련을 압박하고 견제하는 데 도움이 된다는 판단에 있었다.

급기야 1945년 8월 6일 새벽, 미 공군의 B-29 폭격기가 괌과 사이판 사이에 있는 티니안 섬을 이륙해 일본으로 향했다. 히로시마 상공 570미터에 도달한 이 폭격기는 무게 4.4톤의 육중한 '꼬마'(우라늄 핵폭탄)를 떨어뜨렸다. 오전 8시 15분의 일이다. 폭격기 조종사는 히로시마를 내려다보니 "엄청난 구름……타오르는 버섯구름이 거대하게 피어오르면서 히로시마를 집어삼켰다"고 말했다. 7만 명이 즉사했고, 부상당한 7만 명도 1946년을 맞이하지 못했다. 트루먼은 그날 미국이 히로시마에 15킬로톤의 폭발력을 보인 "전혀 새로운 폭탄"을 투하한 사실을 발표하면서 일본

히로시마 핵폭탄 투하 당시 버섯구름이 솟아오르는 모습

이 무조건적으로 항복하지 않으면 또다시 똑같은 결과에 직면할 것이라고 경고했다.

그러나 정작 피폭당한 일본은 이미 미국의 가공할 폭격에 익숙해 있었고, 처음에는 히로시마에 투하된 것이 핵폭탄인 줄도 몰랐다. 미국은 1945년 봄과 여름에 걸쳐 66개의 일본 도시에 엄청난 양의 재래식 폭탄을 투하했는데, 그중 25개 도시의 폭격은 8월 첫째 주에 집중돼 있었다. 그런데 그 25개 도시 가운데 8개 도시의 파괴 정도는 히로시마의 경우와 비슷하거나 더 컸다. 히로시마 원폭 투하가 다른 재래식 무기에 의한 공격과 비교할 때, 일본 지도부에 결정적인 파괴력을 보여주지 못한 것이다. 더욱 중요한 것은 일본 지도부가 원폭 투하를 항복을 선택할 만큼 결정적인 문제로 인식하지 않았다는 점이다. 일례로 미국이 원폭을 투하하고 이를

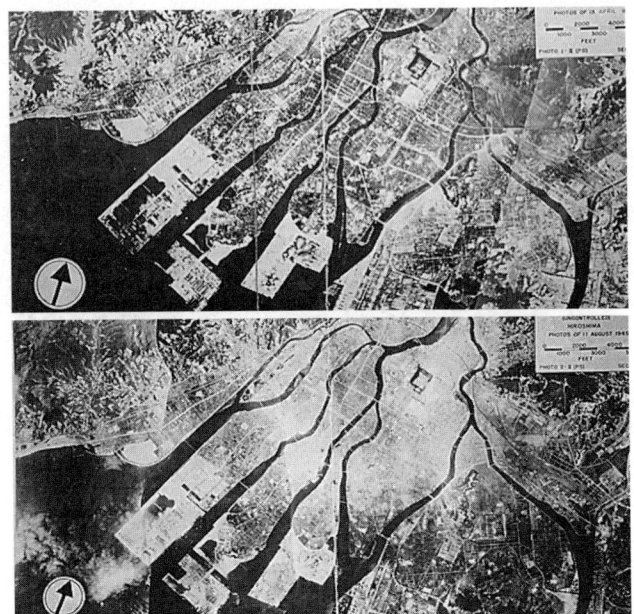

히로시마에 핵폭탄이 투하되기 이전(위)과 이후(아래) 모습

공식 확인한 지 이틀이 지나도록 일본 정부는 최고 의사 결정 기구인 최고위원회를 소집하지 않았다.[14]

히로시마 피폭 이틀 후인 8월 8일, 소련은 일본에 선전 포고를 하고 만주에 있는 일본군에 대한 공격을 개시했다. 이는 일본의 항전 의지는 물론이고, 소련의 개입 없이 태평양 전쟁을 끝내려고 했던 미국의 희망에도 중대한 영향을 미쳤다. 소련의 참전 소식에 놀란 일본 지도부는 최고위원회를 소집했다. 이 회의가 시작되었을 때, 미 공군의 두 번째 폭격기가 일

---

14) Ward Wilson, "The Winning Weapon? : Rethinking Nuclear Weapons in Light of Hiroshima", *International Security*(2007년 봄).

본을 향해 출격했다. 공격 목표는 고쿠라 기지였다. 그러나 악천후와 피격 위험에 직면한 폭격기 조종사는 기수를 미쓰비시 본사가 있는 나가사키로 돌렸다. 오전 11시, 무게 4.5톤의 '뚱보'(플루토늄 핵폭탄)는 21킬로톤의 폭발력으로 나가사키를 초토화했다. 이 핵폭탄 한 발로 1946년 1월까지 14만 명이 목숨을 잃었다. 8월 10일, 일본은 천황제 유지를 조건으로 항복을 선언했고, 미국은 이를 받아들였다. 8월 15일, 히로히토는 일본 전국에 중계된 라디오 연설을 통해 "전쟁이 일본에게 불리하게 됐습니다. 적은 새롭고도 잔악무도한 폭탄을 사용하기 시작했습니다"라고 말하면서 항복을 선언했다. 그리고 9월 2일, 미국 항공모함 미주리 호에서 항복 문서 조인식을 가졌다. 1941년 12월 7일 일본의 진주만 기습으로 시작된 태평양 전쟁은 이렇게 끝났다.

나가사키 핵폭탄 투하 모습

전쟁이 끝난 후, 미국은 상당 기간 핵 독점을 자신했다. 그러나 미국의 핵 독점은 그리 오래가지 않았다. 1949년 8월 29일에 소련이 카자흐스탄 사막 '세미팔라틴스크-21'에서 핵 실험에 성공한 것이다. 소련이 개발한 것은 미국이 나가사키에 투하한 플루토늄 핵폭탄 '뚱보'와 흡사한 것으로, 소련은 1950년대 중반에 가서야 핵 개발에 성공할 것이라는 미국의 예측을 뒤엎고 핵 개발을 훨씬 앞당긴 것이었다. 당황한 트루먼 행정부는 세 가지 조치를 단행했다. 첫째는 유럽에서의 소련 재래식 군사력에 대한

1945년 9월 2일 미주리 호에서 열린 항복 문서 조인식에서 맥아더가 서명하고 있다

열세를 만회하기 위해 유럽에 미군을 영구적으로 주둔시키고 재래식 군비를 증강하는 것이다. 둘째는 소련에 대한 핵 우위를 유지하기 위해 원자 폭탄의 양과 질을 늘리는 것이다. 그리고 셋째는 당시 '슈퍼 폭탄'으로 불렸던 수소 폭탄의 개발을 승인하는 것이다.

(4) 수소 폭탄, 중성자탄, 더티밤, 열화우라늄탄

수소 폭탄은 히로시마와 나가사키에 투하된 원자 폭탄보다 훨씬 강력한 파괴력을 갖고 있는 무기이다. 북핵과 관련된 에피소드는 수소 폭탄에 투영된 인간 심리를 잘 보여준다. 북한은 2002년 10월 고농축 우라늄 문제를 둘러싸고 미국과 충돌한 직후, "핵무기는 물론이고 그것보다 더 강력한 것도 가지게 되어 있다"고 말했다. 그러자 미국과학자협회(FAS) 회장 마이클 레비Micheal Levi는 북한의 수소 폭탄 개발 가능성을 제기하고 나섰고 국내 언론도 이를 대서특필했다. 나는 2005년 8월에 평양에서 만난 북한 관리에게 "더 강력한 것이 무엇이냐"고 물었다. 그러자 그 관리는 귀엣말로 "정 선생에게만 알려주는데, 그건 인민들의 일심단결"이라고 말했다. '허무 개그'처럼 들린 답변이었으나, 북한은 2008년 신년 사설부터 "일심단결은 핵무기보다 더 위력하다"라는 말을 공개적으로 사용하기 시작했다.

수소 폭탄의 가공할 파괴력은 소련 봉쇄 정책의 수립자 조지 캐넌과 로버트 오펜하이머를 비롯한 일부 맨해튼 프로젝트 참여 과학자들로 하여금 이 무기의 개발에 반대하게 했다. 이들은 "수소 폭탄의 사용은 원자 폭탄을 훨씬 능가하는 대량 살상을 가져올 것"이라며, 설사 소련이 이 무기를 손에 쥔다고 하더라도 미국은 원자 폭탄으로 소련을 억제할 수 있다고 주장했다. 아인슈타인은 "현재와 같은 군사 기술 수준에서 (핵)무장을 통해 안보를 달성하겠다는 것은 파멸적인 환상"이라며, "미·소 간의 군비 경쟁은 이성의 상실을 의미한다"라고 개탄했다.[15] 그러나 소련의 핵 실험 성공에 충격을 받은 트루먼 행정부는 '절대 무기' 개발에 박차를 가했다. 소련보다 핵전력이 앞서야 한다는 강박관념과 미국이 주저하는 사이에 소련이 먼저 수소 폭탄을 개발할 수 있다는 두려움이 팽배했던 것이다. 실제로 소련 역시 1946년부터 수소 폭탄 개발에 관심을 갖기 시작했다. 결국 미국은 1952년 11월 1일에 태평양에서 수소 폭탄 실험을 강행했다. 폭발 규모는 원자 폭탄 실험이었던 '트리니티'보다 500배 강력한 10메가톤을 넘어섰다. 소련 역시 그 이듬해인 1953년 8월 12일에 중앙아시아 사막에서 수소 폭탄 실험에 성공했다. 미·소 간의 군비 경쟁이 새로운 국

---

15) Joseph Cirincione, *Bomb Scare : The History & Future of Nuclear Weapons*, 21~22쪽.

1954년 3월에 실시된 미국의 수소 폭탄 실험 '브라보'

면에 접어들게 된 것이다.

그러나 과유불급이라고 했던가? 1954년 3월 1일에 태평양에서 실시된 미국의 수소 폭탄 실험은 상상을 초월하는 결과를 낳았다. 폭발 규모가 무려 15메가톤에 달해, 히로시마에 투하된 원자탄보다 750배, 미국 정부가 예상했던 것보다 2.5배나 강력했던 것이다. 또한 직경 6,500피트, 깊이 250피트의 거대한 분화구가 생겨났으며, 버섯구름은 1분 후 직경 15킬로미터, 8분 후에는 100킬로미터까지 커졌고 높이도 무려 16.5킬로미터에 달했다. 더구나 방사능 낙진이 87마일까지 날아가 조업 중이던 일본인 어부들을 죽음으로 몰아넣었으며, 세계 곳곳에서 방사능 물질이 검출되고 이상 기후가 나타났다.[16] 가공한 폭발력 앞에 인류 사회는 전율했다. 이들 가운데에는 "핵무기를 다른 무기와 특별히 다르게 봐야 할 이유를 모르겠다"고 말했던 아이젠하워 미국 대통령도 포함되어 있었다. 이전까지 핵무기 옹호자였던 윈스턴 처칠 영국 총리 역시 이 실험을 목도하고는 핵전쟁이 일어나면 영국은 더 이상 살 수 없는 땅이 될 것이라며 우려를 표명했다. 그런데 역설적으로 이 실험의 명칭은 '브라보Bravo'였다.

이처럼 원자 폭탄보다 파괴력이 훨씬 큰 수소 폭탄은 '핵분열' 반응을

---

16) http://nuclearweaponarchive.org/Usa/Tests/Castle.html

이용하는 원자 폭탄과 달리 '핵융합' 반응을 이용하는 무기다. 수소 폭탄의 뇌관으로 원자 폭탄이 사용되므로 수소 폭탄을 개발하려면 원자 폭탄 제조 능력을 먼저 갖춰야 한다. 수소 폭탄은 원자 폭탄의 1차 핵폭발 때 발생하는 X-선의 초고온·초고압을 이용하여 수소 동위원소인 중수소 및 삼중수소의 핵융합 연쇄 반응을 유발하는 원리에 따른 것이다. 수소 폭탄의 핵융합 반응은 원자 폭탄의 핵분열 반응에 비해 단위당 방출 에너지 양이 10퍼센트 정도로 작지만, 핵융합 반응을 일으키는 물질의 질량이 핵분열 물질의 2퍼센트밖에 안 되기 때문에 핵 물질당 방출 에너지의 양은 원자 폭탄보다 4배 이상 많다. 예를 들어 10킬로그램의 핵 물질이 포함된 수소 폭탄은 같은 질량의 원자 폭탄보다 파괴력이 42배 강하다. 그래서 "핵분열 폭탄은 태양 표면에 해당하는 온도를 만들어내는 반면에, 핵융합 폭탄은 태양의 일부를 지구에 갖다 놓은 것과 같은 엄청난 온도를 발산한다".[17] (참고로 말하면 태양을 비롯한 모든 별들은 핵분열이 아니라 핵융합 반응으로 에너지를 발산한다.)

　이 밖의 핵무기 종류로는 중성자탄과 더티밤이 있다. 수소 폭탄이 원자 폭탄보다 파괴력이 훨씬 큰 무기라면, 중성자탄과 더티밤dirty bomb, 즉 '더러운 폭탄'은 폭발력을 낮춘 무기에 해당한다고 할 수 있다. 중성자탄은 변형된 수소 폭탄의 일종으로, 열폭풍 방출을 줄이고 중성자 방출을 늘린 것인데, 폭발력은 원자 폭탄의 10분의 1 수준이다. 이 무기는 건물 피해는 줄이고 인명 피해를 늘리기 위해 고안되었는데, 물에 약한 특성이 있어 실전에서는 유용성이 크게 떨어진다고 한다.

　더티밤은 9·11 테러 이후 새롭게 주목받는 무기인데, 상대적으로 제

---

17) Joseph Cirincione, *Bomb Scare : The History & Future of Nuclear Weapons*, 22~23쪽.

조가 쉬우면서도 공포를 유발하는 데 효과적이어서 테러 집단의 더티밤 사용 가능성이 자주 언급된다. 더티밤은 핵폭발 장치가 아니라 재래식 폭탄에 방사능 물질을 장착한 무기로, 재래식 폭탄의 폭발을 통해 방사능 물질을 주위에 살포시키는 원리다. 이 무기는 원자 폭탄에 비해 직접적인 파괴와 살상 효과는 크게 떨어지지만 해당 지역을 장기간 방사능으로 오염시켜 심각한 사회 혼란을 야기할 수도 있다. 그래서 국제적인 규제 대상이 된 무기다. 더티밤에 사용되는 대표적인 방사능 물질에는 세슘-137, 코발트-60 등이 있다.

끝으로, 미국이 1991년 걸프전 당시 수백 톤을 사용해 국제적 비난을 야기했던 열화우라늄탄을 살펴보자. 열화우라늄이란 천연 우라늄을 농축한 후에 남은 찌꺼기 우라늄으로, 핵분열 물질인 U-235가 0.3퍼센트 이하로 미미하게 함유되어 있다. 그러나 열화우라늄을 금속으로 만들면 밀도가 납의 2배로 높아져 탱크와 장갑차를 관통할 수 있게 된다. 미국은 걸프전 당시 이라크의 소련제 탱크에 이 열화우라늄탄을 대거 사용했고, 그 결과 많은 이라크인들이 지금도 암과 기형아 출산 등으로 고통을 겪고 있다. 이런 문제 때문에 열화우라늄탄을 방사능 무기로 간주하는 시각도 있다. 그러나 앞서 언급한 것처럼 열화우라늄에 포함된 U-235는 0.3퍼센트에 불과하기 때문에 방사능 피해는 그리 크지 않은 것으로 알려져 있다. 어쨌든 열화우라늄탄이 장갑차를 관통할 때 내뿜는 유독성 기체 열화우라늄을 흡입하면 인체가 중금속에 오염될 수 있기에 열화우라늄탄도 대표적인 비인도적 무기로 간주된다.

(5) 과학과 문명, 그리고 핵무기

과학의 발전이 인류 문명의 진화를 주도한다는 것은 서구 세계의 오랜 신념이었다. 과학자들 스스로도 이러한 자부심을 갖고 있었고, 사회적·국가적·국제적으로 위대한 과학자를 신봉하는 문화가 팽배해 있었다. 맨해튼 프로젝트에 참여한 과학자들도 초기에는 핵무기 개발이라는 과학적 혁신과 인류 문명의 진화가 함께할 것으로 기대했다. 일례로 1927년 노벨 평화상 수상자이자 맨해튼 프로젝트 핵심 인물이었던 아서 콤프턴 Arthur H. Compton은 "그 누구도 핵 시대의 도래를 막을 수 없었다"며, "프로메테우스의 선물은 핵무기 사용에 대해 현명한 책임감을 갖고 있는 나라들에 먼저 주어졌다"고 말했다.[18] 미국이 나치 독일이나 일제보다 먼저 핵무기를 개발해 2차 세계대전을 승리로 이끈 것은 "핵무기를 신의 축복으로 신화화"하면서 "새로운 세계에서도 핵의 보유와 사용을 광범하게 정당화하는 이데올로기적 기능을 수행"했고,[19] 이를 가능케 한 과학은 숭배의 대상이 되었다.

그러나 핵무기가 무고한 시민들을 상대로 실제로 사용되어 수십만 명이 목숨을 잃자, 과학과 문명의 선순환 관계에 근본적인 의문을 품는 목소리가 나오기 시작했다. 원자력의 원리를 발견하고 원자력을 무기화한 과학 기술의 일대 혁신이 인류 문명의 종말을 가져올 수 있다는 것을 알게 되었기 때문이다. 이는 역설적으로, 핵무기 개발에 참여했던 많은 과학자들이 반핵평화주의자로 변신하는 이유가 되었다. 핵 과학자들의 대전환의 결정적 계기는 1943년 나치 독일로부터 탈출해 맨해튼 프로젝트에 참여했던 덴마크 출신의 과학자 닐스 보어 Niels Bohr의 호소였다. 1922년에 37세의 나이로 노벨상을 수상한 보어는 미국이 히로시마와 나가사

---

18) Dexter Masters · Katharine Way (eds.), *One World Or None*(Mcgraw-Hill Books, 1946), V쪽.
19) 이삼성, 《20세기의 문명과 야만》(한길사, 1998), 245쪽.

키에 원자 폭탄을 투하한 직후에 《런던 타임스》에 기고문을 보내 전 세계 과학자들에게 호소했다.

새로운 파괴 무기는 어떤 방어 수단으로도 막을 수 없다. 이제 관심의 초점은 인류 전체를 위험에 빠뜨릴 수 있는 신형 무기의 사용을 예방하기 위해 전 세계적인 협력을 구축하는 데 있다……문명이 가장 심각한 도전에 직면한 오늘날, 우리 세대가 짊어져야 할 후세를 위한 가장 중대한 책임을 앞에 두고, 전 세계의 과학자들은 가장 가치 있는 봉사를 할 수 있을 것이다……과학자들은 자신들이 할 수 있는 어떤 방법으로든 인류에게 닥친 위기를 종식하는 데 기여해야 한다.[20]

아인슈타인 역시 "원자 폭탄의 등장은 인간이 어디에 살든 지속적으로 갑작스러운 파괴의 위협에 놓이게 했다"며, "인간 스스로가 자신을 가리켜 '호모 사피엔스'라고 부를 수 있으려면 이러한 환경을 극복할 수 있는 능력을 입증해야 할 것"이라고 호소했다. 그는 "군사력의 탈국가화 denationalization"를 대안으로 주장했다. 국제 사회의 무정부 상태에서 전쟁을 안보와 권력 추구의 수단으로 삼는 주권 국가가 핵무기의 사용 권한을 독점하면 핵전쟁의 위험을 피할 수 없기 때문에, 개별 국가의 군사력을 국제기구에 통합시켜야 한다는 것이었다.[21] 일종의 세계정부론인 셈이다.

---

20) Niels Bohr, "Science and Civilization", *The London Times*(1945년 8월 11일). 이 글은 Dexter Masters · Katharine Way (eds.), *One World Or None*에 서문으로 재수록되었다.
21) Albert Einstien, "The Way Out", Dexter Masters · Katharine Way (eds.), *One World Or None*(Mcgraw-Hill Books, 1946), 76~77쪽.

핵무기의 위험성을 절감한 과학자들은 조직화에 나서기도 했다. 맨해튼 프로젝트에 참여했던 과학자들을 포함한 84명의 노벨상 수상자들이 1945년 10월 '미국과학자협회(FAS)Federation of American Scientists'를 만든 것이다. 이들은 핵무기를 비롯한 과학 기술의 발전이 인류 문명에 커다란 위협이 된다는 각성을 바탕으로, 일반 대중과 정책 결정자들에게 이러한 위험을 경고하고 현명한 정책 결정의 필요성을 알리는 것이 "과학자들의 책임"이라고 봤다.[22] 이러한 정신에 따라 이 단체는 조직 결성 직후인 1946년에 핵무기에 관한 고전 가운데 하나로 꼽히는 《하나, 혹은 전무의 세계 One World Or None》를 발간하기도 했다. 미국과학자협회는 이 책에서 "원자 폭탄이 현실이 된 오늘날, 이 문제에 대처하는 것보다 더 시급한 것은 없다"고 강조하고, "시간은 짧고 생존은 위험에 처했다"며 인류 사회의 각성을 촉구했다.[23] 핵무기 개발에 직간접적으로 참여한 과학자들의 이러한 역할은 핵무기를 금기의 무기로 인식시키는 데 결정적 기여를 했다.

본 글에서도 여러 차례 인용된 《하나, 혹은 전부의 세계》에서 많은 과학자들은 핵의 시대에 국제 협력과 제도를 통한 평화 유지의 절박성이 더욱 커졌다고 주장했다. 그러나 1차 세계대전 이후 성립된 국제사법재판소와 국제연맹League of Nations이 2차 세계대전을 막는 데 이렇다 할 역할을 못하면서 전후 세계 질서에서는 '힘에 의한 평화론'이 맹위를 떨쳤다. 그리고 핵무기는 '힘에 의한 평화'의 중심에 놓이게 됐다. 과학 기술이 인류 문명을 파괴하는 데 사용되어서는 안 된다는 과학자들의 호소를 뒤로하

---

22) 이 단체의 홈페이지는 http://www.fas.org이다.
23) Dexter Masters · Katharine Way (eds.), *One World Or None*, 78~79쪽.

고 조지 오웰이 경고한 '평화 없는 평화의 시대'가 도래하고 만 것이다. 오웰은 "우리는 몇 초 만에 수백만의 사람들을 몰살할 수 있는 무기를 보유한 두세 개의 괴물 같은 슈퍼파워 국가들이 세계를 분단시키는 상황에 직면할 것"이라고 경고했다. 그는 핵의 시대에 "대규모 전쟁이 발발할 가능성은 줄어들겠지만, 영원히 '평화 없는 평화'의 상태, 즉 '냉전cold war'을 그 대가로 지불해야 할 것"이라고 예언한 것이다.[24]

---

24) George Orwell, "You and the Atomic Bomb", *Tribune*(1945년 10월 19일).

3. 핵무기, 왜 문제인가

오늘날 인류 사회가 직면한 핵무기의 위험과 위협은 다양한 각도에서 거론된다. 우선 핵무기의 존재 자체가 인류 문명과 지구의 생존을 위협한다는 것은 기본 명제에 해당한다. 자국의 핵무기는 폐기하지 않으면서 다른 나라의 핵 보유는 막으려고 하는 현존 핵보유국들의 이중적인 태도와 형평성 문제는 40년 전 NPT[25]가 등장한 이후 줄곧 제기된 사안이다. 핵보유국이 먼저 핵무기를 사용하지 않겠다고 명시적으로 약속하지 않는 것도 큰 문제다. 핵보유국들의 핵 폐기 불이행과 선제 핵 사용 가능성은 비핵 국가들이 핵 보유를 추진하는 가장 유력한 근거이자 핵전쟁 우려를 낳는 근거로 작용해왔다. 또한 냉전 시대의 대표적인 유산인 '경보 즉시 발사' 태세가 아직도 유지되고 있어 우발적으로 핵전쟁이 일어날 위험성이 남아 있다.

반면 미국을 비롯한 서방 국가들은 북한, 이란 등 일부 국가의 핵무기

---

25) NPT(Non-proliferation Treaty)는 '핵확산금지조약', 혹은 '핵무기확산금지조약', '비확산조약' 등으로 번역된다. 이 책에서는 '핵확산금지조약'이라고 쓴다.

개발 추구에 따른 핵 확산이 가장 위험하다고 지적한다. 자국 핵무기의 위험성에 대해서는 눈감거나 '평화를 지키는 수단'이라고 주장하면서 북한, 이라크, 이란 등 일부 국가들을 '악마화' 하고 이를 핵 개발과 연계시키는 서방 세계의 프로파간다는 강력한 영향력을 발휘해왔다. 이처럼 핵 위협에 대한 인식만큼 강대국의 패권주의가 관철되는 분야도 드물다. 미·소 냉전 해체 이후 미국은 이라크와 북한의 핵 개발을 가장 큰 위협으로 간주했고, 한국을 비롯한 많은 나라들도 이러한 위협 인식에 동의했다. 21세기 들어 북한은 그대로 남아 있고 이라크의 자리를 이란이 대체하고 있다. 2001년에 발생한 9·11 테러 이후 미국을 중심으로 거세게 제기되어온 '핵 테러리즘'도 빼놓을 수 없다. 핵무기나 핵 물질을 보유한 국가들이 내부 통제력을 상실하거나 국가 자체가 붕괴할 경우에 제기되는 안전성의 문제도 거론된다. 알카에다와 탈레반이 파키스탄의 핵무기를 손에 넣을지 모른다는 우려는 미국이 아프가니스탄-파키스탄 전쟁에 '올인' 하고 있는 가장 큰 명분이자 구실이다. 또 만약 북한에서 급변 사태가 발생하면 한미 연합군을 투입해 핵무기를 확보한다는 '개념 계획 5029'도 이러한 맥락에서 나온 것이다. 게다가 지구 온난화를 틈타 고개를 들고 있는 '원전 르네상스'도 핵 확산의 위험을 잉태하고 있다.

그렇다면 인류 사회는 왜 유독 핵무기에 주목하는 것일까? 흔히 화학 무기와 생물 무기도 핵무기에 버금가는 살상 무기라고 일컬어진다. 이들 무기는 핵무기와 더불어 '대량 살상 무기(WMD)Weapons of Mass Destruction'라고 불린다. 인류는 유사시에 무기를 사용해왔는데 구별과 비례의 원칙을 중요하게 여겼다. '구별의 원칙'이란 전투원과 민간인을 구분해 무기 사용에 따른 피해가 민간인에게까지 미치지 않아야 한다는 것이고, '비례의 원칙'은 "파리를 잡는 데 대포를 사용해서는 안 된다"는 말처럼,

군사적 목적 달성 이외의 과도한 피해가 발생해서는 안 된다는 것이다. 이러한 원칙에 따라 국제 사회는 핵무기와 생화학 무기를 대량 살상 무기로 규정해 대표적인 규제 대상으로 삼아왔다.

그러나 생화학 무기는 핵무기만큼 파괴력이 강하지 않을뿐더러 상당 부분 복구와 치유가 가능하다. 또한 방독면을 비롯한 적절한 방호 장비를 갖추거나 독가스와 세균이 침투하지 않은 지역으로 대피하면 피해도 크게 줄일 수 있다. 그러나 핵무기는 이와 다르다. 핵무기가 터지면 아무리 보호 장비를 갖춰도 소용이 없다. 히로시마와 나가사키에서 확인할 수 있듯이, 핵폭발 범위 안에 있는 거의 모든 생명체와 건축물이 잿더미로 변하고, 그 지역은 오랜 기간 인간이 살 수 없는 곳이 되고 말기 때문이다. 그러니 히로시마와 나가사키에 투하된 핵무기보다 수십, 수백 배 강한 폭발력을 보유한 현대 핵무기의 위험성은 재론을 요하지 않는다. 주요 대도시의 인구가 크게 늘어난 상황 역시 핵전쟁의 가공할 위험성을 더욱 높여 놓았다. 아울러 화학 무기와 생물 무기의 경우에는 그 실효성 여부를 떠나 '화학무기금지협약(CWC)Chemical Weapons Convention' 과 '생물무기금지협약(BWC)Biological Weapons Convention' 을 통해 이들 무기의 사용과 생산을 금지하고 완전한 폐기를 추구하고 있지만, 이들 무기보다 훨씬 가공할 위험을 갖고 있는 핵무기에는 이러한 협약조차 존재하지 않는다.

핵전쟁은 지구 환경에도 치명적인 영향을 끼친다. 미·소 간의 핵 군비 경쟁이 정점에 달했던 1980년대, 양국 과학자들은 미·소 간의 전면적인 핵전쟁이 가져올 종말론적 결과를 '핵겨울nuclear winter' 이라는 말로 표현했다. 대규모 핵전쟁이 지구 기온을 급강하시키고 식량 생산 능력을 퇴보시킴으로써 수십억 명의 아사자가 발생할 것이라는 경고가 담긴 말이었다. 인류 사회는 이러한 경고에 경악했고, 지구 생존을 담보로 한 핵 군비 경쟁을 끝내야 한다는 목소리가 높아졌다. 핵 군축과 냉전 해체에 이정표를 세운 인물로 평가받는 미하일 고르바초프는 핵겨울에 대한 과학자들의 경고가 자신의 '신사고New Thinking'에 큰 영향을 미쳤다고 말한 바 있다.[26]

다행히 미·소 간의 냉전 종식으로 '핵겨울' 시나리오에 대한 우려는 크게 줄어들었다. 그러나 탈냉전 이후에도 핵보유국들의 핵 군축이 더디게 진행되고 있고, 남아시아의 라이벌 국가인 인도와 파키스탄이 핵클럽의 문턱을 넘어선데다가 북한과 이란도 그 문턱에서 서성거리고 있어 '소규모 핵전쟁'이 일어날지 모른다는 우려는 더욱 커졌다. 그런데 100개 안팎의 핵무기가 사용되는 소규모 전쟁만으로도 지구 환경에 엄청난 결과를 초래할 것이라는 경고가 나오고 있다. 앨런 로벅Alan Robock이 주축이 되어 수행한 '소규모 핵전쟁이 환경에 미치는 영향'이라는 연구에 따르면, 소규모 핵전쟁으로도 오존층의 40~70퍼센트가 파괴되고 핵먼지가 태양열을 흡수해 세계 연평균 기온이 1.25℃ 정도 떨어진다고 한다. 특히 핵먼지와 매연이 바람을 타고 다른 지역에까지 확산되는 현상이 10년 이상 지속될 것이라고 한다.[27]

그런가 하면 핵무기의 가공할 파괴력과 이를 통제하려는 국제 규범은 핵 문제를 갈등과 전쟁의 주요한 원인으로 올려놓았다. 특히 모든 나라가 수단과 방법을 가리지 않고 적대국의 핵무기 개발 시도를 저지하려고 한다. 북·미 관계가 대표적인 예다. 한국 전쟁 이후 한반도가 직면했던 최악의 전쟁 위기는 1993~1994년과 2003~2004년에 있었다. 이 시기는

---

26) Alan Robock, "Time to Buy a Dangerous Legacy", *Yale Global*(2008년 3월 17일).
27) 이 연구 결과에 대한 상세한 내용은 http://climate.envsci.rutgers.edu/nuclear/ 참조.

북한의 핵 개발을 둘러싸고 북한과 미국이 정면으로 충돌한 때이다. 1981년 이스라엘은 이라크의 오시락 원전을 폭격해 중동을 일촉즉발의 위기로 몰아넣었는데, 그 공격의 명분은 이라크의 핵무기 개발 저지였다. 이스라엘은 2007년 9월 초에도 시리아의 '핵 의심' 시설을 폭격했는데, 이 때의 명분은 오시락 원전 폭격 때와 같았다. 이 외에도 1950년대 후반 소련의 대륙간탄도미사일(ICBM)Intercontinental Ballistic Missile 개발과 1960년대 중국의 핵 개발을 저지하기 위한 선제공격론이 미국 내에서 제기된 바 있고, 중국-인도, 인도-파키스탄 사이에서도 이와 비슷한 일들이 발생했다. 이런 일은 오늘날까지 지속되고 있는데, 이란 핵 개발 문제를 둘러싼 이스라엘의 선제공격론이 대표적인 예다. 북핵 문제가 해결되지 않으면, 한반도 전쟁 위기도 언제든 재발할 수 있다. 이처럼 핵무기는 개발 시도만으로도 전쟁과 갈등을 야기한다.

　이뿐만이 아니다. 2003년 미국의 이라크 침공 사례에서 알 수 있듯이, 핵 개발 의혹은 사실 여부가 아무리 불확실해도 그 의혹만으로 침공의 명분으로 작용하기도 한다. 당시 국제 사회는 이라크의 후세인 정권이 10년 가까이 유엔 사찰하에 있었으므로 이라크에 핵무기 개발 능력이 없다고 보았음에도 미국은 관련 정보를 왜곡하고 과장하면서까지 이라크 침공을 강행했다. 당시 부시 행정부는 "후세인이 핵무기를 갖는다면"이라는 화법을 즐겨 사용했는데, 이는 후세인이라는 '광폭한 독재자'와 핵무기라는 '대단히 위험한 무기'를 조합해 사람들의 공포 심리를 자극함으로써 침공의 명분을 쌓고자 하는 의도에서 나온 것이었다. 그러나 이라크를 점령한 미국은 후세인이 핵무기를 비롯한 대량 살상 무기를 개발했다는 증거를 찾기 위해 애썼으나 성공하지 못했다. 애초부터 이라크의 대량 살상 무기는 이라크가 아니라 부시 행정부의 마음속에 있었기 때문이다.

4. 핵을 가지려는 이유, 핵을 포기하려는 이유

앞서 언급한 것처럼 핵무기의 등장과 확산, 핵 군비 경쟁은 인류를 포함한 지구의 생존 자체를 위협한다. 그래서 시간이 지나면서 핵무기는 '금기시' 되어왔고, 군사적 유용성도 의문시되어왔다. 그럼에도 불구하고 적지 않은 나라들이 핵무기를 보유했고, 보유하려고 했으며, 보유하려 하고 있다. 오늘날 유엔 회원국은 190여 개국에 달하는데, 이 가운데 2009년 현재 핵보유국은 북한을 포함해 유엔 전체 회원국의 5퍼센트가 안 되는 아홉 나라다. 왜 어떤 나라는 핵을 갖고 있고 어떤 나라는 갖지 못하거나 안 갖는 것인가? 미국의 저명한 핵 전문가인 시린시온Joseph Cirincione은 다섯 가지 추진 요인과 다섯 가지 장애 요인을 통해 이를 설명한다.[28] 시린시온이 제시한 요인들을 정리하면 51쪽의 표와 같다.

이러한 기준을 기초로 핵보유국과 비핵 국가의 차이를 살펴보자. 먼저 핵 보유 요인과 동기가 무엇인지 보자. 무정부 상태에서 안보와 주권 수호가 가장 큰 국가적 과제로 간주되는 현실주의 국제 관계에서 많은 나라

---

28) Joseph Cirincione, *Bomb Scare : The History & Future of Nuclear Weapons*, 47~83쪽.

핵 보유 동기와 장애 요인

	핵 보유 추진 요인	핵 보유 장애 요인
안보	국가는 자국의 주권을 보호하기 위해 핵무기를 만든다.	국가는 핵 무장이 자국의 이익을 저해하거나 다른 핵보유국으로부터 자국의 안전을 보장받을 때 핵무장을 단념한다.
위상	국가는 국가로서의 존엄성을 완전히 인정받거나 국제 사회에서 강대국으로서의 지위를 확보하기 위해 핵무기를 획득한다.	국가는 핵 무장을 반대하는 국제 규범을 의식해 핵 무장을 단념하고 국제 사회에서의 인정과 리더십을 획득하려고 한다.
국내 정치	국가는 관료들이 정치 지도자들에게 핵무기의 필요성을 확신시킬 때 핵무기를 획득한다.	국가는 핵 무장을 반대하는 여론이 강력하거나 관료들이 핵 무장의 불필요성에 대해 정치 지도자를 설득할 때 핵 무장을 단념한다.
기술	국가는 핵무기를 제조할 수 있는 기술적 능력을 확보했기 때문에 핵무기를 획득한다.	국가는 핵분열 물질을 생산하고 핵폭탄을 제조할 수 있는 기술이 부족할 때 핵 무장을 단념한다.
경제	재래식 군사력보다 핵 무장을 통한 안보 추구가 더 저렴하다는 인식이 커질 때 핵무기를 획득한다.	국가는 핵 무장 비용의 과중함, 핵 무장 추진 시의 경제 제재로 인한 불이익, 혹은 핵 포기 시의 경제적 이익의 증대 등을 고려해 핵 무장을 단념한다.

들은 강력한 군사력의 확보가 자국의 안보를 유지·강화하고 주권을 수호하는 데 도움이 된다고 생각한다. 이에 따라 많은 나라는 핵 문제를 '주권 사안'으로 간주해왔다. 또한 핵보유국이 핵 공격을 받은 사례가 없으므로 핵무기의 보유가 가장 확실한 안보 전략이라는 인식이 대단히 뿌리 깊다. 현재 세계 거의 모든 나라가 '억제'를 안보 전략의 기축으로 삼고

있으며, 가장 강력한 파괴력을 가진 핵무기가 이를 위한 유용한 수단이라고 생각한다. 특히 적대 관계에 있는 국가의 핵 보유는 자국의 핵 개발에 가장 큰 근거가 되어왔다. 미국이 핵을 개발하고 사용하자 소련이 그 뒤를 이었고, 소련의 핵 개발은 영국과 프랑스가 핵무기 보유를 추진하는 자극제가 되었다. 또한 한국 전쟁 때부터 미국의 핵 위협에 직면해온 중국도 곧이어 핵클럽에 가입했고, 중국이 핵 실험에 성공하자 인도가 핵 개발에 박차를 가했으며, 인도가 핵 개발에 성공하자 파키스탄이 그 뒤를 따랐다. 이것이 이른바 '핵 도미노' 현상이다. 이스라엘의 경우는 주변에 핵보유국이 없다는 점에서 다른 속성을 지니고 있지만, 홀로코스트 경험과 이슬람권의 섬과 같은 지정학적 위치는 이스라엘로 하여금 핵 보유를 가장 확실한 안보 수단으로 여기게 했다. 북한 역시 미국의 핵 위협이 자국이 핵을 보유하려는 가장 큰 이유라고 말한다.

외부의 위협에 대처하는 방법이 꼭 독자적인 핵무기 개발일 필요는 없다. 동맹국의 핵우산 아래에 들어가는 것도 많은 나라들이 선택해온 방식이다. '확장핵 억제extended nuclear deterrence'로도 불리는 '핵우산 정책'은, '비핵' 동맹국이 제3자로부터 공격을 받을 경우에 핵무기를 보유한 동맹국이 핵무기로 보복해준다는 개념을 바탕에 깔고 있기 때문에, '적극적 안전 보장positive security assurance'으로도 불린다. 이때 제기되는 문제는 바로 '신뢰'다. 피보호국은 핵보유국의 안전 보장 정책이 변할 가능성을 배제할 수 없기 때문에 불안을 가질 수 있다. '미국의 대통령이 동맹국의 수도를 방어하기 위해 워싱턴을 위험에 빠뜨리는 선택을 할 수 있느냐'라는 질문은 핵우산 정책의 신뢰성에 대한 오래된 질문이다. 상당한 수준의 핵 무장 잠재력을 갖고 있던 서독이 나토(NATO. 북대서양조약기구)의 안보 구조 속에서 핵무기를 가질 필요가 없다고 판단한 것과,

닉슨 독트린과 뒤이은 주한 미군 감축에 놀란 한국의 박정희 정권이 비밀리에 핵무기 개발을 시도하려고 했던 것은 동맹의 신뢰도에 따라 핵 개발 여부가 어떻게 달라지는지를 보여준 대표적인 사례라고 하겠다.

핵무기를 보유하려는 동기가 안보 문제에만 있는 것은 아니다. 여러 나라의 지도자들은 핵무기를 보유하거나 혹은 최소한 원자력 기술이라도 확보하는 것이 자국 내 민족주의에 호소하고 국제 사회에서 우위를 확보하는 유력한 수단이라고 생각한다. 핵무기를 갖거나 적어도 핵 잠재력을 가지면 다른 나라들이 자국을 함부로 대하지 못하게 하고 내부적으로는 민족주의를 동원하는 데 효과적이라고 생각하는 것이다. 북한이 핵무기를 선군 정치의 표상으로 삼고 있는 것이나, 이란이 최소한 '핵 잠재력'을 갖겠다는 것은 이러한 맥락에서 이해할 수 있다. 북한의 핵 실험 직후 일부 한국 정치인들이 '핵 주권론'을 주창하고 나온 것도 이와 비슷한 관점에서 이해할 수 있다. 또한 영국과 프랑스가 핵무기 보유를 강대국의 필수 조건처럼 간주한 데서도 볼 수 있듯이, '핵무기 보유=강대국'이라는 등식에 집착을 보이는 나라도 더러 있다.

핵을 보유하거나 개발하려는 시도는 외교적 카드로도 이용된다. 미국은 한국 전쟁과 베트남 전쟁 휴전 협상 당시에 협상 조건을 관철시키려는 외교 수단으로 핵 공격 위협을 가한 바 있다. 북한이 핵을 포기하는 조건으로 북·미 관계 정상화와 평화 체제 구축 등 자신들의 핵심적인 요구 사항을 내거는 모습에서 우리는 핵 카드의 또 다른 얼굴을 본다. 과거 전두환 정권이 박정희 정권 때 시도된 핵 개발을 완전히 포기하는 대신에 레이건 행정부로부터 정통성을 인정받고 확고한 안보 공약을 재확인받은 것 역시 이러한 사례라고 할 수 있다. 북한의 핵 실험 직후 한·일 양국의 일각에서는 핵 무장론이 부상하기도 했는데, 여기에는 북한의 버팀목 역할을 하고 있는 중국을 압박하는 카드로 핵 무장론이 유용하다는 판단이 깔려 있었다.

이 밖에 핵무기가 재래식 무기보다 값싸고 효율적인 방식으로 안보를 지키는 수단이라는 경제적 관점도 핵 보유의 동기로 작용하기도 한다. 냉전 초기 소련의 지도자들은 엄청난 군비 부담을 핵전력 증강으로 줄이려고 한 바 있다. 또한 한미 연합군에 비해 재래식 군사력이 갈수록 열세에 몰리고 있는 북한은 핵 보유 선언 이후 '상용 무력', 즉 재래식 무기의 부

핵무기 개발을 추진해온 국가들(총 35개국)

NPT 핵보유국	최근 핵 포기 국가
미국, 러시아, 영국, 프랑스, 중국	이라크, 리비아
NPT 비회원국 중 핵보유국	구소련의 핵 포기 국가
이스라엘, 인도, 파키스탄	벨라루스, 카자흐스탄, 우크라이나
핵 보유 추진 국가	1970년 이후의 핵 포기 국가
북한[e], 이란	아르헨티나[a], 한국, 오스트레일리아[b], 에스파냐[a], 브라질, 스위스[b], 캐나다[c], 타이완, 루마니아, 유고슬라비아, 남아공화국
핵 보유 추진 의심 국가	1970년 이전의 핵 포기 국가
알제리, 사우디아라비아, 시리아	이집트, 노르웨이[b], 이탈리아[b], 스웨덴, 일본[b], 서독[d]

a : 활발한 핵 프로그램을 갖고 있었으나 핵무기 제조 의도가 확인되지 않은 나라.
b : 핵무기 보유가 검토되었으나 핵 프로그램을 민수용(民需用)으로 한정한 나라.
c : 캐나다는 1980년대 초까지 250~450개의 미국 핵무기를 수용·배치했음.
d : 서독은 독자적인 핵무기를 개발하지 않았으나 미국이 제공한 핵무기를 보유하고 있었음.
e : 북한은 2006년 10월과 2009년 5월에 핵 실험을 실시했음.
출처 : *Universal Compliance*(2007), 20쪽.

담을 줄일 수 있게 되었다고 말하기도 했다. 군부의 영향력과 여론을 비롯한 내부 정치적 요인 역시 핵 개발을 추동하는 요인이 될 수 있다.

한국, 브라질, 아르헨티나 등은 군사 독재 시절에 핵무기 개발을 추진한 바 있다. 프랑스가 핵 개발을 하는 데에는 여론의 압도적인 지지가 작용하기도 했다.

그러나 바로 앞서 열거한 이유들 때문에 핵무기 개발을 포기한 사례들도 얼마든지 있다. 핵 무장은 필연적으로 적대 관계에 있는 국가의 반작용을 야기하는데, 이는 안보 딜레마와 군비 경쟁의 위험을 잉태한다. 브라질과 아르헨티나는 이러한 판단에 기초해 '비핵화를 통한 안보 증진'을 선택한 대표적인 나라들이다. 또한 핵무기를 반대하는 국제 사회의 여론과 규범이 강해지면서 핵 개발을 포기하고 핵 통제와 군축에 앞장섬으로써 국제 사회에서의 위상과 이미지를 드높이는 데 힘쓰는 나라들도 많다. 북유럽의 상당수 국가들, '비핵법'을 제정해 깨끗하고 평화로운 국가라는 이미지를 드높인 뉴질랜드 등이 여기에 해당한다. 아울러 핵 무장에 필요한 엄청난 재정과 산업 규모, 핵 무장 추진 시 국제 사회의 경제 제재 가능성, 핵 무장이 야기할 군비 경쟁과 이에 따른 예산 낭비 등을 종합적으로 고려할 때 핵 무장이 결코 경제적인 안보 수단이 아니라는 인식도 만만치 않다.

핵무기를 보유하려는 동기와 목적이 무엇이든, 핵에 대한 야망은 보유만으로 끝나지 않는다. 일단 핵무기를 손에 넣고 나면, 그다음에는 그 양을 늘리고 파괴력과 신속한 사용 능력을 강화하려고 하며, 미사일, 잠수함, 폭격기 등 다양한 핵무기 운반체를 확보하려고 한다. 한때 미·소 양국의 핵무기 합이 7만 개까지 치솟았던 냉전 시대 미국과 소련의 핵 군비 경쟁은 이러한 속성을 잘 보여준다. 또한 (핵 보유 문턱에서 서성거리고 있는 북한을 제외한) 5대 핵보유국(미국, 러시아, 중국, 영국, 프랑스)은 물론이고 이스라엘, 인도, 파키스탄까지 몇 개가 아니라 수백 개가 넘는 핵무기를 갖고 있고, 미사일 등 다양한 운반 수단의 개발에 몰두하는 사례를 보더라도 마찬가지다.

그런데 이러한 핵전력 증강과 핵 군비 경쟁은 인간의 탐욕에서만 비롯된 것은 아니다. 핵무기를 개발하려고 하거나 갖게 되는 순간 나타나는 '안보 딜레마'라는 구조적 문제도 작동한다. 어떤 나라가 핵무기를 갖게 되면, 그 나라와 적대 관계에 있거나 그 나라의 핵 보유에 두려움을 느낀 나라는 핵무기를 가지려 하거나, 이미 갖고 있었다면 더 가지려고 한다. 또한 상대방의 핵무기를 최우선적인 공격 대상으로 삼는다. 2008년 3월 합참의장 인사 청문회 때, 그리고 2010년 1월에 국방장관 신분으로 김태영이 '북핵 선제타격론'을 제기한 것은 이러한 현실을 잘 보여준다. 그리고 김태영의 '선제타격론'에 대한 북한의 격렬한 반발에서도 알 수 있듯이 이러한 반작용은 상대방을 또 자극하게 된다.

'안보 딜레마'라는 함정에 빠진 당사국들이 군사적 대응을 선택하면 악순환의 고리는 더욱 끊기 힘들어진다. 이렇게 될 경우 이 국가들은 '2차 공격 능력'을 확보하기 위해 상대방의 선제공격으로부터 살아남을 수 있는 충분한 분량의 핵무기를 가지려 하고, 선제공격이든 보복이든 신속하게 대응할 수 있도록 군사적 준비 태세 강화에 나서기 때문이다. 그래서 이 국가들은 미사일과 같은 핵 운반 수단의 양도 늘리고 질도 높이는 한편, 핵미사일의 은폐와 이동식 미사일 확보 등을 통해 핵무기의 생존율을 높이려고 한다. 또한 적의 핵미사일 공격에 대비해 방패를 가지려 하고, 상대방의 방패를 뚫기 위해 더 많고 더 강력한 미사일 개발에 나서게 된다. 이러한 상황은 자국의 안보를 증강하기 위해 취한 조치가 상대방의 반작용을 야기함으로써 오히려 자국의 안보를 위태롭게 만들 수 있는 자기 파괴적 속성을 잉태하고 있다. 그래서 여러 나라들은 '비핵화를 통한 안보'를 추구하기도 하고, 협상을 통한 문제 해결에 나서기도 하는 것이다.

5. 핵무기 억제 이론의 허와 실

(1) 핵전쟁의 특징

전쟁을 빼놓고 인류 역사를 논할 수 없다고 한다. 그래서 "전쟁의 가능성이 상존하는 국제 정치에서 군사력은 가장 중요한 권력"이고 "군사력은 수단일 뿐만 아니라 그 자체로서 하나의 목적이다"라는[29] 인식의 뿌리가 대단히 깊다. 그리하여 적의 침공을 억제할 수 있고 유사시 적을 격퇴할 수 있는 군사력을 보유하는 것은 국가의 존재 이유이자 가장 큰 책무라는 인식이 인류사에 뿌리를 내렸다. 그리고 시간이 흐르면서 전쟁은 파괴력뿐만 아니라 거리와 시간의 싸움으로 발전해왔다. 칼과 창이 지배하던 전쟁은 활이 등장하면서 새로운 국면을 맞이했다. 임진왜란에서 여실히 드러난 것처럼, 이러한 활도 총 앞에서는 맥을 못 추었다. 왜적을 격퇴할 수 있었던 결정적 힘도 이순신 함대의 우수한 함포에서 나왔다. 이후 잠수함과 항공기와 로켓의 등장도 전쟁의 양상을 크게 바꿔놓았다. 무기가 거리의 한계를 극복하면서 전쟁은 전투원과 민간인, 전후방 구분을 무의미하

---

[29] E. H. 카, 《20년의 위기》, 김태현 엮고 옮김(녹문당, 2005), 141~142쪽.

게 만들었고, 모든 국가 역량이 총동원되는 전면전 시대를 열었다. 이처럼 인류 사회의 무기 개발과 군비 경쟁은 '더 강력하고, 더 신속하고, 더 멀리 날아가는 무기'를 손에 넣기 위한 경주였다.

인류 사회는 그동안 기상천외한 무기들을 만들어냈고, 이들 무기는 예외 없이 실전에서 사용되었다. 일찍이 투키디데스는 펠로폰네소스 전쟁에서 25만 명이 목숨을 잃은 것을 보고, "인간의 본성은 본질적으로 변할 수 없는" 반면에, 인간의 목숨을 빼앗는 무기는 '발전'할 것이라고 한탄했다. 1, 2차 세계대전에서 펠로폰네소스 전쟁보다 300배나 많은 사망자가 발생하면서 그의 예언은 적중하는 듯했다. 그러나 핵무기의 등장은 전쟁에 대한 인간의 생각 자체를 바꿔놓았다.[30] 지구상에는 수많은 종류의 무기가 존재하지만, 핵무기만큼 특별한 지위를 갖고 있고 그 평가가 극단적으로 엇갈리는 무기도 없기 때문이다. 우선 파괴력 자체가 남다르다. 2010년 현재 지구상에는 약 2만 3,000개의 핵무기가 존재하는데, 이 가운데 100분의 1만 사용되어도 지구는 종말의 문을 두드리게 된다. 단 한 발의 핵무기로도 도시를 순식간에 날려버릴 수 있다는 말이다. 또한 이러한 핵무기는 미사일과 만나면서 거리와 시간의 제약에서 벗어나게 됐다. 모스크바에서 핵미사일 버튼을 누르면 그 미사일이 워싱턴에 도달하는 데 한 시간이 채 안 걸린다. 미국 태평양 함대 소속 잠수함이 미사일을 발사하면 평양까지 30분이면 족하다.

이러한 핵무기의 등장은 전쟁의 양상 자체를 바꿔놓았다. 클라우제비츠는 "전쟁은 다른 수단에 의한 정치의 연속"이라고 부르면서 "정치적 목적에는 목표가 있고, 전쟁은 그것을 달성하는 수단이며, 그 수단은 결코

---

30) John Lewis Gaddis, *The Cold War*(The Penguin Press, 2005), 50~52쪽.

정치적 목적으로부터 고립되어서는 안 된다"라고 설파했다.[31] 그가 말한 정치적 목적은 전쟁의 원인과 목표에 따라 침공자를 격퇴하고 응징하는 것에서부터 영토를 넓히거나 아예 상대국을 점령하는 데 이르기까지 다양할 수 있다. 그러나 상대국의 주민을 몰살하거나 그 문명을 파괴하는 목적의 전쟁은 드물다. 나치의 홀로코스트와 일제의 난징 대학살과 같은 사례가 있지만, 이는 드문 사례이고 그만큼 인류사에 큰 상처를 남겼으며, 이러한 야만이 다시 되풀이되어선 안 된다는 교훈을 남겼다. 그런데 핵무기는 대량 학살과 문명 파괴라는 야만의 위험성을 고스란히 안고 있는 무기다.

핵무기의 등장으로 나타난 전쟁에 대한 의식 변화는 인도주의 차원에만 영향을 미친 것이 아니다. 국가 안보는 국가라는 존재를 전제로 하고, 또 국가의 생존을 목표로 한다. 그런데 상호간에 핵무기가 사용되는 전쟁은 정치의 수단이라는 전쟁에 의해 정치의 최고 목표인 국가 안보 자체를 희생시킬 위험성을 안고 있다. 그래서 핵보유국의 정치 지도자들은 핵전쟁에 대비하고 유사시 이길 수 있는 능력은 물론이고 핵전쟁을 자제하고 예방하는 지혜도 함께 요구받는다. 이러한 핵 시대의 평화는 '너도 죽고 나도 죽고 모두 죽는 어리석은 짓은 하지 않을 것'이라는 '공포의 균형'에 의존하는 것과 다름없다. 가장 끔찍한 공포에 전쟁 억제를 맡기는 지독한 역설이 핵 시대의 전쟁과 평화의 진면목인 셈이다.

1945년 핵무기가 등장한 이후 인류 사회는 크든 작든 핵전쟁에 의한 절멸의 공포를 끊임없이 겪어왔다. 이념과 체제, 세력권 경쟁에 골몰한 미국과 소련은 각기 수천 개의 핵무기를 갖고 '쿠바 미사일 위기'와 같은 지

---

31) John Lewis Gaddis, *The Cold War*, 51쪽에서 재인용.

구 생존을 건 '치킨 게임'을 벌이기도 했고, 북한, 쿠바, 베트남 같은 작은 나라들은 강대국과 벌인 대결과 전쟁에서 절멸의 공포에 떨어야 했다. 미국과 소련이 경쟁적으로 '네가 먼저 치기 전에 내가 먼저 칠 수 있는 능력'을 확보한다며 일촉즉발의 상태를 유지·강화하면서 오판이나 오인에 의한 우발적 핵전쟁의 가능성도 제기되었다. 그리고 두 나라의 핵우산 아래에 있던 많은 나라들은 '고래 싸움에 새우 등 터지는 꼴'을 당하지 않을까 노심초사해야 했다.

인간의 발명품에 의한 인류 절멸의 공포가 엄습해오면서 핵전쟁 시나리오는 영화를 비롯한 대중문화의 단골 소재가 되곤 했다. 블랙 코미디 영화의 대명사로 일컬어지는 〈닥터 스트레인지 러브〉(1964)는 쿠바 미사일 위기 2년 후에 개봉되었는데, '적색 공포'에 사로잡힌 한 미국 장교의 광기와 허술한 핵 관리 시스템에 의한 미·소 간의 핵전쟁을 그려냈다. 미·소 간의 신냉전이 정점에 달했던 1984년에 첫선을 보인 영화 〈터미네이터〉 시리즈는 기계들의 네트워크인 '스카이 넷'이 컴퓨터를 조작해 미국과 러시아가 핵전쟁을 벌이게 되고, 인류 사회가 '운명의 날doomsday'에 처해지는 상황을 배경으로 한다. 다행스럽게도 이런 얘기들은 아직은 영화 속의 이야기로 머물러 있다. 하지만 놀랍게도 미국과 러시아는 냉전이 끝난 지 20년이 지나도록 '경보 즉시 발사' 시스템을 유지하고 있다.

냉전의 종식과 함께 핵전쟁의 공포는 지구적 수준의 것에서 지역적 수준의 것으로 바뀌었다. 카슈미르 분쟁의 당사자인 인도와 파키스탄이 1998년에 잇따라 핵 실험을 단행하면서 남아시아는 핵전쟁 후보 1순위로 거론되기도 한다. 한반도는 1990년대 초반에 이어 21세기 초엽에도 핵 위기를 겪고 있고, 2009년에는 북한의 2차 핵 실험과 한미 동맹의 핵우산 재천명으로 '핵 대 핵' 대결 시대의 문을 노크하고 있다. 핵보유국 이스라엘의 존재 자체를 부인하는 이란은 '평화적 목적'을 앞세워 핵 개발 자제에 대해 비타협적 자세를 고수하고 있고, 미국은 이란이 이스라엘에 핵 공격을 가하면 핵무기로 이란에 보복하겠다는 의지를 천명했다. '9·11 테러' 이후에는 알카에다와 같은 테러 집단이 핵무기를 손에 넣어 미국이나 미국의 동맹국을 공격할 것이라는 경고도 끊이지 않고 있다.

그러나 어쨌든 지금까지 핵무기가 실제로 사용된 사례는 1945년 8월 6일과 9일, 미국이 히로시마와 나가사키에 핵폭탄을 투하한 것이 유일하다. 그 이후 아직까지는 핵보유국 간의 핵전쟁은 물론이고, 핵보유국의 비핵 국가에 대한 핵 공격이나 테러 집단의 핵 테러도 발생하지 않았다. 여러 나라가 이미 핵무기를 손에 넣었고, 그중 상당수 국가가 서로 극심한 대결 상태에 있어왔으며, 핵무기가 출현한 이후에도 전쟁과 분쟁은 수없이 많았다. 그런데도 핵무기가 실제로 사용된 경우가 한 번뿐이라는 것은 분명 주목할 만한 현상이다. 인류 절멸의 무기라고 일컬어지는 핵무기가 평화에 기여한 것일까?

(2) 핵 억제 이론이란

핵무기의 유용성은 이른바 '억제 혹은 억지 이론deterrence theory'에 기초한다. 일반적으로 안보 전략에서 '억제'란 잠재적 적대국에게 군사적 공격 등 적대 행위를 통해 얻을 수 있는 이익보다 보복을 당해 입을 손해가 더 크다는 점을 각인시킴으로써 적대국의 공격 행위를 방지하는 것을 의미한다. 상대방에게 가공할 보복 능력을 과시함으로써 상대방의 공격을 억제하고, 이에 따라 전쟁을 막고 평화를 유지할 수 있다는 논리인 셈이다. 이러한 억제 전략이 통하려면 상대방에게 보복할 '능력과 의지'가 필수적이다. 또한 상대방이 손해 보는 행위를 하지 않을 것이라는 '합리성'이 전제되어야 한다.

핵무기는 이러한 억제 이론의 상징물이다. 핵무기만큼 상대방에게 확실한 보복 능력을 과시할 수 있는 수단도 없기 때문이다. 사실 '핵의 시대' 개막 이후, 세계 3차 세계대전과 같은 대규모 전쟁은 발생하지 않았다. 그러자 핵무기 보복을 당할지 모른다는 두려움이 적대국의 전쟁 시도를 억제했기 때문이라는 시각이 주류를 이루게 된다. 이는 "핵무기의 보유가 강대국들 사이의 행동을 온건하게 만들었다"는 시각이다.[32] 이러한 시각을 증명하듯, 1901~1950년에 전쟁으로 죽은 사람이 1억 명에 달한 반면, 1951~2000년 사망자는 그 5분의 1인 2,000만 명이었다는 통계도 있다. 그래서 "잘 통제된 확산", 즉 10여 나라가 핵 무장한 수준에서 핵 확산을 억제하는 것이 평화 유지에 도움이 되리라는 주장까지 제기된다.[33]

이처럼 핵의 시대가 강대국 간 전쟁을 억제했다는 주장은 1, 2차 세계대전에 뿌리를 두고 있다. 경제적 상호 의존의 증대가 전쟁을 억제할 것이라는 환상은 1차 세계대전으로 깨졌고, 세계 정부와 같은 국제 제도에 의한 평화론 역시 독일과 일본이 국제연맹에서 탈퇴해 2차 세계대전을 일으킨 사례로써 설득력을 잃었다. 또한 민주주의 국가 간에는 전쟁을 하지 않는다는 '민주 평화론' 역시, 민주주의 국가 사이에는 적용될 수 있지만, 냉전 시대의 미국과 소련 간에는 물론이고 국경 문제로 분쟁한 소련과 중국 간에도 대규모 전쟁이 일어나지 않았다는 점에서 적절한 이론이 아니다. 이에 따라 핵무기 옹호론자는 2차 세계대전 이후 강대국 간 전쟁이 일

---

32) Frank Miller, "Disarmament and Deterrence : A Practitioner's View", Geroge Perkovich · James M. Acton (eds.), *Abolishing Nuclear Weapons : A Debate*(Carnegie Endowment, 2009), 149~150쪽.
33) Joseph Cirincione, *Bomb Scare : The History & Future of Nuclear Weapons*, x쪽.

어나지 않은 가장 큰 이유를 핵무기에서 찾는다.[34]

특히 핵무기는 그것을 실제로 사용하지 않고도 상대방이 나한테 가할 수 있는, 내가 원치 않는 행동을 막을 수 있다는 점에서 억제력으로서의 가치가 강조되어왔다. 실제로 사용하지 않더라도 '존재' 그 자체만으로 유용할 수 있다는 것이다. 그러나 이런 논리는 지독한 역설이기도 하다. 핵무기를 사용하지 않고도 상대방의 공격을 억제하는 것은 핵무기의 사용 능력과 의지를 과시할 때 비로소 확보할 수 있다. 단순히 말만 반복하면 '엄포'에 불과하므로, 상대방에게 보복의 두려움을 각인시키기 위해서는 행동에 옮길 수 있다는 것을 보여주어야 하기 때문이다. 미국과 러시아를 비롯한 핵보유국들이 핵무기를 보유하는 데 만족하지 않고, 그 수를 엄청나게 늘리고, 탄도 미사일, 폭격기, 잠수함 같은 다양한 운반 수단을 개발하고 '경보 즉시 발사' 태세를 유지하는 등 신속한 공격 능력을 확보하려고 한 것도 이러한 맥락에서 이해할 수 있다.

대개 '핵 억제력'은 세 가지 기술과 능력을 요한다. 첫째는 핵무기 운반 수단으로, 대표적인 것이 바로 지상이나 잠수함에서 발사되는 탄도 미사일이다. 항공기나 선박을 이용해 핵폭탄을 투하하는 방식은 시간이 많이 소요될뿐더러 항공기나 선박이 상대방에게 격추되거나 격침될 우려가 있다. 반면 탄도 미사일은 원거리에서도 신속하게, 그리고 격추의 위험을 덜고 핵무기 운반 수단으로 사용될 수 있다. 탄도 미사일을 핵무기, 생화학 무기와 함께 '대량 살상 무기'로 분류하는 까닭이 바로 여기에 있다. 또 하나는 2차 공격 능력의 확보다. 핵 억제 전략은 적의 선제공격에도 완전히 파괴되지 않을 정도로 충분한 양의 핵무기와 준비 태세를 갖출 때

---

[34] Bruno Tertrais, "The Illogic of Zero", *The Washington Quarterly*(2010년 4월).

성공할 수 있기 때문이다. 끝으로 신속한 공격 능력이다. 핵미사일의 가공할 파괴력은, 일단 핵 공격을 당하면 잃을 것이 너무 많기 때문에 '너보다 내가 빨리 공격할 수 있어야 한다'는 강박관념을 낳았다.

그런데 핵 억제 전략은 핵보유국만 갖고 있는 것이 아니다. 이른바 '확장핵 억제'는 비핵 국가가 핵보유국의 핵우산에 안보를 의존하는 정책을 의미한다. 한국과 일본이 미국의 핵우산 아래에 있는 것이 이에 해당한다. 또한 핵 억제 전략은 적대국의 핵무기 사용 억제뿐만 아니라, 재래식 군사력이나 생화학 무기 사용의 억제까지 꾀하는 경우가 있다. 냉전 시대에 나토가 소련의 재래식 공격에 핵 보복을 가하려 했던 전략이나, 한미동맹이 북한의 재래식 공격에 핵무기로 보복한다는 대량 보복 전략이 이에 해당한다. 아울러 미국과 프랑스 등 일부 핵보유국들은 적대국이 생화학 무기로 공격할 경우 핵무기로 보복할 수 있다는 방침을 명시적으로 밝히거나 그 가능성을 암시해왔다. 핵무기에 의한 생화학 무기 사용 억제 효과는 과거 사례에 대한 해석에 기반을 두고 있다. 이집트가 1960년대 중후반 예멘과의 전쟁에서 화학 무기를 사용한 반면에 1973년 이스라엘과의 전쟁에서는 사용하지 않은 것이나, 이라크가 이란과의 전쟁에서 화학 무기를 사용한 반면에 1991년 걸프전에서는 이스라엘이나 미국을 상대로 사용하지 않은 것은 전쟁 상대국의 핵무기 보유 여부에 따른 것이라는 인식에 기반을 두고 있는 것이다.[35]

(3) 핵 억제 이론의 한계

'핵무기로 전쟁을 막는다'는 핵 억제 이론에 대한 비판은 다양한 시각

---

35) Bruno Tertrais, "The Illogic of Zero".

에서 제기된다. 우선 핵 억제 이론이 근본 전제로 삼고 있는 '합리성'의 문제다. 그런데 억제 이론에서 말하는 합리성은 불신과 믿음의 역설적인 조합으로 구성된다. 억제 이론을 대표하는 '공포의 균형'은 적이 나를 핵무기로 공격할 수 있다는 '불신'과 상호간의 공포가 균형을 이뤄 모두가 죽을 짓은 하지 않을 것이라는 '믿음'에 의해 핵전쟁이 억제된다는 논리이다. 이처럼 불안하기 짝이 없는 불신과 믿음 사이에 인류의 생존이 달려 있다는 것 자체가 대단히 위험천만한 일이다. 또한 억제 이론의 합리성은 적대적인 지도자가 죽음을 두려워하지 않거나 정신 질환을 앓고 있다면 통용될 수 없다. 가령 자살 테러는 핵 공격을 포함한 어떠한 보복 위협으로도 억제되지 않는다. 핵 억제 이론에서 말하는 합리성이 거꾸로 적용될 수도 있다. 예컨대 어떠한 이유로든 핵무기를 '먼저' 사용하는 나라는 국제 사회로부터 엄청난 비난을 받을 수밖에 없다. 그러므로 상대국의 지도자는 자신이 재래식 무기로 공격을 하더라도 공격을 받은 나라나 그 동맹국이 핵무기를 사용할 정도로 비이성적이지 않을 것이라는 가정을 세울 수 있다. 혹은 '도덕적 승리자'가 되기 위해 피폭 위험을 불사할 수도 있다.

핵 억제 이론에 의존하는 안보 전략은 상호 불신과 군비 경쟁을 피할 수 없게 만든다는 점 역시 중요하다. 억제 이론에서 강조되는 것처럼 핵무기가 군사 전략에서 대단히 중요한 수단이라면, 이는 거꾸로 핵무기가 적대국의 최우선적인 공격 목표가 된다는 것을 의미한다. 결과적으로 이런 일은 양측의 안보 딜레마를 심화해 군비 경쟁을 격화한다. 또한 상대방이 나를 공격할 수 있기 때문에 핵 억제력이 필요하다는 인식은 자신에게만 적용되는 것이 아니라 상대방에게도 적용된다. 상대방이 있는 게임인 안보에서 '내가 하면 예술이고 네가 하면 외설이다'라는 주장은 성립될 수 없다. 미 · 소 간의 핵 군비 경쟁, 미국과 소련의 위협에도 끄떡없이 핵 개발에 성공한 중국, 수십 년간 미국의 핵전쟁 위협에 시달려왔다며 핵무기 개발을 정당화하려는 북한은 핵 억제 이론이 상대방의 핵 개발을 자극한다는 상식을 잘 보여준다. 이처럼 핵 억제 이론은 '너의 핵이 억제용이어서 문제가 없다면, 나 역시 억제 목적으로 핵을 갖는 것이 왜 문제인가?'라는 질문에 근본적으로 취약하다.

앞서 언급한 것처럼, 핵 억제력은 핵무기의 실제 사용 이전에 핵무기의 사용 '위협'에서 비롯된다. 따라서 사용 '위협'을 어떻게 볼 것인가 하는 문제가 제기된다. 핵무기 옹호론자들은 핵무기를 실제로 사용하지 않고도 상대방의 공격을 억제할 수 있으므로 핵무기가 가진 '위협'의 가치는 인정해야 한다고 말한다. 일례로 영국의 국방부 장관인 데스 브라운은 2007년 1월 한 연설에서 "대부분의 환경에서 핵무기의 실제 사용은 악으로 간주될 수 있지만, 핵무기 자체를 악으로 규정하는 것은 거부한다"라고 말했다. 그러나 국제사법재판소는 1996년 권고문에서 "어떤 무기의 사용 자체가 불법이라면 그 무기의 사용 위협도 불법으로 간주"되고 "어떤 무기의 사용이 인도주의 법의 요구를 충족시킬 수 없다면 그 무기의 사용 위협도 인도주의 법과는 배치된다"라는 입장을 피력했다.[36]

핵 보복의 위협을 통한 억제가 실패해 핵 공격을 받을 경우, 모든 핵보유국은 핵 보복에 나선다는 계획을 갖고 있다. 이는 핵 공격을 당했을 경우 핵무기로 보복하는 것을 어떻게 봐야 하는가 하는 질문을 낳는다. 이와 관련해, 멕시코의 곤살레스 갈베스Gonzalez Galvez 대사는 국제사법재판소 증언에서 "고문에 대해 허용할 수 있는 대응은 고문이 아니며, 강

---

36) http://www.icj-cij.org/docket/index.php?p1=3&p2=4&k=e1&p3=4&case=95

간에 대한 대응으로 강간을 인정할 수 없듯이, 네가 우리 도시를 파괴하면 나도 너의 도시를 파괴하겠다는 핵 보복 억제 이론도 수용할 수 없다"라고 말했다. 핵 보복은 핵 공격을 결정한 정책 결정권자 및 교전 상대인 군인뿐만 아니라 이와 무관한 민간인 및 인접 국가와 미래 세대까지 희생시키므로 핵무기를 이용한 보복이 허용되어서는 안 된다는 것이다.

핵 억제 이론이 가진 또 한 가지 근본적인 문제는 '의도하지 않은 핵전쟁의 위험성'이다. 상대방에 대한 억제력은 핵무기를 사용할 의지와 능력이 강할수록 높아진다. 이러한 강박관념은 우발적이거나 인가되지 않은 핵전쟁을 유발할 수 있다. 상대방의 의도에 대한 오관과 오인, 컴퓨터 오작동, 일부 일탈 세력의 핵 사용, 핵무기를 관리하는 사람의 알코올·약물 중독이나 정신 질환 같은 이유로 핵전쟁이 발발할 가능성을 배제할 수 없다는 뜻이다. 실제로 냉전 시대에는 물론이고 탈냉전 이후에도 '우발적으로' 핵전쟁이 일어날 뻔한 아찔한 순간들이 많았다. 일례로 1980년 6월 미국 핵전쟁 통제 센터의 컴퓨터 화면은 소련 핵미사일 수백 개가 미국을 향해 다가오는 것을 포착했다. 미국은 즉각 보복 준비에 착수했는데, 버튼을 누르기 직전에 컴퓨터가 오작동했음이 드러났다. 1995년 1월에는 러시아 정부가 모스크바를 향해 미국 핵미사일이 다가오는 것을 포착했다. 보리스 옐친은 '핵가방'을 가동해 대응 공격 태세에 돌입했지만, 러시아 영공을 통과한 것이 미국의 핵미사일이 아니라 노르웨이가 발사한 인공위성으로 밝혀지면서 우발적 핵전쟁을 피할 수 있었다.

'핵우산'으로 표현되는 '확장 억제'는 더욱 근본적인 문제를 안고 있다. 냉전 시대에 미국은 유럽과 한국에 대규모로 핵무기를 배치했고, 냉전이 끝난 지금도 유럽에 상당수 핵무기가 남아 있다. 억제 이론에서는 이를 집 안에 '보험 증서'가 있는 것으로 간주하겠지만, 유사시 적대국의 우선적인 공격 대상이 된다는 점에서 이는 집 안에 '인화 물질'을 갖다 놓은 것이나 다름없다. 한국과 일본처럼 미국의 핵무기가 배치되지 않은 상태에서 핵우산이 유지된다고 해서 이러한 문제점이 사라지는 것은 아니다. 비핵 동맹국이 핵 공격을 당했을 때 핵을 보유한 동맹국이 핵 공격을 한 나라를 핵으로 보복한다는 것은 결코 기대하기 어려운 일이다. 과연 미국이 서울을 방어하기 위해 워싱턴을 희생시킬 수 있겠는가? 냉전 시대 내내 미국과 소련이 지구촌 곳곳에서 직간접적으로 충돌했음에도 불구하고 두 나라가 단 한 차례도 상대방의 본토를 공격하지 않았다는 사실을 떠올려보면 핵우산에 의존하는 안보 전략의 현실적인 문제점이 무엇인지 잘 알 수 있다.

핵 억제 '이론'은 핵무기의 방어적 성격을 강조하지만, '실제' 많은 나라들의 핵전략은 방어적이지 않았다. 미·소 간의 억제 이론은 '공포의 균형' 혹은 '상호 확증 파괴'를 통해 정당화되었는데, 실제로는 양국은 핵무기를 전쟁 억제의 수단으로 삼는 수준을 넘어 전쟁 승리의 수단으로 간주했다. 미·소 양국이 다양한 핵전략을 개발하면서 실전 사용의 부담이 덜한 전술 핵무기 개발에도 박차를 가한 것은 이를 잘 보여준다. 또한 강대국 간에 핵전쟁이 일어나지 않았다는 과거의 경험이 앞으로도 핵전쟁이 일어나지 않을 것이라고 보장해줄 수는 없다. 2차 세계대전 이후 "수십 년간 핵전쟁으로 발전할 수 있는 강대국들 간의 전쟁이 없었다는 과거의 경험적 사실은 미래의 어느 시점에 언제라도 뒤집힐 수 있다".[37]

핵 억제 이론의 또 하나의 허구는 핵보유국의 비핵 국가에 대한 핵 위협이다. 핵 공격이 있으면 핵 보복이 뒤따른다는 위협에 의해 핵 사용이 억

---

37) 이삼성, 《20세기의 문명과 야만》, 252~253쪽.

제된다는 것이 핵 억제 이론의 이론적 · 군사적 의미인데, 실제로는 핵보유국이 비핵 국가에 대한 압박 수단으로 핵무기를 활용해온 것이다. 1946년에 미국이 당시 비핵 국가였던 소련을 이란에서 철수시키기 위해 가한 핵 위협, 한국 전쟁 당시 중국의 개입을 저지하기 위해서나 휴전 협정에서 유리한 조건을 얻어내기 위해서 미국이 비핵 국가 중국에 가한 핵 위협, 그리고 베트남 전쟁 당시의 핵 위협 등이 이러한 사례에 해당된다. 이처럼 "강대국이 보유한 핵은 적의 핵 공격을 억제하기 위한 평화의 도구가 아니라, (비핵 국가와 같은) 약소국에 핵보유국의 의지를 강제하기 위한 지배 수단"으로 기능해온 것이다.[38]

(4) 핵 억제 이론의 미래

미 · 소 냉전 시대의 핵 억제론은 '공포의 균형'에 있었다. 많은 나라들이 미국과 소련의 핵우산 아래에 들어가면서, 핵보유국이 비핵 국가를 상대로 핵무기를 사용하려면 핵보유국 사이에서 핵전쟁을 벌일 위험을 감수해야 했다. 쿠바의 미사일 위기는 미 · 소 간의 '공포의 균형'이 전쟁을 억제한 대표적인 사례로 꼽힌다. 미국이 한국 전쟁 때 비핵 국가였던 북한과 중국에 핵무기를 사용하지 않은 데에는 핵보유국 소련이 핵 보복을 할지 모른다는 우려가 크게 작용했다. 베트남 전쟁 때도 미국은 핵 사용을 검토하긴 했지만, 중국과 소련을 의식하지 않을 수 없었다. 그러나 21세기에 들어와 억제 이론은 새로운 국면을 맞이하고 있다. 우선 미 · 소 간의 냉전 종식으로 '상호 확증 파괴', 즉 '공포의 균형'에 기초한 기존 억제 이론의 유용성을 재검토해야 하는 상황이 왔다. 반면 북한과 이란 등 미국에 적대

---

38) 이삼성, 《20세기의 문명과 야만》, 248~252쪽.

적인 국가들이 핵에 보이는 야심은 미국 내 일각에서 새로운 핵전략이 필요하다는 주장을 자극하고 있다. 또한 오바마의 '핵무기 없는 세계'라는 구상 역시 억제 이론에 대한 새로운 논쟁을 촉발하고 있다.

이러한 논쟁의 핵심에는 '북한과 이란을 어떻게 상대할 것인가' 하는 문제가 있다. 이들 나라가 핵클럽의 문턱을 넘나들면서 21세기 미국의 핵 억제 전략이 냉전 시대보다 더 복잡하고 어려워지고 있는 것이다. 우선 만약에 북한이나 이란이 미국이나 그 동맹국을 상대로 핵 공격을 한다고 할 때 그에 대한 보복으로 "미국이 평양이나 테헤란을 파괴하는 것은 비례의 원칙을 심각하게 위반하는 것이 될 것"이고, 이는 "국제 사회의 강력한 비난을 야기하게 될 것"이므로, 이들 나라에 대한 보복 수단으로 전략 핵무기를 사용하는 것은 가능하지도, 타당하지도 않다는 지적이 나온다. 이에 따라 핵 선제공격 옹호론자들은 미국이 유사시에 크나큰 인명 살상은 초래하지 않으면서 핵 무장한 적대국의 핵무기 격납고 등 핵심적인 군사 시설을 파괴할 수 있는 '저출력low-yield 핵무기'를 이들 나라를 상대로 한 핵 억제력의 핵심으로 삼아야 한다고 주장한다. 북한이나 이란은 미국과의 재래식 전쟁에서 패배에 직면할 경우 핵무기를 사용하겠다고 위협해 휴전 협정을 유도하거나 미군의 증원을 억제하려고 할 것이고 이것이 여의치 않으면 실제로 핵무기를 사용하려고 할 수 있으니, 이런 상황에 대비해야 한다는 것이다. "현명한 대(對)군사력counterforce은 수백만 명의 사상자를 낼 수 있는 전략 핵무기가 아니라, 사상자는 크게 줄이면서 적의 핵무기 격납고를 정확하게 공격할 수 있는 전술 핵무기여야 한다"는 것이다. 이는 "(적대국의) 명시적인 핵 위협이나 제한적인 핵 공격에 직면했을 때, 차선책은 추가적인 핵 공격을 예방하기 위한 핵 보복"이라는 주장에 기반을 두고 있다.[39]

그러나 이에 대한 반론도 거세다. 우선 저출력 핵무기의 추가 개발을 옹호하는 사람들은 지하 시설을 파괴할 수 있는 '벙커 버스터' 핵무기를 비롯한 신형 핵탄두가 필요하다고 주장하지만, 미국은 이미 세계 최강의 재래식 군사력과 함께 B-2 전폭기로 투하할 수 있는 B-61 핵폭탄을 갖고 있다. 또한 적대국의 핵무기고를 정밀 타격하기 위해서는 그것의 위치를 정확히 파악해야 하는데, 이는 불가능할 뿐 아니라 미국의 이러한 전략은 오히려 적대국의 핵무기 은폐 및 양적·질적 증강을 자극한다.[40] 또한 핵무기를 이용한 정밀 타격 대상으로 적대국의 핵미사일 격납고를 상정하고 있지만, 중국, 북한, 이란은 이동식 미사일을 선호해 표적 확인이 쉽지 않고, 따라서 적대국의 핵전력을 완전히 파괴하는 것은 불가능하다는 한계도 지적된다. 북한과 이란이 군사적 패배에 직면하면 핵무기를 사용하려고 할 것이라는 우려는 미국이 이들 나라의 정권 교체를 추구하지 않는다는 명확한 정책을 통해 해소되어야지, 핵 선제공격을 통해 해결해서는 안 된다는 주장도 제기된다. 특히 미국이 핵 선제공격 전략 유지와 신형 핵무기 개발에 나서면 중국 및 러시아와의 군비 경쟁이 격화되는 것은 물론이고 북한과 이란 핵 문제 해결이 더욱 요원해져, 결국 미국과 동맹국의 안보가 위태로워질 것이라는 얘기다.[41]

핵 위협을 통해 억제하려는 상대방의 무기가 어떤 종류인가 하는 것도 관건이다. 이는 핵 선제공격 옵션과도 관련되어 있는 문제다. 냉전 시대에 미국은 유럽과 동북아에서 공산권의 재래식 무기를 이용한 공격에도 핵무기로 보복한다는 '대량 보복 전략'을 채택한 바 있다. 냉전 해체 이후

---

39) Keir A. Lieber · Daryl G. Press, "The Nukes We Need", *Foreign Affairs*(2009년 11/12월).
40) Jan Lodal, "The CounterForce Fantasy", *Foreign Affairs*(2010년 3/4월).
41) James M. Acton, "Managing Vulnerability", *Foreign Affairs*(2010년 3/4월).

지금까지 나토나 미국은 이러한 대량 보복 전략을 철회한다고 명시적으로 밝히지 않았다. 핵 억제 및 보복의 대상에 생화학 무기를 포함시킬 것인지 여부도 역시 오랜 논쟁 주제이다. 핵무기를 순수하게 핵 공격을 당했을 경우의 보복 수단으로 간주하는 중국을 제외한 대부분의 핵보유국들은 이에 대해 모호한 태도를 보이거나 부시 집권기의 미국처럼 아예 핵보복이 가능하다는 입장을 밝혀왔다. 이에 대해서는 생화학 무기가 핵무기에 버금가는 살상력을 갖고 있는 대량 살상 무기인 만큼 핵 보복 위협에 의한 생화학 무기 억제 전략이 필요하다는 주장과, 생화학 무기의 파괴력을 핵무기에 버금가는 것으로 보는 것은 과장된 것이고 생화학 무기를 억제하는 데는 재래식 무기로도 충분하니 억제 전략이 불필요하다는 주장이 맞서고 있다.

끝으로 확장핵 억제, 즉 핵우산의 미래도 논쟁의 여지가 있다. 미·소 냉전 종식 이후 명시적으로 핵우산 정책을 유지하고 있는 나라로는 미국이 유일하다. 그래서 오바마가 핵무기 없는 세계를 주창하면서 밝힌 "안보 정책에서 핵무기 수와 역할을 줄이겠다"는 방침이 핵우산 정책에 어떤 영향을 미칠지 주목된다. 원칙적으로는 "핵무기가 존재하는 한, 동맹국에 대한 핵우산 정책은 유지한다"는 것이 미국의 방침이다. 그러나 전반적인 기조는 핵무기 비중을 낮추고 재래식 무기와 미사일 방어 체제를 통해 보완한다는 것이고, 이를 반영하듯 미국은 토마호크 미사일에 탑재 가능한 핵탄두를 폐기하기로 했다. 또한 '벙커 버스터' 핵무기 개발도 추진하지 않기로 방침을 정했고, 전술 핵무기 폐기에도 적극성을 보이고 있다. 지역적으로는 북한과 적대 관계에 있는 한국과 일본에는 핵우산을 계속 제공하고, 이란이 핵 개발을 추구하면 이스라엘뿐만 아니라 사우디아라비아와 요르단 등에도 핵우산을 제공한다는 방침이다. 아울러 나토 국가들에 대한 핵우산은 유지하면서, 유럽에 배치된 전술 핵무기는 철수할 것을 검토하고 있다.

요컨대 '핵 억제론'으로 일컬어지는, 핵무기로 유지되는 평화는 그 무기가 사용되는 순간 모두가 죽는다는 '공포의 균형'에 기초하고 있다. 이것은 말하자면 인간이 너 죽고 나 죽고 모두가 죽게 되는 어리석은 일은 하지 않을 것이라는 인간 이성의 최저치에 호소하는 이론이다. 그러나 인간 스스로가 자신을 포함한 모든 생명체를 죽일 수 있는 무기를 만들고 계속 갖고 있는데도 인간이 모두가 죽는 어리석은 행동은 하지 않을 것이라는 믿음을 갖고 있는 것이야말로 인류 사회가 직면한 지독한 역설이다. 이러한 핵무기와의 불안한 동거를 어떻게 해결하느냐 하는 문제는 60년 넘게 인류 사회에 주어져온 가장 큰 숙제다.

6. 핵무기는 왜 금기의 무기가 되었나[42]

    인류 사회는 자신이 만든 무기를 사용해왔고, 또 더 강력한 무기를 손에 넣을 때까지는 갖고 있는 무기를 포기하지 않았다. 핵무기 역시 예외가 아니다. 그러나 핵무기는 1945년 8월 일본에 핵폭탄이 투하된 이후 60년이 넘도록 사용되지 않았다. 이에 대한 상식화된 설명은 이른바 강대국 간의 '공포의 균형'이다. 그러나 일본 피폭 이후, 핵전쟁은 핵보유국 사이에서만 일어나지 않은 것이 아니라 핵보유국과 비핵 국가 사이에서도 일어나지 않았다. 왜 미국은 한국 전쟁과 베트남 전쟁에서 핵무기를 사용하지 않았을까? 왜 소련은 아프가니스탄에서 핵무기를 사용하지 않았을까? 당시 미국과 소련 모두 수만 개의 핵무기를 갖고 있고 베트남과 아프가니스탄은 핵무기를 갖고 있지 않은 상황에서 미국과 소련이 패배의 길을 걷고 있었는데도 말이다. 이는 핵전쟁의 부재에는 '공포의 균형' 이상의 설명이 필요하다는 것을 의미한다.

---

42) 이 부분은 정욱식·강정민, 《핵무기 : 한국의 반핵문화를 위하여》, 110~124쪽의 내용을 대폭 수정·보완한 것이다.

왜 오랫동안 핵무기가 실제로 사용되지 않았는가 하는 문제는 왜 핵무기는 다른 무기들과 달리 '금기의 무기'라는 인식을 가져왔는가 하는 질문과 연결되어 있다.[43] 핵무기주의 못지않게 반핵주의도 성장하면서 핵무기 사용이 '금기시' 됨으로써, 핵보유국들은 다른 핵보유국들뿐만 아니라 비핵 국가에 대해서도 핵무기를 사용하기가 어려워진 것이다. 그러나 핵무기에 대한 사람들의 생각이 처음부터 부정적이었던 것은 아니다. 1945년 8월 미국이 히로시마와 나가사키에 핵폭탄을 투하한 직후에 실시된 한 여론 조사에서 미국 국민의 86퍼센트는 핵무기 사용을 지지했다. 이 배경에는 핵무기에 대한 인식 부족과 함께(당시 대다수 사람들은 핵무기를 그저 무기의 일종으로 생각했다), 진주만을 공격한 일본에 대한 보복 심리 및 인종적 편견, 그리고 미군 피해자를 최소화해야 한다는 인식이 있었다. 당시 일부 평화주의자와 종교 지도자, 그리고 과학자들이 핵무기 사용에 반대했으나, 이는 미국 국민들의 압도적인 반일 감정에 묻혀 버렸다. 그러나 히로시마와 나가사키에서 엄청난 살상에 뒤이어 방사능 오염에 따른 피해가 '지속적으로' 나타나는 것이 확인되면서 핵무기에 대한 인식은 조금씩 바뀌기 시작했다. 핵무기가 대단히 혐오스럽고 위험한 무기, 따라서 절대로 사용되어서는 안 될뿐더러 궁극적으로는 없어져야 할 '금기의 무기'라는 인식이 확산되기 시작한 것이다.

핵무기 사용이 '금기'가 된 배경에는 반핵 운동이 자리 잡고 있다. 미국과 소련 등 핵보유국은 유사시 핵무기 사용을 군사 전략의 일환으로 삼으려고 했으나, 국제 사회의 여론은 이를 용납하지 않았다. 앞서 언급한 것

---

43) 이에 대해서는 Nina Tannenwald, "Stigmatizing the Bomb : Origins of the Nuclear Taboo", *International Security*(2005년 봄) 참조.

처럼 반핵 운동의 최전선에는 맨해튼 프로젝트에 참여해 핵무기의 위험성을 누구보다도 잘 알고 있던 과학자들이 있었다. 소련의 핵 실험 직후인 1949년 10월에 히로시마에서는 핵무기 폐기를 촉구하는 최초의 반핵 집회가 열렸다. 또한 1950년에 사회주의 계열의 세계평화위원회World Peace Council가 주도한 핵무기 금지 청원 서명에 무려 5억 명이 참여했다는 결과가 발표되기도 했다. 미국과 소련은 경쟁적으로 대기권에서 핵 실험을 했는데, 1953년 7월에 동물 뼈와 우유에서 암과 기형아를 유발하는 방사능 물질 Strontrium-90이 검출되어 반핵 운동에 기름을 부었다.

반핵 운동이 본격화된 계기는 무엇보다도, 1954년에 '브라보'라는 이름을 달고 실시된 미국의 수소 폭탄 실험이었다. 이를 계기로 미국의 '분별 있는 핵 정책을 위한 전국위원회National Committee for a Sane Nuclear Policy'와 '비폭력행동위원회Committee for Non-Violent Action', 영국의 '핵군축캠페인Campaign for Nuclear Disarmament', 그리고 초국적 단체인 '퍼그워시' 등 저명한 반핵 단체들이 생겨났다. 이들은 대규모 반핵 집회, 신문 광고, 시민 불복종 운동 및 핵무기 시설 침투와 핵 실험 지역에서의 해상 시위 등 다양한 방법을 통해 반핵 운동을 전개했다. 이러한 운동은 언론을 통해 전 세계에 알려졌다. 그러자 핵무기 사용에 대한 미국의 여론도 바뀌기 시작해, 1950년대 중반에는 선제 핵 사용에 대한 반대 여론이 과반수를 넘어서기도 했다.

이러한 반핵 운동은 핵무기를 금기의 무기로 만드는 데 크게 세 가지 측면에서 기여했다. 첫째, 핵무기에 대한 정보와 기존의 인식과 다른 해석을 제공함으로써 대중들의 계몽에 크게 기여했다. 특히 핵무기의 보건, 의학, 환경상의 문제를 집중적으로 제기함으로써 핵무기는 비인도적인 무기라는 인식을 확산시켰다. 특히 아인슈타인과 슈바이처 등 저명한 인사들이 반핵 운동을 주도함으로써 대중적인 파급력과 전문성을 크게 높일 수 있었다. 둘째, 핵무기와 관련된 도덕성 문제를 집중적으로 부각시켰다. 반핵 운동은 핵무기가 인류 절멸의 무기가 될 수 있다는 점을 포착하고, 핵무기 사용을 금지하고 궁극적으로 핵무기를 폐기하는 것이 인류 사회의 도덕률에 해당한다고 강조했다. 셋째, 핵무기에 의존하지 않도록 정부를 압박했다. 핵무기는 인류 전체의 생존과 직결되어 있는 것인 만큼 한 나라의 주권 사항이 아니라 인류 공동의 문제임을 부각시켜, 핵무기에 의존하는 안보 정책을 추구하려는 정부들에 대한 비판과 압력을 증대시켰다. 이러한 반핵 운동 덕분에 핵보유국들은 핵무기 사용에 대해 큰 부담감을 갖게 되었고, 각종 핵 군축 조약 협상에 나서지 않을 수 없게 되었다.

반핵 운동과 함께 유엔도 중요한 역할을 했다. 1946년 1월, 유엔 총회는 "핵무기와 대량 살상을 야기하는 무기들의 폐기"를 촉구하는 결의안을 채택했다. 또한 유엔은 1948년 8월에 대량 살상 무기에 대한 최초의 개념 정의를 내놓음으로써, 핵무기는 다른 무기와는 다른 위험한 무기라는 인식을 심어주는 데 일조했다. 유엔은 대량 살상 무기를 "핵폭탄, 방사능 무기, 치명적인 화학 및 생물 무기와 이러한 무기에 상응하는 파괴력을 갖게 될 미래의 무기"라고 규정했다. 동시에 유엔원자력위원회를 창설해 원자력의 유일한 목적은 '평화적 이용'이 되어야 한다고 선언했다. 이후에도 유엔은 미국 및 나토 국가들의 반대에도 불구하고 여러 차례에 걸쳐 핵무기 사용 금지 및 핵 폐기를 촉구하는 결의안을 채택했다. 결국 유엔은 '강대국의 정치적 도구에 불과하다'는 비판을 받는 가운데서도 핵무기 사용을 금기시하도록 하는 데 일조했다고 평가할 수 있다.

이처럼 일부 정부와 반핵 운동 단체들이 핵무기의 존재 그 자체에 대한 비판의 목소리를 높여나가면서, 핵무기 사용을 둘러싼 도덕적·법률적 논쟁은 1990년대 중반에 절정에 달했다. '핵전쟁 예방을 위한 국제 의사회International Physicians for the Prevention of Nuclear War'는 1992년 세계보건기구(WHO) 총회에서 "보건과 환경의 관점에서 전쟁이나 무력 갈등 상태에 처한 어떤 나라가 핵무기를 사용하는 것은 국제법의 위반인가?"라는 질문을 제기했다. 이에 세계보건기구는 국제사법재판소에 법률적 판단을 의뢰했다. 이와 거의 동시에 반핵 운동 단체들은 유엔 총회에 "어떠한 환경에서든 핵무기의 사용이나 사용 위협이 국제법에 부합하는지 여부"를 판단해주는 결의안의 채택을 요구했고, 1993년 유엔 총회는 이 결의안을 상정했다. 그러나 미국, 영국, 프랑스는 회원국들에게 결의안에 찬성하면 무역 보복을 당하게 될 것이라고 경고했고, 이에 따라 결의안 채택은 무산되었다. 그러나 이 결의안은 1994년에 재상정되어 그해 12월 15일에 채택되었다. 그리고 유엔 총회는 유엔 헌장 92조에 따라 설립된 국제사법재판소에 핵무기 사용 및 사용 위협의 적법성에 대한 판단을 묻게 된다.

그러자 미국, 영국, 프랑스, 러시아 및 미국의 일부 동맹국들은 국제사법재판소에 법률적 판단을 내리지 말 것을 요구했다. 영국은 국제사법재판소에 핵무기에 대한 "건설적인 침묵의 장막"을 제거하지 말 것을 촉구했다. 핵무기에 대한 논쟁이 격화될수록 안보에 대한 우려도 커진다는 논리에서였다. 미국은 현대 과학 기술은 정밀 타격 능력을 강화하고 이에 따라 민간인의 피해를 크게 줄일 수 있기 때문에 핵무기에 대한 법률적 판단은 이러한 성과를 반영해야 한다고 주장했다. 과학 기술의 발전에 힘입어 핵무기가 무차별적인 대량 살상을 야기하지 않도록 설계·제조·사용될 수 있다는 것이었다.

그러나 45개국과 세계보건기구, 그리고 약 400만 명에 달하는 개인들의 청원이 국제사법재판소에 보내졌고, 국제사법재판소는 1996년 7월 8일 권고 의견Advisory Opinion과 재판관 14명의 개인적인 의견을 발표했다.[44] 권고 의견의 골자는 "핵무기의 사용 및 사용 위협은 일반적으로 generally 무력 분쟁에 적용되는 국제법과 배치되고, 특히 인도주의 법의 정신과 규칙에 위배된다"는 것과 "국가들은 핵 폐기 협상을 마무리할 의무가 있다"는 것이었다. 여기서 문제가 된 것이 바로 "일반적으로 generally"라는 표현이다. 이 표현 자체가 특별한 환경과 조건에서는 핵무기 사용이 합법적이라는 해석을 가능케 하기 때문이다. 이를 뒷받침하듯 국제사법재판소는 "국가의 존망 자체가 위태로운 극단적인 상황에서" 핵무기 사용 및 사용 위협을 선택하는 것에 대해서는 결론을 내리지 못했다. 그러자 영국은 "저출력 핵무기로 공해상의 전투함이나 인구 희박 지역의 병력을 공격하는 것은 민간인 피해를 거의 일으키지 않기 때문에 법적으로도 가능하다"는 입장을 피력하기도 했다.

이와 같은 다소 모호한 판결은 두 가지 판단에 기초한 것이었다. 첫째는 국제사법재판소 재판관들이 만장일치로 "핵무기 사용 및 위협을 인정하는 어떠한 국제법도 존재하지 않는다"는 점에 합의했다는 것이고, 둘째는 그럼에도 11 대 4로 "핵무기 사용 및 위협을 포괄적이고 보편적으로 금지하는 국제법도 존재하지 않는다"는 다수 의견이 나왔다는 것이다. 이러한 한계를 절감하듯 국제사법재판소 재판장은 "이러한 판단을 넘어서지 못하는 국제사법재판소의 무능력이 결코 핵무기 사용 및 위협이 합법적일 수 있다는 인식의 근거로 해석되어서는 안 된다. 핵무기는 절대 악이고

---

44) 권고 의견과 재판관들의 개인 의견 전문은 국제사법재판소 홈페이지 http://www.icj-cij.org/docket/index.php?p1=3&p2=4&k=e1&p3=4&case=95를 통해 볼 수 있다.

인도주의 법을 위태롭게 한다. 따라서 핵무기의 존재 그 자체는 인도주의 법의 존재에 대한 중대한 도전이다"라고 밝혔다. 한마디로 핵무기와 인도주의 법은 양립할 수 없으며, 이러한 딜레마를 해결하는 가장 적절한 방법은 "핵보유국이 핵무기를 폐기하겠다는 오래된 약속을 이행하는 것"이라는 주장이었다.

국제사법재판소의 이러한 권고 의견은 두 가지 결과를 초래했다. 하나는 핵무기 사용을 금기시하게 함으로써 핵보유국의 핵무기 사용에 대한 정치적·도덕적 부담을 더욱 가중시켰다는 것이다. 일례로 부시 행정부가 핵 선제공격 전략을 공식화하자, 많은 나라들과 반핵평화 운동 단체들은 '부시 독트린'이 국제사법재판소가 어렵게 내린 결론조차 무시했다고 비판했다. 또 하나는 반핵 운동 진영에 익숙하면서도 새로운 과제를 던졌다는 것이다. 국제사법재판소는 핵무기 사용 및 위협이 인도주의 법과 배치되긴 하나 핵무기 사용을 금지하는 국제법이 존재하지 않는다고 밝혔다. 이에 따라 많은 비핵 국가들과 반핵 운동 단체들은 핵무기 사용 자체를 금지하는 국제법 제정을 당면 과제로 삼고 NPT 회의에서 이를 관철하기 위해 노력하고 있다.

Global Armageddon

2

NPT란 무엇인가

1. 들어가며

인류 절멸의 무기로 일컬어지는 핵무기의 등장은 '보호 본능'을 다양한 방식으로 발동시켰다. 이미 핵을 가진 나라들은 '더 많이, 더 멀리, 더 강력한' 무기로 전략적 우위를 점하거나 억제력을 갖고자 했다. 또한 여러 다른 나라들은 독자적 핵 무장으로 안보와 권력을 추구하고자 핵클럽의 문을 두드렸다. 이것이 여의치 않거나 득보다 실이 크다고 판단한 나라들 가운데 상당수 미국 동맹국들은 핵우산을 안식처로 간주했다. 이미 1950년대 후반에 상대방을 초토화할 수 있는 핵무기를 보유한 미국과 소련은 이제 상대방의 핵미사일을 막을 수 있는 방패, 즉 탄도탄요격미사일(ABM)Anti-Ballistic Missile 개발을 시도했다. 탄도탄요격미사일은 요즘 말로 미사일 방어 체제(MD)를 의미하는데, 날아오는 적의 미사일을 중간에 미사일이나 레이저로 요격하는 무기다. 일부 국가들과 국제 시민 사회는 핵무기 사용 금지 및 완전 폐기를 주장하며 핵보유국들과 그 동맹국들을 상대로 힘겨운 싸움에 들어갔다.

'핵의 시대'에 핵무기 통제는 강대국 중심으로 이뤄졌다. 1960년대 들어 핵 확산 징후가 뚜렷이 나타나자, 당시 핵보유국들이었던 미국, 영국,

소련은 서둘러 핵클럽의 문을 닫으려고 했다. NPT는 이러한 맥락에서 나왔다. 명칭에서도 알 수 있듯이 NPT는 핵보유국의 핵무기는 사실상 건드리지 않으면서 비핵 국가의 핵 무장을 '평화적 핵 이용' 이라는 당근으로 막으려 하는 것을 본질로 한다. NPT는 '세 개의 기둥three pilar' 으로 이뤄졌는데, 비확산과 핵 군축, 그리고 평화적 핵 이용이 바로 그것이다. 그런데 비핵 국가의 핵무기 개발을 금지하는 비확산 의무는 국제원자력기구(IAEA)International Atomic Energy Agency에 의한 검증과 위반 시 유엔 안보리를 통한 제재를 수반한다. 반면 핵보유국의 핵 군축 의무는 '선의' 에 맡겨져, 어떠한 강제 조항이나 검증 체제도 없다. NPT를 핵무기를 가진 자와 못 가진 자로 나눈 대표적인 불평등 조약이라고 일컫는 이유가 바로 여기에 있다.

그럼에도 불구하고 NPT는 주목할 만한 성적표를 보이고 있다. 회원국이 189개국에 달하는데, 이는 네 나라를 제외한 유엔 회원국 전부가 참여하고 있다는 것을 의미한다. 또한 오늘날 핵보유국은 북한을 포함하더라도 9개국인데, 핵보유국 수를 이 정도로나마 묶어둘 수 있었던 것도 NPT에 힘입은 바 크다. NPT에 의해 핵 비확산을 국제 규범화함으로써 비핵 국가의 핵 개발 시도에 국제법적 제약을 가할 수 있게 되었고, 이를 위반하는 나라에 대해서 개별적 혹은 집단적 압박과 제재를 가할 수 있게 되었기 때문이다. 그러나 '개혁이 혁명을 예방하는 효과가 있다' 는 것을 입증하듯, NPT는 보다 근본적으로 핵 문제를 해결하려는 시도를 차단하는 결과도 초래했다. 이 조약은 다른 군축 조약과는 달리, 핵무기의 완전 폐기를 명시하지 않았고, 핵무기의 사용, 실험, 추가적인 생산을 금지하는 내용도 담지 않았다. 비핵 국가에는 족쇄를 채운 반면에, 핵보유국에는 날개를 달아준 셈이다. 미국 등 핵보유국들도 NPT에 불만이 많다. 일부 국가들이 NPT가 보장한 '평화적 핵 이용 권리'를 악용해 비밀리에 핵무기 개발을 시도하는 허점이 있다는 것이다.

　이러한 NPT의 결함은 다양한 보완책과 대안을 부각시켰다. 핵 실험 금지 및 핵무기용 핵 물질 생산 금지는 NPT의 결함을 보완하기 위한 첫걸음이다. 그러나 두 조약은 관련국들 사이의 이견으로 아직 발효조차 되지 않고 있다. 비핵 국가를 상대로 핵보유국이 '핵무기 사용 및 위협을 하지 않는다'는 소극적 안전 보장과 핵보유국 간에도 핵무기 선제 사용을 금지하는 것을 국제법으로 만들자는 제안은 NPT 협상 당시부터 나왔다. 그러나 이 역시 핵보유국들의 반대로 아직까지 빛을 보지 못하고 있다. 상황이 이렇다 보니, 핵무기금지조약Nuclear Weapon Convention을 통해 핵무기를 아예 금지하자는 제안은 제대로 논의조차 되지 않고 있다. 이처럼 NPT가 핵 위협을 해소하는 데 한계를 드러내자, 여러 지역에서는 비핵지대 조약을 체결해 핵 공포로부터의 해방을 추구하기도 한다.

2. NPT 이전의 비핵화 움직임

(1) 말잔치로 끝난 '바루크 플랜'

핵무기 통제를 위한 첫 테이프는 최초의 핵보유국이자 지금까지 유일하게 핵무기를 사용한 경험이 있는 미국이 끊었다. 히로시마와 나가사키 원폭 투하 두 달 후 트루먼은 이렇게 말했다. "문명의 희망은 원자 폭탄의 사용과 개발 금지에 대한 국제적 합의 여하에 달려 있다." 그리고 같은 해 11월에 영국과 캐나다의 총리를 만나 모든 핵무기를 폐기하고 평화적 목적의 핵 이용은 철저한 국제 검증 아래 두자는 제안을 유엔에 함께 내놓았다. 유엔 원자력위원회UN Atomic Energy Commission를 통해 핵 통제 체제를 구축하자는 이들 삼자의 제안은 12월에 유엔에서 채택됐다. 이듬해 미국 정부는 더욱 구체적인 제안을 내놓았다. 새로운 핵무기와 핵분열 물질 생산 금지, 핵연료 주기에 대한 국제적 통제와 엄격한 검증 체제 구축, 완전한 핵 폐기 등이 그것이다.

주목할 것은 이러한 구상의 대략적인 내용이 미국의 핵 투하 2개월 전에 이미 과학자들에게서 나왔다는 것이다. 맨해튼 프로젝트에 참여해 핵무기 개발에 참여했던 물리학자들 가운데 일부는 나치 독일이 패망하자

핵 개발의 동기가 사라졌다며 핵의 미래에 대한 경고를 내놓았다. 시카고 대학 물리학자이자 노벨상 수상자인 제임스 프랭크James Franck의 주도로 일본 핵 투하에 반대하고 나선 레오 실라르드Leo Szilard 등이 참여해 1945년 6월 11일에 발표한 〈제임스 보고서〉를 통해서였다. 이들은 보고서를 통해 미국은 핵 독점과 우위를 지속할 수 없고, 핵 연구와 기술의 확산이 불가피해질 것이고, 양적 우위를 확보한다고 해서 기습 공격에 대한 취약성이 사라지는 것이 아니며, 핵 비밀 유지가 완벽할 수는 없고, 조속히 국제 통제 체제를 구축하지 않으면 무제한적인 군비 경쟁이 시작될 것이라고 경고했다. 그리고 대안으로서, 우라늄 광산에 대한 국제적 분배 및 핵분열 물질로의 전용에 대한 감시 체제 구축, 서면상의 합의를 넘어선 실질적 통제 체제 구축 등을 제시했다. 특히 일본에 대한 미국의 핵 공격이 도덕적·정치적 파장을 가져올 것이라며, 실제로 핵폭탄을 사용하기보다 핵폭탄의 위력을 입증하는 방식으로 일본의 항복을 유도해야 한다고 권고했다. 또한 이들은 "핵무기 사용은 군사적 고려보다 장기적인 국가 정책의 관점에서 판단되어야 한다"며, 미국이 핵무기를 사용하면 앞으로 국제적으로 핵무기를 통제하는 일이 어려워질 것이라고 호소했다.[45] 그러나 트루먼 행정부는 이러한 권고를 일축하고 원폭 투하를 강행했다.

〈제임스 보고서〉의 경고대로, 2차 세계대전 직후 국제 핵 통제 체제를 구축하는 일은 난항을 겪었다. 그러자 트루먼 행정부는 버나드 바루크 Bernard Baruch를 대표로 임명해 1946년 6월 14일 '바루크 플랜'을 유엔에서 발표했다. 핵심 내용은 상기한 것과 동일했다. 다만 국제원자력개발기구International Atomic Development Authority를 창설하고 합의 사항 위

---

45) 이 보고서의 전문은 http://www.dannen.com/decision/franck.html에서 볼 수 있다.

반 시에 자동으로 제재를 가하자는 내용이 추가됐다. 그러나 핵을 독점하고자 한 미국의 미련은 바루크 플랜에 대한 소련의 비토권 행사에 명분을 주고 말았다. 미국은 국제기구가 어떤 나라도 핵무기를 개발하지 않고 있다는 것을 입증한다면 미국도 핵을 완전히 폐기할 의사가 있다고 발표했다. 그러자 소련은 역으로, 미국이 먼저 완전히 핵을 폐기하면 바루크 플랜에 동의하겠다고 제안했다.

그러나 바루크 플랜을 내세운 미국의 속셈은 달랐다. 당시 미국의 고위관료들은 미국의 핵 독점과 우위를 자신했던 것이다. 맨해튼 프로젝트 책임자 그로브스는 소련이 10~20년 내에는 핵 개발에 성공하지 못할 것으로 봤다. 제임스 번스 국무부 장관은 소련을 압박하는 카드로서 핵 무장의 유용성을 주장했다. 심지어 바루크도 "우리는 (핵무기를) 갖게 되었고, 그들은 없지 않느냐"며, 바루크 플랜은 미국이 제시하는 조건으로 이뤄져야 한다고 말했다.[46] 이처럼 미국과 소련이 각자 다른 속셈을 가지고 서로가 수용할 수 없는 제안을 내놓음으로써 바루크 플랜은 공허한 말잔치로 끝나고 말았다.

(2) '평화를 위한 원자력'의 명암

원자력을 이용해 핵무기 개발에 성공한 미국은 1950년대 들어 새로운 에너지원으로서의 원자력에 주목했다. 핵 과학자들은 원자력을 '기적의 힘'이라고 부르면서 자동차, 비행기, 가정 전력을 원자력으로 이용할 수 있다고 내다봤다. 또한 원자력 생산 비용이 대단히 저렴하므로 앞으로 에너지 문제는 걱정할 필요가 없다는 주장도 나왔다. 영국의 처칠 총리는

---

[46] Joseph Cirincione, *Bomb Scare : The History & Future of Nuclear Weapons*, 17~18쪽.

원자력을 "세계 번영의 마르지 않는 샘"이라고 부르기도 했다. 그러나 원자력은 그것의 탄생 배경과 과정이 보여주듯 핵무기로 전용될 수 있다는 근본적인 문제를 안고 있다. 원자력이라는 새로운 에너지원에 대한 '열망'과 핵무기라는 인류 절멸의 무기가 가져온 '공포'는 급기야 '평화를 위한 원자력Atoms for Peace'이라는 구상을 낳았다. 아이젠하워 대통령은 1953년 12월 8일 유엔 총회에서 이 구상을 발표했다.

인생의 상당 기간을 군인 신분으로 보낸 사람으로서, 저는 오늘 여러분에게 새로운 표현을 사용하지 않을 수 없게 되었습니다. 정말 사용하고 싶지 않지만, 그 말은 바로 핵전쟁입니다. 핵의 시대는 지구촌의 모든 사람이 우려해야 할 속도로 진행되고 있습니다. 만약 우리가 평화를 위한 지혜로운 모색을 하지 못한다면, 우리는 존재 자체의 문제와 맞닥뜨릴 수밖에 없습니다……이러한 우리의 운명이 달린 문제와 관련해, 미국은 여러분과 전 세계 앞에 가공할 핵의 딜레마를 해결할 것을 약속합니다. 인간의 경이적인 발명품이 죽음이 아니라 생명에 기여할 수 있도록 모든 열정과 정성을 다해 노력할 것입니다.[47]

아이젠하워는 자신의 말이 빈말이 아니라는 것을 보여주기라도 하듯, 미국이 마흔두 차례에 걸쳐 핵 실험을 했고, 핵무기가 나날이 늘어나고 있으며, 원자 폭탄보다 훨씬 파괴력이 강한 수소 폭탄 개발에도 성공해 실전 배치에 들어갔다고 말했다. 또한 비행기나 선박을 통해 "2차 세계대전 내내 영국에 투하된 모든 폭탄을 합한 것보다 파괴력이 강한 핵무기를

---

47) 연설문 전문은 http://www.iaea.org/About/history_speech.html에서 볼 수 있다.

운반할 수 있다"고도 말했다. 아울러 소련도 원자 폭탄과 수소 폭탄 개발에 성공했고, 영국도 그 뒤를 따랐으며, "현재 몇몇 나라들이 보유한 핵 개발 능력을 점차 많은 나라들이, 어쩌면 모든 나라가 습득하게 될 것"이라고 경고했다. 특히 몇몇 나라들이 핵전쟁에 대비한 방어 프로그램을 준비하고 있는 것과 관련해, 핵무기의 파괴력은 너무나도 엄청나기에 부질없는 일이 될 것이라고 말했다.

아이젠하워는 에너지로도, 가공할 무기로도 이용될 수 있는 '핵 딜레마'를 해소하기 위해 국제원자력기구(IAEA)를 창설해야 한다고 주장했다. 원자력의 평화적 이용은 늘리면서 핵보유국들은 핵무기 보유고를 줄이기 시작하자는 것이었다. 그런데 아이젠하워의 제안은 바루크 플랜과는 사뭇 다른 방향이었다. 바루크 플랜이 핵무기의 완전 폐기를 제안한 반면, '평화를 위한 원자력'에서는 감축과 통제에 방점이 찍혀 있었던 것이다. '우라늄 은행'으로 제안된 IAEA의 성격도 변질되었다. IAEA의 당초 기능은 공평하게 우라늄을 모아 이것을 다시 분배하는 것이었는데, 이는 소련이 우라늄 납부를 거부하고 미국 의회가 핵 물질 및 기술 분배의 독점적 권한을 주장하면서 무산되었다. 이렇듯 국제적 핵 통제 구축이 난항을 겪고 있는 사이에 미국, 소련, 영국 등 핵보유국들이 다른 여러 나라들과 양자 협정을 체결해 원자로를 비롯한 핵 시설과 핵 기술을 제공했다.

아이젠하워의 구상은 이후 지지와 비판을 함께 수반하게 된다. 옹호자들은 '평화를 위한 원자력'이 없었더라도 핵 확산은 불가피했고, 이 구상을 통해 그나마 확산 속도와 범위를 줄일 수 있었다고 주장했다. 특히 아이젠하워의 제안에 힘입어 1956년 IAEA가 공식적으로 창설되었다고 지적했다. 반면 비판론자들은 아이젠하워의 정책은 미국 원자력 산업계의 이해관계를 반영한 것이고, 오히려 핵 확산을 촉진하는 결과를 낳았다고 반격했다. 소련, 영국, 프랑스 등이 이미 원자력 기술을 갖춰 앞으로 미국의 시장 점유율이 줄어들 수 있는 상황이므로 미국이 선수를 쳐야 한다는 '이윤 논리'가 깔려 있었다는 것이다. 또한 IAEA 같은 국제 통제 체제가 제대로 구축되지 않은 상태에서 핵 기술이 이전되면서, 인도, 이스라엘, 브라질, 아르헨티나가 미국의 원자력 수출에 힘입어 핵무기 개발에 성공하거나 그 문턱에 도달했다고 지적했다.[48]

그런데 아이젠하워의 유산은 2010년 한국에서 다시 살아났다. 한국의 기후 변화 에너지 대책 포럼의 주최로 2010년 3월에 열린 행사에는 모하메드 엘바라데이 IAEA 명예 사무총장, 파올로 코타 라무시노 퍼그워시 사무총장, 김영삼 전 대통령, 토머스 그래엄 전 미국 대통령 특별 보좌관 등 19개국의 원자력 정책 고위급 지도자 및 학자들이 참석했다. 그런데 이 행사의 명칭은 '평화와 환경을 위한 원자력을 기원하는 정상 회의The Summit of the Honor on Atoms for Peace and Environment'였고, 그것의 모토는 "원자력 르네상스 시대에 평화적이고 지속 가능한 패러다임을 창출하자"는 것이었다.[49]

아이젠하워의 '평화를 위한 원자력'의 근본 취지는 인류 문명의 발전에 기여할 수 있도록 원자력의 평화적 이용은 증진하는 대신에, 인류 문명의 파괴를 가져올 수 있는 핵무기의 확산은 방지하자는 데에 있었다. 이는 후술할 NPT의 취지와 맥락을 같이한다. 그러나 NPT가 한계를 드러냈듯이, '평화를 위한 원자력'은 몇 가지 중대한 문제를 드러냈다. 첫째, 세계

---

48) Joseph Cirincione, *Bomb Scare : The History & Future of Nuclear Weapons*, 24~25쪽.
49) 이에 대해서는 다음을 참조하라. http://www.shape-2010.org

최대 핵보유국인 미국 스스로가 핵무기 보유를 전제로 이 구상을 추진한 탓에 국제 사회의 광범위한 지지와 참여를 확보하는 데 한계가 있었다. 둘째, 미국의 실질적 행보는 아이젠하워의 '평화를 위한 원자력'과 거리가 멀었다. 아이젠하워가 백악관에 들어갈 때 1,400개였던 미국의 핵무기는 그가 백악관을 떠날 때는 2만 개까지 증가해 있었다. 또한 미국은 한국 전쟁 휴전 협상에서 유리한 입장에 서기 위해 핵무기 사용을 들먹이며 상대국을 위협하는가 하면, 동북아와 유럽에서 적대국의 재래식 무기를 이용한 공격에도 핵무기로 보복할 수 있다는 '대량 보복 전략'을 채택해 핵전쟁의 위험을 크게 높였다. 셋째, 미국은 핵 기술과 물질이 군사용으로 전용된다는 것을 알면서도 비핵 국가에 대한 원자력 수출에 적극적이었다. 훗날 핵무기 개발을 시도했거나 개발에 성공한 많은 나라들은 '평화를 위한 원자력' 프로그램에 따라 미국으로부터 원자력을 수입한 나라들이 대부분인데, 여기에는 비밀 핵 개발에 성공한 남아프리카 공화국뿐만 아니라 오늘날 미국과 날카롭게 대립하고 있는 이란도 포함되어 있다.

3. NPT의 탄생 배경과 역사

(1) NPT의 탄생

핵 확산 통제와 방지에서 구체적인 성과가 나타나기 시작한 것은 1950년대 후반부터다. 앞서 언급한 것처럼 아이젠하워의 제안에 힘입어 1956년에 국제원자력기구(IAEA)가 창설되었는데, 이 기구는 핵에너지의 평화적 이용을 증진하는 대신에, 핵 기술이 군사적 용도로 전용되는 것을 막기 위해 안전 조치 마련에 나섰다. 그 결과 1961년에는 최초로 안전조치협정을 만들었고, 1967년에는 기존의 내용을 강화한 새로운 안전조치협정을 만들었다. 그리고 NPT가 탄생하면서 IAEA는 비핵 국가의 의무를 검증하는 유엔 기구로 자리매김하게 된다. 그러나 핵 '비확산' 체제 구축 움직임과는 달리 이 시기에 미국, 소련, 영국 등 핵보유국의 군비 경쟁은 본격화되고 있었다. 이에 핵 폐기를 촉구하는 반핵 운동이 거세게 일어나고 아일랜드 정부는 1958년 유엔 총회에서 핵 군비 경쟁을 종식할 수 있는 국제 조약을 체결해야 한다고 주장했지만, 이러한 움직임들이 현실적인 힘을 갖는 데에는 한계가 있었다.

이러한 상황에서 핵 확산의 우려는 더욱 커지고 있었다. 1958년 미국 정부는 국가 정보 평가(NIE)National Intelligence Estimate 보고서를 통해 미국, 소련, 영국을 제외하더라도 모두 16개국이 핵무기 개발 능력을 갖고 있다고 밝혔다.[50] 이를 입증하듯 프랑스는 1960년 2월에 핵 실험에 성공했고, 서독, 이스라엘, 인도, 이탈리아, 일본, 스웨덴, 스위스, 중국 등도 핵 기술 확보에 적극적으로 나서고 있었다. 특히 2차 세계대전 전범국인 서독의 핵 무장 가능성은 미국, 영국, 소련 등 당시 핵보유국들 모두가 가장 크게 우려하는 점이었다.

이렇듯 핵 확산의 우려가 커지는 가운데 치러진 1960년의 미국 대선에서 존 F. 케네디가 승리하면서 핵 군비 통제는 새로운 국면을 맞이했다. 그는 대선 유세 때 아이젠하워(대통령)-닉슨(부통령) 행정부가 핵 위험을 통제하는 데 대단히 소홀했다고 비난하면서, 자신이 집권하면 "핵 실험과 핵무기 통제, 우주 군비 경쟁 지양 및 핵 군축에 적극 나서겠다"고 공언했다. 그리고 특히 1962년 핵전쟁 일보 직전까지 갔던 쿠바 미사일 위기를 겪고는, "1970년대에 미국 대통령은 15~20개의 핵보유국들을 맞닥뜨리게 될 것"이라며, "이는 가장 심각하면서도 현실로 나타날 위험이 될 것"이라고 경고했다.[51] 이에 따라 케네디는 군비 통제 및 군축국(ACDA)을 창설해 군축과 군비 통제를 행정부의 핵심적인 과업으로 삼았다. 이렇듯 새로운 전기를 맞이한 핵 통제 움직임은 1961년 베를린 위기와 1962년 쿠바 미사일 위기를 거치면서 더욱 절박한 과제가 되었다. 이 두 사건은 인류 공멸을 야기할 강대국 간의 핵전쟁이 언제든 일어날 수 있다는 우려를 더욱 부채질했다. 이를 반영하듯 1963년에는 미국, 소련,

---

50) Joseph Cirincione, *Bomb Scare* : *The History & Future of Nuclear Weapon*, 32~33쪽.
51) Joseph Cirincione, *Bomb Scare* : *The History & Future of Nuclear Weapon*, 36~37쪽.

영국이 대기권·우주·수중에서 핵 실험을 하지 않겠다는 '제한적핵실험금지조약Limited Test Ban Treaty'을 체결하기도 했다.[52]

  NPT 체제 탄생의 결정적인 기초가 된 것은 1965년 유엔 총회 결의안 2028호이다. 이는 1964년 10월 중국의 핵 실험으로 핵 비확산 체제 마련을 더 이상 늦춰서는 안 된다는 국제 사회의 분위기가 팽배하면서 채택된 결의안이다. 당시 미국은 물론이고 소련도 중국과 갈등 관계에 있었기 때문에, 중국의 핵 실험은 이들 나라로 하여금 핵 비확산의 시급성을 새삼 일깨워준 사건이었다. 또한 중국의 핵 실험은 분쟁 중이던 인도와, 태평양 전쟁을 치른 일본이 핵 무장을 할지 모른다는 우려를 더욱 고조시켰다. NPT의 초안 격인 이 결의안의 주요 골자는 ▲핵보유국과 비핵 국가 모두 핵무기 확산에 관여하지 않고, ▲핵보유국과 비핵 국가의 의무는 적절히 균형이 맞아야 하며, ▲총체적이고 완전한 핵 폐기를 향한 노력이 담겨야 하고, ▲조약의 실효성을 확보할 수 있는 실질적인 내용이 포함되어야 하며, ▲비핵 지대의 창설은 이 조약으로 지장을 받아서는 안 된다는 것 등이었다.

  그러나 NPT 체결로 가는 데에는 여전히 다른 장애물들이 도사리고 있었다. 우선 비핵 국가들의 반발이 컸다. 미국, 소련, 영국의 협상안에는 핵보유국의 핵 폐기 의무에 대한 뚜렷한 약속도 시한도 담겨 있지 않아, 상당수 비핵 국가들은 NPT가 불평등 조약이라고 반발했다. 바로 이 시기에 미국과 소련은 협력하기 시작했다. 이 두 나라가 핵의 평화적 이용을 보장하고 핵우산을 제공하는 조건으로 비핵 국가들의 반발을 무마하고 나선 것이다. 핵 무장을 저울질하고 있었던 서독 문제도 '뜨거운 감자'였다. 서독 등 일

---

52) 이 조약은 부분핵실험금지조약Partial Test Ban Treaty으로도 불린다.

부 나토 국가들은 핵무기 사용에 대한 정책 결정이 오직 미국에 의해 이루어지고 있다며, 이를 '다자화' 할 것을 요구했다. 그러자 케네디 행정부는 서독 등 일부 나토 국가들의 병력도 미국의 핵함정과 핵잠수함에 탑승시켜 서독의 불만을 달래려고 했다. 그러나 '다자군Multilateral Force' 이라고 불렸던 이 계획에 대해 소련은 물론이고 상당수 유럽 국가들도 서독에 과도한 역할을 부여하는 것이라며 반대하고 나섰다. 결국 미국이 1965년 8월에 이 계획을 철회함으로써 NPT 논의는 다시 탄력을 얻었다.

이러한 우여곡절을 거쳐 미·소 양국은 1968년에 NPT 조약문을 유엔 총회에 제출했고, 유엔 총회는 결의안 2372호를 채택해 NPT를 승인했다. 이에 따라 1968년 7월 1일부터 서명이 개시되어 미국, 소련, 영국 3개국의 기탁국을 포함한 62개국이 서명했고, 1970년 3월 5일에 43개국이 비준 절차를 완료함에 따라 NPT가 발효되었다. 그러나 당시 NPT가 인정한 핵보유국인 프랑스와 중국은 서명을 거부했고 1992년에 가서야 NPT에 가입했다.

그러나 핵 개발 능력이 있는 나라들 가운데 상당수가 NPT 가입을 거부했다. 인도의 인디라 간디 총리는 "중국이 등 뒤에 있고 파키스탄이 바로 옆에 있다는 것을 고려할 때, 인도는 핵 옵션을 계속 보유하는 것 이외에는 대안이 없다"는 입장을 고수했다. 브라질은 주권 차원에서 NPT에 대해 부정적 의견을 피력했다. NPT가 '평화적 핵폭발 장치'를 금지함으로써 자국의 원자력 발전에 제한이 될 수 있다는 것이었다. 인도의 서명 거부는 파키스탄에 구실을 제공했고, 브라질의 인접국들인 아르헨티나와 칠레도 주권 논리를 들어 서명을 거부했다. 미국의 동맹국인 오스트레일리아는 서태평양의 안보 정세가 악화될 우려가 있다는 이유로, 나토 회원국인 이탈리아는 NPT가 비핵 국가를 '2류'로 취급한다는 이유로 NPT 가

딘 러스크 국무부 장관(오른쪽)이 지켜보는 가운데 NPT 조약에 서명하고 있는 린든 존슨 미국 대통령

입을 거부했다.[53)]

(2) NPT의 내용과 특징

1968년부터 서명에 들어가 1970년 3월에 발효된 NPT는 핵무기 확산을 예방하고 궁극적으로 완전한 핵무기 폐기의 달성을 목표로 하는 대표적인 국제 군축 조약이다. 이 조약은 2008년 7월 1일로 체결 40주년을, 2010년 3월 5일로 발효 40주년을 맞이했다. NPT 회원국은 NPT 발효 당시에는 43개국에 불과했으나 점차 늘어나, 2002년 11월 쿠바가 가입했을 때에는 188개국에 달하기도 했다. 그러다 2003년 1월 북한이 NPT를 탈퇴하면서 187개국으로 줄었다가, 이후 2개국이 추가로 가입해 2010년 3월 현재 189개국으로 늘어났다. 이스라엘, 인도, 파키스탄은 줄곧 NPT 비회원국으로 남아 있으면서 핵무기를 개발·보유하고 있으며, 북한도 이들 나라의 길을 걷고 있다. 이들 네 나라가 NPT에 가입하기 위해서는 핵무기를 폐기하거나 핵무기 폐기를 약속하고 IAEA의 감시와 사찰에 동의

---

53) 이에 대해서는 다음을 참조하라. http://www.gwu.edu/~nsarchiv/nukevault/ebb253/index.htm

해야 한다. NPT의 주요 내용은 아래와 같다.[54]

- 핵보유국의 다른 국가로의 핵무기 및 핵 물질 이전과 비핵 국가에 대한 핵무기 개발 지원 금지.
- 비핵 국가들의 핵무기 획득 및 개발 금지.
- 비핵 국가들이 평화적인 목적의 핵 프로그램을 핵무기 개발로 전용하지 않는다는 것을 보증하기 위해 IAEA의 안전조치협정 체결 및 이행.
- 우라늄 농축과 재처리 시설을 비롯한 평화적 목적의 원자력 이용에 대한 모든 회원국의 무차별적이고 양도할 수 없는 권리 인정.
- 핵 군비 경쟁을 종식하고 핵무기 폐기를 이루기 위한 핵보유국들의 선의의 협상과 조약 체결 의무.
- 조약 개정은 모든 회원국이 발의할 수 있고, 회원국 3분의 1 이상의 찬성으로 상정되어, 모든 핵보유국과 IAEA 이사국, 그리고 NPT 회원국 과반수 이상의 동의로 개정될 수 있음.
- 1967년 1월 1일 이전에 핵무기 또는 핵폭발 장치를 제조하고 폭발시킨 국가를 핵보유국으로 인정.
- 국가의 최고 이익이 침해받을 경우 NPT에서 탈퇴할 권리 인정.

위의 내용에서도 알 수 있듯이 NPT는 '세 개의 기둥'으로 이뤄져 있다. 비핵 국가와 핵보유국 사이의 균형된 의무로서 '비확산non-proliferation'과 '핵 군축disarmament'을 함께 요구하는 한편, 회원국의 '평화적 핵 이

---

54) 조약 전문은 부록에 수록했다.

용 권리'를 보장하는 것이 바로 그것이다. 여기서 '비확산'은 비핵 국가들의 평화적 핵 이용 권리는 보장하는 대신에 이를 핵무기 개발로 전용하는 것은 금지하는 것이고, '핵 군축'은 핵보유국의 핵무기 폐기 의무를 의미한다. 그러나 NPT는 그 명칭에서도 알 수 있듯이 '비확산'에 초점을 맞춘 조약이다. 생물무기금지협약, 화학무기금지협약, 대인지뢰금지협약, 집속탄금지협약 등에서 알 수 있듯이, 일반적으로 군축 조약은 해당 무기의 사용 및 실험 금지와 폐기를 명시한다. 반면 NPT는 핵보유국의 핵무기 사용 금지는 물론이고 추가적인 핵무기 제조 금지와 핵 폐기에 대해서는 명확히 규정하고 있지 않다. 이처럼 NPT는 핵무기를 '가진 자'와 '못 가진 자' 사이의 절충안이다. NPT는 1967년 1월 1일 이전에 핵 실험을 한 나라이자 유엔 안전보장이사회의 상임 이사국인 미국, 소련,[55] 중국, 영국, 프랑스에 대해서는 핵무기 보유를 인정하면서 핵 폐기 의무를 '선의good faith'에 맡긴 반면, 다른 회원국들에 대해서는 핵무기 개발을 금지하고 IAEA를 통한 검증을 부과하는 대신에 평화적 핵 이용을 보장하고 있다.

후술하겠지만, NPT는 다양한 평가를 받고 있다. '189 대 4'라는 회원국 대 비회원국의 스코어가 보여주듯, NPT는 군비 통제 조약 가운데 회원국을 가장 많이 확보하고 있는 조약이다. 또한 '184 대 9'라는 비핵 국가 대 핵보유국의 스코어는 NPT 등장 이전에 우려되었던 핵 확산이 이 조약 발효 이후 크게 줄어들었다는 것을 의미한다. 미국의 비확산 분야의 베테랑 외교관이었던 조지 번George Bunn은 "NPT가 없었다면 오늘날 9

---

[55] 구소련의 핵무기는 러시아, 벨라루스, 카자흐스탄, 우크라이나에 있었는데, 구소련 붕괴 이후 러시아가 공식적인 소련 핵무기 계승국으로 인정되었고, 이에 따라 다른 세 나라의 핵무기는 1996년 11월까지 모두 러시아에 인도되거나 폐기되었다.

개국이 아니라 30~40개국이 핵무기를 보유했을 것"이라고 말했다. NPT가 핵 비확산이라는 국제 규범을 확고히 함으로써 비핵 국가들의 핵무기 개발 동기를 크게 위축시켰다는 것이다. 그러나 비핵 국가들이 핵무기 개발을 포기한 것은 NPT 때문이 아니라 독자적인 정치적·안보적·경제적 판단에 따른 것이라는 반론도 제기되고 있다. 무엇보다 NPT는 핵무기를 '가진 자'와 '못 가진 자'를 나누고 의무를 차별적으로 부과함으로써 '불평등 조약'이라는 오명을 얻었다. 그리고 아래의 표에서 잘 드러나는 것처럼, NPT는 5대 핵보유국의 핵 군축에 이렇다 할 기여를 하지 못했다는 비판을 받고 있다.

5대 핵보유국의 핵 보유고 추이(1945~2009)

연도	미국	소련(러시아)	영국	프랑스	중국	합계
1945	6					6
1949	235	1				236
1953	1,436	120	1			1,557
1960	20,434	1,605	30			22,069
1964	31,056	5,221	310	4	1	36,592
1972	27,912	14,478	220	70	130	42,810
1980	24,304	300,062	350	250	280	55,246
1986	24,401	45,000	300	355	425	70,481
1992	14,747	33,000	300	540	435	49,022
2000	10,577	21,000	185	470	400	32,632
2006	10,104	16,000	200	350	200	26,854
2009	9,400	13,000	180	300	240	23,120

출처 : *Bulletin of The Atomic Scientists*

4. 미·소 탈냉전 이후의 NPT

(1) '무기한 연장'에 성공한 1995년 NPT

냉전 시대를 거치면서 회원국들이 꾸준히 늘어나고, 미국과 소련이 '총성 없이' 냉전 종식을 선언하고, 1992년에는 중국과 프랑스가 NPT에 가입하면서 핵 비확산 체제는 탄력을 얻는 듯했다. 그러나 1970년에 약 4만 개였던 핵무기가 1980년대 중반에 7만 개까지 치솟은 데서도 알 수 있듯이, 핵보유국의 핵 군축 약속은 빈말로 끝났다. 또한 이스라엘이 비밀 핵 개발에 박차를 가하고, 인도가 1974년 '평화적 핵 실험'이라고 주장하며 핵폭발 장치 실험을 실시하고, 파키스탄이 핵 개발에 본격 착수하면서 NPT 비회원국들의 핵 개발이 도마 위에 올랐다. 특히 북한이 1993년 3월, NPT 역사상 최초로 탈퇴를 선언하면서 NPT 위기론은 더욱 증폭되었다.[56] 이 시기에 미국이 수단과 방법을 가리지 않고 북한의 핵 개발을 저지하려고 한 것도, 북한의 핵 보유가 야기할 동북아 정세의 불안과 함께

---

56) 1993년 3월 NPT 탈퇴를 선언했던 북한은 1994년 제네바 합의를 통해 이 조약에 잔류하기로 약속했다가, 부시 행정부 출범 이후 미국의 대북 강경책이 절정에 달했던 2003년 1월에 NPT에서 다시 탈퇴했다.

NPT 무기한 연장에 차질이 생길 수 있다는 우려 때문이었다.

따라서 1995년의 'NPT 검토 및 연장 회의'는 중차대한 의미를 담고 있었다. 회원국들이 무기한 연장에 동의하지 않으면 NPT는 몰락하고 핵 확산의 위험이 다시 도래할 것이기 때문이었다. 결론적으로 이 회의에서 회원국들은 세 가지 성과를 이루었다. 첫째는 NPT를 무기한 연장하기로 한 것이고, 둘째는 더욱 강화된 검토 기제를 만들기로 한 것이며, 셋째는 '핵 비확산과 폐기의 원칙과 목적'에 합의한 것이다. 그러나 그 과정은 결코 녹록지 않았다.

1995년 1월에 뉴욕에서 열린 'NPT 검토 및 연장 회의' 준비 회의[57]에는 142개 회원국이 참가했는데, 이 가운데 70개국 정도만 NPT의 무기한 연장을 지지했다. 상당수 국가들은 핵보유국의 핵 감축 및 폐기 의무가 이행되지 않고 있고, 핵무기 불사용 약속도 모호하며, 핵분열물질생산금지조약(FMCT)Fissile Material Cut-off Treaty과 포괄핵실험금지조약(CTBT)Comprehensive Nuclear-Test-Ban Treaty의 협상이 더디다는 것을 문제 삼고 있었다. 이에 따라 일부 국가들은 '무기한 연장'이 아니라 '시한부 연장'을 주장했고, 비동맹 운동 가입 국가들의 상당수는 무기한 연장 여부를 만장일치로 결정해야 한다고 주장했다. 검토 회의를 4개월 앞둔 상황에서 무기한 연장은 불확실해 보였다. 돌파구는 NPT 준비 회의 직후 스위스 제네바에서 열린 '군축 회의(CD)Conference on Disarmament'에서 나왔다. 미국은 포괄핵실험금지조약에서 탈퇴할 수 있는 권리를 넣자는 기존의 입장에서 물러섰고, 영국과 프랑스는 예외적인 환경에서 안전한

---

57) 5년마다 NPT 검토review 회의가 열리고, 검토 회의 사이에 세 차례 안팎의 준비 회의가 열린다.

핵 실험을 할 권리를 인정하자는 주장을 철회했다. 비축된 핵분열 물질도 폐기 대상에 포함시킬 것인가를 두고 난항을 겪었던 핵분열물질생산금지조약도 지속적인 협의를 통해 이견을 좁히기로 했다. 이는 하나같이 비핵국가들의 불만을 달래려는 데서 나온 조치들이다. 그러나 핵보유국의 핵무기 사용을 금지하는 부분에서는 이렇다 할 진전이 없었다.

1995년 4월 17일부터 5월 12일까지 열린 본회의에는 175개국이 참석했다. 핵심 쟁점이었던 무기한 연장에 대한 표결 여부 및 그 방식을 둘러싼 논란은 폐막 하루 전, 표결 없이 NPT를 무기한 연장하는 데 합의하는 것으로 매듭지어졌다. 이 역시 정치적 타협의 성격이 짙었다. 핵보유국을 비롯한 NPT의 '무기한 연장'을 요구한 나라들은 포괄핵실험금지조약 협상을 1996년까지 마무리하고,[58] 핵분열물질생산금지조약을 비롯한 핵 군축 노력을 가속화하며, "핵무기의 완전한 폐기를 최종적인 목표"로 삼아 핵무기 감축 노력을 배가하기로 했다. 또한 중동 14개국이 이스라엘의 핵 문제를 비판하며 상정한, 중동 비핵 지대 창설을 요구하는 결의안이 표결 없이 통과되었는데, 미국이 이를 저지하지 않은 것은 중동 국가의 반발이 'NPT 무기한 연장'이라는 목표 달성에 차질을 줄 수 있다는 우려 때문이었다.[59]

이렇듯 난항 끝에 NPT의 무기한 연장에 대한 합의는 이루어졌지만, 최종 합의문 도출은 실패하고 말았다. 핵심적인 문제는 핵보유국의 핵 군축

---

[58] 포괄핵실험금지조약 협상 시한이 1996년으로 합의되자, 중국과 프랑스는 이 조약의 합의 전에 경쟁적으로 핵 실험을 단행했다. 중국은 포괄핵실험금지조약이 발효되면 핵 실험을 중단하겠다며, 1996년 5월과 8월에 두 차례 핵 실험을 했고, 프랑스는 1995년 9월부터 이듬해 5월까지 여덟 차례 핵 실험을 했다.
[59] 이에 대해서는 다음을 참조하라. http://www.basicint.org/nuclear/NPT/1995revcon/main.htm

과 핵무기 불사용이었다. 비핵 국가들은 법적 구속력을 갖춘 핵무기 불사용을 주장했지만, 중국을 제외한 핵보유국들은 이에 대해 부정적인 태도를 보였다. 또한 비핵 국가들은 핵보유국의 완전한 핵 폐기 일정을 요구했지만, 핵보유국들은 이 역시 거부했다. 다만 비핵 국가들이 NPT를 무기한 연장하는 것을 표결 없이 통과시키기로 한 데 대한 공허한 화답으로 "전 지구적으로 핵무기를 줄이기 위한 체계적이고 전향적인 노력"을 기울이겠다는 어정쩡한 약속을 하는 데 머물렀다.

(2) '최종 합의문'을 채택한 2000년 NPT

1995년 5차 검토 회의는 '무기한 연장'에는 성공했지만 최종 합의문 채택에는 실패한, '절반의 성공과 절반의 실패'였다. 그리고 1990년대 후반 들어 지구촌의 핵 문제는 새로운 국면을 맞이한다. 인도와 파키스탄은 1998년에 잇따라 핵 실험을 단행해 공개적으로 핵 무장을 과시했다. 1996년에 포괄핵실험금지조약 제정은 이루어졌지만, 1999년 미국 상원이 이 조약의 비준을 거부하고 중국도 미국의 비준 거부를 이유로 비준을 유보함으로써 포괄핵실험금지조약은 새로운 위기에 봉착했다. 추가 핵무기 생산을 금지하기 위해 반드시 필요한 핵분열물질생산금지조약도 게걸음 수준을 벗어나지 못했다. 양대 핵보유국인 미국과 러시아는 미사일 방어체제 문제로 갈등을 빚고 있었고, 중국 역시 미국이 주도하는 미사일 방어체제에 맞서 군비 증강을 불사하겠다는 태도를 보였다. 이에 따라 비핵 국가들 사이에서는 핵보유국들이 NPT 무기한 연장이라는 선물을 받아 들고 자국의 의무 이행에는 소극적으로 변한 게 아니냐는 비판이 제기됐다. 한 가지 위안거리가 있다면, NPT 위기의 주범으로 일컬어진 북한이 1994년에 체결된 북·미 간 제네바 합의를 이행하고 있다는 것 정도였다.

역설적으로, 1990년대 후반의 인도와 파키스탄의 핵 실험과 미사일 방어 체제를 둘러싼 미·러 간 갈등은 2000년에 NPT를 성공적으로 마무리해야 한다는 긴박감을 불어넣었다. NPT가 또다시 최종 합의문 채택에 실패한다면 인도와 파키스탄을 압박할 수단을 상실하게 되고, NPT 안에 들어와 있지만 대표적인 위반국으로 지목되어온 이라크와 북한의 모험주의를 부채질할 수 있다는 우려도 제기됐다. 특히 NPT를 통해 미국의 미사일 방어 체제 구상을 견제하지 않으면 미국 일방주의가 거세지고 이에 따라 핵보유국 간의 핵 군비 경쟁이 재발할 수 있다는 우려도 커졌다.

이를 반영하듯 회의를 앞두고 신경전이 치열해졌다. 1995년 회의에서 이스라엘의 핵 포기를 겨냥해 '중동 결의안' 채택을 주도한 아랍 국가들은 2000년 회의에서 이스라엘에 대한 압박을 높여야 한다고 주장했다. 또한 러시아는 2000년 회의 직전에 포괄핵실험금지조약과 2차 전략무기감축협정(START II)을 전격 비준함으로써 미국과 대조적인 모습을 보였다. '신의제 연합New Agenda Coalition'은[60] 2000년 회의에 앞서 유엔 총회 결의안을 두 차례 이끌어내 핵보유국들을 압박하고 나섰다. 남아프리카 공화국은 1998년 준비 회의에서 핵보유국의 핵무기 감축을 모니터하는 '보조 기구subsidiary body'의 설치를 제안했다. 109개국이 참여한 비동맹국 회의는 2000년 NPT 회의 권고안을 채택했고, 벨기에, 독일, 이탈리아, 네덜란드, 노르웨이 등 나토 회원국들은 공동 명의로 핵 군축 촉진 제안을 발표했다. 말레이시아와 코스타리카는 한 걸음 더 나아가 아예 핵무기 자체를 금지하는 '핵무기금지조약nuclear weapon convention' 협상을

---

[60] 1998년 NPT 준비 회의에서 6차 검토 회의에 대한 권고안 채택이 실패로 돌아가자 멕시코, 남아프리카 공화국, 스웨덴, 뉴질랜드, 아일랜드, 브라질, 이집트는 '신의제 연합'을 창설해 핵 군축 논의를 주도했다.

촉구하고 나섰다. 이러한 전반적인 움직임은 미국을 곤혹스럽게 했다. 미국은 이스라엘과의 유착 관계, 상원의 포괄핵실험금지조약 비준 거부, 미사일 방어 체제에 대한 국제적 비판 고조로 궁지에 몰려 있어 NPT를 주도하는 데 한계가 있음을 이미 드러내고 있었기 때문이다.[61]

이러한 상황에서 187개 회원국 중 155개국이 참가한 가운데 뉴욕에서 열린 2000년 6차 NPT 검토 회의에서는 1985년 회의 이후 처음으로 최종 합의문 타결이 이루어졌다. 코피 아난 유엔 사무총장은 이 합의를 "역사적 합의"라고 일컬으면서 "더 평화로운 세상을 향한 인류의 노력에서 중대한 진전을 이뤘다"고 평가했다. 그러나 그 과정은 순탄치 않았다. 우선 NPT 조약 6조에 따른 핵보유국의 핵 군축 의무와 관련된 이견이 컸다. 핵보유국들은 탈냉전 이후 핵 감축에 진전이 있었다는 점을 강조한 반면에, 비핵 국가들은 앞으로 해야 할 일이 더 많다는 데에 방점을 찍었다. 특히 '신의제 연합' 등 비핵 국가들은 1996년 국제사법재판소가 핵무기 사용 및 사용 위협이 국제법과 불일치한다고 권고하고 핵보유국의 핵 폐기 의무를 만장일치로 채택한 점을 상기시키면서, 이러한 내용이 합의문에 포함되어야 한다고 주장했다. 그러나 핵보유국들은 이를 거부했다.

핵 실험과 핵분열 물질 생산 금지에 대한 이견도 불거졌다. 스위스는 일부 핵보유국들의 미임계 테스트와 실험실에서 하는 테스트 역시 포괄핵실험금지조약 정신에 위배된다며 문제 제기에 나섰고, 남아프리카 공화국은 핵무기의 추가 개발과 현대화를 위한 핵 실험 자체를 금지하자고 제안했다. 그러나 미국, 러시아, 영국, 프랑스는 이를 거부했다. 핵분열물질

---

61) Rebecca Johnson, "The 2000 NPT Review Conference : A Delicate, Hard-Won Compromise", *Disarmament Diplomacy*(2000년 5월).

생산금지조약에 대해서는 중국이 난색을 표하고 나섰다. 유럽 국가들은 핵분열물질생산금지조약의 무조건적인 협상 재개와 타결을 요구했지만, 중국은 이 조약을 다루는 제네바 군축 회의가 우주 군비 경쟁 및 핵 군축도 다뤄야 한다고 요구하면서 유럽 국가들의 제안을 거부했다.[62] 중국이 핵분열물질생산금지조약에 소극적이었던 것은 무엇보다, 핵무기 보유량을 늘릴 수 있는 잠재력을 갖고자 했기 때문이었다.

핵보유국들 간의 미묘한 신경전도 계속됐다. 전술 핵무기 폐기에는 재래식 군사력에서 미국보다 열세에 놓이게 될 것을 우려한 러시아가 반대하고 나섰다. 핵무기의 '투명성 증대'에는 '모호성'을 중시해온 중국이 반대했는데, 중국은 이 조항이 포함되려면 핵보유국이 '핵무기 선제 불사용 정책'을 공식화해야 한다고 주장했다. 최종 합의문에 완전한 핵 폐기를 담자는 요구는 프랑스가 거부했다. 프랑스는 핵 보유를 강대국 지위를 공고히 하는 데 필요할 뿐만 아니라 가속화되고 있는 유럽 통합에서 자국의 입지를 굳히는 데도 필요한 수단으로 간주했기 때문이다. 러시아는 "탄도미사일방어조약과 전략무기감축협정(START)이 전략적 안정을 유지하는 데 필수적"이라는 내용이 합의문에 포함되어야 한다고 주장했지만, 미사일 방어 체제를 추진하고 있던 미국은 이를 꺼렸다.

비핵 국가에 대한 핵보유국의 안전 보장 문제도 불거졌다. 상당수 비핵 국가들은 법적 구속력을 갖춘 소극적 안전 보장을 제네바 군축 회의에서 다뤄야 한다고 주장했고, 인도네시아는 안전 보장을 NPT의 추가 의정서로 담자고 제안했다. 스위스는 소극적 안전 보장을 생화학 무기와 연계시

---

62) Norman A. Wulf, "Observations From the 2000 NPT Review Conference", *Arms Control Today*(2000년 11월).

키는 것에 대해 문제를 제기했는데, 이는 생화학 무기로 공격받을 경우 핵무기로 보복할 수 있다고 밝힌 미국을 겨냥한 것이었다. 핵보유국 가운데 유일하게 중국은 소극적 안전 보장에 찬성했을 뿐만 아니라 핵보유국 간에도 핵무기를 먼저 사용하지 못하도록 국제법을 제정해야 한다고 주장했다. 이집트의 제안은 가장 구체적이었다. 7개 항으로 이뤄진 제안문에는 핵무기의 위협 인정, 핵 위협 및 공격에 대한 유엔 안보리의 대응책 마련, 안전 보장과 관련해 유엔 안보리의 비토권 행사 제한, 군축 회의에서 국제법 협상 개시, 핵보유국의 소극적 안전 보장 약속 및 "언제 어느 조건에서도" 소극적 안전 보장을 유지하겠다는 핵보유국의 공동 성명 채택 등이 담겨 있었다. 그러나 미국은 "NPT가 이뤄질 수 없는 것을 달성하기 위해 시간을 허비해서는 안 된다"며, 이집트를 비롯한 비핵 국가들의 요구를 일축했다. 비핵 국가와 핵보유국 사이의 입장 차이가 확연히 드러나자, 영국은 소극적 안전 보장을 담은 유엔 안보리 결의안 984호를 재확인하고, 유엔 안보리에서 지속적인 관심을 갖고 이 문제를 다루는 것으로 절충하자고 제안했다.[63]

안전 조치와 관련해서는 IAEA 추가 의정서Additional Protocol와 핵 수출 통제가 핵심 쟁점으로 떠올랐다. 핵보유국들은 모든 비핵 국가들이 추가 의정서를 서명·비준해 IAEA 안전 조치를 대폭 강화해야 한다며, 평화적 핵 이용 보장을 이 사안과 연계시키려고 했다. 비동맹 그룹 국가들은 안전 조치 강화에 동의하면서도 IAEA 추가 의정서 가입을 평화적 핵 이용 권리 보장과 연계시키는 것에 반대했다. 이란과 이집트는 40여 개의 핵 기술 보유국들로 구성된 핵 공급 그룹(NSG)Nuclear Suppliers Group이

---

63) Norman A. Wulf, "Observations From the 2000 NPT Review Conference".

일방적이고 자의적인 잣대로 수출 통제에 나서고 있다며, NSG 비회원국들에게도 수출 통제에 대한 정책 결정에 참여할 권리가 주어져야 한다고 주장했다. 원자력의 평화적 이용에 대해서도 이견이 컸다. 이란은 원자력이 지속 가능한 발전과 온실가스 배출 감소에 크게 기여할 수 있다며, NPT 회원국은 원자력의 평화적 이용에 제한을 받아서는 안 된다고 주장했다. 그러자 유럽의 상당수 국가들은 원자력의 확대와 지속 가능한 발전은 양립할 수 없다며 이란의 주장을 반박했다.

중동 문제 역시 '뜨거운 감자'였다. 이집트는 이스라엘이 중동 지역에서 유일하게 NPT에 가입하지 않고 있음을 지적하면서, 이스라엘 문제가 핵심 의제로 다뤄져야 한다고 주장했다. 그러나 미국은 이라크가 NPT를 위반한 사례가 있다며, 이라크 문제도 포함되어야 한다고 맞섰다. 이견이 커지자 이집트는 중동 문제를 다루는 특별 대표나 위원회를 구성해 2005년 NPT 검토 회의 때까지 활동하게 하자고 제안했지만, 미국과 프랑스는 이마저 거부했다. 이라크의 NPT 위반을 최종 합의문에 포함시킬 것인가는 마지막까지 최대 쟁점이었다. 미국은 이스라엘을 명시하기 위해서는 이라크의 위반 사례도 적시해야 한다고 주장했고, 이라크는 현재 시점에서 자국이 위반한 것이 없다며 완강하게 저항했다.

이러한 우여곡절 끝에 예정보다 20시간 늦어진 5월 20일 오후 7시에 2000년 NPT 검토 회의는 최종 합의문 채택과 함께 막을 내렸다. 특히 핵보유국들이 핵 군축을 위한 '13개 행동 계획'에 합의한 것이 큰 진전으로 평가되었다. 《인터내셔널 헤럴드 트리뷴 International Herald Tribune》은 "5대 핵보유국 핵무기고 폐기에 동의"라는 제하의 기사를 내보냈고, 영국의 《파이낸셜 타임스 Financial Times》는 "핵 폐기를 요구하는 핵보유국에 대한 압력 증대"라고 평가했다. 그러나 일부 핵보유국들로부터 냉담한 반응이 나왔다. 《뉴욕 타임스The New York Times》는 클린턴 행정부의 고위 관료가 "이번 합의는 미국 정책의 중대한 변화를 의미하는 것이 아니다"라고 말했다고 전했고, 영국 BBC와의 인터뷰에 응한 영국 대표는 "이번 합의에는 어떠한 시간표도 포함되지 않았다"며, 핵보유국들이 '행동 계획'에 합의한 것에 큰 의미를 부여하지 않았다.

환호를 실망으로 바꾼 13개의 합의 내용은 다음과 같다. ▲포괄핵실험금지조약의 무조건적이고 조속한 발효, ▲포괄핵실험금지조약이 발효되기 이전에도 핵 실험 중지, ▲핵분열물질생산금지조약 협상을 제네바 군축 회의에서 즉각 실시해 5년 이내에 조약 발효, ▲제네바 군축 회의에 핵 폐기를 다룰 하위 기구의 조속한 설치, ▲핵무기 폐기 및 감축 조치에 대한 불가역성 원칙 적용, ▲NPT 6조에 따라 핵보유국의 확실한 핵무기 폐기 착수, ▲2차 전략무기감축협정의 조속한 발효와 완전한 이행, 3차 전략무기감축협정의 조속한 합의 및 탄도미사일방어조약의 보존과 강화, ▲미국-러시아-IAEA 3자 구상Trilateral Initiative의 완료와 이행, ▲핵보유국들의 핵 폐기를 위한 구체적인 조치 : 핵무기의 일방적인 감축, 핵무기의 투명성 제고 및 자발적인 신뢰 구축 조치 이행, 전술 핵무기의 추가 감축, 핵무기의 운영 상태에 대한 구체적인 추가 조치, 안보 정책에서 핵무기에 대한 의존도 축소, 핵무기의 완전 폐기를 위한 핵보유국의 조속하고 적절한 조치, ▲핵 물질의 군사적 용도 전환 방지 강화, ▲핵무기의 완전 폐기를 위한 효과적인 검증 체제의 필요성 재확인, ▲핵보유국의 약속 이행 사항에 대한 정기적인 보고, ▲효과적인 검증 능력의 지속적인 개발.[64]

---

64) 2000 NPT 최종 합의문 및 13개 행동 조치 전문은 http://www.armscontrol.org/act/2000_06/docjun에서 볼 수 있다.

(3) '참담한 실패'로 끝난 2005년 NPT

1995년의 무기한 연장 합의와 2000년의 최종 합의문 채택으로 탄력을 받았던 NPT는 21세기 들어 존폐의 기로에까지 내몰리게 된다. 우선 2000년 미국 대선에서 공화당의 조지 W. 부시가 당선되면서 미국 핵 정책은 크게 후퇴했다. 부시 행정부는 "추가적인 핵 실험 계획이 없다"고 하면서도 포괄핵실험금지조약의 상원 비준을 추진하지 않기로 했고, 핵분열물질생산금지조약도 "효과적인 검증 체제가 미비하다"며 협상에 소극적이었다. 또한 2001년 '핵 태세 검토Nuclear Posture Review 보고서'를[65] 통해 북한, 이라크 등 "깡패 국가들rogue states"에 대한 핵 선제공격 옵션 채택, 미사일 방어 체제 및 지하 관통형 핵무기 개발 방침 등을 밝히는 한편, 2001년 9·11 테러가 발생하자 3개월 후에 탄도미사일방어조약 탈퇴를 선언했다. 아울러 전략무기감축협정 협상을 재개하지 않고, 감축한 핵무기를 폐기하는 것이 아니라 비축하는 형태로 전략공격무기감축협정(SORT)Strategic Offensive Reductions Treaty에 합의해 '무늬만 핵 군축'이라는 비판을 받았다. 이러한 미국의 일방주의에 맞서 러시아와 중국은 핵전력 현대화에 나섰고, 영국과 프랑스도 생화학 무기 공격에 핵무기로 보복할 수 있다는 가능성을 내비쳤다. 이에 따라 2000년 NPT 검토 회의에서 합의되었던 '13개 행동 조치'들은 거의 사문화되고 말았다.

1995년과 2000년 회의에서 조속한 NPT 가입 및 IAEA 안전조치협정 이행을 요구받았던 이스라엘, 인도, 파키스탄은 오히려 핵전력을 계속 강화해나갔다. 북한은 1993년 3월에 이어 2003년 1월에 또다시 NPT에서

---

65) '핵 태세 검토 보고서'는 5~10년간의 미국의 중단기 핵전략의 지침을 담은 핵심 문서로 클린턴 행정부 때인 1997년에 1차 보고서, 부시 행정부 임기 첫해인 2001년에 2차 보고서가 나왔으며 2010년 4월에 오바마 행정부의 보고서가 나왔다.

탈퇴해 2005년 2월에는 핵무기 보유를 선언했다. 2003년 들어 이란 핵 문제가 국제 사회의 초미의 관심사로 부각되었다. IAEA의 사찰 결과 이란이 과거에 비밀 우라늄 농축 프로그램을 가동한 사례가 적발돼 이란의 의도에 대한 의구심이 증폭된 것이다. 아울러 9·11 테러 이후에는 알카에다를 비롯한 테러 집단이 핵무기를 획득해 핵 테러를 가할 수 있다는 '핵 테러리즘' 공포가 미국을 중심으로 거세게 제기되기 시작했다. 이처럼 2000년 NPT 회의 이후 5년간의 지구적 핵 문제에서는 핵보유국의 핵전력 증강이라는 '수직적 확산'과 비핵 국가의 핵 보유 시도라는 '수평적 확산', 그리고 '핵 테러리즘' 위협이 동시에 불거졌다.

이처럼 미·소 냉전 해체 이후 전례 없는 핵 위기 속에서 열린 NPT 7차 검토 회의는 2005년 5월 2일부터 27일까지 뉴욕 유엔 본부에서 189개 회원국 가운데 150여 개국이 참가한 가운데 진행되었다. 그러나 회원국들은 각기 다른 동기와 목적을 가지고 NPT 강화를 추구하고자 했다. 이를 반영하듯 회의는 3주를 의제와 절차를 논의하는 데 허비했다. 몸풀기에 시간을 거의 허비하면서 비관론이 팽배했고, 결국 7차 검토 회의는 합의문도 채택하지 못하고 막을 내렸다. 코피 아난 유엔 사무총장은 "국제 사회의 집단 안보를 강화할 수 있는 중대한 기회를 놓쳤다"며 강한 유감을 표했다. 의장을 맡았던 브라질의 세르지오 데 쿠에이로스 두아르테Sergio de Queiroz Duarte는 참가국의 이견을 모으면 "몇 권의 책을 쓸 수 있을 것"이라며 한숨을 쉬었고, 2005년 NPT 회의 실패로 NPT의 존재 자체가 위기에 처할 수 있다고 경고했다.[66]

---

66) Wade Boese, "Nuclear Nonproliferation Treaty Meeting Sputters", *Arms Control Today* (2005년 7/8월).

실제로 NPT 7차 검토 회의는 미국으로 대표되는 핵보유국과 이란 및 이집트로 상징되는 비핵 국가들 사이의 이견이 현격하게 드러난 자리였다. 미국은 이 회의를 북한과 이란을 제재할 방안을 강구하는 기회로 삼고자 했다. 그래서 NPT를 탈퇴해 핵무기 개발을 시도하고 있는 북한에 대한 비난 결의안을 추진했으나, 중국 및 상당수 비핵 국가들의 동의를 받지 못해 실패했다. 또한 미국은 핵보유국을 비롯한 일부 국가들을 제외한 나머지 국가들에는 아예 우라늄 농축 및 재처리 자체를 불허해야 한다고 주장했다. 아울러 NPT에서 탈퇴할 권리를 없애고, 탈퇴를 강행할 경우 제재를 가할 수 있는 조항을 신설해야 한다고 주장했다. 이는 우라늄 농축 프로그램을 이용한 핵무기 개발 의혹을 받고 있는 이란을 겨냥한 것이었다.

이에 대해 이란은 "역사상 처음으로 핵무기를 만들어 실제로 사용한 것도 모자라 핵 선제공격 전략을 채택한 나라가 어디냐"며, 미국을 강하게 몰아붙였다. 또한 자국의 핵 프로그램은 전력 생산용이라고 주장하면서, NPT 제4조에 평화적 목적의 핵 이용은 '양도할 수 없는 권리'라고 규정되어 있는 만큼, 우라늄 농축 및 재처리 이용은 보장되어야 한다고 미국에 맞섰다. 이집트는 2000년 NPT 검토 회의에서 '중동 비핵 지대'를 촉구하는 특별 결의안을 채택한 것을 근거로 이스라엘의 핵 문제를 다뤄야 한다고 주장했다. 그러나 미국은 이스라엘의 핵 문제가 의제로 올라오는 것 자체를 거부하면서 "이집트가 NPT를 실패로 몰아넣고 있는 주범"이라고 비난했다.[67]

---

67) Rebecca Johnson, "Why the 2005 NPT Review Conference Failed", *Disarmament Diplomacy*(2005년 가을).

이와 같은 핵보유국과 비핵 국가 사이의 이견이 2005년 NPT가 실패한 근본적인 요인이었다. 기실 양측의 이견은 예전부터 존재했다. 1995년 5차 검토 회의에서는 핵보유국들이 비핵 국가에 핵무기 사용 및 위협 금지와 핵무기 폐기를 약속함으로써 NPT의 무기한 연장을 이끌어냈다. 2000년 6차 회의에서도 이러한 입장은 거듭 확인되었고, 핵 폐기를 위한 13개 이행 조치도 합의되었다. 그러나 앞서 언급한 이유들로 인해 7차 검토 회의에서는 회의 개막 이전부터 '실패'를 우려하는 목소리가 나왔었다. 특히 부시 행정부는 NPT 회의 기간에 미국 의회에 '벙커 버스터'용 소형 핵탄두 개발 예산의 승인을 요청해 회의 참가국들로부터 빈축을 사기도 했다.

또한 비핵 국가가 핵무기를 개발하지 않는 조건으로 보장받은 '평화적 핵 이용' 권리를 미국이 아예 불허하는 방안을 관철시키려고 한 것 역시 문제점으로 지적된다. '이중 용도'로 사용될 수 있는 우라늄 농축 및 재처리 시설을 국제적으로 통제할 필요성은 높아지고 있지만, 이는 합리적인 통제 및 고강도의 검증 체제를 마련하면서 접근해야 하는 문제이다. 그러나 미국은 아예 불허해야 한다는 입장을 고수함으로써, 합리적인 토론조차 어렵게 했다는 지적을 받았다. 더구나 미국은 IAEA가 제안한 '5년간 핵분열 물질 생산 중단'에 대해서도 자국의 핵 이용이 제한을 받을 수 있다는 이유로 반대했다. 자국의 핵 패권주의는 강화하면서 다른 나라의 핵이용에는 제한을 가하려 하는 부시의 일방주의가 거듭 확인되는 순간이었다.

(4) 기로에 선 NPT

2010년으로 발효 40주년을 맞이한 NPT에 대한 평가는 다양하다. 여러 문제점이 있는 것은 사실이지만, 적어도 핵무기 확산을 방지하는 데 긍정적인 역할을 했다는 점에는 대체로 동의한다. 그러나 핵보유국의 약속 불이행 및 지속적인 핵 위협으로 인한 비핵 국가의 반발, 비핵 국가는 IAEA 안전조치협정 이행이 의무인 반면에 핵보유국에게 이러한 의무가 부과되지 않은 점, NPT 회원국이었던 북한이 이 조약에서 탈퇴해 핵무기 개발에 나섰고 NPT 회원국인 이란이 우라늄 농축 프로그램을 이용해 핵무기 개발 의혹을 받고 있는 사례, NPT 비회원국인 이스라엘, 인도, 파키스탄의 핵무기 보유 등은 NPT 체제를 둘러싼 논란의 핵심에 있다. 이에 따라 NPT에는 차별적이고 불평등하다는 비핵 국가의 불만과 핵 확산을 막는 데 비효율적인 조약이라는 미국의 비판이 꼬리표처럼 따라다닌다.

NPT 체제가 불안해진 데에는 여러 가지 이유가 있지만, 근본적인 이유는 NPT 체제가 핵보유국과 비핵 국가 사이의 차별과 불평등을 해소하는 방향으로 발전하지 못했고, 이 조약이 핵보유국과 비핵 국가가 서로를 비난하는 근거로 전락해왔다는 점에 있다. 핵보유국, 특히 미국은 북한과 이란의 경우에서 알 수 있는 것처럼 현재의 NPT가 핵무기 확산을 저지하는 데 한계가 있다며, 핵 비확산을 강화할 수 있는 방향으로 개정되어야 한다고 주장한다. 이에 반해 비핵 국가, 특히 비동맹 국가들은 핵보유국이 NPT 6조에 명시된 핵 폐기 의무는 무시하고 법적 구속력을 갖춘 소극적 안전 보장 논의에는 소극적이면서 NPT를 자신들의 핵 패권주의를 강화하는 도구로 활용하고 있다고 비난한다. 결국 이러한 뿌리 깊은 '불일치' 문제를 어떻게 해소하느냐가 향후 NPT의 존망과 직결된다.

2005년 NPT 회의가 결렬된 만큼, 이제 관심은 2010년 NPT 검토 회의로 모아진다. 이 회의에서도 이렇다 할 성과를 내지 못할 경우, NPT 무용론은 더욱 거세게 제기될 것이다. 우선 정치적 분위기는 새로운 전기를 맞이하고 있다. 여전히 동상이몽은 크지만, 2005년 회의 결렬이 2010년 회의 성공의 의지를 다지는 계기가 되고 있다. 2008년 대선에서 부시 행정부의 일방주의를 성토하고 '국제 협력'을 강조하고 나선 오바마 행정부가 '핵무기 없는 세계'를 주창하면서 NPT 체제 강화를 대외 정책의 핵심 목표로 내세우고 있는 것도 주목된다. 유일한 피폭 국가이면서도 미국 핵우산에 강한 집착을 보였던 일본에서 정권 교체에 성공한 민주당 정권이 비핵화 의지를 강하게 천명하고 있는 것 역시 긍정적이다. '부시 8년'을 딛고 미·러 간 핵 군축 협상이 다시 탄력을 받고 있는 것이나, 오바마 행정부가 2010년 4월 6일 '핵 태세 검토 보고서'를 발표해 핵무기 사용 조건의 엄격한 제한과 비핵 국가이면서 NPT 조약을 준수하는 나라들에 대한 소극적 안전 보장을 확약한 것도 NPT를 겨냥한 것이라고 할 수 있다. NPT 회의 한 달 전에는 워싱턴에서 40여 개국 정상이 모여 '글로벌 핵 안보 정상 회의'를 개최했는데, 이 자리에서 참가국들은 2010년 NPT 회의의 성공을 위해 협력하기로 다짐했다.

핵보유국과 비핵 국가 사이의 첨예한 논란거리인 소극적 안전 보장 문제도 NPT 체제의 미래를 좌우할 핵심 변수다. 이와 관련해 오바마 행정부는 NPT 회의를 앞두고 2010년 '핵 태세 검토 보고서'를 통해 미국 역사상 처음으로 비핵 국가에 대한 소극적 안전 보장을 천명했다. "미국은 NPT 회원국이고 이 조약상의 의무를 준수하는 비핵 국가들을 상대로 핵무기 사용 및 사용 위협을 하지 않겠다"고 명시한 것이다. 그러나 이러한 기준에 따르면 NPT에서 탈퇴해 두 차례 핵 실험을 한 북한과 대표적인 NPT 위반 국가로 지목받고 있는 이란은 미국의 핵 선제공격 대상으로 남게 된다. 이를 뒷받침하듯 '핵 태세 검토 보고서'는 "핵보유국들과 NPT 의무를 준수하지 않는 나라들이 미국이나 동맹·우방국들에 재래식 및 생화학 무기 공격을 가하려는 것을 억제하는 데 있어서, 좁은 범위 내에서 미국 핵무기의 역할은 남게 될 것"이라고 밝혔다.[68] 이는 미국의 적대국이 재래식 무기나 생화학 무기로 공격할 경우 핵무기로 보복할 수 있다는 '핵 선제공격 옵션'이 유지된다는 것을 의미한다. 이에 따라 NPT 회원국인 이란의 반발이 예상된다. 또한 오바마 행정부가 소극적 안전 보장을 국제법으로 만드는 것에 동의할 가능성도 불확실하다. 상당수 비핵 국가들이 NPT 회의에서 소극적 안전 보장에 법적 구속력을 부여하자고 제안할 가능성이 높은데, 여기에는 크게 세 가지 방법이 있다. NPT를 개정해 조약 본문에 소극적 안전 보장을 명시하는 방법, NPT 추가 의정서를 통해 소극적 안전 보장을 법제화하는 방법, 그리고 별도의 국제 조약을 체결하는 방법이 그것이다.

한편 러시아와 중국은 미국의 해외 핵무기 배치를 지속적으로 문제 삼고 있다. 이들 나라는 핵보유국이 자국 영토 밖에 핵무기를 배치하는 것을 금지하는 방안을 강구하자고 제안하고 있는데, 이는 나토의 핵무기공유협정nuclear sharing arrangements의 종식을 의도한 것이다. 나토의 핵무기공유협정이란 나토 회원국 가운데 비핵 국가도 핵보유국의 핵무기를 배치해 유사시 사용할 수 있도록 한 핵 정책이다. 이러한 정책에 따라 미국은 2010년 현재 100~200개의 핵무기를 유럽에 배치해놓고 있는데, 여기에는 영국뿐만 아니라 비핵 국가인 벨기에, 독일, 이탈리아, 네덜란드, 터키도 포함되어 있다. 이러한 핵 공유 정책은 핵무기의 이전 및 접수를 금지한 NPT 제1조와 제2조를 위반한 것이다. 오바마 행정부가 전술 핵무기 감축에도 관심을 갖고 있고, 독일 등 일부 국가들이 자국 내에 배치된 핵무기의 철수를 요구하고 있어 그 결과가 주목된다.

이 밖에도 NPT의 쟁점들은 많다. NPT가 핵보유국의 핵 군축 약속을

---

68) Department of Defense, *Nuclear Posture Review Report*(2010년 4월).

어떻게 담아낼 것인가는 변함없는 숙제다. NPT 조약 밖에 있으면서도 이 조약에 지대한 영향을 미쳐온 포괄핵실험금지조약과 핵분열물질생산금지조약의 향방도 중대한 관심사다. '핵 임신nuclear pregnancy'으로 표현된 '이중 용도' 기술과 물질을 어떻게 통제할 것인지는 핵보유국이 지속적으로 제기해온 사안이다. NPT를 개정해 조약 탈퇴를 금지해야 한다거나, 탈퇴를 인정하더라도 탈퇴 이전에 NPT 위반 사례가 있다면 제재를 가해야 한다는 미국의 입장이 어떻게 논의될지도 주목된다. 중동과 북아프리카 국가들이 지속적으로 제기해온 이스라엘 핵 문제와 '중동 비핵 지대' 문제는 결코 식을 수 없는 감자다. 특히 오바마의 주도로 2009년에 채택된 유엔 안보리 결의안 1887호에서 1995년과 2000년 NPT 회의 때 채택된 중동 결의안이 언급되지 않은 것은 2010년 NPT 회의를 어둡게 하는 요인으로 지적된다. 1995년 NPT 무기한 연장 때 중동 국가들이 이에 동의한 핵심적인 이유는 핵무기를 비롯한 '대량 살상 무기 없는 중동 결의안'에 있었다. 그러나 이 결의안은 미국의 소극적인 태도로 제대로 논의조차 되지 못했고, 안보리 결의안 1887호에서 나타난 것처럼 오바마 행정부도 이것을 꺼리는 분위기이다.[69] 이스라엘, 인도, 파키스탄, 북한 등 NPT 비회원국이면서 핵무기를 개발한 나라들에 NPT의 문호를 개방하기 위해 어떤 당근과 채찍이 동원될지도 관심사다.

  이 가운데 핵의 평화적 이용이 군사적 이용으로 둔갑할 가능성은 미국을 비롯한 핵보유국이 제기해온 가장 근본적인 불만 사항이다. '핵무기 없는 세계'를 주창하고 나선 오바마의 'NPT 강화론'은 바로 이 점을 겨

---

69) Patricia Lewis, "Life at 40 : Prospects for the NPT and the 2010 Review Conference", *Arms Control Today*(2010년 3월).

냥하고 있다. 즉 NPT 개정을 통해, 비핵 국가가 평화적 핵 이용을 명분으로 핵 무장 능력을 확보하는 것 자체를 차단하겠다는 것이다. 흥미로운 점은 NPT 탄생 당시에도 미국은 이 조약의 '빈 구멍'을 경고했다는 것이다. 유엔 총회에서 NPT를 승인하기 이틀 전인 1968년 6월 10일, 미 국무부 정책기획국의 헨리 오웬Henry Owen 국장은 딘 러스크Dean Rusk 국무부 장관에게 보낸 비밀 서한에서 '핵 임신' 문제를 제기했다. NPT 가입국들이 이 조약의 평화적 핵 이용 권리를 이용해 '합법적으로' 핵 능력을 확보한 후 이 조약에서 탈퇴해 핵보유국이 될 우려가 있다는 것이었다.[70] 이러한 사례는 북한에 의해 표면적으로 입증됐다. 1985년 NPT에 가입한 북한은 1993년 3월 이 조약에서 탈퇴해 핵 개발을 가속화했고, 1994년 10월 제네바 합의에 의해 이 조약에 복귀했다가 2003년 1월 다시 탈퇴했다. 그리고 2006년과 2009년 두 차례에 걸쳐 핵 실험을 실시해, 기술적으로는 핵보유국이 됐다. 북한을 막지 못한 미국은 이란이 북한의 뒤를 따르는 것을 저지하는 데 총력을 기울이고 있다.

거꾸로 말하면, 북한의 NPT 복귀 및 이란의 NPT 탈퇴 여부도 NPT의 중대한 관심사이다. NPT 역사상 이 조약에서 탈퇴한 유일한 국가인 북한은 6자 회담 합의를 통해 조속한 시일 내에 NPT 및 IAEA에 복귀하기로 했다. 이는 물론 북미 대화 및 6자 회담 결과에 따라 결정될 것이다. 시간적으로 2010년 NPT 회의 이전에 북한이 이 조약에 복귀할 가능성은 극히 낮지만, 추후에라도 북한이 NPT에 복귀하면 NPT 체제는 큰 활력을 얻을

---

70) Memo from Henry Owen, Director, Policy Planning Council, to Secretary Rusk, "After NPT, What", 10 June 1968, enclosing Policy Planning Council study of the same title, 28 May 1968. Secret, RG 59, Policy Planning Council Subject, Country, and Area Files, 1965~1968, box 384, Atomic Energy-Armaments, http://www.gwu.edu/~nsarchiv/nukevault/ebb253/doc27.pdf

것이다. 이란의 탈퇴 여부는 국제 사회의 더욱 큰 관심사이다. 저농축을 하면 핵연료로, 고농축을 하면 핵무기 물질로 사용될 수 있는 우라늄 농축 프로그램 보유를 '양도할 수 없는 권리'라고 못 박아온 이란 정부는 아직까지 NPT 탈퇴를 공언한 바 없다. 그러나 이란 내 일각에서는 미국의 적대 정책과 이스라엘의 핵 무장, 그리고 국제 사회의 이중 잣대를 문제 삼으며 '탈퇴 카드'를 꺼내야 한다는 목소리가 나오고 있다. 특히 미국이 NPT에서 이란에 대한 비난과 압박을 높이면서 강도 높은 제재를 추진할 경우, 이란의 'NPT 탈퇴론'은 더욱 거세질 가능성이 있다. 만약 이란이 NPT에서 탈퇴한다면, 북한의 탈퇴 이상으로 핵 비확산 체제는 중대한 위기에 봉착할 것이다. 참고로, NPT 제10조는 "자국의 최고 이익이 위태로워질 경우" 3개월 이전에 NPT 회원국 및 유엔 안보리에 이를 통보하고 탈퇴할 수 있는 권리를 인정하고 있다.

끝으로, 2010년 NPT 회의 결과는 한국의 핵 주권 논의에도 큰 영향을 미칠 것이다. 한미원자력협정 개정 협상이 다가오면서, 국내에서는 이 협정의 개정을 통해 자체적인 핵연료(저농축 우라늄) 생산과 재처리 시설을 보유해야 한다는 목소리가 높아지고 있다. 그러나 국제 사회의 전반적인 추세는 핵 확산으로 이어질 수 있는 우라늄 농축과 재처리 시설의 보유를 제한해야 한다는 것이다. 개별 국가들의 보유는 금지하면서 이러한 시설을 국제기구화해 다자적 해법을 모색해보자는 것이다. 이번 NPT 회의에서도 이 사안이 핵심 쟁점으로 부상할 가능성이 높은데, 한국이 '핵 주권론'과 '핵 비확산론' 사이에서 어떤 입장을 보일지가 주목되는 부분이다.

결론적으로 2010년 NPT 검토 회의에서도 미국을 위시한 핵보유국들과 비동맹 국가들을 중심으로 한 비핵 국가들 사이의 격론이 불가피해진 상황이다. 오바마 행정부는 '핵 태세 검토 보고서' 발표, 러시아와의 새로운 전략무기감축협정 타결, 핵 안보 정상 회의 개최 등 4월 한 달 동안 거침 없이 달려왔지만, 비핵 국가들의 반격 역시 만만치 않기 때문이다. 상당수 비핵 국가들은 오바마의 '핵무기 없는 세계'는 정치적 구호에 불과하고, 그것의 본질적 의도는 미국 주도의 핵 통제 체제를 더욱 강화하려는 데 있다고 보고 있다. 이집트, 알제리, 쿠웨이트, 리비아, 시리아 등 NPT 회원국이자 비핵 국가이면서 비동맹 운동Non-Aligned Movement 회원국인 나라들은 NPT 회의 개막 3주 전인 4월 20일에 열린 유엔 총회에서 오바마의 핵 구상을 성토하고 나섰다. 이들 나라의 시각은 118개국으로 구성된 비동맹 운동의 의장인 이집트의 마제드 아브델아지즈Maged A. Abdelaziz의 유엔 연설에 잘 집약되었다.

아브델아지즈는 ▲5대 핵보유국이 자국의 핵 폐기 의무 이행은 외면하면서 비핵 국가들에게 새로운 규제를 부과하려고 하는 점, ▲NPT 비회원국이자 핵보유국인 이스라엘, 인도, 파키스탄에 핵 개발에 필요한 "무료 이용권free pass"을 제공하고 있는 점, ▲핵보유국들이 자국의 핵 프로그램에 대한 사찰을 허용하지 않고 있는 점, ▲핵보유국들이 핵 폐기 시한을 밝히지 않고 있는 점, ▲1995년 NPT 회의에서 채택된 '중동 비핵 지대 결의안'이 제대로 논의조차 되지 않고 있는 점 등을 지적하면서 이러한 문제들을 이번 NPT 회의에서 제기할 방침임을 분명히 했다. 그는 또한 미국이 강력히 추진하고 있는 NPT 탈퇴국에 대한 제재 부과 방안과 국제 핵연료 은행을 설립해 핵연료 주기를 국제적 통제 하에 두는 방안에 대해서도 반대 의사를 밝혔다. 상기한 문제점들이 해결되지 않은 조건에서 비핵 국가들의 권리에 새로운 제약을 부과해서는 안 된다는 것이다.

오바마 행정부가 핵 선제공격 대상으로 담겨둔 북한과 이란의 반격도 만만치 않다. 북한은 4월 9일 오바마의 '핵 태세 보고서'를 비난하면서

"미국의 핵 위협이 계속되는 한 우리는 앞으로도 억제력으로서의 각종 핵무기를 필요한 만큼 더 늘리고 현대화하게 될 것"이라고 경고했고, 21일에는 외무성 비망록을 통해 "다른 핵보유국들과 동등한 입장"을 요구하기도 했다. 이란의 반발 역시 거세다. 미국은 이란을 NPT 회원국이지만 이 조약의 의무를 준수하지 않고 있다는 이유로 핵 선제공격 대상으로 삼고 있고, NPT 회의를 전후해 이란에 강력한 유엔 안보리 제재를 가할 것을 추진하고 있다. 이에 이란의 최고 지도자 하메네이는 4월 21일 오바마의 새로운 핵전략이 "이란 국민들에게 핵 위협을 가하고 있다"고 비난하면서 이란은 미국의 핵 위협에 맞서 싸울 것이라고 다짐했다. 이는 미국의 핵 선제공격 옵션이 이란에 핵무기 개발의 빌미로 작용할 수 있다는 것을 암시한다.

이처럼 북한과 이란은 물론이고 상당수 비핵 국가들도 오바마의 핵 구상에 반기를 들면서 지구촌의 핵 문제는 새로운 국면을 맞이할 조짐을 보이고 있다. 미국은 북한과 이란을 핵 선제공격 대상으로 남겨두는 것이 이들 나라를 핵무기 개발 포기와 NPT 준수로 유도할 수 있는 인센티브가 될 것이라고 말해왔다. 그러나 북한은 '핵 억제력 증강'으로, 이란은 '미국 핵 위협의 전면적 부각'으로 맞대응하고 있다. 또한 오바마는 미국이 솔선수범을 보임으로써 비핵 국가들의 동의와 참여를 이끌어낸다는 생각을 갖고 있지만, 앞서 설명한 것처럼 비동맹 운동 국가들을 비롯한 상당수 비핵 국가들은 오바마의 핵 구상을 '변형된 미국의 핵 패권주의'로 간주하는 분위기이다. 부시 때보다 크게 진전되긴 했지만 여전히 핵 패권주의에의 미련을 버리지 못하고 있는 오바마의 핵 구상이 국제 사회의 민심을 얻는 데 한계를 드러내고 있는 것이다.

5. 대안 혹은 보완책

(1) 왜 '비확산'인가

NPT가 안고 있는 가장 근본적인 결함이자 다른 군축 조약과 비교되는 특징은 핵무기 '금지'가 아니라 '비확산'에 초점이 맞춰져 있다는 것이다. 예를 들어 1975년에 발효된 생물무기금지협약, 1997년에 발효된 화학무기금지협약 등 다른 '대량 살상 무기'를 다루는 조약은 해당 무기의 생산과 사용 금지뿐만 아니라, 폐기도 명시해놓고 있다. 그런데 NPT는 조약 체결국을 비핵 국가와 핵보유국으로 분류해 핵보유국의 지위를 인정하는 한편, 핵보유국의 핵무기 폐기 시한도, 핵무기 실험과 사용을 금지한다는 내용도 두지 않았다. 오히려 이라크, 북한, 이란의 사례가 잘 보여주듯, NPT는 미국 적성 국가의 핵 보유, 개발 의혹을 이유로 경제 제재나 군사 행동을 취할 빌미를 제공함으로써 미국 패권주의의 도구에 불과하다는 비판도 제기된다. 진보 잡지인 《뉴 레프트 리뷰》는 NPT가 "약소국의 핵 개발 위험성만 부각시키고 강대국의 엄청난 핵무기 보유는 망각하게 만들 수 있다"며, 특히 NPT가 출현하면서 "핵보유국의 핵 폐기를 촉구하는 운동은 잦아들었다"고 비판한다. 이에 따라 NPT, 즉 '핵확산금지조약'이 아니라 '핵항의금지조약Treaty of Non-Protestation'이라고 부르는 것이 더 현실에 맞는다며, "진정한 핵 폐기로 나아가려면 NPT를 폐기해야 할 것"이라고 주장했다.[71]

이러한 문제의식을 반영하듯 '핵무기금지협약(NWC)Nuclear Weapons Convention'을 체결해, 핵무기의 개발·실험·생산·비축·이전·사용 및 사용 위협을 금지하자는 제안이 꾸준히 있어왔다. 물론 여기에는, 핵보유국은 일정 시한 내에 모든 핵무기를 폐기해야 한다는 내용도 포함되어 있다. 이러한 제안이 나오게 된 결정적인 계기는 1996년 국제사법재판소의 권고였다. 국제사법재판소는 핵무기 사용 및 사용 위협이 국제법과 모순된다며, 완전한 핵 폐기를 추구하는 협상에 조속히 나설 것을 촉구한 바 있다. 이듬해 4월에 열린 유엔 총회는 말레이시아의 제안에 따라 핵무기금지조약 협상을 촉구하는 표결을 실시했고, 115개국의 찬성, 22개국의 반대, 32개국의 기권으로 이 결의안을 통과시켰다. 2000년 NPT 검토회의에서도 말레이시아는 코스타리카와 함께 핵무기금지협약 협상 촉구를 최종 합의문에 포함시키자고 제안했지만, 핵보유국들의 반대로 채택되지는 않았다. 그리고 2007년 12월 유엔 총회에서도 표결이 실시되었는데, 127개국이 찬성했다. 흥미롭게도 이 가운데에는 중국, 인도, 파키스탄, 북한 4개 핵보유국이 포함돼 있었다.

핵무기금지협약의 기본 전제는 핵무기와 인류 생존은 양립할 수 없으며, 핵보유국이 핵 폐기 의무를 이행하지 않는 한, 비핵 국가의 핵 보유를 막는 것이 논리적으로나 현실적으로 한계가 있을 수밖에 없다는 데에 있다. "경찰관 스스로가 법을 어기면서 법 집행을 할 수 없듯이, 핵보유국을

---

71) Susan Watkins, "The Nuclear Non-Protestation Treaty", *New Left Review*(2008년 11~12월).

위한 법과 비핵 국가를 위한 법이 따로 있을 수 없다"는 생각이다. 법이 만인 앞에 평등할 때 비로소 법치주의와 정의가 확립될 수 있기 때문이다.[72] 이러한 인식을 바탕으로 정부 수준에서 핵무기금지협약 논의를 주도해온 코스타리카와 말레이시아는 2007년 12월 유엔 총회에 핵무기금지협약 조약안을 제출했다.[73] 반기문 유엔 사무총장도 핵무기금지협약에 지지 입장을 밝혔다. 반 총장은 2008년 10월 24일 동서 연구소 East-West Institute 연설에서 "회원국들은 유엔에서 오랫동안 제안해온 것처럼 강력한 검증 시스템으로 뒷받침되는 핵무기금지협약에 대한 협상을 고려할 필요가 있다. 코스타리카와 말레이시아의 제안에 따라 나는 이 조약의 초안을 모든 유엔 회원국에 회람시켰다. 이 초안은 논의의 훌륭한 출발점이 될 수 있다"라고 말했다.[74]

그러나 핵무기금지협약이 빛을 보기에는 아직도 갈 길이 먼 것 또한 사실이다. 실질적인 논의를 위해서는 5대 핵보유국 모두의 찬성이 필요하지만, 2007년 표결에서 미국, 러시아, 영국, 프랑스는 반대 입장을 분명히 했다. 2009년에 등장한 오바마 행정부는 '핵무기 없는 세계'를 주창하고 있지만, 핵무기금지협약 추진보다는 비핵 국가의 핵 무장을 금지하는 NPT 강화에 방점을 찍고 있다. 각국이 얼마나 많은 핵무기와 핵분열 물질을 보유하고 있는지 파악하는 것도 쉽지 않은 현실에서 핵 폐기에 대한

---

72) 핵무기금지협약에 대한 상세한 내용은 Meray Datan Felicity Hill · Jüren Scheffran · Alyn Ware, *Securing Our Survival : The Case for a Nuclear Weapons Convention*(Cambridge, Massachusetts, 2007) 참조. 이 책의 온라인 판은 http://www.inesap.org/book/securing-our-survival에서 볼 수 있다.
73) 이 조약안의 공식 명칭은 '핵무기의 개발, 실험, 저장, 이전, 사용 및 사용 위협과 폐기에 관한 협약'이다. 조약안 전문은 http://www.2020visioncampaign.org/filestorage/337/File/1/A_62_650_CostaRica.pdf에서 볼 수 있다.
74) AFP, 2008년 10월 24일.

완벽한 검증이 불가능하다는 지적도 나온다. 그러나 내가 쥐고 있는 무기는 절대 버리려 하지 않으면서 남이 그 무기를 손에 넣으려 하는 것을 막는 데에는 한계가 있을 수밖에 없다. 또한 과학 기술의 발전은 핵무기를 낳았지만, 동시에 검증 능력의 향상도 수반하고 있다.

(2) 핵무기 사용 금지

NPT 전문에는 이 조약의 핵심적인 목적이 핵전쟁의 예방에 있다고 명시되어 있다. 그러나 놀랍게도 이 조약 어디에도 핵무기 사용을 금지한다는 내용이 없다. 단지 유엔 헌장에 따라 "무력 사용 및 그 위협을 자제한다"는 일반론만 언급되어 있을 뿐이다. 이에 따라 NPT 협상 당시는 물론이고 현재까지도 논란이 되고 있는 핵심적인 쟁점은 핵무기 사용 문제다.

우선 비핵 국가들의 안전을 어떻게 보장하느냐 하는 문제가 제기된다. NPT를 주도한 미국, 소련, 영국은 조약 체결 당시에 적극적 안전 보장(PSA)Positive Security Assurance[75]을 약속했다. 적극적 안전 보장이란 비핵 국가이면서 NPT 회원국인 나라에 대한 핵무기 위협이 있을 경우 유엔 안전보장이사회가 즉각적인 행동에 나선다는 것으로, 이 내용은 1968년 6월 19일 안보리 결의안 255호에 명시되어 있다. 그러나 이 내용에는 몇 가지 근본적인 결함이 있다. 우선 적극적 안전 보장은 NPT 조약에 명시된 것이 아니라 비핵 국가의 NPT 동의를 유도하기 위한 핵보유국의 정치적 약속이었다는 '태생적 한계'가 있다. 또한 적극적 안전 보장은 비핵 국가가 핵 공격을 당한 이후에 핵 공격 국가에 집단적으로 대응하겠다는 것

---

75) 적극적 안전 보장은 '핵우산' 혹은 '확장핵 억제extended nuclear deterrence'로 이해해도 무방하다.

으로, 핵보유국이 비핵 국가에 핵무기 사용 및 사용 위협을 하지 않겠다는 것과는 근본적인 차이가 있다. 더구나 NPT가 인정한 5대 핵보유국들은 유엔 안보리 상임 이사국들이다. 핵보유국과 거부권을 보유한 안보리 상임 이사국이 일치하는 상황에서 안보리의 즉각적인 행동 약속은 공허할 수밖에 없다.

이에 따라 115개국에 달하는 비동맹 국가들을 중심으로 한 비핵 국가들은 NPT 체결 당시에 핵보유국들에게 법적 구속력이 있는 소극적 안전 보장(NSA)Negative Security Assurance을 요구했다. 소극적 안전 보장이란 핵보유국이 NPT 회원국이면서 비핵 국가인 나라들에 핵무기 사용 및 사용 위협을 하지 않는다는 것을 의미한다. 그러나 핵보유국들은 소극적 안전 보장을 NPT에 포함시키는 것은 적절하지 않다며 이러한 요구를 거부했다. 이에 따라 소극적 안전 보장은 NPT 조약문에 포함되지 않았다. 비핵 국가들의 불만은 NPT 무기한 연장 여부를 결정할 1995년 검토 회의를 앞두고 다시 표출됐다. 비핵 국가들은 핵보유국이 소극적 안전 보장을 제공하지 않고 핵 군축 의무도 준수하지 않고 있다는 점을 지적하면서 이들 사안을 무기한 연장과 연계시킨 것이다. 그러자 유엔 안보리는 5차 NPT 회의 3주 전인 4월 11일 안보리 결의안 984호를 통해 소극적 안전 보장을 약속했다.[76] 결의안 채택 직후 미국은 "비핵 국가가 핵보유국과 연합해 미국이나 동맹국을 공격하지 않는다면"이라는 예외 조항을 단 채 NPT 회원국에게 소극적 안전 보장을 약속했다. 러시아, 프랑스, 영국도 미국과 비슷한 입장을 발표했고, 중국만 유일하게 예외 조항 없이 무조건적인 소극적 안전 보장을 확약했다.

---

76) 결의안 전문은 http://www.acronym.org.uk/a13app4.htm에서 볼 수 있다.

그러나 이러한 약속은 NPT 회의에서 무기한 연장이 결정된 직후 공수표로 돌아가기 시작했다. 클린턴 행정부는 라틴아메리카를 비롯한 비핵지대 국가들에 대한 소극적 안전 보장이 생화학 무기 공격에 대한 핵보복의 권리까지 제한하지 않는다는 방침을 천명했고, 여기서 한 걸음 더 나아가 적대 국가의 생화학 무기 지하 시설을 파괴하기 위한 '벙커 버스터 핵무기'의 사용도 고려할 수 있다는 입장을 밝혔다. 영국과 프랑스 역시 생화학 무기 공격에 대해 핵무기 사용 권리가 있다는 점을 거듭 확인했다. 그리고 부시 행정부는 2001년 '핵 태세 검토 보고서'를 통해 비핵 국가에 대해서도 핵무기를 사용할 수 있다는 '부시 독트린'을 채택하고 말았다. 그러자 비핵 국가들은 이 문제를 이후 NPT 회의에서 집중적으로 제기하면서 "보편적이고 무조건적이며 법적 구속력이 있는" 소극적 안전 보장을 요구했다. 이러한 요구에 대해 핵보유국 가운데 중국만이 지지 입장을 밝혔고, 미국 등 다른 핵보유국은 부정적인 반응으로 일관했다. '핵무기 없는 세계'를 주창하고 나선 오바마 행정부는 2010년 '핵 태세 검토 보고서'를 통해 소극적 안전 보장을 천명했지만, NPT에서 탈퇴한 북한과 NPT 위반 국가로 지목된 이란에 대해서는 예외로 하기로 했다.

국제법적 효력을 갖는 소극적 안전 보장 방안으로는 크게 세 가지가 거론되고 있다. 첫째는 NPT를 개정해 소극적 안전 보장을 명문화하는 것이다. 그러나 NPT 개정은 회원국 사이의 첨예한 이해관계가 충돌할 수 있다는 점에서 가능성이 낮다. 둘째는 제네바 군축 회의를 통해 별도의 '소극적 안전 보장 조약'을 체결하는 것이다. 특히 제네바 군축 회의에는 5대 핵보유국뿐만 아니라 NPT 비회원국이면서 핵무기를 보유한 나라들인 이스라엘, 인도, 파키스탄도 참가하고 있다. 그러나 이들 세 나라에 소극적 안전 보장을 제공할 권리를 주는 것은 이들 나라의 핵무기 보유를 인정해

주는 것과 마찬가지라는 딜레마가 생기므로 이 역시 현실성이 떨어진다. 가령 이스라엘이 소극적 안전 보장을 제공한다고 해서 아랍 국가들이 이스라엘의 핵 보유를 인정할 리 만무한 것이다. 끝으로, NPT에 소극적 안전 보장에 대한 별도의 의정서protocol를 두는 것이다. 이 방안은 NPT 본문의 개정이 필요하지 않고, NPT가 인정한 5대 핵보유국의 소극적 안전 보장에 국한된다는 점에서 현실적인 대안으로 받아들여지고 있다. 많은 비동맹국들은 이 방안을 지지하고 있으나, 중국을 제외한 핵보유국들과 한국 등 미국의 상당수 동맹국들은 이에 대해 소극적이거나 부정적인 태도로 일관해왔다.[77]

핵무기 불사용 문제는 비단 핵보유국과 비핵 국가 사이에만 국한된 것이 아니다. 핵보유국 간의 핵무기 사용은 인류 공멸로까지 치달을 위험성을 내포하고 있다. 그러나 핵보유국 간의 핵무기 사용은 NPT뿐만 아니라 어떠한 국제 조약으로도 제약받지 않고 있는 상황이다. 이에 따라 NPT를 개정하거나 별도의 국제 조약을 통해 최소한 '핵무기 선제 불사용(NFU)No First Use of Nuclear Weapon'을 확립해야 한다는 목소리가 끊이지 않고 있다. 핵무기 선제 불사용 정책이란 다른 핵보유국으로부터 먼저 핵 공격을 받지 않는 한 먼저 핵무기를 사용하지 않는 것을 의미한다. 핵무기의 역할을 적대국의 핵무기 사용 억제에 국한하는 것이다. 북한을 포함한 9개의 핵보유국 가운데 이 정책을 지속적으로 확약하고 있는 나라는 중국이 유일한 실정이다.

그런데 흥미롭게도 핵무기 선제 불사용 정책을 최초로 제안한 사람은

---

77) George Bunn · Jean Du Preez, "More Than Words : The Value of U. S. Non-Nuclear-Use Promises", *Arms Control Today*(2007년 7/8월).

'대소련 봉쇄 정책'의 설계자로 잘 알려진 미국의 조지 케넌George Kennan이었다. 그는 1950년대 초 국무부 장관에게 보낸 서한에서 소련은 미국과의 핵전쟁을 피하고 싶어 하니 미국은 소련과의 전쟁에서 먼저 핵무기를 사용하는 국가가 되어서는 안 된다며, 핵무기 선제 불사용 정책을 채택할 것을 요구했다. 그러나 케넌의 제안은 묵살되고 말았다. 1950년대 중반에 소련은 당시 핵보유국들이었던 미국, 소련, 영국이 핵무기 선제 불사용 정책을 함께 채택하자고 제안했지만, 미국과 영국이 이를 거부했다. 이후 핵보유국 가운데 핵무기 선제 불사용을 적극 주장하고 나선 나라는 중국뿐이다. 중국은 1964년 핵 실험 직후에 발표한 성명에서 핵무기 선제 불사용을 확약했고, 이러한 정책을 지금까지 유지하고 있다. 1994년에는 '핵무기 선제 불사용 조약안'을 만들어 핵보유국들에게 논의를 제안했지만, 가시적인 성과는 없었다. 한편 중국과 러시아는 1992년 잠정적으로 핵무기 선제 불사용 정책에 합의했고, 2001년에는 이를 공식 조약으로 채택했다.

 '핵무기 없는 세계'의 출발점이자 기본 원칙은 핵무기를 먼저 사용하지 않겠다는 확약에 있을 것이다. 다시 말해 핵무기를 강압 외교나 협박의 수단으로 삼거나, 적대국의 재래식 무기나 생화학 무기를 이용한 공격에 핵무기로 보복하고자 하는 유혹과 전략에서 탈피해, 상대방의 핵무기 사용을 억제하는 데 유일한 목적을 두어야 한다는 것이다. 그런데 미국은 핵무기 선제 불사용 방침을 명확하게 천명한 적이 없다. 오바마 행정부조차 미국 핵무기의 역할을 미국이나 동맹·우방국들에 대한 적대국의 핵 공격을 억제하는 것에 한정하는 '유일한 목적sole purpose' 정책을 채택하지 않았다. 이는 '핵무기 없는 세계'를 천명한 오바마 행정부도 핵무기 선제 불사용 정책을 거부했다는 것을 의미한다. 다만 미국은 '유일한 목적' 정책 채택 가능성을 앞으로도 계속 검토하고, "미국과 동맹·우방국들에 사활적인 이익을 보호해야 하는 극단적인 환경에서만 핵무기 사용을 고려할 것이라는 점을 강조하고 싶다"고 강조했다.[78] 이는 과거보다 핵무기 사용 조건과 환경을 엄격히 제한했다는 점에서 진일보한 것이지만, 여전히 미국이 핵 선제공격 전략에 대한 미련을 버리지 못하고 있다는 것을 의미한다. '핵 태세 검토 보고서' 발표를 앞두고 미국이 핵무기 없는 세계를 주도하기 위해서는 핵무기 선제 불사용 정책을 천명해야 한다는 목소리가 거세게 제기됐지만 오바마 행정부는 이를 외면한 셈이다.

미국을 비롯한 핵보유국들이 핵무기 불사용 정책을 천명하더라도 문제는 남는다. 핵보유국의 정권 교체나 안보 환경의 변화에 따라 이러한 정책은 언제든 바뀔 수 있고, 이에 따라 비핵 국가는 핵보유국의 공약을 불신할 수 있다. 반면, 미국이 핵무기 선제 불사용 정책을 천명하면 미국의 동맹국은 핵우산 정책의 신뢰에 의문을 품을 수 있다.[79] 이러한 신뢰의 딜레마를 해결할 수 있는 유력한 방법은 핵무기 선제 불사용을 국제 조약으로 명문화하는 것이다. 그렇게 하면 핵보유국들의 선제 핵무기 불사용 약속에 국제법적 구속력을 부여함으로써 비핵 국가의 불신과 미국 동맹국들의 불안을 동시에 완화할 수 있기 때문이다.

(3) 포괄핵실험금지조약(CTBT)

1978년 유엔 총회 군축 특별 세션의 결의에 의해 1979년에 창설된 제네바 군축 회의는 NPT 제6조에 명시된 핵보유국의 핵무기 폐기를 비롯한

---

78) *Nuclear Posture Review Report*(2010).
79) Charles D. Ferguson, "The Long Road to Zero", *Foreign Affairs*(2010년 1/2월).

핵 군축을 촉진하고 구체적인 방안을 찾는 것을 목적으로 한다. 이에 따라 최근 군축 회의가 심혈을 기울이고 있는 분야는 크게 두 가지다. 하나는 새로운 국제 조약을 통해 모든 종류의 핵 실험을 영구히 중단하게 하는 포괄핵실험금지조약이고, 다른 하나는 핵무기 제조에 이용될 수 있는 핵 물질의 추가적인 생산을 막는 핵분열물질생산금지조약이다. 포괄핵실험금지조약이 핵 실험으로 핵무기 성능을 향상시키는 것을 차단하는 데 목적을 둔다는 점에서 '질적 제한'이라는 특성을 띤다면, 핵분열물질생산금지조약은 핵분열 물질의 생산을 차단해 '양적 제한'을 가하는 데 목적이 있다. 또한 NPT에는 핵 실험 및 핵분열 물질 생산을 금지하는 내용이 없다는 점에서 이를 보완하는 성격이 강하다.

1996년 제정된 포괄핵실험금지조약은 "모든 환경에서 모든 핵 실험을 금지"함으로써 새로운 핵무기의 개발을 방지해 핵 군비 경쟁을 억제하고, 새로운 핵보유국의 등장을 예방하며, 효과적인 현장 사찰on-site inspection 시스템을 구축해 핵 실험 여부를 검증함으로써 NPT 체제를 강화하는 데 목적이 있다. NPT 조약에 핵 실험을 금지하는 조항이 없고, 1963년 8월에 제정된 부분핵실험금지조약(PTBT)Partial Test Ban Treaty[80]이 대기권, 수중, 우주에서의 핵 실험만 금지한 한계를 보완하려는 취지인 것이다. 포괄핵실험금지조약은 아직 공식적으로 발효되지 않았지만, 1996년 제정 이후 핵 실험 금지를 국제 규범화하는 데 일조해왔다는 평가를 받는다. 이를 반영하듯, 이 조약의 제정 전에는 모두 2,044회의 핵 실험이 있었지만, 제정 이후에는 1998년에 인도와 파키스탄에서, 2006년과 2009년에 북한에서만 핵 실험이 실시되었다.

---

80) 이 조약은 제한적핵실험금지조약으로도 불린다.

포괄핵실험금지조약이 발효되면 포괄핵실험금지기구(CTBTO)Comprehensive Nuclear-Test-Ban Treaty Organization가 검증하는 역할을 담당하게 된다. 2010년 3월 현재 준비위원회로 남아 있는 포괄핵실험금지기구는 오스트리아 빈에 본부가 있고 산하에 국제 감시 시스템(IMS)International Monitoring System과 국제 정보 센터(IDC)International Data Center를 두고 있는데, 두 기구는 광범위한 국제 네트워크를 구축해 핵 실험 여부를 분석·검증하는 역할을 담당할 예정이다. 더 구체적으로 말하면, 국제 감시 시스템은 2010년 1월 현재 전 세계 337곳에 감시소를 두고 핵 실험 실시 여부를 면밀하게 감시하고 있다. 이 감시소는 위성을 통해 해당 정보를 국제 정보 센터로 전달하고, 국제 정보 센터는 전달받은 정보를 확인·분석한다. 이들 기구는 아직 완전히 구성되지 않았는데도 2006년과 2009년에 북한의 핵 실험을 확인했다.[81] 포괄핵실험금지조약은 핵 실험을 실시한 것으로 의심되는 국가에 대해서는 집행위원회 회원국 51개국 가운데 30개국 이상의 찬성으로 현장 사찰도 실시하는 것을 명문화하고 있다.

포괄핵실험금지조약이 발효되기 위해서는 "핵 능력을 보유한" 44개국(Annex 2)이 비준서를 유엔 총회에 기탁해야 한다. 그러나 2010년 3월 현재 44개국 가운데 인도, 파키스탄, 북한 3개국이 서명하지 않았고, 미국, 중국, 이란, 이스라엘, 이집트, 인도네시아 6개국은 서명은 했으나 비준을 하지 않아 이 조약은 아직 발효되지 않았다. 국제 사회에서는 이들 9개국을 '포괄핵실험금지조약 거부국CTBT hold-out states'이라고 부른다. 이

---

81) 2006년에는 국제 감시 시스템의 22개 감시소가, 2009년에는 61개 감시소가 북한의 핵 실험을 탐지했다.

에 따라 2년 단위로 포괄핵실험금지조약 회의가 열리고 있는데, 2009년 9월에는 뉴욕에서 100개국이 참여한 가운데 회의가 열렸다. 회의에 앞서 오바마 대통령은 "즉각적, 적극적으로" 미국 의회의 비준을 추진하고 이 조약의 서명·비준을 주저하고 있는 나라를 설득하는 노력을 배가하겠다고 선언해, 포괄핵실험금지조약에 활력을 불어넣었다.

  그렇다면 포괄핵실험금지조약을 발효시키기 위해서는 어떤 노력이 필요할까? 미국의 저명한 연구소인 군비통제연합Arms Control Association의 킴볼Daryl G. Kimball 소장의 주장을 중심으로 살펴보면 다음과 같다.[82] 먼저 포괄핵실험금지조약을 비준하지 않은 미국이 하루속히 이 조약을 비준해야 한다. 미국이 이 조약을 비준하면 다른 나라들을 설득·압박하기가 훨씬 쉬워지기 때문이다. 둘째로 중국의 비준도 필수적이다. 5대 핵보유국 가운데 미국과 중국이 이 조약을 아직 비준하지 않고 있는데, 두 나라는 상대방이 비준하지 않았다는 구실로 자국의 비준을 미뤄왔다. 따라서 미·중 양국 정부가 동시 비준에 합의하고 국내의 절차를 밟는 방안도 고려할 수 있을 것이다. 두 나라가 이 조약을 비준하면 또 다른 핵보유국인 인도와 파키스탄도 서명·비준할 가능성이 높아진다. 셋째로 상대적으로 포괄핵실험금지조약을 서명·비준하기가 용이한 나라들부터 조약 비준 절차를 마무리하게 하는 것이다. 포괄핵실험금지조약에 서명했으나 비준하지 않은 나라들 가운데 이스라엘, 이집트, 인도네시아는 국제 사회의 외교력이 집중되면 어렵지 않게 비준할 것으로 전망된다. 이들 나라가 비준 절차를 마무리하면 미국, 중국, 인도, 파키스탄, 북한, 이란

---

82) Daryl G. Kimball, "Accelerating the Entry Into Force of the CTBT and Securing FMCT", Presentation Paper for the 18th UN Conference on Disarmament Issues in Yokohama(2006년 8월).

등 까다로운 국가들을 설득·압박하는 것이 훨씬 용이해진다.

오바마 행정부도 강조하고 있는 것처럼, 포괄핵실험금지조약 발효의 일차적인 열쇠는 미국이 쥐고 있다. 미국은 1996년에 이 조약에 서명했고 1999년에 상원에 비준을 요청했지만, 공화당 주도의 상원은 48 대 51로 부결시킨 바 있다. 그리고 부시 행정부는 포괄핵실험금지조약의 상정 자체를 거부했다. 오바마 행정부는 이 조약의 비준을 다시 추진하고 있는데, 상원이 비준을 마치면 포괄핵실험금지조약은 새로운 국면을 맞이할 것이다. 중국도 미국의 뒤를 따를 가능성이 높고, 이에 따라 5대 핵보유국이 비준을 마무리하면 다른 나라들을 설득·압박할 수 있는 발판이 마련되기 때문이다.

그러나 미국 내의 반론은 만만치 않다. 반론의 근거는 크게 두 가지다. 하나는 비밀 핵 실험을 통해 포괄핵실험금지조약을 위반하는 국가를 효과적으로 탐지할 능력을 확보할 수 있을지 회의적이라는 것이다. 또 하나는 미국 핵무기의 안전성과 신뢰도를 확보하기 위해서는 핵 실험 옵션을 유지해야 한다는 것이다. 공화당 상원 의원의 상당수는 이러한 입장을 갖고 있어, 오바마 행정부가 상원 비준을 요구할 경우 가결 여부가 불확실한 상황이다. 가결에 필요한 정족수는 상원 의석수의 3분의 2인 67명인 반면에 2010년 3월 현재 민주당의 의석수는 58석이기 때문이다. 만약 또 다시 미국 상원이 포괄핵실험금지조약 비준안을 부결시킨다면 오바마의 리더십은 물론이고 이 조약에도 상당한 타격이 될 것이다. 이에 따라 오바마 행정부는 포괄핵실험금지기구의 검증 능력이 획기적으로 발전해 비밀 핵 실험을 충분히 포착할 수 있고, 미국이 핵 실험을 하지 않아도 미국 핵무기의 안정성과 신뢰성을 유지하는 데 문제가 없다는 점을 강조하면서 의회를 설득하고 있다.

(4) 핵분열물질생산금지조약(FMCT)

다음으로 핵분열물질생산금지조약을 살펴보자. 핵무기 제조에 이용되는 핵분열 물질은 고농축 우라늄과 플루토늄 두 가지다. 대개 핵무기 제조에 필요한 고농축 우라늄은 U-235가 90퍼센트 이상인 것을 일컫는데, 최근에는 70퍼센트 수준에 도달해도 핵폭발을 일으킬 수 있다는 주장이 나왔다. 또한 사용 후 연료봉을 재처리함으로써 인공적으로 분리되는 플루토늄 역시 통상적으로는 Pu-239의 농도가 90퍼센트 이상인 것이 무기급으로 간주되지만, 핵폭발 장치의 성능 향상에 따라 이보다 낮은 농도의 플루토늄도 핵무기 제조에 이용될 수 있다고 한다.

그래서 이들 핵분열 물질의 생산을 중단시키는 것은 지난 수십 년 동안 핵 군축과 관련해 핵심적인 주제 가운데 하나였다. 이들 물질의 생산을 금지시키면 추가적인 핵무기 증강 및 확산을 막을 수 있기 때문이다. 이러한 논의에 힘입어 1993년 유엔 총회는 "핵무기 및 핵폭발 장치 제조에 사용되는 핵분열 물질을 비차별적이고 다자적이며 효과적으로 검증할 수 있는 조약 체결"을 촉구하는 결의안을 채택했다. 이에 따라 제네바 군축회의에서는 1995년 3월부터 핵분열물질생산금지조약 체결을 위한 협상이 개시되었다. 그러나 협상 개시 10여 년이 지나도록 이 조약은 합의조차 이루지 못하고 있다. NPT 회원국이면서 비핵 국가인 나라들에는 IAEA 안전조치협정에 따라 무기급 핵분열 물질 생산이 차단되어 있지만, 5대 핵보유국들과 NPT 비회원국들에 대한 통제 장치는 결여되어 있어, 이 사안 역시 NPT 체제의 대표적인 결함으로 일컬어져왔다.

핵보유국들은 핵분열물질생산금지조약을 명시적으로 지지하지는 않지만, 핵분열 물질 생산 및 확산에 대한 우려는 대체로 공유하고 있다. 5대 핵보유국 가운데 중국을 제외한 4개국은 스스로 핵분열 물질 생산 중단에 착수했다. 그러나 미국 및 러시아에 비해 핵전력이 크게 떨어지는 중국은 이러한 조치를 취하지 않고 있다. 인도와 파키스탄은 여전히 핵 물질을 생산하고 있지만, 핵분열물질생산금지조약 협상에 대한 지지를 표명했고, 철저하게 '핵 모호성'을 유지해온 이스라엘도 이 조약에 반대하지 않는다는 입장이다. 2003년부터 영변 핵 시설을 재가동한 북한은 2007년 2·13 및 10·3 합의를 통해 이 시설을 폐쇄하고 불능화 조치를 취했다가, 2009년 들어 재가동에 들어갔다.

그러나 부시 행정부는 핵분열물질생산금지조약을 지지한다는 미국의 이전 입장을 번복해 이 조약에 대한 부정적인 견해를 표명했다. 2004년 7월, 부시 행정부는 "핵분열물질생산금지조약의 효과적인 검증은 매우 광범위한 사찰을 요구하는데, 이는 조약 가입국의 핵심적인 국가 안보 이익을 위태롭게 할 수 있다"며 이 조약을 사실상 거부한 것이다. 이에 따라 핵분열물질생산금지조약과 관련해 검증 문제가 핵심 의제로 부상하게 되었는데, 미국은 조약의 준수는 회원국이 자발적으로 하고 심각한 문제가 발생했을 때 유엔 안보리가 개입하는 방식으로 검증 문제에 접근해야 한다고 주장했다. 그러나 국제적인 검증 체제가 결여된 핵분열물질생산금지조약은 실효성이 떨어질 수밖에 없고 유엔 안보리가 미국을 비롯한 5대 핵보유국의 조약 준수 여부를 판단하고 제재를 가한다는 것은 어불성설이라는 점에서, 부시의 입장은 국제 사회로부터 강한 비판을 받았다. 이에 따라 비핵 국가들은 핵보유국의 사찰 의무가 결여된 NPT와는 달리 핵분열물질생산금지조약은 비핵 국가뿐만 아니라 핵보유국도 검증 대상에 포함시켜야 하고, 그 방식은 IAEA의 위상과 역할을 강화하는 것이어야 하며, 사찰 대상에는 고농축 우라늄 생산 시설, 플루토늄 재처리 시설 등도 포함되어야 한다고 주장하고 있다.

또 한 가지 중요한 쟁점은 핵분열물질생산금지조약을 무기용 핵 물질의 '추가적인 생산'을 금지하는 데 국한할 것인지, 아니면 보관 중인 핵 물질을 핵무기 제조로 이용하는 것까지 금지할 것인지 하는 문제다. 이와 관련해 미국은 현존 핵 물질을 금지 대상에 포함시키지 말자고 주장하고 있고, 중국과 러시아 역시 미국에 동조하고 있다. 그러나 대다수 비핵 국가들은 보관 중인 핵 물질을 핵무기 제조에 이용하는 것 역시 금지되어야 한다고 맞서고 있다. 특히 일각에서는 'Cut-off'라는 표현의 모호성을 들어 이 조약의 명칭을 '핵분열물질금지조약Fissile Material Treaty'으로 해야 한다고 주장한다. 핵보유국들이 이에 대해 어떤 입장을 내놓을 것인지는 향후 핵분열물질생산금지조약의 성패를 가늠할 핵심 포인트다.

(5) 핵 테러리즘 예방을 위한 노력

2001년 9월 11일 뉴욕의 세계무역센터(일명 쌍둥이 빌딩)와 워싱턴의 국방부 청사(일명 펜타곤)가 테러 집단에 의해 공격당하는 사건이 발생한 이후, 미국 내에서는 최악의 시나리오가 자주 거론된다. 바로 핵무기를 이용한 테러리즘이다. 알카에다와 같은 극단주의자들이 핵무기를 손에 넣어 미국이나 미국의 동맹 혹은 우방국을 공격하거나 협박할 수 있다는 '악몽의 시나리오'는 9·11 테러 이후 끊임없이 제기되고 있다. 심지어 미국은 북한이나 이란이 핵무기를 갖더라도 이들 국가의 핵 보유 자체보다는 이들 핵무기가 테러 집단의 손에 넘어가는 것을 더 두려워한다.

수소 폭탄 설계자 가운데 한 사람인 리처드 가윈Richard Garwin은 2007년 3월 미국 의회 청문회에서 인류 사회가 획기적인 조치를 취하지 않으면 미국이나 유럽의 도시에서 핵폭탄을 이용한 테러가 발생할 가능성이 매년 20퍼센트씩 늘어날 것이라고 경고했다. 하버드 대학의 핵 전문가인 매슈 번Mattew Bunn 역시 향후 10년 이내에 핵 테러가 발생할 가능성이 29퍼센트라는 계산 결과를 내놓았다. 하다못해 투자의 귀재이자 보험 정책 설계의 대가인 워렌 버핏도 "핵 테러가 발생하지 않을 것이라고 믿을 수 있는 근거를 알지 못한다"고 말했다. 이러한 우려를 뒷받침하듯, 미국의 국가 정보 평가 2007년 7월 보고서는 "알카에다는 화생방 물질과 핵 물질을 손에 넣기 위한 시도를 계속하고 있고, 이들 무기의 사용에 주저하지 않을 것"이라는 분석을 내놓았다.[83] 또한 오바마 행정부도 2010년 '핵 태세 검토 보고서'를 통해 핵 테러리즘이 미국에 대한 최대 위협이라고 지적하고 있다.

이처럼 핵 테러리즘의 위험성이 부각되는 것은 9 · 11 테러에서도 확인된 것처럼 테러리스트가 자신의 목적을 달성하는 데 수단과 방법을 가리지 않고, 테러리스트가 핵무기나 핵 물질, 핵 과학자에게 접근하는 것이 불가능한 일이 아니며, 테러 집단에게는 '핵 억제력'이 통하지 않는다는 점 등등 때문이다. 현재 세계 도처에는 고농축 우라늄 1,700톤과 플루토늄 550톤이 있는데 이는 핵무기 20만 개를 만들 수 있는 분량이다. 이러한 통계 추정에 근거해, 탈취나 도난, 혹은 밀거래에 의해 핵 물질이 테러 집단에 넘어갈 수 있다는 우려는 핵 테러리즘 위험을 부각시키는 요인이 되고 있다.[84] 또한 최악의 경제난에 직면해 있는 북한이 외화 수입을 위해 핵무기나 핵 물질을 테러 집단에 판매하거나, 이란이 미국과 이스라엘에 타격을 가하기 위해 하마스나 헤즈볼라에 핵무기를 넘겨줄 가능성도 제기된다. 아울러 핵보유국인 파키스탄의 정치 및 치안 불안 역시 테러 집단에

---

83) Graham Allison, "Time to Bury a Dangerous Legacy—Part I", *Yale Global*(2008년 3월 14일).
84) David E. Goffman, "Time Is of the Essence", *Foreign Policy*(2010년 4월 12일).

의한 핵 탈취 위험성을 높이는 요인으로 거론된다. 무엇보다도 테러 집단의 핵 보유는 동기에 있어서 국가의 핵 보유와 근본적으로 차이가 있다는 점이 지적된다. 국가가 핵무기를 가지려 하는 이유가 전쟁 억제력 확보나 국제 사회에서의 위상 및 외교적 지렛대 확보, 혹은 국내 정치적으로 이롭다는 판단에 있는 반면에, 테러 집단이 핵무기를 확보하려 하는 이유는 그것을 '사용'하려는 데 있다는 것이 근본적인 차이점이라는 것이다.

그러나 현실적으로 테러 집단이 핵 물질을 '자체적으로' 생산해 핵무기를 만드는 것은 거의 불가능하다. 핵 물질을 생산하려면 대규모 우라늄 농축 시설이나 원자로 및 재처리 시설이 필요하고, 이를 무기화하기 위해서는 높은 수준의 기술을 요하는 기폭 장치도 필요하기 때문이다. 그래서 테러리스트가 핵무기를 획득할 수 있는 경로로, 북한이나 이란이 테러 집단에 핵무기나 핵 물질을 판매할 가능성, 테러 집단이 구소련 지역에 남아 있는 수천 톤의 핵 물질을 탈취할 가능성, 알카에다와 탈레반이 파키스탄 정권을 전복시키거나 핵 시설에 침투해 핵무기를 획득할 가능성 등이 자주 거론된다. 특히 미국은 약 100개의 핵무기와 다량의 핵 물질을 보유하고 있으면서도 극심한 정치 불안과 테러 집단의 활동 무대가 되고 있는 파키스탄을 주목하고 있다. 일례로 미국 의회의 '대량 살상 무기 확산과 테러리즘 예방위원회'에서 작성한 2008년 보고서는 "향후 5년간 핵 테러리즘의 가능성은 전례 없이 높아질 수 있고", "테러리즘과 대량 살상 무기의 모든 길은 파키스탄으로 통한다"라고 분석한 바 있다.[85]

어떤 경로로든 테러 집단이 핵무기를 확보하면 핵 테러리즘의 위험성이 커진다는 것이 국제 사회의 일반적인 인식이다. 앞서 언급한 것처럼,

---

85) Charles D. Ferguson, "The Long Road to Zero", *Foreign Affairs*(2010년 1/2월).

국가와 달리 테러 집단에는 핵 억제력이 통하지 않을 것이기 때문이다. 테러 집단은 영토와 인구를 갖고 있는 국가와 달리 여러 지역에 분산되어 은신해 있기 때문에 핵 보복을 하기가 쉽지 않다. 더구나 테러 집단은 목적을 달성하기 위해서는 자살도 주저하지 않기에 핵 보복의 위협으로 테러 집단의 핵 공격을 예방하는 것도 쉽지 않다. 수만 개의 핵무기를 갖고 있던 소련에도 통용되었던 '핵 억제력'이 테러 집단에는 통하지 않는다는 말이다. 미국처럼 테러 공격에 민감한 국가들이 '핵 테러리즘'에 히스테리에 가까운 반응을 보이고 있는 까닭이 바로 여기에 있다.

이러한 우려를 반영하듯, 미국은 핵무기를 비롯한 대량 살상 무기로 무장한 테러 집단의 미국 공격을 막는 것을 안보 정책의 우선순위 가운데 하나로 삼고 있다. 부시 행정부는 테러 집단에 대해 재래식 무기는 물론이고 핵무기로도 선제공격이 가능하다는 전략을 채택한 바 있다. 또한 북한, 이란 등 이른바 '깡패 국가들'의 대량 살상 무기가 테러 집단에 이전되는 것을 막기 위해 2003년에 대량살상무기확산방지구상(PSI)Proliferation Security Initiative을 창설해, 대량 살상 무기나 관련 물품을 실은 것으로 의심되는 선박이나 항공기를 검색·나포하는 방안도 마련했다. 아울러 각종 경제 제재를 통해 대량 살상 무기와 관련된 것으로 의심되는 기업이나 인사의 자산을 동결하고 금융 거래를 차단하려 했다. 오바마 행정부도 핵 테러리즘을 분쇄하기 위해, 핵무기 획득을 시도하는 테러 집단에 대해서는 핵무기를 포함한 모든 수단을 동원해 선제공격할 수 있다는 방침을 분명히 해놓고 있다. 또한 오바마 행정부는 대량살상무기확산방지구상과 금융 제재 등 부시 행정부의 유산도 적극 계승하고 있다.

미국은 핵 테러 방지를 위한 국제 체제 구축에도 박차를 가하고 있다. 핵 비확산 체제의 가장 중요한 조약인 NPT는 비국가 행위자에 의한 핵

확산을 다루지 않기 때문에, 핵 테러 방지 노력은 주로 유엔 안보리에서 논의되어왔다. 미국은 9·11 테러 직후에 유엔 안보리 결의안 1373호 채택을 주도해 유엔의 모든 회원국들은 테러 집단이 대량 살상 무기를 획득하는 것을 방지하기 위해 노력해야 한다고 주문했다. 미국은 2004년에 1373호를 강화한 1540호 채택을 주도했고, 이 결의안은 2006년 1673호, 2008년 1810호를 통해 거듭 진화해왔다. 그리고 2009년 9월에는 오바마 대통령이 직접 유엔 안보리 의장으로 나서 1887호를 채택했는데, 이 결의안은 핵 테러리즘 방지가 최우선 과제라는 점을 분명히 하면서, 수출입 통제 체제 강화, 유엔 회원국들 사이의 공조 체계 구축, 핵 밀수 차단을 위한 국내법적 체계 구축 등을 요구했다. 이와는 별도로 2005년 유엔 총회를 통해 미·러 양국 주도로 '핵 테러리즘 분쇄를 위한 국제 협약International Convention for the Suppression of Acts of Nuclear Terrorism'이 제정되었는데, 2009년 말까지 115개국이 서명했고, 이 가운데 60개국이 비준을 마쳤다. 또한 1987년에 제정된 '핵 물질 및 핵 시설 방호 협약Convention on the Physical Protection of Nuclear Material and Nuclear Facilities' 수정안이 같은 해에 나왔는데, 기존 조약에서 범위가 국제적인 거래에 국한되었던 것을 '국내'로까지 확장한 것이 수정의 골자다. 그러나 중국과 러시아를 비롯한 많은 나라들이 비준하지 않아 이 조약은 2010년 3월 현재 미발효 상태에 있다.

  2002년에는 G8 정상 회담에서 '대량 살상 무기 및 물질 확산 방지를 위한 글로벌 파트너십Global Partnership against the Spread of Weapons and Materials of Mass Destruction'이 채택된 데 이어, 2006년에는 '핵 테러와의 전쟁을 위한 지구적 구상Global Initiative to Combat Nuclear Terrorism'이 발족되었다. 이러한 미국 주도의 핵 테러리즘 방지 구상은 2010년 4월

오바마의 주도로 열린 '글로벌 핵 안보 정상 회의'를 통해 정점에 달했다. 47개국 정상들이 참여한 이 회의의 최대 의제는 핵 테러리즘 방지였다. 구체적으로는 핵분열 물질 통제를 위한 국제 체제 강화, 핵 암시장 분쇄, 핵 물질 및 기술 확산 방지를 위한 탐지 및 검색 능력 강화, 핵 확산 관련 기업 및 국가에 대한 금융 제재 강화, 농축 우라늄 및 플루토늄의 민간 사용 최소화 등이었다. 이 회의에서는 앞으로 4년 이내에 핵분열 물질에 대한 통제 체제를 구축한다는 목표를 세웠고, 2012년 서울에서 2차 정상 회의를 갖기로 합의했다.

6. 또 다른 대안, '비핵 지대'

(1) 비핵 지대의 기원과 개념

핵무기라는 '절멸의 무기'의 등장은 다양한 방식으로 핵무기를 통제해야 한다는 절박한 필요성을 야기했다. 그러나 포괄적이고 전 지구적인 핵 통제 노력이 게걸음 수준을 벗어나지 못하고, 핵보유국들이 경쟁적으로 핵 실험에 나서자 '우리 동네부터 핵 위협에서 벗어나자'는 움직임이 일어나기 시작했다. NPT에 앞서 본격화된 비핵 지대 창설이 바로 그것이다. 비핵 지대는 '핵무기' 자체가 완전히 부재하고 핵무기 사용이 금지된 지역이라고 정의된다. 그러므로 더 정확한 표현은 '비핵무기 지대(NWFZ)Nuclear-Weapon-Free Zone'라고 할 수 있다.[86] 비핵 지대 창설이 본격화되자 NPT는 제7조에서 국가가 특정 지역을 비핵 지대로 만드는 권리를 인정했고, 1975년 유엔 총회 결의에서도 이러한 권리가 재확인되었다. (하지만 비핵 지대에 속한 국가들의 평화적 핵 이용까지 제한한 것은 아니다.) 또한 남극, 해저, 우주에 핵무기 배치를 금지하는 조약도 있

---

86) 이 글에서는 '비핵 지대'로 표현하기로 한다.

는데, 이곳들도 넓은 의미의 비핵 지대라고 할 수 있다. (남극은 1959년에, 우주는 1967년에, 그리고 해저는 1971년에 비핵 지대로 지정되었다.)

개별 국가들이 비핵 국가Nuclear Weapon Free State의 위상을 추구하는 경우도 있다. 몽골이 대표적인 경우다. 1974년 유엔 총회는 "개별 국가도 비핵 지대의 지위를 획득할 수 있다"는 결의안을 채택했고, 몽골은 이 결의안에 의거해 비핵 국가 지위를 추구했다. 1992년 9월에 몽골 정부는 몽골을 비핵 지대로 선포했고, 5대 핵보유국들은 몽골의 입장을 지지했다. 2000년 2월에 몽골 의회는 '몽골 비핵 지대 법'을 제정했고, 몽골 정부는 유엔 사무총장에게 이 법을 제출해 국제적 승인을 요청했다. 그해 10월 유엔 총회는 몽골의 요구를 승인했고, 5대 핵보유국들은 몽골에 대한 안전 보장을 약속했다. 이에 따라 몽골은 유엔이 비핵 국가의 위상을 국제법적으로 보장해준 유일한 국가가 되었다.[87]

세계 유일의 피폭국인 일본도 1967년 '핵무기를 만들지도 갖지도 반입하지도 않는다'는 비핵 3원칙을 발표했다. 그러나 몽골이나 아래에서 설명할 뉴질랜드와는 달리 이 원칙은 입법화된 것이 아니어서 법적 구속력이 없다. 또한 일본이 미국의 핵우산 아래에 있고, 핵 밀약을 통해 미국 핵무기의 반입·기항·통과를 허용한 사례도 있어 비핵 3원칙은 실효성이 없다는 비판도 제기되어왔다. 그러나 일본의 정권 교체는 핵 정책의 변화도 수반하고 있다. 2009년 9월에 집권한 민주당 정권이 출범 직후부터 미국과의 핵 밀약에 대한 조사에 착수해, 과거 냉전 시대에 이 밀약에 의거해 미국 핵무기의 일본 내 배치 및 기항을 허용한 것은 비핵 3원칙을 위반

---

87) 이에 대해서는 다음을 참조하라. http://www.nti.org/e_research/official_docs/inventory/pdfs/mongol.pdf

한 것이라는 결론을 2010년 3월에 발표한 것이 대표적인 사례이다. 또한 토마호크 미사일에 탑재될 수 있는 핵탄두의 폐기 방침을 밝힌 오바마 행정부의 입장에 대해 자민당 정권이 반대 로비를 편 반면에, 민주당 정권은 환영 의사를 전달했다. 이처럼 일본은 정권 교체를 계기로 동북아 비핵 지대 창설을 비롯한 비핵화를 대외 정책의 핵심 목표로 내세우고 있다.

1987년 비핵법을 제정한 뉴질랜드의 사례는 특기할 만하다. 뉴질랜드의 노동당은 비핵법 제정을 1984년 선거 공약으로 내세웠고, 집권에 성공하자 동맹국인 미국과 영국의 강력한 압력에도 불구하고 비핵법을 제정했다. 특히 비핵법의 규제 대상에 핵무기 '탑재' 선박과 항공기뿐만 아니라 핵 '추진' 선박과 잠수함도 포함시켰다. 이에 미국이 '오스트레일리아-뉴질랜드-미국 안보 조약(ANZUS)' 공약 대상에 뉴질랜드가 포함되지 않을 수도 있다고 엄포를 놓았지만 뉴질랜드는 물러서지 않았다. 여러 나라가 핵 보유를 통해 국제 사회에서의 위상을 강화하려고 한 반면에, 뉴질랜드는 비핵화를 통해 자국의 평화를 증진하고 '청정 국가'로서의 이미지를 드높여 관광 산업을 육성하며 국제 사회에서 비핵화를 주도한다는 도덕적 권위를 확보하는 길을 걸은 것이다. 이후에도 미국은 자국 핵무기 탑재 선박의 기항과 항공기의 통과를 위해 뉴질랜드의 비핵법 개정을 압박했지만, 뉴질랜드는 오늘날까지 비핵법을 고수하고 있다.[88]

생소하지만, '아래로부터의 운동'도 있다. 자신이 살고 있는 도시와 마을을 비핵 지대로서 선언함으로써 이를 국가, 지역, 세계 차원으로 확대하자는 운동이 바로 그것이다. 뉴질랜드, 일본, 서유럽, 북아메리카 등의 일부 지자체들은 비핵 조례를 제정해 핵무기 없는 공동체를 지향하고 있

---

[88] 뉴질랜드 비핵법에 대한 상세한 내용은 http://www.nuclearfreenz.org.nz/index.htm 참조.

다. 1980년대 들어 본격화된 이 운동으로 미국에서 200여 개, 영국에서 70여 개, 일본에서 전체 지자체의 80퍼센트가 넘는 2,600여 개 지자체가 '비핵 지자체'를 선포했다. 그러나 비핵 지자체는 정치적 선언에 머무르는 경우가 많고, 중앙 정부 차원에서 이를 승인하지 않아 대개 법적 구속력이 없는 형태에 머물러 있다. 그렇지만 지자체 차원의 비핵화 운동은 '아래로부터의 실천'을 통해 비핵화를 규범화하는 데 일조하고, '고위 정치' 영역에 시민의 목소리를 투영하는 유용한 기제로 작용해왔다.[89] 또한 21세기 들어 '평화 시장 회의Mayors for Peace'를 중심으로 비핵 자치체 사이의 연대와 확산을 도모하면서 지구 차원의 핵 폐기 운동을 벌이고 있는 것 역시 시사하는 바가 크다.[90]

이처럼 지역, 국가, 도시(지자체) 같은 다양한 수준의 비핵 지대가 존재하지만, 중요한 것은 여러 나라가 모여 있는 지역을 비핵 지대화하는 것이다. 핵 문제를 포함한 안보 문제가 주로 국가 간의 관계에서 발생하고, 핵 포기와 안전 보장 여부를 결정하는 당사자가 국가이고, 이에 대한 법적 구속력을 부여하기 위해서는 국가 간의 국제 조약이 필요하다는 점에서 그렇다. 이에 따라 이 글에서는 '지역' 차원의 비핵 지대를 주된 분석 대상으로 삼기로 한다.

비핵 지대 구상을 최초로 제안한 나라는 역설적으로 미국과 함께 최대

---

[89] 이준규, 〈핵자치체, 비핵 고베 방식과 한국에의 시사점〉, 평화네트워크 자료실, 2006년 1월 3일(http://peacekorea.org/zbxe/25782).
[90] 전 세계 비핵 자치체들의 네트워크인 '평화 시장 회의'는 2003년 11월 '2020년까지 핵무기를 모두 폐기하자'는 캠페인을 시작했다. 이 네트워크에 대한 자세한 내용은 http://www.mayorsforpeace.org/english/index.html 참조. 2010년 1월 1일 현재 134개국 3,488개 지자체가 여기에 가입돼 있고, 한국에서는 제주(2006년 7월), 대구(2007년 7월), 홍천(2009년 6월) 세 곳이 가입돼 있다.

핵보유국이었던 소련이다. 소련은 1956년 유엔 총회에서 동·서독과 주변 국가들을 비핵 지대로 만들자고 제안했다. 그러나 미국과 그 동맹국들은 소련의 제안을 거부했다. 2년 뒤인 1958년 폴란드는 소련의 제안보다 구체적이고 포괄적인 중부 유럽 비핵 지대를 제안했다. 이 구상의 골자는 폴란드, 동·서독, 체코를 먼저 비핵화하고 이후에 전체 중부 유럽으로 비핵화를 확대하자는 것이었다. 그러나 당시 바르샤바조약기구가 북대서양조약기구(나토)보다 재래식 군사력에서 우위에 있었기 때문에 미국과 그 동맹국들은 그 열세를 만회하려면 미국의 핵무기를 서독을 비롯한 유럽에 배치할 필요가 있다고 생각해, 소련과 폴란드의 제안을 거부했다.

1960년대 초반에도 루마니아의 발칸 지역 비핵화, 소련의 지중해 지역 비핵 지대 등의 제안이 있었지만, 마찬가지 이유로 나토는 이 제안들을 거부했다. 그러자 이번에는 일부 북유럽 국가들이 북유럽 비핵 지대 창설을 제안하고 나섰다. 중립국이었던 핀란드와 스웨덴은 자국 영토에 핵무기를 배치할 수 없다는 입장을 천명하면서 덴마크, 아이슬란드, 노르웨이를 포함하는 북유럽 비핵 지대를 제안했다. 그러나 나토 회원국이었던 덴마크, 아이슬란드, 노르웨이가 안보상의 이유로 이를 거부해, 이 구상 역시 빛을 보지 못했다.

이렇다 할 진전을 보지 못했던 비핵 지대 구상은 NPT 창설 논의가 본격화하면서 비로소 탄력을 얻기 시작했다. NPT 제7조에 "이 조약의 어떤 부분도 자국의 개별적인 영토에 핵무기를 두지 않기 위해 지역 조약을 체결하는 데 영향을 주지 않는다"라고 명시되어 있기 때문이었다. 이는 각 지역의 국가들이 협상과 합의를 통해 비핵 지대를 창설하는 것을 국제법적으로 보장한다는 의미를 갖고 있다. 특히 NPT와 달리 비핵 지대 조약은 지대 내에서 핵무기를 완전히 금지해, 핵보유국이 비핵 지대 조약 체결국에 핵무기를 배치할 수 없게 한다. 또한 핵보유국이 비핵 지대 조약국들에 핵무기 사용 및 사용 위협을 하지 않는다는 소극적 안전 보장도 요구한다. 이러한 맥락에서 볼 때, 비핵 지대 조약은 NPT의 허점을 보완하는 성격을 지닌 셈이다.

비핵 지대 창설은 지역적 특색에 따라 다양한 경로를 밟을 수 있지만, 일반적으로 '제안 및 초기 협의 → 조약문 협상과 초안 작성 → 조약문 채택 및 지역 내 국가들의 서명 → 서명국 국회에서의 비준 동의 → 조약 발효'의 단계를 거친다. 1999년 유엔 군축위원회는 유엔 총회의 승인을 거쳐 다음과 같은 비핵 지대 창설의 원칙과 가이드라인을 제시했다.

- 비핵 지대 창설은 국제 비확산 체제와 지역 및 세계 평화와 안정에 기여할 것.
- 비핵 지대는 지대 내 국가들의 자유로운 협상 결과에 기초할 것.
- 초기 협상은 지대 내 일부 국가들이 주도할 수 있으나, 지대 내 모든 국가가 참여할 것.
- 핵보유국을 비롯한 지내 밖의 국가들도 비핵 지대 창설을 지지·협력할 것.
- 비핵 지대 창설은 지역의 특수성을 감안하고 유엔 해양법을 비롯한 국제법을 준수하는 맥락에서 추진할 것.
- 비핵 지대는 법적 구속력을 갖출 것.
- 외국의 선박과 항공기의 방문, 통과는 국가들의 자유로운 재량에 맡길 것.
- IAEA의 안전조치협정을 비롯한 비핵 지대 의무 준수를 검증할 수 있는 체제를 구축할 것.

- 핵보유국은 소극적 안전 보장을 비롯한 비핵 지대의 조약과 의정서에 서명·비준할 것.
- 비핵 지대 조약은 핵에너지의 평화적 이용을 금지하지 말 것.

이러한 비핵 지대는 핵무기에 제한을 둠으로써 국제 평화와 안정을 유지·강화하고 핵 비확산 및 핵무기의 완전 폐기에 기여하는 데 근본적인 목적을 두고 있다. 비핵 국가들의 잠재적인 핵 보유 요구를 지역 차원에서 억제하고, 이에 대한 반대급부로 핵보유국이 소극적 안전 보장을 제공함으로써 핵무기의 공포에서 벗어날 수 있다는 개념에 기초하고 있는 것이다. 또한 비핵 지대 구상에는, 핵무기의 완전 폐기까지는 상당히 시간이 걸릴 수밖에 없는 점을 고려해, 비핵 지대를 통해 안보 전략에서의 핵무기 의존도와 유용성을 줄이고 비핵 지역을 점차 넓혀감으로써 궁극적으로는 전 세계를 비핵 지대로 만들 수 있다는 점증주의 사고방식도 내재되어 있다. 아울러 비핵 지대 구상은 비핵 지대에 참여한 국가들이 분쟁 해결 수단으로서 무력과 전쟁에 의존하지 않는 메커니즘을 구축하는 과정이라는 점에서 "그 자체로서 지역 국가들 사이에 공동 안보의 틀을 구축하는 기초가 된다".[91] 이러한 맥락에서 볼 때, 비핵 지대는 NPT 체제의 약점을 보완한다는 의미를 갖고 있다.[92]

(2) 비핵 지대의 현황과 미래

현재 남반구 전체와 북반구 일부가 비핵 지대로 선포되어 있고 여기에

---

91) 이삼성, 《세계와 미국》(한길사, 2001), 463쪽.
92) 이준규, 〈비핵 지대란 무엇인가?〉, 《이론과 실천》(2004년 6월).

해당하는 국가는 120여 개국에 달한다. 북반구의 비핵 지대화가 더딘 것은 북한을 포함한 9개 핵보유국 모두와 미국의 핵우산 아래에 있는 동맹국들 대부분이 북반구에 위치하고 있기 때문이다. 2010년 1월 현재, 지역 내 국가들의 합의에 따라 창설된 비핵 지대는 모두 여섯 곳이 존재한다. 최초의 비핵 지대 조약인 남극 조약은 1959년 12월 1일 체결되어 1961년 6월 23일에 발효되었다. 이후 중남미의 틀라텔롤코 조약(1967년 2월 14일 서명, 1968년 4월 23일 발효), 남태평양의 라로통가 조약(1985년 8월 6일 서명, 1986년 12월 11일 발효), 동남아시아의 방콕 조약(1995년 12월 15일 서명), 아프리카의 펠린다바 조약(1996년 4월 11일 서명), 중앙아시아의 세미팔라틴스크 조약(2006년 9월 8일 서명)이 체결되었다.[93] 이들 여섯 개의 비핵 지대 조약은 배경과 역사, 조약 내용에서 차이가 있지만, 대체로 다음과 같은 공통적인 요소를 지니고 있다.[94]

- 지대 내의 핵무기 확산 금지와 비배치 : 회원국은 핵무기 개발·실험·제조·생산·취득·소유·저장·수송·배치 등을 금지한다.
- 기간 : 모든 비핵 지대 조약은 유효 기간을 '무기한'으로 하는 것을 원칙으로 한다. 그러나 각 조약은 회원국의 탈퇴 권리를 인정한다. (라틴아메리카 조약의 경우 3개월 전에 탈퇴 의사를 통보하면 조약에서 탈퇴할 수 있고, 나머지 조약은 12개월의 사전 통보 기간을 설정해놓고 있다.)
- 검증 : 조약 체결국은 IAEA를 비롯한 사찰 기구의 광범위한 검증을

---

93) 각 지역의 비핵 지대를 조약이 체결된 도시의 명칭을 따서 부르기도 한다.
94) 이에 대해서는 Nuclear-Weapon-Free Zones(NWFZ) At a Glance(http://www.armscontrol.org/factsheets/nwfz.asp) 참조.

수용한다.
- 소극적 안전 보장 : 비핵 지대 조약은 NPT가 인정한 5대 핵보유국, 곧 미국·러시아·영국·프랑스·중국이 비핵 지대 내 국가들에 핵무기 사용 및 사용 위협을 하지 않는다는 것을 보장하는 의정서의 서명과 비준을 요구한다.

이러한 일반적인 특징과 함께 각 비핵 지대는 저마다 다양한 특징과 의의를 갖고 있다. 라틴아메리카 조약은 1962년 '쿠바 미사일 위기'가 발생하면서 그 필요성이 강하게 제기되었는데, 비핵 지대화를 통해 미국과 소련 등 핵보유국의 핵무기 반입을 금지함으로써 쿠바 미사일 위기와 같은 악몽이 재현되는 것을 사전에 예방했다. 또한 이 조약은 1970년대부터 핵무장을 추진했던 브라질과 아르헨티나의 비핵화에 결정적으로 기여했다. 아프리카 조약의 경우에는 프랑스가 1960년대 초 알제리에서 핵 실험을 한 것이 비핵 지대 논의를 촉발한 계기가 되었는데, 프랑스는 이 조약이 체결된 1996년 이후 폴리네시아를 비롯한 아프리카에서 핵 실험을 중단했다. 또한 이 조약은 남아프리카 공화국이 핵무기를 포기하는 환경을 조성하는 데에도 일조했다. 동남아 비핵 지대에는 베트남 전쟁이 결정적 배경으로 작용했다. 프랑스·미국·중국·소련 등 핵보유국이 직간접적으로 개입된 이 전쟁은 자칫하면 핵전쟁으로 비화할 위험성을 내포하고 있었기 때문이다. 그래서 동남아 국가들은 1971년 '평화·자유·중립 지대'를 선언했는데, 이 선언이 1995년 방콕 조약의 모태로 작용했다. 구소련에 소속되어 있었던 국가들로 구성된 중앙아시아 비핵 지대도 주목할 만하다. 이 조약의 회원국인 카자흐스탄, 키르기스스탄, 타지키스탄, 투르크메니스탄, 우즈베키스탄 5개국은 구소련의 핵무기나 핵 시설이 대거 존재했던 지역으로, 소련 붕괴 이후 핵 확산 위험이 우려된 지역이었다. 그러나 이들 나라가 비핵 지대를 창설함으로써 이러한 우려가 해소되었고, 이들 5개국은 비핵화의 의지를 과시하듯 구소련의 대표적인 핵 실험 장소였던 세미팔라틴스크에서 조약을 체결했다.

이 밖에 남극 조약은 환경 보호 의무도 포함하고 있어, 1991년 채택된 '마드리드 의정서'의 모태가 되었다. 남태평양 조약은 수많은 핵 실험이 실시된 지역인 남태평양을 핵 실험 금지 공해(公海) 지역으로 지정하기도 했다. 아프리카 조약은 남아프리카 공화국의 핵 프로그램 폐기 조항과 함께 핵 시설에 대한 공격을 금지하는 조항을 포함하고 있다. 또한 라로통가 조약, 방콕 조약, 펠린다바 조약은 지대 내에 방사능 폐기물의 투기를 금지하고 있어 환경 보호에도 일조하고 있다. 아울러 비핵 지대 조약은 지대 내에서 핵보유국을 포함한 모든 나라의 핵 실험을 금지한다.[95]

이처럼 비핵 지대가 탄생할 수 있었던 배경에는 국가는 물론이고 NGO와 국제기구가 있었다. 중남미에서는 멕시코가, 남태평양에서는 오스트레일리아와 뉴질랜드가, 동남아에서는 인도네시아가 주도적인 역할을 수행했다. NGO가 큰 역할을 한 지역은 남태평양이었는데, 이 지역에서 미국, 영국, 프랑스가 지속적으로 핵 실험을 하자, 그린피스를 비롯한 반핵 평화 단체들은 해상 시위를 비롯한 다양한 활동을 전개했고, 이것이 남태평양 비핵 지대를 국가 간 협의 테이블에 올려놓는 데 결정적인 계기가 되었다. 국제기구의 역할도 눈에 띈다. 남태평양에서는 '남태평양 포럼'(현재는 태평양 포럼)이, 동남아에서는 '아세안(ASEAN)'이, 그리고 아프

---

95) Michael Hamel-Green · Peter Hayes, "The Path Not Taken, the Way Still Open : Denuclearizing the Korean Peninsula and Northeast Asia", *Nautilus Special Report*(2010년 1월 5일).

리카에서는 '아프리카통일기구(OAU)'가 비핵 지대 협상 기구로서의 역할을 했다. 이 밖에 남극 조약과 중앙아시아 조약에서는 유엔이 직접 개입해 비핵 지대 논의를 주도했다.

이러한 사례는 동북아에 시사하는 바가 크다. 일본의 피스데포와 한국의 평화 네트워크는 2000년부터 동북아 비핵 지대 운동을 전개했고, 피스데포의 활동은 2009년 집권한 일본 민주당이 동북아 비핵 지대를 정책 공약으로 삼게 하는 데 결정적인 역할을 했다. 또한 동북아에는 6자 회담이 있는데, 이 회담의 5개 실무 회의에는 '동북아 평화 안보 체제'가 포함되어 있다. 이는 핵 문제가 최대 이슈로 부상한 동북아에서 비핵 지대를 추진할 수 있는 'NGO-국회와 정부-국제기구'의 기반이 존재한다는 것을 의미한다.

이러한 비핵 지대의 완전성을 높이기 위해서는 핵보유국의 소극적 안전 보장이 필수적이다. 그러나 미국 등 핵보유국들은 비핵 지대가 자국의 핵 기득권을 침해하는 것을 최대한 방지하기 위해 여러 가지 예외 조치를 취하고 있다. 소극적 안전 보장 제공에 조건을 달거나, 핵무기 배치나 일시 통과가 필요하다고 판단되는 지역의 비핵 지대 의정서에 서명하지 않거나 예외 조항을 요구하는 것 등이 그런 경우다. 예를 들어 미국은 아프리카와 중남미 비핵 지대 의정서에 서명하면서 지대 내 회원국의 생화학 무기 공격에 대해 핵무기 사용을 포함한 모든 옵션을 보유하겠다는 조건을 달았다. 미국은 또한 핵무기를 탑재한 선박과 항공기의 일시 정박 및 통과를 금지하는 것은 항해의 자유 원칙에 위배된다는 시각을 갖고 있다.

결국 미국은 1995년에 비핵 지대에 대한 입장을 밝혔다. 우선 미국은 비핵 지대의 창설이 동맹 등 안보 조치를 방해해서는 안 된다며, 소극적 안전 보장의 제공 여부가 비핵 지대에 종속되지 않음을 분명히 했다. 또한 앞서 언급한 것처럼, 핵무기를 탑재한 항공기 및 선박의 정박 및 통과에 대한 승인 권리는 국가의 주권에 해당한다며, 이를 비핵 지대 조약문에 명시하는 것에 반대했다. 이에 반해 중국은 5대 핵보유국 가운데 유일하게 무조건적인 소극적 안전 보장을 약속했고, 러시아, 영국, 프랑스는 유엔의 원칙을 존중하되 자국의 공약은 비핵 지대의 사례에 따라 결정된다는 입장을 보였다.

지구 면적의 절반 이상이 비핵 지대로 되어 있지만, 핵심 지역은 여기에 포함되지 않았다는 점도 주목할 필요가 있다. 인도와 파키스탄이 핵 군비 경쟁을 벌여온 남아시아, 핵보유국 이스라엘과 핵 개발 의심국 이란이 있는 중동, 미국의 동맹국인 한국과 일본이 있고 핵보유국 중국 및 러시아가 존재하며 북핵 문제로 갈등을 겪고 있는 동북아 등이 대표적인 지역이다. 이들 지역에서도 오래전부터 비핵 지대를 창설하기 위해 노력해왔으나 상호 불신 및 이해관계의 충돌로 이렇다 할 성과를 거두지 못했다.

남아시아에서는 인도가 이른바 '평화적인 핵 실험'을 벌인 1974년 직후부터 비핵 지대 논의가 있었다. 당시 인도와 영토 분쟁을 겪고 있던 파키스탄이 남아시아 비핵 지대 창설을 주창하고 나선 것이다. 그러나 인도는 당시 적대 관계에 있던 중국의 핵 무장을 이유로 이를 거부했고, 이후 파키스탄이 중국의 지원을 받아 핵 개발에 나서면서 남아시아 비핵 지대 실현은 더욱 멀어졌다. 이제 인도와 파키스탄은 NPT 비회원국이면서 핵 무장을 단행한 상태이고, 남아시아의 안보에 대해 지대한 영향력을 갖고 있는 중국 역시 핵보유국이라는 점에서 남아시아 비핵 지대 창설은 현실적으로 어렵다는 평가가 지배적이다. 그러나 인도와 파키스탄은 핵 실험 이후 카슈미르 영토 분쟁을 평화적으로 해결하고 신뢰를 구축하기 위한 조치를 취해왔고 남아시아 비핵 지대 창설을 요구하는 국제 사회의 목소리도 끊임없이 제기되고 있다.

중동에서의 비핵 지대 역시 그 긴박한 필요성에 비해 실현 가능성은 극히 불투명하다. 1974년 이집트와 이란이 중동 비핵 지대 창설을 제안한 이후 유엔 총회와 NPT는 수차례의 결의안을 통해 중동 비핵 지대 창설을 촉구했으나, 이스라엘과 미국의 반대에 막혀 논의조차 제대로 이뤄지지 않았다. 1990년에는 이집트가 핵무기는 물론이고 생화학 무기까지 포함한 대량 살상 무기를 금지하는 포괄적인 협약을 제안했으나, 이 역시 제대로 논의되지 못했다. 가장 큰 이유는 핵무기를 안전 보장의 필수품으로 인식해온 이스라엘과 이를 지원해온 미국의 반대에 있다. 이는 거꾸로 이스라엘-팔레스타인 분쟁을 비롯한 중동 분쟁이 평화적으로 해결되고 공고한 평화 체제가 구축되지 않는 한, 중동 비핵 지대 창설은 현실적으로 어렵다는 것을 의미한다. 그러나 이란이 핵무기 개발에 성공할 경우, 이에 불안을 느끼고 있는 사우디아라비아, 이집트, 아랍에미리트 등에서 핵개발 도미노 현상이 일어날 가능성이 높아, 중동 비핵 지대 창설은 더욱 시급한 과제가 되고 있다.

이 밖에 지구의 절반인 남반구 전체를 비핵 지대로 만들자는 제안도 있다. 이미 공해상을 제외하곤 거의 모든 지역이 비핵 지대에 포함되어 있는 남반구 전체를 비핵 지대로 지정함으로써 다른 지역의 비핵 지대 창설을 촉구하고 핵무기 없는 세상에 한 걸음 다가서자는 것이 기본적인 취지다. 그러나 이 구상은 항해의 자유와 무해(無害) 통항권(通航權)을 보장하고 있는 국제 해양법과 충돌한다는 미국·영국·프랑스의 반대로 실현되지 못하고 있다. 가장 먼저 비핵 지대 구상이 나왔던 유럽에서도 냉전 해체 이후 한때 비핵 지대 논의가 재개되었으나, 비핵 지대 구상을 주도했던 국가들이 비핵 지대 창설보다는 나토 및 유럽 연합 가입에 관심을 보이면서 논의의 진전을 이루지 못하고 있다.

비핵 지대의 완성도를 높이기 위해서는 남아시아, 중동, 동북아 등 민감한 지역에서도 비핵 지대가 창설되어야 할 뿐 아니라 현존 비핵 지대의 실효성을 높이는 것이 중요하다. 이를 위해서는 핵보유국들이 자국 이기주의에서 벗어나 비핵 지대 조약의 의정서에 서명·비준하는 것이 대단히 중요하다. 현존하는 비핵 지대 조약 가운데 5대 핵보유국 모두가 서명·비준을 완료한 것은 남극 조약과 라틴아메리카 조약 이외에는 없는 실정이다. 남태평양 조약은 미국이 2010년 1월 현재까지 비준하지 않은 상태이고, 상대적으로 5대 핵보유국의 서명·비준의 필요성이 높은 동남아와 중앙아시아는 그것의 실현이 여전히 요원한 상태로 머물러 있다. 그러나 미국의 오바마 행정부가 비핵 국가이면서 NPT 의무를 준수하는 나라들에 대한 소극적 안전 보장을 확약하고 나서, 기존 비핵 지대 조약의 발효와 새로운 비핵 지대 창설에 긍정적 영향이 미칠 가능성은 높아지고 있다.

(3) 냉전 시대의 한반도와 동북아 비핵 지대

한반도 비핵화는 미·소 냉전 해체 이후 핵심적인 사안으로 떠올랐는데, 흥미롭게도 냉전 시대에 한반도 비핵화나 아시아 비핵 지대를 강하게 주창한 쪽은 소련, 중국, 북한 등 공산권이었다. 오늘날 한·미·일 3국이 한반도 비핵화를 핵심 목표로 삼고 있는 점과 비교할 때, 이는 '냉전 해체'가 낳은 또 하나의 역설이라고 할 수 있다. 최초의 제안은 1959년 소련의 '한반도와 아시아-태평양을 비핵 지대화하자'는 제안이었다. 그러나 미국은 유럽에서 소련 및 일부 국가들이 제안한 유럽 비핵 지대를 거부한 것과 같은 근거로 '한반도 비핵 지대화'를 거부했다. 중국도 1950년대 후반 '아시아 비핵 지대'를 제안했지만, 정작 이때부터 중국은 핵 개발을 가속화했고, 1964년에는 핵 실험을 단행했다.

한반도 비핵 지대와 관련해 또 하나 특기할 만한 것은 이 구상이 미·소, 미·중 데탕트가 본격화한 1970년대 초반에 미국 일각에서 나왔다는 점이다. 당시 미국의 국방 분석 연구소Institute for Defense Analyses는 군비 통제 및 군축국(ACDA)의 위탁을 받아 한반도 비핵 지대안 보고서를 작성해 1972년 6월 닉슨 행정부에 제출했다.[96] 노틸러스 연구소가 정보 자유법Freedom of Information Act에 따라 입수한 이 보고서는 남북 대화와 4자 회담(미국, 소련, 중국, 일본)을 권고하면서 한반도 비핵 지대를 핵심적인 의제로 다뤘다. 이 보고서는 "한국은 북한과의 대화에서 핵무기 문제를 제기할 필요가 있다"며, 북한에 핵무기가 없고, 중국과 소련이 북한에 핵무기를 배치할 가능성도 없다는 점을 고려할 때, 한반도 비핵 지대화는 "유의미한 결과를 낳을 것"이라고 적었다. 한반도를 비핵 지대화할 경우, "북한이 (전방 배치된) 군사력을 완전히 철수하지는 않더라도, (미국의 남한 내 핵무기 철수에 대한) 적절한 상응 조치를 취할 가능성이 있다"는 것이었다. 아울러 보고서는 한반도 비핵 지대화가 실현되면 "강대국들이 적절한 의정서를 통해 이를 승인해야 할 것"이라고 권고했다. 특히 보고서는 신뢰 구축 차원에서 핵보유국들이 핵무기를 먼저 사용하지 않는 정책에 합의할 필요가 있다고 지적했다. 그러나 닉슨 행정부는 이러한 정책 권고를 받아들이지 않았다.[97]

역사에 가정은 없다지만, 당시 닉슨 행정부가 '한반도 비핵 지대' 구상

---

96) 보고서 전문은 http://www.nautilus.org/foia/DLA_Tension.pdf에서 볼 수 있다.
97) Michael Hamel-Green · Peter Hayes, "The Path Not Taken, the Way Still Open : Denuclearizing the Korean Peninsula and Northeast Asia".

을 수용했다면, 북핵을 포함한 한반도의 역사도 크게 달라졌을 것이다. 당시 소련과 중국은 한반도 비핵 지대를 이미 제안한 터라 미국의 제안을 긍정적으로 검토했을 가능성이 높다. 또한 보고서가 제출된 1972년 6월은 닉슨의 중국과 소련 방문 직후이자 남북한이 7·4 남북 공동 성명을 채택하기 직전이기도 했다. 1958년부터 시작된 미국의 남한 내 핵무기 배치에 맞서 북한은 군사력을 휴전선 가까이에 집중시키고 있었고 또한 그 무렵에는 대폭적인 군축 제안을 내놓기도 한 상황이었다. 이러한 점들을 종합적으로 고려할 때, 미국이 한국 내 핵무기를 철수하고 주변 핵보유국들이 남북한에 소극적 안전 보장을 제공하는 것을 골자로 하는 '한반도 비핵 지대'가 성립되었다면, 북한도 군사력의 후방 이동 및 감축 등으로 화답했을 가능성이 충분히 존재한다. 그런데 미국은 1990년대 초에 또다시 기회를 놓치고 만다. 부시 행정부는 전 세계 전술 핵무기 운용 전략의 변화에 따라 1991년 한국에서 핵무기를 모두 철수했는데, 이를 '한반도 비핵 지대'로 연결시키지 않은 것이다.

한편 북한은 1980년대 들어서면서 비핵 지대를 적극 주창하고 나섰다. 김일성은 1980년 '조선반도 비핵 지대' 창설을 제안했고, 이듬해에는 조선 노동당이 일본의 사민당과 함께 '동북아 비핵 평화 지대' 창설을 제안하기도 했다. 그러나 이러한 제안은 진지한 대화 제의라기보다는 북한 정부 정책을 선전하는 수준에 머물렀다. 1985년에 소련의 고르바초프는 한반도와 동남아시아 비핵 지대를 포함한 군축 협상을 논의하기 위한 '아시아 회의'를 제안했지만, 미국은 이 역시 거절했다. 북한은 1986년 6월 23일 정부 성명을 통해 '조선반도 비핵 지대, 평화 지대 창설'을 논의할 남·북·미 3자 협상을 제의했다. 북한이 공식적으로 '조선반도 비핵 지대' 논의를 제안한 것은 이때가 처음이었다. 그러나 남한과 미국은 북한의 제안에 이렇다 할 반응을 보이지 않았다.

　이처럼 냉전 시대에 있었던 북한, 중국, 소련의 한반도와 동북아 비핵지대 논의 제안은 상호 불신과 재래식 군사력의 열세를 핵무기로 만회하겠다는 미국의 군사적 판단으로 첫걸음도 내딛지 못했다. 그리고 소련 해체로 하루아침에 찾아온 냉전 종식은 한반도 비핵화 논의를 새로운 차원으로 옮겨놓았다. 남한은 미·소 냉전이 해체된 후 미국과의 동맹을 계속 굳건히 하면서도 중국 및 소련과 국교를 수립해 냉전 해체의 '부분적인 수혜자'가 되었다. 그러나 북한은 중국과 소련이 남한과 수교를 맺으면서 하루아침에 동맹국을 잃은데다가 대미·대일 관계 정상화를 이루지 못하면서 '국제 미아' 신세로 전락하고 말았다. 그리고 한미 동맹에 대한 북한의 재래식 군사력의 열세는 시간이 갈수록 심화되었다. 이에 따라 북한은 핵 개발을 재래식 군사력의 열세를 만회할 '이퀄라이저'이자, 북·미 관계 정상화와 평화 협정 체결, 그리고 대북 경제 봉쇄 해제의 '지렛대'로 삼고자 한다. 이에 맞서 한·미·일 3국은 이른바 '당근과 채찍 병행론'으로 한반도 비핵화를 달성하고자 하고 있다. 이에 대해서는 이 책의 제4장에서 상세히 다룰 것이다.

Global Armageddon

3

가진 자, 없는 자, 헷갈리는 자

3

1. 양대 핵보유국 미국과 러시아

(1) 상호 확증 파괴(MAD)를 향하여

1949년 8월 소련의 원폭 실험으로 미국 핵 독점 시대가 끝나면서 미·소 간의 핵 군비 경쟁이 본격화되었다. 미국은 핵폭뢰, 핵어뢰, 핵지뢰, 핵대포, 핵바주카포 등을 만드는 등 재래식 무기의 핵폭탄 장착에 나섰는데, 이는 미국의 핵전략이 전쟁 억제가 아니라 실전을 겨냥한 것으로 바뀌고 있음을 보여주었다. 또한 미국은 핵무기 보유량도 대폭 늘려 1950년에 400개였던 미국의 핵무기는 1960년에 2만 개까지 치솟았다. 소련도 이에 맞서 핵 군비 증강에 나서, 1950년에 5개였던 핵무기를 10년 후에는 1,600개까지 늘렸다. 이와 같은 미·소 간의 군비 경쟁은 1950년대 후반 들어 중대한 국면을 맞는다. 소련이 1957년 8월 대륙간탄도미사일 시험 발사에 성공한 데 이어, 그해 10월에는 인류 최초의 인공위성인 스푸트니크 발사에 성공한 것이다. 이는 미국에 엄청난 충격을 안겨주었다. 핵무기를 탑재한 소련의 대륙간탄도미사일이 미국 본토를 공격할 수 있다는 공포심이 극도에 달했다. 더구나 흐루쇼프 소련 공산당 서기장은 공공연히 유럽과 미국의 대도시를 핵미사일로 날려버릴 수 있다며 위세를 과시했다. 동시에 그는 1958년 5월에 대기권에서 핵 실험을 하지 않겠다고 일방적으로 선언해, 당시 여러 차례의 핵 실험을 계획하고 있던 미국을 곤혹스럽게 만들었다.

소련의 대륙간탄도미사일 발사에 놀란 미국도 대륙간탄도미사일 개발에 박차를 가해, 1959년 10월에 시험 발사를 실시했다. 이로써 미국과 소련은 자국 영토에서도 상대방을 공격할 수 있다는 '자신감'과 수천 킬로미터 떨어진 상대방의 영토에서 핵미사일이 날아와 자국 영토에 떨어질 수 있다는 '공포심'을 동시에 갖게 되었다. 이에 따라 양측은 상대방의 선제공격에도 살아남을 수 있도록 충분한 양의 핵무기를 확보하는 한편, 미사일, 잠수함, 폭격기 등 다양한 운반 수단의 개발·배치를 통해 제2의 공격 능력을 확보하려고 안간힘을 썼다. 당시 미국은 소련보다 압도적으로 많은 핵무기를 보유하고 있었는데, 여기에는 소련이 미국보다 훨씬 많은 폭격기를 보유하고 있을 것이라는 1950년대 중후반의 '폭격기 갭' 논쟁과 1960년 미국 대선에서 케네디가 제기한 '미사일 갭' 논쟁이 한몫했다. 소련이 미국보다 핵무기 운반체인 폭격기와 미사일을 많이 갖고 있을 것이라고 가정해, 미국의 핵무기 양을 늘려 그에 대응해야 한다는 정서가 팽배했던 것이다.

그러나 사실은 정반대였다. 이미 1960년을 전후해 폭격기와 미사일을 포함한 핵전력에 있어서 미국이 소련을 압도하고 있었던 것이다. 미국과의 대륙간탄도미사일 경쟁에서 밀린 소련은 이를 만회하기 위해 미국의 턱밑인 쿠바에 중거리 미사일을 배치하기로 했다. 소련의 이 미사일 배치에는 당시 쿠바를 비롯한 중남미에서 사회주의 혁명이 거세게 일어난 것에 고무되고 미국의 카스트로 정권 제거 작전에 자극받아 쿠바를 비롯한 중남미에서 사회주의 혁명을 보호하고 확산시키려는 소련의 동기도 작용했다. 그러나 소련 미사일의 쿠바 배치를 저지하지 않을 경우 미국의 안보가 치명타를 입을 것으로 판단한 케네디 행정부는 이에 정면 대응을 선택했다. 이것이 이른바 '쿠바 미사일 위기'[98]의 시작이다.

1962년 10월 14일 U-2기가 미국에서 불과 145킬로미터 떨어진 쿠바의 산크리스토발 지역에서 소련의 SS-4 중거리 탄도 미사일 기지 건설을 포착하자 케네디는 쿠바를 해상 봉쇄하고, 소련이 미사일을 즉각 철수하지 않으면 보복이 뒤따를 것이라고 경고했다. 특히 '쿠바에서 미국 본토로 핵미사일이 날아오면 소련에도 보복하겠다'고, 핵전쟁과 3차 세계대전으로 비화될 수 있는 초강경 대응 방침을 밝혔다. 그러나 소련은 쿠바로 향하던 16척 선단의 뱃머리를 돌리지 않았고, 미국이 쿠바를 침공하지 않겠다고 약속하고 터키에 배치한 미사일 기지를 철수할 것을 쿠바 미사일 철수 조건으로 제시했다. '예방 전쟁론' 등 강경론에 포위된 케네디는 용단을 내리지 못했고, 이에 따라 미국과 소련 함정들이 카리브 해에서 13일간 대치하는 상황이 발생했다. 당시 미국과 소련은 수만 개의 핵무기를 갖고 있었기 때문에, 두 강대국의 충돌은 인류 사회 전체를 '절멸의 사전(死戰)'으로 몰아넣을 것이 뻔했다. 다행히 케네디가 흐루쇼프와의 비밀 협상을 통해 소련 측의 요구를 수용하고, 흐루쇼프가 쿠바 미사일 기지의 철거를 명령하고 쿠바로 향하던 소련 선단의 방향을 되돌리면서 절멸의 위기는 피할 수 있었다.

쿠바 미사일 위기가 얼마나 심각했는지는 양측 인사들의 발언을 통해서도 알 수 있다. 당시 소련 육군 작전참모장이었던 아나톨리 그립코프는 "핵 대재앙은 실 끝에 매달려 있었다. 우리는 하루나 시간 단위가 아니라

---

[98] 이 사태를 러시아에서는 '카리브 해의 위기'라고 부르고 쿠바에서는 '10월 위기'라고 부른다.

분 단위로 카운트다운을 하고 있었다"라고 말했다. 케네디의 보좌관이었던 아서 슐레징거Arthur Schlesinger는 "이전에는 결코 어떤 두 강대국도 지구를 파괴할 수 있는 기술적 능력을 보유한 적이 없었다. 백악관의 예방 전쟁론자들이 이겼다면, 그것은 아마도 핵전쟁이 되었을 것이다"라고 회고했다. 특히 미·소 냉전 해체 이후에 새로운 사실이 밝혀졌는데, 당시 소련은 이미 쿠바에 100개의 핵탄두를 배치한 상태였고, 선박을 호위하던 잠수함에는 핵어뢰가 장착되어 있었다.[99] 이는 미국이 쿠바나 소련 선단을 공격했다면 핵전쟁을 피할 수 없었을 것임을 말해주는 징표이다.

쿠바 미사일 위기를 겪으면서 '제한전'이 '전면전'으로 확대될 위험성을 몸소 체험한 케네디 행정부는 핵 군비 통제에 박차를 가하는 한편, 핵전쟁 전략을 수정한다. 제한 핵전쟁 전략으로는 전면적인 핵전쟁을 막을 수 없다는 판단을 바탕으로, 이른바 '상호 확증 파괴(MAD)Mutual Assured Destruction' 전략을 공식화한 것이다. 당시 국방부 장관이었던 맥나마라는 '확증 파괴Assured Destruction'가 미국 핵전략의 핵심이라는 것을 명확히 했는데, 그가 '상호'라는 말을 앞에 붙이지 않은 까닭은 국방 책임자로서 미국도 완전히 파괴될 수 있다는 것을 공개적으로 밝힐 수 없었다는 데 있었다. '상호 확증 파괴'는 핵전쟁에서 누구도 살아남을 수 없다는 현실이 핵전쟁을 억제한다는 가정에 기초한 것이다. 쉽게 말해 그 누구도 '너 죽고 나 죽고 모두가 죽는 전쟁'을 하지는 않을 것이라는 인간 이성의 최저치에 기대는 것이다. 동시에 그것은, 인류 사회의 종말을 가져올 뻔한 쿠바 미사일 위기를 겪고도 '핵의 부재를 통한 생존'이 아니라 상대방을 죽일 수 있는 능력의 유지·강화를 통한 생존을 선택한 인간 이

---

99) Joseph Cirincione, *Bomb Scare : The History & Future of Nuclear Weapons*, 28~29쪽.

성의 한계이기도 하다.

(2) 1970년대―데탕트와 신냉전

쿠바 미사일 위기를 거치면서 미·소 양국은 한편으로는 상호 확증 파괴에 의존하고 다른 한편으로는 우발적인 핵전쟁을 막기 위한 여러 가지 군비 통제 조치를 취하게 된다. 상대방의 선제 핵 공격 가능성을 최소화하기 위해 서로 상대방의 기지에 대한 위성 정찰 활동을 허용하고 미·소 정상 간의 군사 직통 전화Hot Line를 설치한 것이 대표적이다. 또한 1963년에는 제한적핵실험금지조약을 체결해 대기권, 우주, 수중에서의 핵 실험을 중단하기로 했고, 1968년에는 NPT를 추진키로 해 1970년에 발효시켰다. 미·소 양국이 이렇게 핵 군비 통제에 나서게 된 배경에는 '공멸'의 두려움도 있었지만, 영국, 프랑스, 중국 등이 잇따라 핵 실험을 하면서 자신들의 핵 독점이 무너질 것이라는 두려움도 깔려 있었다.

1972년에는 미·소 간 군축 협상의 이정표가 세워지는데, 잠정협정Interim Agreement과 탄도미사일방어조약을 두 축으로 하는 1차 전략무기제한협정(SALT I)이 바로 그것이다. 잠정협정은 상호간의 전략 핵무기 미사일 수에 제한을 두고 이를 정찰 위성을 통해 검증하자는 것이고, 탄도미사일방어조약은 상대방의 미사일을 요격할 수 있는 능력에 제한을 둠으로써 상호 확증 파괴 전략을 유지하자는 것이다. 한편으로는 더 이상의 핵 군비 경쟁이 무의미해질 정도로 미·소 양측의 핵전력이 강화되어 이에 제한을 둘 필요가 생겼다는 점에 합의한 것이고, 다른 한편으로는 양측 모두 핵 공격에 '무방비' 상태로 있는 것이 핵전쟁을 막을 수 있는 현실적인 방법이라는 점에 합의한 것이다. 미·소 양국은 이러한 전략무기제한협정(SALT)을 통해 데탕트에 돌입했다.

그러나 SALT I은 많은 한계를 지닌 핵 군비 통제 조약이었다. 이 조약은 핵무기를 감축하는 것이 아니라 대륙간탄도미사일(ICBM)과 잠수함발사탄도미사일(SLBM)의 수를 '동결'하는 것이었고, 미사일에 장착되는 핵탄두의 수를 제한하지 않았으며, 장거리 및 중단거리 폭격기에도 제한을 두지 않았다. 당시 대륙간탄도미사일과 잠수함발사탄도미사일에서는 소련이 우위에 있었고, 미사일의 정확도 및 장거리 폭격기에서는 미국이 우위에 있었는데, SALT I은 기본적으로 양측의 전략적 균형을 훼손하지 않는 범위 내에서 이뤄진 것이었다. 이 합의에 따라 미국은 ICBM 1,054기와 SLBM 656기, 소련은 ICBM 1,607기와 SLBM 740기가 보유 상한선으로 정해졌다. 그러나 핵탄두 수 및 폭격기에는 제한을 두지 않음으로써 미·소 양국은 하나의 미사일에 여러 개의 핵탄두를 장착하고 폭격기 수를 늘림으로써 핵전력을 강화해나갔다.

한편 탄도미사일방어조약은 미·소 간 군비 경쟁을 완화한 군비 통제 조약의 시금석이라는 칭송부터 소련의 핵미사일에 대해 미국을 무방비 상태로 남겨두었다는 비난에 이르기까지 다양한 평가를 수반하게 된다. 탄도미사일방어조약은 탄도탄요격미사일 시스템을 비행 중인 전략 탄도미사일 또는 그 구성 요소에 대항하는 시스템으로 규정하고, 탄도탄요격미사일, 탄도탄요격미사일 발사대·레이더 등을 그 구성 요소로 정의했다. 쉽게 말해 탄도탄요격미사일은 오늘날의 미사일 방어 체제에 해당된다. 탄도미사일방어조약은 수도와 대륙간탄도미사일 기지 중심 반경 150킬로미터 이내에 각각 하나의 미사일 방어 체제 배치만 허용하고, 100기 이상의 요격 미사일 및 발사대 배치, 전 국토 방어용 시스템 구축, 해상·공중·우주 또는 이동식 지상 발사 시스템, 탄도탄요격미사일 시스템의 타국 이전 또는 국외 배치 등은 금지하기로 했다. 즉, 탄도미사일방어조약은 미사일 방어 체제 구축을 완전히 금지한 것이 아니라 크게 제한한 것이었다. 이 조약의 배경에는 이미 서로가 상대방을 초토화할 수 있는 창을 보유한 상태에서 어느 한쪽이 상대방의 창을 막을 수 있는 방패를 보유하면 전략적 안정이 훼손될 수밖에 없다는 인식이 깔려 있었다. 탄도 미사일방어조약은 상호 확증 파괴 전략을 유지하기 위한 불가피한 선택이었던 것이다.[100]

SALT I에 대한 미국 의회의 반응은 냉담했다. 대륙간탄도미사일과 잠수함발사탄도미사일에 있어서 소련의 수적 우위를 인정한 셈이었기 때문이다. 닉슨 행정부는 미국 미사일의 정확도가 높고 장거리 폭격기에서도 미국이 우위에 있기 때문에 문제 될 것이 없다고 설득했으나, 헨리 잭슨 Henry Jackson 상원 의원의 주도하에 '모든 군비 통제 조약은 모든 무기 시스템에서 수적인 균형을 맞춰야 한다'는 요지의 결의안이 통과되었다. 이에 따라 SALT 2차 협상, 즉 SALT II는 시작부터 삐걱거렸다. 질적으로 차이가 있는 상호간의 무기 시스템에 대해 수적 균형을 맞추는 것은 쉽지 않은 일이기 때문이었다. 그래서, SALT I이 협상 개시부터 조약 체결까지 2년 반이 걸린 반면에 SALT II는 5년이 넘도록 합의를 도출하지 못했다.

교착 상태에 빠진 SALT II는 1977년 지미 카터 대통령의 등장과 함께 활력을 찾는 듯했다. 카터는 대선 유세 때부터 대폭적인 핵무기 감축을 주장했고, 집권 직후 핵 감축 협상을 소련에 제안했다. 그러나 카터는 소련의 인권 문제도 강하게 제기했는데, 이는 브레즈네프가 카터의 핵 군축 제안을 거절하는 중요한 요인으로 작용했다. 특히 이 시기에 브레즈네프

---

100) 한편 부시 행정부는 미사일 방어 체제 구축의 법적 제약에서 벗어나기 위해 2001년 12월 13일 탄도미사일방어조약 탈퇴를 선언했고, 2002년 6월 13일부로 탄도미사일방어조약은 역사 속으로 사라지게 됐다.

는 과도한 약물 복용으로 건강에 적신호가 켜졌는데, 소련 지도자의 와병은 미·소 핵 군비 통제의 큰 장애물이 되었다. 브레즈네프의 와병과 함께 소련의 강경파들의 입김이 다시 강해지기 시작했기 때문이다.[101]

실제로 1977년 들어 소련은 서유럽을 공격할 수 있는 신형 중거리 핵미사일 SS-20을 배치하기 시작했다. 소련 군부 주도하에 은밀히 추진되어, 미국과 나토 국가들은 물론이고 소련 외교관들조차 이를 몰랐을 정도였다. 이는 미국 내 강경파를 자극해 SALT II를 더욱 위태롭게 만들었을 뿐만 아니라, 카터 행정부가 서유럽에 신형 핵미사일 Pershing II 배치를 추진하는 요인이 되었다. Pershing II는 SS-20보다 정확도가 높을 뿐만 아니라 서유럽에서 모스크바까지의 비행 시간이 10분에 불과했다. 그럼에도 불구하고 카터와 브레즈네프는 1979년 6월 빈에서 SALT II에 서명했고, 카터는 상원의 비준을 요구했다. 합의의 주요 골자는 미·소 양국이 대륙간탄도미사일, 잠수함발사탄도미사일, 전략 폭격기 등 핵무기 운반체의 수를 2,400개로 제한하는 것이었다. 이는 제한 대상에 전략 폭격기도 포함시켰다는 점에서 SALT I보다는 진일보한 것이었으나, 보유 상한선을 2,400개로 대단히 높게 잡고 미사일에 장착되는 핵탄두의 수에는 또다시 제한을 두지 않았다는 한계를 안고 있었다.

그러나 SALT II는 발효되지 못했다. 당시 미 의회에서는 소련에 대한 불신 및 카터의 유화책에 대한 불만이 높았다. 더구나 소련이 1962년 쿠바 미사일 위기 이후에도 쿠바에 전투 여단을 계속 주둔시키고 있었던 것이 드러나면서 미국 의회의 반소 감정은 더욱 고조되었다. 그리고 나토가

---

101) 데이비드 레이놀즈, 《정상회담 : 세계를 바꾼 6번의 만남》, 이종인 옮김(책과함께, 2009), 389쪽.

1979년 12월 Pershing II와 순항 미사일 배치를 승인하고 소련이 12월 말에 아프가니스탄을 침공하면서, SALT II는 미·소 간의 신냉전에 자리를 내주고 말았다. 소련의 아프가니스탄 침공 직후 카터는 "2차 세계대전 이후 평화를 위협하는 가장 심각한 문제"라고 비난하면서 SALT II에서의 철수, 1980년 모스크바 올림픽 불참, 소련에 대한 경제 제재, 대규모 국방비 증액 등 일련의 강경책을 발표했다. 이로써 10여 년간 지속되었던 미·소 간의 데탕트는 종말을 고하고 말았다.

(3) 레이건과 고르바초프

우리는 이라크와 아프가니스탄, 두 곳에서 전쟁을 하고 있지만, 우리는 또한 미국 국민에 대한 가장 큰 위협에 직면해 있습니다. 바로 핵무기의 위협입니다. 나는 이러한 무기의 확산을 저지하고 핵무기 없는 세계를 추구한 존 F. 케네디와 로널드 레이건의 비전을 환영합니다.

버락 오바마 미국 대통령이 2010년 1월 첫 연두 교서에서 밝힌 내용의 일부이다. 여기에서 주목할 것은 오바마가 '핵무기 없는 세계'를 추구하면서 케네디와 함께 공화당의 우상이자 '냉전의 전사'로 일컬어지는 레이건을 언급한 것이다. 이는 자신의 구상에 대한 초당적인 지지를 이끌어내기 위한 정치적 수사이지만, 동시에 레이건 역시 '핵무기 없는 세계'를 주창했다는 역사적 사실을 반영하고 있다. 레이건은 '전략 방위 구상(SDI) Strategic Defense Initiative'을 천명해 소련과의 핵 군비 경쟁을 새로운 국면에 올려놓았고, 군비 경쟁을 통해 자신이 "악의 제국"이라 부른 소련을 몰락시킨 주역으로 간주되어왔다. 그러나 '절대 무기'를 통해 '절대 안보'를 꿈꿨던 레이건에게서도 〈반지의 제왕〉의 골룸과 같은 '이중인격'이 발견된다. 그가 임기 후반부에 접어들어 '핵무기 없는 세계'를 주창하고 나선 것이다. 이를 두고 시린시온은 "두 명의 레이건"이라고 부르기도 했다.[102]

1970년대 하반기에 시작된 미·소 간의 신냉전은 1981년에 강경 성향의 레이건 행정부가 등장하면서 절정으로 치닫기 시작했다. 레이건은 대선 유세 때 카터의 정책을 2차 세계대전 직전 영국의 대독일 '유화 정책'에 비유하면서 맹공격했다. 그는 카터의 유화 정책으로 "서구 문명은 앞으로 수십 년간 가장 위험한 상태에 직면할 것"이라면서, 소련이 이란과 중동을 협박해 자기편으로 끌어들이고 베트남이 인도차이나 반도 전체를 병합하고 "소련의 꼭두각시"인 카스트로의 쿠바가 카리브 해를 "적색 바다"로 만들어 멕시코를 포위하고 있다고 주장했다. 특히 소련이 미국보다 1970년대 10년간 2,400억 달러의 군사비를 더 썼고, 앞으로도 그 격차가 더 벌어질 것이라고 주장하면서, "우리는 군비 경쟁을 하고 있다. 그런데 오로지 한쪽만 달리고 있다"라는 유명한 말을 남기기도 했다. 또한 그는 1981년 취임사를 통해 "데탕트는 지금까지 소련이 자신의 목적을 추구하기 위해 이용한 일방 통로였다"며, 그 목적은 바로 "세계의 공산화"라고 못 박기도 했다.[103]

'냉전 전사'로서의 이미지를 실현하듯, 레이건은 집권 직후 카터 때 논의된 전략무기제한협정을 중단시키고, 그 대신에 글로벌 핵전쟁에서 이길 수 있는 방안을 모색했다. 이를 위해 10개의 핵탄두를 하나의 미사일

---

102) Joseph Cirincione, *Bomb Scare : The History & Future of Nuclear Weapons*, 38쪽.
103) Joseph Cirincione, *Bomb Scare : The History & Future of Nuclear Weapons*, 38~43쪽.

에 장착하는 MX 미사일과 B-1 전략 폭격기를 개발·배치했고, 잠수함에서 발사되는 트라이던트 핵미사일도 대폭 늘렸다. 또한 소련이 SS-20 미사일을 폐기하지 않았다는 이유로 Pershing II 미사일의 유럽 배치를 강행했다. 이에 따라 미국의 국방비는 하늘 높은 줄 모르고 치솟아, 1985년 국방비는 1980년에 비해 두 배로 늘어났다. 레이건의 대소 강경책은 1983년 3월 23일의 유명한 '스타워스 연설'에서 절정에 달했다. 그는 이 연설에서 소련을 "악의 제국evil empire"이라 칭했고, "우리가 적의 전략 미사일이 미국이나 우리 동맹국의 영토에 떨어지기 전에 요격할 수 있다면 무엇이 문제냐"라며 전략 방위 구상 추진 방침을 천명했다.[104] 전략 방위 구상은 소련의 대륙간탄도미사일을 우주 공간에서 레이저로 요격하는 시스템을 의미하는데, 이 구상이 '스타워스'라는 찬사와 조롱이 섞인 별명을 갖게 된 까닭이 바로 여기에 있다. 전략 방위 구상이 중대한 의미를 갖는 것은 이 구상이 미·소 간의 전략적 균형을 유지해온 상호 확증 파괴, 즉 '공포의 균형'의 폐기를 뜻하기 때문이다.

레이건이 이처럼 강공으로 나가자 소련도 적극적인 대응에 나섰다. 특히 소련 지도부는 레이건이 전략 방위 구상을 발표하자 미국의 과학 기술을 과대평가하면서, 전략 방위 구상을 미국의 핵전쟁 준비 계획과 동일시했다. 이에 따라 소련은 핵무기 보유고를 비약적으로 늘려, 1980년 3만 개였던 소련의 핵무기가 1986년에는 4만 5,000개에 달했다. 또한 소련은 다탄두 핵미사일과 하나의 미사일에 장착된 여러 탄두들이 각기 다른 목표물을 공격할 수 있는 MIRV(multiple independently targetable reentry vehicle) 개발 및 배치에도 박차를 가했다. 1960년대에 주미 소련 대사를

---

104) 연설문 전문은 http://www.fas.org/spp/starwars/offdocs/rrspch.htm에서 볼 수 있다.

지냈고 레이건 재임 시에 소련 공산당 중앙위원회 위원이었던 아나톨리 도브리닌은 "레이건의 강경책은 소련의 강경파를 강화하면서 레이건 정책의 거울 영상mirror-image을 연출했다"며 당시 소련 내의 강경 분위기를 전하기도 했다.[105]

1980년대 전반기에 절정으로 치닫던 신냉전은 1985년 3월 체르넨코의 사망으로 고르바초프가 당 서기장이 되면서 극적인 변화를 겪게 된다. 스탈린주의와 2차 세계대전에 사로잡혀 있던 전임 지도자들과 달리 흐루쇼프 개혁 시대에 교육을 받은 고르바초프는 엄청난 군비 부담에서 벗어나는 것을 최우선 과제로 삼았고, 이는 미국 등 서방 세계와의 데탕트를 추진해야 할 강력한 동기로 작용했다. 고르바초프가 공산당 부서기장이었을 때인 1984년 12월에 그를 만난 또 한 명의 '냉전 전사' 마거릿 대처는 그를 "대단한 러시아인"이라고 치켜세웠고, 체르넨코 장례식에 참석한 조지 H. W. 부시 부통령과 조지 슐츠 국무부 장관 역시 그를 이전 지도자들과는 차원이 다른 인물이라고 칭찬했다.[106] 이러한 고르바초프의 등장은 공교롭게도 레이건 행정부 2기 출범과 조우하게 된다.

이에 앞서 레이건 자신도 핵 문제에 대한 자기 분열적이고 모순된 인식을 드러냈다. 그는 '너 죽고 나 죽고 모두 죽을 수 있는 공포'가 핵전쟁을 억제한다는 상호 확증 파괴에 대해 반감을 갖고 있었다. 그런데 반감은 두 가지 경로로 나타났다. 하나는 위에서 설명한 것처럼 미국이 압도적인 우위를 점해 소련을 제압하는 것이었고, 다른 하나는 전략 방위 구상을 통해 "핵무기를 무력화해 폐기하는 것"이었다. 즉, 레이건은 전략 방위 구

---

105) Lawrence S. Wittner, *Toward Nuclear Abolition : A History of the World Nuclear Disarmament Movement, 1971 to the Present*(Stanford University Press, 2003), 487쪽.
106) 데이비드 레이놀즈, 《정상회담 : 세계를 바꾼 6번의 만남》, 488~489쪽.

상을 통해 핵무기를 필요 없는 무기로 만들면 핵 폐기를 촉진할 수 있다는 천진난만한 생각도 품고 있었다. 레이건은 "한편으로는 강경한 냉전 전사이고 다른 한편으로는 평화의 십자군을 자임했던 것"이다.[107] 어쨌든 1기 때 강경 드라이브를 걸었던 레이건은 2기 들어 고르바초프와 함께 핵 군축 협상과 냉전 종식에서 큰 진전을 이뤄냈다.

두 사람의 첫 만남은 1985년 11월 스위스 제네바에서 이뤄졌다. 그런데 정상 회담을 앞두고 미국 내에서 심각한 이견이 표출됐다. 레이건은 전략 방위 구상 기술을 소련과 공유하자는 황당한 생각을 갖고 있었고, 펜타곤은 전략 방위 구상을 군비 경쟁을 격화시켜 소련을 굴복시킬 수 있는 유력한 카드로 간주했다. 슐츠 국무부 장관은 이 구상이 1972년 탄도미사일 방어조약을 위반하는지 여부와 정상 회담의 주도권을 둘러싸고 백악관 국가안전보장회의(NSC)와 갈등을 빚었다. 고르바초프는 정상 회담 사전 논의차 모스크바를 방문한 슐츠에게 "우리는 당신의 방패를 부수는 전력을 강화할 것"이라며, 미국이 전략 방위 구상을 철회하지 않으면 핵 군축 협상에 진전이 없을 것임을 명확히 했다. 그러면서도, 소련은 변할 준비가 되어 있으니 미국도 군산 복합체의 영향력에서 벗어나야 할 것이라고 충고했다. 정상 회담이 시작되자 전략 방위 구상을 둘러싸고 격론이 벌어졌다. 레이건은 이 기술을 소련과 공유하자는 입장에서 물러서지 않았다. 이에 고르바초프는 전략 방위 구상과 같은 우주 무기는 언제든 공격 무기로 전환될 수 있고, 우주 무기는 확인하기가 더욱 어려워 의혹과 불신을 증폭시킬 것이라고 비판하면서 미국이 전략 방위 구상을 고집하면 소련은 "당신의 방패를 파괴하기 위해 군비를 강화할 것"이라고 경고했다. 그

---

[107] 데이비드 레이놀즈, 《정상회담 : 세계를 바꾼 6번의 만남》, 475~481쪽.

러나 전략 방위 구상을 스스로 고안했다는 레이건의 집착 역시 만만치 않았다. 그는 전략 방위 구상을 통해 "핵무기 제거를 논의하고 그것으로 전쟁의 위협을 제거할 것"이라고 반박했다. 고르바초프는 둘 다 창을 갖고 있는 상태에서 어느 한쪽이 방패를 갖게 되면 다른 한쪽은 어떻게 되겠느냐며, "나의 권력을 총동원해 이 프로젝트의 성사를 방해하겠다"고 엄포를 놓았다. 그러면서 미국이 전략 방위 구상을 포기하고 양국이 50퍼센트 이상 핵무기를 감축하자는 제안도 거듭 내놓았다. 결국 두 정상은 이 사안에 대한 이견을 좁히지 못한 채, 추가 정상 회담을 비롯한 교류 협력 확대에 합의하는 수준에서 정상 회담을 마무리했다.

제네바 정상 회담 이후 고르바초프는 '신사고'를 구체화하기 시작했다. 적극성의 계기는 미국의 변화보다는 그 자신의 보다 확고한 신념과 소련 관료주의에 대한 절망감에 있었다. 고르바초프는 1986년 1월에 2000년까지 모든 핵무기를 폐기하자고 제안했다. 또한 2월 공산당 전당대회에서는 핵전쟁 위험이 도사리고 있는 시대에 양대 진영은 상호 확증 파괴에 기초한 '평화 공존'을 넘어 '상호 의존'한다고 밝히면서 '신사고'를 거듭 강조했다. 그의 핵 군축에 대한 신념과 관료주의에 대한 실망감은 1986년 4월 26일에 발생한 체르노빌 핵 발전소 폭발 사건으로 더욱 강해졌다. 교착 상태에 빠져 있던 미·소 관계의 중재자로는 사회주의자이면서 미국 동맹국 지도자인 프랑스의 프랑수아 미테랑이 나섰다. 당시 레이건과 고르바초프는 개인적인 유대감의 진전에도 불구하고, 레이건은 소련의 의도, 즉 '세계 공산화 노선' 포기가 실현될 수 있을지에 대해, 고르바초프는 레이건이 과연 군산 복합체의 영향력에서 벗어날 수 있을지에 대해 의구심을 떨쳐버리지 못했다. 닉슨도 중재자로 뛰어들었는데, 그는 모스크바를 방문해 고르바초프를 만난 자리에서는 보수 정권인 레이건 행정부와의 합의의 유용성에 대해 설명하고 레이건에게는 고르바초프의 '신사고'를 설명하면서 두 사람이 다시 만나도록 설득했다.

이러한 설득에 힘입어 두 사람은 1986년 10월에 아이슬란드 레이캬비크에서 2차 정상 회담을 가졌다. 이 회담에서 고르바초프는 파격적인 핵 군축 제안을 내놓았는데, 탄도미사일방어조약을 고수하는 조건으로 5년간 "모든 공격 전략 무기"를 50퍼센트 감축하고, 이후 5년간 나머지 대륙간탄도미사일을 폐기하자는 것이었다. 이는 고르바초프의 통 큰 제안이었다. 전략 방위 구상 철회를 명시적으로 요구하지 않았을뿐더러, 완전 폐기 대상을 대륙간탄도미사일로 한정할 경우 전략 폭격기를 다량 보유한 미국이 핵전력에서 압도적인 우위를 달성할 수 있었기 때문이다. 레이건 행정부로서는 마다할 이유가 없었다. 그러나 전략 방위 구상은 여전히 걸림돌이었다. 고르바초프는 완전 철회에서 '연구용'으로 낮춰줄 것을 요구했지만, 레이건은 이마저 거절했다. 이에 따라 핵 군축에 이정표를 세울 기회는 또다시 유실되고 말았다.

그런데 2차 정상 회담 이후 양국 내부에서 중요한 변화가 일어났다. 11월 미국 의회 중간 선거에서 공화당이 패배하면서 전략 방위 구상 예산 확보에 비상이 걸렸다. 또한 이란-콘트라 사건이 터져 레이건 행정부는 더욱 궁지에 몰렸는데, 이는 외교 정책에서 성과를 내야 할 필요성을 더욱 부각시키는 한편, 대외 정책 강경파들의 줄사퇴를 초래하며 협상파인 슐츠의 비중을 더욱 높여주었다. 12월에는 고르바초프가 반체제 인사인 안드레이 사하로프를 가택 연금에서 풀어줘 미국의 대소 강경론을 누그러뜨렸다. 또한 1987년 2월에는 핵 군축 협상을 전략 방위 구상과 연계시키지 않기로 고르바초프가 방침을 정했다. 이러한 변화에 힘입어 1987년 12월에 워싱턴에서 열린 세 번째 정상 회담에서 양국은 전술 핵무기에 해당하는 중거리핵미사일폐기협정(INF)에 서명했다. 이 협정은 특정 무기를 모두 폐기하기로 한 미·소 간의 최초의 합의에 해당하는 것으로서, 사정거리 500~5,500킬로미터의 지상 발사 탄도 미사일 및 순항 미사일을 폐기키로 했다. 특히 상호 검증을 통해 폐기 여부를 확인하기로 했는데, 이는 비밀주의를 선호하던 소련 체제의 일대 변화를 보여준 것이었다. 이 협정에 따라 미·소 양국은 양측 참관단의 확인하에 미·소 신냉전의 상징인 SS-20과 Pershing II 등 중거리 미사일 폐기에 돌입했고, 1991년 6월 1일에 모두 2,692기의 미사일을 폐기했다.[108]

소련의 파격적인 양보로 중거리핵미사일폐기협정이 체결되고 두 정상의 유대가 깊어지자, 레이건도 1988년 5월 모스크바 답방 길에 올랐다. 두 사람이 붉은 광장을 산책할 때 고르바초프는 "아직도 소련을 악의 제국이라고 생각하세요?"라고 물었고, 레이건은 "아니요"라고 단호하게 대답했다. 고르바초프는 낸시 레이건에게 "당신 남편과 어떤 화학 작용을 일으킨 것 같다"고 말했고, 레이건도 훗날 회고록에서 "고르바초프와 나는 화학 작용을 일으켜 우정과 대단히 유사한 뭔가를 만들어낸 게 분명하다"고 말했다. 레이건과 고르바초프의 사례는 '인간적 요소'가 불신과 권력 정치가 지배한다는 국제 정치의 현실을 바꿔놓을 수 있다는 것을 보여주었다.[109]

(4) 냉전 종식과 모순의 부활

레이건-고르바초프 시대 미·소 관계의 패러다임 전환은 안보관의 변

---

108) Lawrence S. Wittner, *Toward Nuclear Abolition : A History of the World Nuclear Disarmament Movement, 1971 to the Present*, 90~105쪽.
109) 데이비드 레이놀즈, 《정상회담 : 세계를 바꾼 6번의 만남》, 542~552쪽.

화에 바탕을 두었고 또 이를 촉진했다. 핵무기가 지배하는 상호 확증 파괴 시대의 안보가 기껏해야 '공포의 균형'에 기반을 둔 것이었다면, 고르바초프의 '신사고'는 이와 같은 제로섬 게임이 아니라 '상대방이 안전을 느껴야 나도 안전을 느낀다'는 공동 안보 정신에 바탕을 둔 것이었다. 더디었지만 레이건 행정부의 변화와 두 정상 사이의 개인적 유대의 증진은 고르바초프로 하여금 신사고를 더욱 믿게 했고, 핵무기의 폭발음이나 총격 소리 없이 미·소 두 정상의 악수로 냉전 종식이 이루어지는 데 결정적 역할을 했다. 그러나 미국의 주인공은 레이건이 아니라 조지 H. W. 부시가 됐다. 1989년 12월 3일 고르바초프와 부시가 몰타에서 만나 냉전 종식을 공식 선언한 것이다.

그러나 레이건에서 부시로의 공화당 정권 '재창출'은 핵 군축 협상을 늦추는 결과를 초래했다. 미·소 양국의 해제된 비밀문서들에 따르면, 레이건의 바통을 이어받은 부시 행정부는 고르바초프에 대해 오판하고 있었다. 부시는 고르바초프가 여러 차례에 걸쳐 나토와 주 유럽 미군이 독일의 재무장을 방지하는 등 유럽에서 안정자 역할을 할 것이라고 말했음에도 불구하고, 소련이 냉전 종식을 근거로 유럽에서 미군 철수를 요구할 것으로 판단했다. 이에 따라 고르바초프는 부시가 대통령 당선자일 때부터 관계 개선을 추구했지만, 부시는 소련 정책에 대한 전략적인 재검토에 착수하고 말았다. 여기에는 자신의 명성이 고르바초프보다 크게 떨어질 것이라는 질투심도 작용했다. 이로 인해 레이건 행정부 막바지에 상당한 탄력을 받았던 핵 군축 협상도 지체됐다. 미·소 간 핵 군축 협상이 다시 탄력을 받기 시작한 것은 부시가 동유럽 방문을 통해 고르바초프의 신사고에 힘입어 유럽 정세가 크게 바뀌고 있다는 것을 몸소 체험하고, 쿠데타 발생 등 소련 분열이 가속화되어 고르바초프의 권력이 눈에 띄게 약화

되기 시작한 1991년 6월 이후부터였다.[110]

중거리핵미사일폐기협정으로 전술 핵무기 폐기가 뒤늦게라도 이행되면서 교착 상태에 빠졌던 미·소 간의 전략 무기 통제 협상도 재개되었다.[111] 이번에는 전략무기제한협정(SALT)처럼 전략 무기를 '제한' 하는 것에 그치지 않고 감축하는 것을 목표로 삼게 되었다. 전략무기감축협정(START) 프로세스가 시작된 것이다. 1차 서명은 1991년 7월에 이뤄졌다. 이 협정을 통해 양측은 핵무기 운반 수단을 1,600개로, 핵탄두를 6,000개로 감축하기로 했다. 1,600개 이외의 운반 수단을 폐기하고 핵탄두 수에 제한을 두기로 한 것은 SALT보다 진일보한 것이다. 또한 양측의 합의 이행을 검증하기 위해 현장 사찰과 위성 활동도 허용했다. 그러나 이 합의 직후 소련이 붕괴하면서 우크라이나, 카자흐스탄, 벨라루스 등 구소련 국가들의 핵무기 폐기를 우선순위로 다루기로 함으로써, 1차 전략무기감축협정(START I)의 이행 완료는 당초보다 늦은 2001년 12월에야 이뤄졌다.

START I 합의에 성공한 미국과 러시아 양국은 1992년 6월에 2차 전략무기감축협정(START II) 협상에 들어가 1993년 1월에 서명에 이르게 된다. 이 협정의 골자는 양측의 전략 핵탄두를 2003년 1월까지 3,000~3,500개로 감축한다는 것이었다. 그러나 러시아의 요청으로 합의 이행 완료 시점이 2007년 12월로 늦춰지고, 공화당이 장악한 미국 의회가 1997

---

110) 해제된 비밀문서의 내용을 포함한 당시 미·소 관계에 대해서는 Svetlana Savranskaya · Thomas Blanton, "Bush and Gorbachev at Malta"(2009년 12월 3일) 및 http://www.gwu.edu/~nsarchiv/NSAEBB/NSAEBB298/index.htm 참조.
111) 대개 전술 핵무기tactical nuclear weapon는 실제 군사 상황에서 사용할 수 있도록 고안된 핵무기를 의미하고, 전략 핵무기strategic nuclear weapon는 상대방의 핵 공격을 억제하기 위해 대도시와 같은 전략 목표물을 겨냥하는 핵무기를 의미한다. 결국 전술 핵무기는 제한 핵전쟁에, 전략 핵무기는 전면적인 핵전쟁에 적용되는 개념이다.

년에 이 의정서protocol의 비준을 거부함으로써 START II는 위기에 처하게 되었고, 결국 부시 행정부가 2001년 12월 탄도미사일방어조약에서 일방적으로 탈퇴함으로써 이 협정은 발효되지 못했다. 이에 따라 1997년부터 협상에 들어갔던 START III도 무산되었다. 2001년에 등장한 부시 행정부는 START를 전략공격무기감축조약(SORT)으로 대체했다. 부시와 블라디미르 푸틴 대통령이 2002년 5월에 서명한 이 조약의 골자는 양측의 전략 핵탄두 수를 1,700~2,200개로 감축하는 것이었다. 언뜻 보면 START보다 진일보한 것 같지만, 여기에는 중대한 결함이 있었다. SORT는 감축된 핵탄두와 운반체의 폐기를 명시하지 않아, 그것들을 미사일에서 분리해 비축할 수 있게 한 것이다. 많은 군비 통제론자들이 SORT를 '무늬만 핵 감축'이라고 비판한 까닭도 바로 여기에 있다.

이렇듯 냉전 해체에도 불구하고 지지부진했던 미·러 간의 핵 군축은 전략 방위 구상의 후신인 미사일 방어 체제가 등장하면서 중대 고비를 맞이했다. 전략 방위 구상은 약 1,000억 달러를 군산 복합체의 호주머니에 넣어주면서 냉전 해체와 함께 사라지는 듯했다. 아버지 부시는 1991년 연두교서에서 전략 방위 구상을 '제한적 미사일 공격에 대한 지구 방어Global Protection against Limited Strikes'로 대체한다고 발표해, 사실상 전략 방위 구상 폐기를 선언했다. 뒤이어 집권한 클린턴 행정부는 레이건 정부 때 설치된 전략방위구상기구(SDIO)를 탄도미사일방어기구(BMDO)Ballistic Missile Defense Organization로 대체하면서 미사일 방어 체제 규모를 더욱 축소했다.

그러나 네오콘을 비롯한 미국 강경파들의 미사일 방어 체제에 대한 집착은 상상을 초월하는 것이었다. 2008년 3월 11일 헤리티지 재단 주최로 열린 레이건의 '전략 방위 구상' 연설 25주년 기념식에서 딕 체니 부통령이 한 연설은 이러한 집착을 잘 보여준다. 그는 "레이건의 연설은 역사상 가장 훌륭하고 중대한 것"이었다며, "레이건의 미사일 방어 체제 구상은 냉전 시대를 미국의 승리로 이끌었고, 그는 우리 역사상 최고의 대통령"이라고 치켜세웠다. 특히 부시 행정부가 미사일 방어 체제를 통해 레이건의 염원에 한 발짝 다가섰다고 강조하면서, "미국의 차기 대통령도 이를 따라야 한다"고 말했다. "미사일 방어 체제야말로 미국의 이상과 독창성, 낙관주의의 결정체"이기 때문이라는 것이었다.[112]

클린턴 행정부 초기의 미사일 방어 체제는 해외 주둔 미군 및 동맹국 방어용인 '전역 미사일 방어 체제(TMD)Theater Missile Defense'에 방점이 찍혀 있었다. 그래서 러시아의 반발도 그리 크지 않았다. 러시아가 미국의 미사일 방어 체제에 반대하는 근본적인 이유는 미사일 방어 체제가 러시아의 미국 본토에 대한 보복 능력을 약화시켜 미·러 간의 '전략적 균형'이 무너진다는 데 있었는데, 중단거리 미사일 요격용인 전역 미사일 방어 체제는 여기까지 미치지 못했기 때문이다. 그러나 1998년 들어 클린턴 행정부가 강경파에게 밀려 북한의 탄도 미사일 위협을 구실로 미국 본토 방어용인 '국가 미사일 방어 체제' 구축을 시도하면서 러시아의 반발이 표면으로 떠올랐다. 중국 역시 미국의 미사일 방어 체제가 북한을 구실 삼아 중국을 겨냥하고 있다는 판단하에 러시아와 공동 대응에 나섰다. 두 나라는 1999년 10월 정상 회담을 통해, 미국의 미사일 방어 체제는 "국제 사회에 단일한 생활양식, 가치관, 이데올로기 등을 수용할 것을 강요하는 단극 체제를 강화할 것이며, 진영 간의 군사적 대립을 확대·강화하고, 국제법을 권력 정치로 대체하거나 무력에 더 의존하게 만들고 있

---

112) *The New York Times*(2008년 3월 12일).

다"고 비난했다.

클린턴 정부 때 이미 재발하기 시작한 미·러 간의 전략적 갈등은 2001년 부시 행정부가 등장한 뒤 폭발한다. 미사일 방어 체제 구축을 핵심적인 대선 공약으로 내세웠던 부시는 2001년 5월 1일에 미사일 방어 체제 구축을 공식 선언했다. 이에 앞서 부시는 클린턴 행정부 때 타결 일보 직전까지 갔던 북한과의 미사일 협상을 중단시켜, 북한의 존재를 미사일 방어 체제 구축의 최대 명분으로 내세우기도 했다. 그러나 탄도 미사일이 아닌 면도칼로 무장한 테러리스트가 여객기를 납치해 뉴욕의 세계무역센터와 워싱턴의 펜타곤을 공격한 '9·11 테러'가 발생하면서 미사일 방어 체제는 주춤하는 듯했다. '미사일 방어 체제에 정신이 팔린 나머지 테러를 제대로 막지 못했다'는 비판이 미국 내에서 일어났기 때문이다. 그러나 부시는 "9·11 테러가 미사일 방어 체제의 필요성을 더욱 절실하게 만들었다"며 9·11 테러를 '브레이크 없는 질주'의 계기로 삼았다. 그리하여 미국은 그해 12월 13일, 미사일 방어 체제에 제한을 가했던 탄도미사일방어조약에서 탈퇴해버렸다. 이에 더해 미국은 '벙커 버스터' 핵탄두 개발과 핵 선제공격 전략을 채택해 미·러 관계는 물론이고 지구촌의 평화와 관련해서도 큰 우려를 자아냈다.

탄도미사일방어조약이라는 굴레에서 벗어난 부시 행정부는 미사일 방어 체제를 향해 거침없이 내달렸다. 미국 내에서는 9·11 테러 이후 '국가 안보 절대주의'가 맹위를 떨치면서 미사일 방어 체제에 대해 입도 뻥긋하기 어려운 분위기가 조성되었다. 러시아와 중국 등 미사일 방어 체제에 강력하게 반발했던 나라들도 '초상집에 가서 빚 독촉하지 마라'라는 말을 상기한 듯, 미국에 대한 비판을 자제했다. 그리고 2002년 10월에 터진 이른바 '2차 북핵 위기'를 계기로 부시는 미사일 방어 체제 구축에 한

층 열을 올렸다. 약 1억 달러가 드는 미사일 방어 체제 실험을 수시로 실시했고, 2004년 미국 대선을 앞두고는 성능이 입증되지도 않은 미사일 방어 체제 시스템을 알래스카와 캘리포니아에 배치했다. 표면적으로는 북한의 미사일 위협에 대비하기 위한 것이었지만, 부시의 '재선용'이라는 비난도 거세게 일었다. 부시의 '미사일 방어 체제 사랑'은 임기 막바지까지 계속됐다. 2008년 2월 하순에 지표면으로 떨어지던 '고장 난 첩보 위성'으로부터 인류의 안전을 보호한다는 명분으로 미국은 이지스함에서 발사되는 요격 미사일인 'SM-3'으로 위성을 격추했다. 또한 같은 해 7월에 체코 공화국과 미사일 방어 체제용 레이더(X-밴드 레이더) 기지 배치 협정에 서명한 데 이어, 한 달 뒤에는 폴란드와도 미사일 방어 체제 배치 협정을 체결했다. 이 협정에 따라 미국은 대륙간탄도미사일 요격이 가능한 10기의 미사일을 폴란드 영토에, 러시아로부터 불과 180킬로미터 떨어진 기지에 2012년까지 배치할 수 있게 되었다. 미국은 이에 대한 대가로 패트리어트 미사일 부대를 폴란드에 배치하는 것을 비롯해 폴란드의 군사력 현대화를 지원하기로 했다. 이는 유럽의 전략적 요충지인 폴란드 영토에 미군이 주둔한다는 것을 의미한다.

그러자 러시아의 반격도 본격화되기 시작했다. 미국의 동유럽 미사일 방어 체제 배치 합의가 이뤄지자, 러시아의 한 장군은 "폴란드의 미사일 방어 체제 기지가 러시아의 핵미사일 공격을 받을 수 있다"고 으름장을 놓았다. 러시아 외무부 장관은 "우리의 대응은 외교로만 끝나지 않을 것"이라고 말해, 군사적 조치 가능성까지 언급하고 나섰다. 미국도 물러서지 않았다. 콘돌리자 라이스 국무부 장관은 "러시아는 지금이 (냉전 시대인) 1988년이 아니라 2008년이라는 것을 잊어서는 안 된다. 미국은 폴란드의 영토를 미국의 영토처럼 방어하고자 하는 확고한 안전 보장 조약을 갖고 있다"라며, 러시아가 폴란드를 공격하면 미국이 보복에 나설 것임을 강력히 시사했다.

그러나 러시아의 반격은 구체적이면서도 전방위적이었다. 러시아는 냉전 시대에 레이건의 '스타워즈' 구상에 맞서 개발하려 시도했다가 소련 몰락 이후 서랍 속에 넣어두었던 핵미사일 현대화 카드를 다시 꺼내 들었다. 미국의 방패를 뚫기 위해서는 새로운 창이 필요하다는 논리에서였다. 또한 냉전 해체를 상징하는 두 가지 조약과 관련해, 유럽재래식무기감축협정(CFE)Conventional Forces in Europe Treaty 유보 방침을 정했고, 중거리핵미사일폐기협정에서 탈퇴할 수 있다고 경고했다. 그리고 미국을 등에 업고 나토 가입을 추진했던 그루지야가 남오세티야를 공격한 것을 빌미로 그루지야를 침공해, 남오세티야와 압하스의 독립을 승인했다. 이처럼 동유럽 미사일 방어 체제를 둘러싼 미·러 간의 갈등은 '제2의 냉전' 혹은 '신냉전'의 우려를 자아냈고, 2008년 11월에 당선된 미국 최초의 흑인 대통령은 러시아와의 관계를 풀어야 하는 중대한 숙제를 안게 되었다.

(5) 오바마의 등장과 미·러 관계의 미래

지구적 금융 위기, 이라크 및 아프가니스탄에서의 전쟁, 이스라엘-팔레스타인 분쟁, 이란과 북한 핵 문제, 동유럽 미사일 방어 체제 문제 등 엄청난 대외 정책의 숙제를 안고 등장한 오바마 행정부는 '제2의 냉전'이 자주 거론될 정도로 악화된 러시아와의 관계를 재설정reset하겠다고 호언장담했다. 러시아와의 관계를 회복하지 않고는 어느 것 하나도 제대로 해결할 수 없었기 때문이다. 그러나 미국의 추락을 '강한 러시아'를 회복할 수 있는 계기로 인식한 러시아 지도부는 오바마에게 강한 견제구를 던졌다. 오바마 당선 다음 날인 2008년 11월 5일에 "미국의 새로운 행정부가 동유럽 미사일 방어 체제 배치 계획을 철회하지 않으면, 러시아는 동유럽의 미사일 방어 체제 기지를 겨냥해 발트 해 인근에 있는 칼리닌그라드에 중단거리 미사일을 배치하겠다"고 경고하고 나선 것이다. "우리는 협력을 원하고 공동의 위협에 함께 대응하자고 수없이 말해왔다. 그러나 불행하게도 그들은 우리의 말에 귀 기울이지 않았다." 드미트리 메드베데프 대통령이 미사일 배치를 경고하면서 한 말이다.

이처럼 동유럽 미사일 방어 체제를 둘러싼 갈등이 지속되자 오바마 행정부는 2009년 가을에 새로운 변경안을 제시했다. 핵심적인 내용은 체코와 폴란드에 X-밴드 레이더(적의 미사일 발사를 탐지·추적하는 장비) 및 지상배치요격미사일(GBI)Ground-Based Interceptor을 배치하려던 계획을 철회하고 SM-3으로 대체한다는 것이었다. GBI에 비해 요격 범위가 짧고 좁은 SM-3으로 대체해 러시아를 달랜다는 복안이었다. 여기에는 세 가지 의도가 깔려 있었다. 우선 동유럽 미사일 방어 체제 계획을 철회하지 않고 변경함으로써 국내 강경파의 반발을 무마하는 것이다. 둘째는 미국이 주도하는 이란 핵 문제에 대한 압박과 제재 노선에 러시아를 동참시키는 것이다. 셋째는 전략무기감축협정(START) 후속 협상을 조속히 마무리해 '핵무기 없는 세계'와 핵 비확산 체제 구축에 박차를 가하는 것이다.

START 후속 협상은 미사일 방어 체제 문제를 둘러싼 갈등으로 난항을 거듭했다. 당초 START I 만료 시한인 2009년 12월 5일까지 협상을 마무리하기로 돼 있었지만, 새로운 협정에 미사일 방어 체제를 제한하는 내용이 포함되어야 한다는 러시아의 입장과 이를 거부하는 미국의 입장이 충돌했던 것이다. 특히 오바마 행정부는 러시아와 미국 공화당 사이의 샌드위치 신세를 벗어나지 못했다. 러시아는 "러시아가 미국의 미사일 방어 체제 배치로 전략적 안정이 저해될 것으로 판단할 경우에는 이 조약에서 일방적으로 탈퇴할 수 있는 권리를 보유한다"라는 내용이 START 후속 협정에 포함되어야 한다고 주장했고, 공화당은 이러한 내용이 삽입될 경우 상원 비준을 거부할 수 있다고 엄포를 놓았기 때문이다. 결국 양국은 협정문 전문에 공격용 무기와 방어용 무기, 즉 미사일 방어 체제와의 관계를 추상적으로 언급하는 수준에서 절충했다. 이를 두고 미국은 새로운 협정이 미사일 방어 체제에 어떠한 제한도 두지 않는다고 해석했고, 러시아는 미국의 미사일 방어 체제가 러시아의 이익을 침해하는 수준에까지 이르면 협정에서 탈퇴할 수 있다고 해석했다.[113] 앞으로 미사일 방어 체제를 둘러싼 갈등이 언제든 재발할 수 있다는 것을 암시하는 대목이 아닐 수 없다.

'새로운 전략무기감축협정(New START)'으로 명명된 이 협정은 2017년까지 실전 배치된 전략 핵탄두를 1,550개로, 그 운반 수단을 800개로 줄이는 것을 골자로 한다. 또한 상호 신뢰와 투명성을 높이기 위해 조약 이행을 확인할 수 있는 현장 사찰 및 정보 교환과 통보 등 신뢰 구축 조치들도 취하기로 했다. 그러나 앞서 언급한 것처럼 미사일 방어 체제를 둘러싼 갈등의 불씨는 여전히 남아 있고, 감축 대상을 '실전 배치된' 전략무기로 한정함으로써 수천 개에 달하는 비축된 전략 핵무기와 전술 핵무기는 일단 그대로 남게 되었다. 약 40년간 진행되어온 미·러 간의 핵 협정들은 190쪽의 표와 같다.

미·러 양국의 핵전략도 여전히 문제가 많다. 오바마 행정부의 2010 '핵 태세 검토 보고서'는 핵무기의 사용 조건을 엄격히 제한하고 핵무기를 대폭 감축하고 신형 핵탄두 개발을 자제하기로 하는 등 과거보다 전향

---

113) *The New York Times*(2010년 3월 26일).

미·소 간의 전략 핵무기 통제 협정 비교

	SALT I	SALT II	SALT I	SALT II	START III	SORT	New START
핵탄두 제한	미사일 제한, 핵탄두 미포함	미사일과 폭격기 제한, 핵탄두 미포함	6,000	3,000~3,500	2,000~2,500	1,700~2,200	1,550
운반체 제한	미 1,710 ICBM & SLBM ; 소 2,347	2,250	1,600	–	–	–	800
현 상태	만료	미발효	만료	미발효	미합의	발효 중	미발효
서명일	1972. 5. 26	1979. 6. 18	1991. 7. 31	1993. 1. 3	–	2002. 5. 24	2010. 4. 8
발효일	1972. 10. 3	–	1994. 12. 5	–	–	2003. 6. 1	–
이행 마감일	–	1981. 12. 31	2001. 12. 5	2007. 12. 31	2007. 12. 31	2012. 12. 31	–
만료일	1977. 10. 3	1985. 12. 31	2009. 12. 5	2009. 12. 5	–	2012. 12. 31	–

출처 : Arms Control Association (http://www.armcontrl.org)

적인 내용을 담고 있다. 그러나 핵 선제공격 정책을 유지하기로 한 것이나, 5년간 50억 달러를 투입해 핵무기의 신뢰도를 높이는 한편, 러시아 및 중국의 강력한 반발에도 불구하고 미사일 방어 체제를 계속 추진하기로 한 것 등은 문제점으로 지적된다. 또한 비핵 공격 능력을 강화하기 위한 '신속한 전 지구적 공격(PGS)Prompt Global Strike' 프로그램도 핵 군축 분위기에 역행하는 것이다. PGS는 대륙간탄도미사일에 재래식 탄두를 장착해 한 시간 이내에 전 세계 어디든 신속하게 공격할 수 있는 능력을 갖추겠다는 새로운 무기 프로그램인데, 러시아는 오바마의 이러한 계획이 군비 경쟁을 촉발할 것이라고 경고하고 있다.[114] 이처럼 오바마의 군사 전략은 핵무기의 수와 역할을 줄이면서 미사일 방어 체제와 PGS 등 비핵무기 능력은 강화하겠다는 것을 골자로 하는데, 과연 이러한 방향이 '글로벌 제로', 즉 '핵무기 없는 세계'로 가는 데 기여할 수 있을지는 의문이다. 미국과 적대 관계에 있거나 경쟁 관계에 있는 나라들이 자국의 핵무기를 재래식 군사력에 있어서의 미국에 대한 열세를 만회하는 '이퀄라이저'로 인식할 공산이 더욱 커지기 때문이다.

러시아의 군사 전략이 '방어적 성격'에서 '공격적 성격'으로 바뀌고 있는 것도 주목된다. 2000년에 러시아는 전환기에 있는 러시아 및 국제 관계 모두를 고려해 "러시아의 군사 독트린은 본질적으로 방어적인 것"이라고 규정했다.[115] 그러나 2007년부터 기존 군사 독트린의 개정을 추진하면서 러시아의 군사 독트린은 공세적인 성격으로 바뀌어가고 있다. 러시아의 안보 이사회는 군사 독트린 개정의 필요성을 발표하면서 "오늘날의 세계에서는 강압적인 행동의 필요성이 더욱 증대되고 있다"며, 러시아의 군사 독트린은 이러한 필요에 부응해야 한다고 강조했다. 러시아는 미국 단극 체제, 나토의 동진(東進) 및 미국의 동유럽 미사일 방어 체제 배치, 미군의 중앙아시아 주둔, 미국 주도의 '민주주의 동맹' 결성 등을 주요 위협 요인으로 지적하고 있다.[116] 핵전략에서도 러시아는 미국과의 핵 군축 협상을 통해 전략 핵무기의 수는 줄이는 방향으로 가면서도, 새로운 탄도미사일과 핵탄두 개발을 통해 핵무기의 역할은 유지하거나 강화하고 있다. 특히 2016년까지 신형 대륙간탄도미사일인 Topol-M 탄도 미사일의

---

114) *The Washington Post*(2010년 4월 5일).
115) Russia's Military Doctrine(2000), http://www.armscontrol.org/act/2000_05/dc3ma00.asp
116) Russia revises military doctrine to reflect global changes, *RIA Novosti*(2007년 3월 5일).

배치, 전략 폭격기 현대화, 새로운 핵잠수함 배치를 통해 '새로운 삼중점 new triad'을 달성한다는 계획이다.

이러한 러시아의 핵전략에는 크게 세 가지 요인이 영향을 미치고 있다. 첫째, 냉전 종식 이후 '2류 국가'로 강등된 자국의 지위를 격상시키기 위해서는 핵전력의 유지·강화를 통해 미국과의 전략적 관계를 유지할 필요가 있다는 것이다. 특히 옐친 집권기를 '굴욕의 시대'로 여기면서 '강한 러시아'를 표방한 푸틴의 집권 이후 이러한 경향이 더욱 두드러지고 있다. 둘째, 위에서 상세하게 언급한 미사일 방어 체제에 대한 대비이다. 미국과 함께 해온 핵 군축을 통해 자국의 핵미사일 수는 갈수록 줄어드는 반면에 미국과 그 동맹국의 미사일 방어 체제 능력은 지속적으로 강화되면, 언젠가는 미국과의 전략적 균형이 와해될 것으로 러시아는 우려한다. 그래서 핵전력의 강화는 미국의 미사일 방어 체제 정책 변화를 유도할 '외교적 카드'이자 미사일 방어 체제라는 방패를 뚫을 수 있는 '강력한 창'이라는 인식이 강하다. 셋째, 미·러 간에 재래식 군사력의 격차가 크게 벌어진 상황에서 러시아는 핵전력을 '이퀼라이저'로 간주한다. 이에 따라 러시아는 전략 핵무기 감축에는 적극적인 반면에, 실전에서 사용 부담이 덜한 전술 핵무기 감축에는 소극적이다.

2. 영국과 프랑스—강대국에의 향수[117]

(1) 영국

2차 세계대전에서 참혹한 피해를 입은 영국과 프랑스는 전후 강대국의 지위를 회복하고자 핵무기를 개발한 대표적인 나라들이다. 영국은 2차 세계대전 중에 나치 독일이 먼저 핵 개발에 성공할 가능성에 촉각을 곤두세우면서 자체 핵 개발과 함께 미국의 맨해튼 프로젝트를 적극 지지·후원했다. 전쟁 종결 이후에도 영국의 핵 개발 동기는 사라지지 않았다. 전후 영국 경제가 장기간의 침체에서 벗어나지 못하고 식민지에서 민족 해방 운동이 격화되면서 '대영 제국'도 와해되기 시작했으며, 미국과 소련이 급속히 팽창하면서 영국 내에서는 자국이 '2류 강대국'으로 전락하는 것이 아니냐는 우려가 팽배했다. 이러한 상황에서 미국 의회가 1946년 8월 핵 물질과 핵 기술 이전을 금지하는 원자력법을 제정하자, 영국의 위기의

---

117) 이 부분은 다음 자료들을 바탕으로 작성한 것이다. Barry M. Blechman (ed.), *Unblocking the Road to Zero : France and the United Kingdom*(Stimson Center, 2009) ; http://www.nti.org/e_research/profiles/UK/index.html ; http://www.nti.org/e_research/profiles/France/index.html.

식은 더욱 커졌다. 미국이 맨해튼 프로젝트를 적극 지원했던 영국을 따돌리고 핵 독점을 유지하려 하는 것이 아니냐는 우려가 제기된 것이다. 이에 따라 애틀리 정부는 1947년 1월에 세 가지 원칙을 발표했다. ▲과거 대영 제국과 같은 강대국의 지위 확보 수단으로서의 핵무기 보유 필요성, ▲영국 본토와 영연방 소속국들에 대한 소련의 위협 대비책으로서의 핵무장의 절박성, ▲미국이 고립주의로 회귀할 가능성에 대비한 핵 무장 필요성이 그것이다.

이러한 방침에 따라 영국은 1952년 10월 미국, 소련에 이어 세 번째로 원자 폭탄 실험을 실시했고, 1957년 5월에는 수소 폭탄 실험도 감행했다. 그리고 미국 및 소련과 마찬가지로 핵탄두 수를 꾸준히 늘려 1980년에는 350개까지 늘렸으며, 잠수함발사탄도미사일과 전략 폭격기 등 다양한 운반 수단 개발·생산에 착수했다. 그러나 영국은 유럽의 냉전 종식과 소련 해체 이후 핵탄두 감축에 들어가, 2009년 12월 기준 180개의 핵탄두를 보유하고 있다. 또한 1998년 전략 방위 재검토Strategic Defense Review를 통해 전략 폭격기를 퇴역시키고 잠수함발사탄도미사일을 유일한 핵 억제력 수단으로 삼기로 했다. 그러나 비축된 핵탄두의 안전성과 신뢰성을 유지한다는 명분으로 신형 핵탄두 개발에 착수하는 한편, 잠수함발사핵미사일인 트라이던트 미사일 잠수함의 현대화도 추진하고 있어, 영국의 핵 억제력 보유 정책은 상당 기간 지속될 전망이다. 영국 정부는 '핵 억제력 유지'의 근거로 ▲북한과 이란 등 '깡패 국가들'의 핵 개발, ▲미래 질서의 불확실성, ▲테러 집단의 핵 테러 위험, ▲전쟁과 핍박의 억제 수단으로서 핵무기의 유용성, ▲다른 핵보유국들의 핵 포기 불확실성 등을 제시한다.

영국 핵 정책에서 주목되는 것은 동맹인 미국과의 특수 관계다. 2차 세계대전 초기에 미국에 핵무기 개발을 독촉한 영국은 맨해튼 프로젝트에 깊숙이 관여했다. 또한 포츠담 회담에서 트루먼에게 핵 실험 성공을 전해 들은 처칠은 스탈린을 압박하는 카드로서 핵무기를 적극 활용하라고 권고하기도 했다. 전후에도 두 나라의 밀월 관계는 계속되었는데, 한국 전쟁 때는 미국이 북한이나 중국을 상대로 원폭 투하를 검토하자 영국이 이를 말리기도 했다. 영국은 한국 전쟁을 거치면서 미국의 핵무기 사용에 영국의 동의가 필요함을 보장받고자 했지만, 미국 정부는 이를 문서화하는 것을 한사코 거부했다. 또한 영국은 핵보유국 가운데 유일하게 다른 핵보유국, 즉 미국의 핵무기를 영국 내에 배치하는 것을 허용해왔다. 이에 따라 주영 미군 기지에는 수십 개의 핵무기가 2010년 현재에도 배치되어 있다. 아울러 자국 내 지하 핵 실험 시설이 마땅치 않아 영국이 1990년대 초반까지 미국 네바다 주 실험장을 빌려 쓴 것도 미·영 관계의 특수성을 잘 보여준다.

핵보유국 영국은 핵 군축과 비확산에서도 리더로서의 위상을 확보하길 원한다. 영국은 우선 자국의 "안보에 필요한 최소 억제력만 배치"하고 있어, 5대 핵보유국 가운데 영국의 핵무기 수량이 가장 적다는 점을 강조한다. 또한 영국도 초기부터 적극 참여한 NPT 조약에서 약속한 것처럼, 언젠가는 핵무기를 완전히 폐기할 것이라고 말한다. 영국은 미국과 달리 1998년에 포괄핵실험금지조약을 비준했고 1995년부터는 핵분열 물질 생산을 중단했다. 그러나 영국은 전 세계 핵무기의 95퍼센트 이상을 보유한 미국과 러시아가 솔선수범을 보여야 한다고 강조한다. 프랑스나 중국과 마찬가지로, 영국도 미국 및 러시아의 핵 감축이 이뤄진 이후에 추가적인 핵 감축을 고려할 수 있다는 것이다.

2007년 이후 핵 군축에 대한 영국의 입장은 좀 더 전향적으로 바뀌기 시작했다. 미국의 슐츠, 키신저, 페리 등 거물들이 나서서 '핵무기 없는 세계'를 촉구하고 나선 것이 자극제가 된 것이다. 영국의 마거릿 베켓 외무부 장관은 이들의 주장을 적극 지지하면서, 상호 조율된 두 가지 접근이 필요하다고 강조했다. 하나는 핵무기 없는 세계라는 '비전'이고, 다른 하나는 핵탄두를 감축하고 안보 정책에서 핵무기에 대한 의존을 줄여나가는 '실천'이다. 고든 브라운 총리 역시 2010년 NPT가 "핵보유국의 핵 군축을 촉진하고, 핵무기의 추가적인 확산을 방지하며, 궁극적으로 핵무기 없는 세계를 달성하는 데 영국이 적극적인 역할을 할 것"이라고 다짐하기도 했다. 그러나 "핵보유국들이 급속한 핵 폐기와 완전 핵 폐기 시한 설정과 같은 즉각적이고 비현실적인 약속을 하는 것보다 꾸준하고 점진적인 방식"을 택해야 한다는 베켓의 발언에서도 알 수 있듯이, 영국이 솔선수범을 보이면서 핵무기 없는 세계, 즉 '글로벌 제로'를 주도할 가능성은 낮다.

(2) 프랑스

프랑스의 핵 정책은 영국보다 훨씬 공세적이다. 프랑스의 경우, 핵 정책이 안보적 동기를 넘어 유럽과 지구적 차원의 정치적 야심과 관련돼 있기 때문이다. 안보에 대한 우려는 1, 2차 세계대전 때, 특히 1940년에 프랑스가 독일에 굴욕적인 패배를 당한 일에 뿌리를 두고 있다. 프랑스 핵 개발의 아버지 가운데 한 사람인 펠릭스 가야르Félix Gaillard가 1960년 프랑스의 핵 실험 성공 소식을 듣고 "프랑스는 결국 1940년의 패배를 극복했다"라고 말했을 정도다. 2차 세계대전 이후 소련의 위협이 커지자, 프랑스는 미국의 핵우산 정책에 불신을 나타내며 독자적인 핵 보유를 추구했고, 그 결과 1960년에 핵 실험에 성공했다.

냉전 해체 이후 소련의 즉각적인 위협은 크게 줄었지만, 프랑스가 핵 보유를 유지하고자 하는 안보적 동기까지 사라지지는 않았다. 이와 관련해 크게 두 가지가 지적된다. 하나는 미래 세계 질서의 불확실성이다. 세계 질서는 언제든 바뀔 수 있고 미래에 새로운 위험이 부상할 수 있으므로 이러한 불확실성에 대비하기 위해서는 핵 무장이라는 '생명 보험'을 계속 유지해야 한다는 것이다. 2006년에 자크 시라크 대통령이 한 "현재의 우려와 미래의 불확실성을 고려할 때, 핵 억제는 프랑스의 근본적인 안보 정책으로 계속 유지될 필요가 있다"라는 발언은 이러한 인식을 잘 보여준다. 특히 부시 행정부가 2001년 탄도미사일방어조약에서 탈퇴해 미사일 방어 체제 구축을 본격화하고 이에 대해 러시아가 강경하게 대응하면서 프랑스의 이러한 인식은 더욱 강해졌다. 프랑스는 또한 중국에 대한 견제 심리도 갖고 있다. 리오넬 조스팽 총리는 1999년에 "먼 지역으로부터 위협이 올 수 있다"고 말했는데, 이것은 중국을 의식한 발언이었다. 중국이 직접적인 위협이 되지 않더라도, 아시아의 분쟁에 프랑스가 개입하려고 할 경우 중국이 핵 위협을 가할지 모른다는 것이다.

안보와 관련된 또 다른 동기도 있다. 대량 살상 무기를 보유한 나라들이 프랑스를 압박하거나 협박하는 것을 차단하려면 핵 보유가 필요하다는 것이다. 1991년 이전에 이라크가 대량 살상 무기 프로그램을 시행한 일과, 소련 해체 이후 벨라루스, 카자흐스탄, 우크라이나가 자국 내에 구소련의 핵무기를 계속 보유하려 할 것이라는 우려가 이러한 동기를 더욱 부채질했다. 최근 들어 프랑스는 이란의 핵 개발을 주된 안보 우려로 간주해 이란 핵 문제에 적극적으로 개입하고 있다. 또한 알제리를 비롯한 북아프리카 국가들의 핵 개발 가능성, 북한의 핵무기 및 대륙간탄도미사일 개발 가능성도 프랑스의 핵 보유론을 정당화하는 근거로 작용하고 있다.

프랑스의 지구적·지역적 야심도 프랑스 핵 개발과 핵 보유의 주된 동기다. 2차 세계대전 이후 프랑스는 미국 및 영국에 필적하는 지위를 추구했는데, 여기서 핵 개발은 가장 유력한 수단으로 간주되었다. 1954년 유엔 회의에서 돌아온 프랑스 관료가 "만약 프랑스가 핵폭탄을 갖지 못한다면 우리는 국제 협상에서 아무것도 아닌 존재가 된다"라고 말한 것은 이러한 인식을 잘 보여준다. 프랑스 외교부 역시 같은 해에 "프랑스가 핵 무기를 갖지 못하면, 우리의 안보는 전적으로 앵글로-색슨에게 의존하게 된다"며 핵 개발의 필요성을 강조했다. 1958년 대통령 권좌에 복귀한 샤를 드골도 핵무기가 "강대국의 테이블에 프랑스를 앉힐 수 있는 정치적 수단"이라고 말했다.

프랑스의 핵 보유 동기에서 국제 사회에서의 위신이나 지위가 과거만큼 결정적이진 않지만, 그 필요성은 여전히 존재한다. 특히 핵무기가 자국 외교 정책의 자율성과 독립성을 증진시킨다는 관점은 여전히 유효하다. 시라크는 2006년에 "핵무기는 어디에서 압력이 들어오든 우리에게 행동과 정책, 우리의 지속적인 민주적 가치의 힘을 제공한다"라고 말했다. 프랑스 내에서는, 2003년 미국의 이라크 침공 당시 프랑스가 거부권을 행사할 수 있었던 배경에는 미국의 핵우산에 의존하지 않는 독자적인 핵 억제 능력이 있었다는 인식이 존재한다. 또한 프랑스는 유럽 통합의 관점에서도 자국의 핵 보유가 유리하다는 관점을 갖고 있다. 유럽 대륙에서 프랑스가 유일한 핵보유국인 만큼 자국의 핵 억제력이 유럽 전체로 확대될 수 있다는 것이다. 시라크는 2006년에 유럽 통합의 가속화는 "프랑스의 핵 억제력 자체를 유럽 대륙 안보의 불가피한 요소로 만들고 있다"라고 말했다. 사르코지 대통령 역시 2008년 3월에 "프랑스의 핵 전력은 유럽 안보의 핵심 요소"라며, "유럽 우방국들에 대한 우리의 공약은 유럽 통합 가속화에 따른 자연스러운 표현"이라고 주장했다.

이렇듯 프랑스는 냉전 해체 이후에도 공세적인 핵전략을 유지해왔다. 1994년 국방백서에서는 "본토와 해외를 포함한 영토의 통합성 유지, 자유로운 주권 행사와 인구의 보호"를 사활적인 이익으로 규정해 핵전력 유지 필요성을 강조했다. 2006년에 시라크는 "동맹국들의 방어"를 사활적 이해로 추가하면서, 이러한 사활적인 이익이 공격받을 경우 "감당할 수 없는 피해", 곧 핵 보복을 가할 것이라고 경고하기도 했다. 특히 그는 테러와 대량 살상 무기에 의존하는 국가의 지도자들은, 재래식은 물론이고 다른 성격의 무기에 의한 "확고하고 개량된 반응을 각오해야 할 것"이라며, 선제 핵 사용 가능성까지 암시했다. 사르코지 역시 프랑스의 억제력은 사활적 이해에 반하는 어떠한 도발로부터도 프랑스를 보호할 것이라고 강조했다. 이를 반영하듯 프랑스는 핵무기 선제 불사용 정책 채택을 지속적으로 거부해왔다. 핵 보복도 유엔 헌장 제51조에 명시된 자위권 행사의 일환이라는 것이 프랑스의 입장이다.

　2009년 현재 영국보다 약 두 배가 많은 300개의 핵무기를 보유한 프랑스는 전체 국방 예산의 10퍼센트를 핵무기 프로그램에 사용할 정도로 핵전력을 국방 정책의 핵심으로 삼아왔다. 특히 2008~2020년에 걸쳐 신세대 미사일과 핵탄두 개발에 나설 계획이다. 전반적으로 개수는 줄이면서 성능은 향상시키겠다는 것이다. 프랑스 핵전력의 중심은 잠수함발사탄도미사일이다. 2009년 기준, 프랑스는 네 척의 잠수함에 48기의 미사일과 250~260개의 핵탄두를 장착하고 있다. 주력 미사일은 사정거리 4,000킬로미터에 핵탄두 여섯 개를 장착할 수 있는 'M45 미사일'이고, 2015년에 사정거리 6,000킬로미터 이상의 'M51.1 미사일'이 실전 배치될 예정이다. 또한 프랑스는 '미라지 2000 전투기'에 공대지(空對地) 핵미사일이 장착된 공군 2개 편대를 운영하고 있다. 신형 전투기인 '라파엘'은 2010년부터 주력 기종으로 사용될 예정인데, 이에 따라 공대지 핵미사일의 사정거리와 정확도도 높아질 전망이다.

프랑스는 핵 군축에도 대단히 소극적이다. 냉전 시대에 프랑스는 핵 군축 협상 참여 조건으로 세 가지를 제시했다. 핵보유국들 사이의 양과 질의 불균형이 줄어들어야 하고, 유럽에서 재래식 군사력의 불균형 완화 및 지구적 차원의 생화학 무기 폐기가 이뤄져야 하며, 자국의 핵 억제력을 무력화할 수 있는 미사일 방어 체제나 대잠수함 무기 경쟁이 중단되어야 한다는 것이었다. 이러한 입장은 냉전 해체 이후에도 큰 틀에서 유지되고 있다. 핵 감축과 핵 폐기에 대한 프랑스의 여론은 우호적이지 않다. 프랑스 시민운동 부문 가운데 가장 취약한 부문이 핵무기 반대 운동이기도 하다. 이는 핵 보유가 프랑스의 외교안보 정책의 독립성을 유지시켜주는 힘이라는 인식이 프랑스 국민들 사이에 광범위하게 퍼져 있음을 의미한다. 이를 반영하듯 2007년 6월 여론 조사에서는 핵 억제력 없는 안보에 대해 57퍼센트가 반대, 34퍼센트가 찬성 입장을 보였고, 핵무기 현대화에 대해서도 찬성 답변이 43퍼센트에 달해 35퍼센트의 반대 비율을 압도했다. 특히 핵 군축에 대한 지지율은 17퍼센트에 불과했다.

한마디로 프랑스는 오바마가 주창한 '핵무기 없는 세계' 구상을 주도하기보다는 뒤따라가는 입장을 취하고 있다. 프랑스는 핵 군축의 전제 조건으로 프랑스와 동맹국들의 확고한 안보 유지와 함께 핵보유국 간의 '상호주의'를 강조한다. 즉 미국과 러시아의 핵전력과 프랑스의 핵전력의 불균형이 완화되어야 한다는 것이다. 또한 프랑스는 자국 핵전략의 독립성과 자율성을 강조하는데, 이는 다른 핵보유국의 핵무기 수량이 획기적으로 줄어들더라도 프랑스가 대규모의 핵 군축에 나서지는 않으리라는 점을 암시한다. 다만 프랑스 역시 국제 비확산과 핵 군축 움직임을 외면할 수 없는 입장이어서, 5대 핵보유국이 함께 참여하는 핵 감축 협상이 진행되어 가시적인 성과가 나올 경우 '영국 모델'을 따를 가능성은 있다. 영국 모델이란 공군이 보유한 핵무기는 폐기하고 잠수함 전력은 유지하는 것을 의미한다. 이럴 경우 프랑스의 핵무기 수는 300개에서 150~200개로 줄어들 가능성이 있다.

프랑스는 1996년 이후 핵 실험을 실시하지 않고 있다. 1998년에는 영국과 함께 핵보유국 가운데 가장 먼저 포괄핵실험금지조약을 비준했다. 최근에는 실제로 핵 실험보다 모의 핵 실험에 관심을 가지고 있다. 고강도 레이저와 강력한 엑스-레이 방사선 사진 기계, 고성능 컴퓨터를 이용하면 실제로 핵 실험을 하지 않고도 핵전력을 유지할 수 있다는 판단에 따른 것이다.

그러나 프랑스가 완전한 핵 폐기로 나아갈 가능성은 희박하다. 가령 영국이 완전히 핵을 폐기하더라도 프랑스는 유럽 안보를 지키는 데 프랑스 핵무기가 더욱 필요하다는 입장을 보일 가능성이 크다. 또한 미국이 일방적으로 핵무기를 완전 폐기하더라도, 이는 유럽에 대한 미국의 핵우산이 철회된 것을 의미하므로 프랑스의 핵 억제가 더욱 절실해졌다는 주장을 펼칠 가능성이 높다. 이란의 핵 개발 여부 및 중동과 북아프리카의 '핵 도미노' 여부도 프랑스의 핵 군축 입장에 결정적 변수가 될 것이다. 따라서 프랑스의 핵 군축은 다른 핵보유국들의 획기적인 핵 감축 이행 및 검증, 포괄핵실험금지조약과 핵분열물질생산금지조약의 조속한 발효와 이행, 생화학 무기와 탄도 미사일의 확산 중단 및 폐기, 러시아-유럽 관계의 획기적인 개선, 이란 핵 문제의 해결 및 중동과 북아프리카 정세 진전, 핵 억제를 대체할 효과적인 군사 프로그램의 작동 등이 이뤄질 때 비로소 가능해질 것으로 보인다.

3. 양탄일성(兩彈一星)의 중국

(1) '종이 호랑이' 등에 올라탄 중국

1964년 10월 16일에 핵 실험을 단행한 중국은 NPT가 인정하는 마지막 핵보유국이다. 그런데 중국의 핵 개발과 전략을 결정한 마오쩌둥은 정작 1946년 인도 총리 네루를 만났을 때는 "중국 인구가 얼만데"라며 미국의 원자 폭탄을 '종이 호랑이'에 비유했다. 여기에는 미국이 핵무기를 소련 압박이라는 정치적 목적으로 활용하고 있다는 비판 의식과 함께 "전쟁은 무기가 아니라 인간이 좌우한다"는 그의 신념이 깔려 있었다. 그러나 1950년대 들어 중국 지도부의 생각은 바뀌기 시작했다. 중국 핵 개발의 책임자였던 저우언라이 총리는 "중국은 핵 협박과 위협에 맞서기 위해 핵무기를 개발했다"고 회고했고, 마오쩌둥 역시 "오늘날의 세계에서 다른 나라들에게 괴롭힘을 당하지 않으려면 핵 개발은 불가피하다"고 말했다. 중국도 '종이 호랑이'에 올라타기로 한 것이다.

중국이 핵 개발에 나선 것은 한국 전쟁과 밀접한 관계가 있다. 한국 전쟁 발발 직후인 1950년 7월, 트루먼 대통령은 핵폭탄을 탑재한 10기의 B-29 폭격기를 태평양에 배치하면서, 중국이 한국 전쟁에 개입하는 것을 저지하기 위해 "핵무기 사용도 고려할 수 있다"고 경고했다. 특히 한국 전쟁을 중국을 제압할 수 있는 계기로 인식한 맥아더는 북한과 만주에 핵폭탄을 투하해야 한다며 '확전론(擴戰論)'을 고수했다. 결국 맥아더의 확전론은 트루먼 행정부와 정면으로 충돌하면서 그의 사임으로 이어졌다.[118] 그러나 미국의 핵 위협은 계속됐다. 1952년에 아이젠하워 대통령 당선자는 정전 협상이 계속 지체된다면 중국을 상대로 핵무기를 사용할 수 있다고 공개적으로 언급했다. 한국 전쟁 이후에도 중국이 한반도 전쟁에 또다시 개입하거나 한국을 공격한다면 핵 보복을 당할 것이라는 경고가 이어졌다. 1954년에 미국 전략공군사령부의 커티스 르메이Curtis E. LeMay 사령관은 "한반도에는 전략적 목표물이 없지만, 중국, 만주, 러시아 동남부 등에 몇 개의 핵폭탄을 투하할 수 있다"고 엄포를 놓았고, 이듬해에도 미 해군의 아서 래드퍼드Arthur Radford 제독이 중국에 핵을 사용할 수 있다고 공개적인 위협을 가했다.

이러한 위협에 직면한 중국은 1954년부터 소련의 지원을 바탕으로 핵무기 개발에 박차를 가한다. 1956년에 핵무기 개발을 담당하는 부처를 신설하는 한편, 소련의 지원하에 베이징에 원자력 연구소를, 란저우에 우라늄 농축 공장을 지었다. 소련은 또한 핵폭탄 샘플과 핵무기 제조 정보를 중국에 전달했고, 과학자들의 상호 방문을 통해 중국의 핵 개발을 적극 도왔다. 그러나 1959년 들어 중소 분쟁이 발생하고 소련이 이듬해에 중국의 핵무기 개발 지원을 중단하자, 중국은 독자적으로 핵무기 개발에 들어갔다. 그사이 발생한 타이완 해협 위기가 중국의 핵 개발을 더욱 자극했

---

118) 한국 전쟁을 둘러싼 트루먼-맥아더의 갈등과 중국으로의 확전론에 대한 상세한 기록은 다음 책에서 볼 수 있다. 데이비드 핼버스탬, 《콜디스트 윈터》, 정윤미·이은진 옮김(살림, 2009).

다. 1954년 1차 타이완 해협 위기 때 날카롭게 대립했던 미국과 중국은 1958년 2차 타이완 해협 위기에서는 정면충돌의 위기까지 겪었다. 당시 미 공군은 핵 공격까지 추진했지만, 아이젠하워 대통령이 "재래식 무기만 사용하라"는 명령을 내려 핵전쟁으로까지 비화되지는 않았다.[119]

그러나 2차 타이완 해협 위기와 중소 분쟁을 거치면서 중국 지도부는 핵 보유의 필요성을 더욱 절감하게 됐고, 결국 1964년 10월 16일 우라늄 핵폭탄 실험에 성공했다. 다음 날, 핵무기와 장거리 로켓 개발을 담당한 전문 위원회를 주도했던 저우언라이는 세계 각국에 통지문을 보내 핵 실험 사실을 알리면서 "중국 정부는 핵무기 사용 전면 금지와 핵무기 폐기를 일관되게 주장해왔지만 어쩔 수 없이 핵 실험을 거쳐 핵무기를 개발하게 되었다. 하지만 중국 정부는 그 어떤 상황에서도 먼저 핵무기를 사용하지 않을 것임을 선언한다"라고 전했다.[120] 그러면서 중국 정부는 "핵보유국과 핵 보유 잠재력이 있는 나라들의 정상이 모여 비핵 국가와 핵보유국 상호간에 핵무기를 사용하지 않겠다는 합의를 도출할 수 있는 회담을 열자"고 제안했다.[121] 중국은 원자 폭탄 실험에 성공한 지 불과 32개월 뒤에 수소 폭탄 실험에도 성공해 세계를 놀라게 했다. 원자 폭탄 이후 32개월 만에 수소 폭탄을 만들어냈다는 것은 엄청난 기술력을 과시하는 것이었기 때문이다. 참고로, 원자 폭탄에서 수소 폭탄으로 넘어가는 데 미국은 86개월, 소련은 75개월, 영국은 66개월, 프랑스는 105개

---

119) Air Force Histories Realeased through Archive Lawsuit Show Cautious Presidents Overruling Air Force Plans for Early Use of Nuclear Weapons(Washington, D.C., 2008년 4월 30일), http://www.gwu.edu/~nsarchiv/nukevault/ebb249/index.htm
120) 리펑, 《저우언라이 평전》, 허유영 옮김(한얼미디어, 2004), 515~517쪽.
121) Hui Zhang, "China's Perspective on a Nuclear-Free World", *The Washington Quarterly*(2010년 4월).

중국의 원자 폭탄(왼쪽)과 수소 폭탄(오른쪽) 실험 장면

월이 걸렸다.[122]

  흥미로운 것은 중국의 핵 개발과 미국-소련-중국 3자의 역학 관계 변화 사이의 고리다. 앞서 언급한 것처럼, 한국 전쟁과 타이완 해협 위기 때 미국의 노골적인 핵 위협에 직면한 중국은 소련의 지원을 바탕으로 빠른 속도로 핵 개발에 나섰다. 그러나 1959년 중소 분쟁이 터지면서 소련은 지원을 중단했고, 중국은 두 강대국인 미국과 소련의 '이중 위협'에 처했다. 특히 미국 내에서는 중국의 핵 개발 이전에 선제공격을 통해 핵 시설을 파괴해야 한다는 '예방 전쟁론'이 불거지기도 했다. 그러나 이미 베트남에 발을 들여놓은 미국이 중국으로까지 전쟁을 확대하는 것은 선택할 수 없는 일이었다. 오히려 1969년에 집권한 닉슨 행정부는 중국과의 관계 개선을 공개적으로 타진했다. 이와 동시에 1969년 3월 우수리 강 부근에서

---

122) http://www.nti.org/e_research/profiles/China/Nuclear/index.html

중·소 간의 무력 충돌이 발생해 수백 명의 사상자가 나오자, 소련은 중국에 핵 공격 위협을 가했다. 10월에는 마오쩌둥을 비롯한 수뇌부가 소련의 핵 공격을 우려해 베이징으로부터 피신하기도 했다.[123] 소련의 위협을 체감한 마오쩌둥은 미국과의 관계 개선을 결심하게 되고, '베트남 전쟁 종결'이 다급했던 닉슨과 손을 잡게 된다. 결국 두 나라는 1979년에 완전한 관계 정상화에까지 이르렀다. 이는 미국이 핵무기를 보유한 나라와 최초로 맺은 수교였다.

핵 실험에 성공한 중국은 1966년 10월에 중거리 탄도 미사일인 '둥펑-2호'에 핵탄두를 장착한 상태에서 시험 발사에 성공해 핵미사일 보유 능력을 과시했고, 외부의 공격으로부터 핵 시설을 최대한 보호하기 위해 우라늄 농축과 재처리 시설을 내륙 깊숙한 곳에 만들었다. 1980년대 후반 이후에는 고체 연료로 추진되는 대륙간탄도미사일 둥펑-31호, 둥펑-31A호를 잇따라 개발했으며, 1996년 포괄핵실험금지조약 체결을 앞두고 집중적으로 핵 실험을 단행해 국제 사회의 빈축을 사기도 했다. 또한 중국은 NPT가 불균형하고 차별적인 조약이라며 가입을 계속 거부하다가, 1992년 프랑스가 가입한 직후에 가입했다. 중국은 NPT 가입 성명을 통해 핵보유국들의 무조건적인 핵무기 선제 불사용과 비핵 국가에 대한 소극적 안전 보장, 해외 배치 핵무기의 완전 철수와 우주 군비 경쟁 중단을 촉구하기도 했다.

(2) 중국의 핵전략

중국은 핵 실험 성공 이후 자국의 핵전력이 "완전히 방어적인 목적"이

---

123) 데이비드 레이놀즈, 《정상회담 : 세계를 바꾼 6번의 만남》, 314~316쪽.

라고 줄곧 주장해왔다. 2006년 국방백서에서 중국은 "중국의 핵전략은 다른 나라의 중국에 대한 핵무기 사용이나 사용 위협을 억제하는 것이다……우리는 결코 그 어떤 나라를 상대로 핵 군비 경쟁을 벌이지 않았고 그럴 의사가 없다"라고 밝혀, 순수한 방어적 목적과 최소한의 핵무기 보유량으로 이러한 목적을 달성한다는 최소 억제 전략을 유지할 방침임을 시사했다.[124] 이처럼 중국은 5대 핵보유국 가운데 유일하게 무조건적인 핵무기 선제 불사용과 비핵 국가에 대한 소극적 안전 보장을 천명해왔다. 또한 최소한의 핵무기 개수로 외부의 위협에 맞선다는 '최소 억제 전략'을 유지해왔다. 이는 "핵 공격을 당한 이후에만 핵무기로 보복한다"는 전략에 따른 것이다. 다시 말해 "중국에 핵 공격을 감행한 나라의 대도시 몇 개를 파괴할 수 있는 수준의 핵무기만 보유하겠다"는 것이다. 이는 재래식 전쟁에서 밀릴 경우 핵무기를 사용할 수 있다는 미국 및 나토의 전략과는 구분되는 특징이다. 이에 따라 중국의 현재 핵무기 보유고는 400개 정도이다. 이 가운데 미국 본토를 공격할 수 있는 핵탄두 장착 대륙간 탄도미사일은 20여 기가 있다. 또한 중국은 미국이나 러시아와 달리 '경보 즉시 발사' 태세를 갖추지 않고 있다고 한다.[125] 2008년 국방백서에 나온 아래의 구절은 중국의 핵전략을 잘 요약하고 있다.

  평시에 제2포병대의 핵미사일은 어떤 나라도 겨냥하고 있지 않다. 그러나 만약 중국이 핵 위협에 처한다면, 제2포병대의 핵미사일은 경계 태세를 갖추

---

124) China's National Defense in 2006, http://english.peopledaily.com.cn/whitepaper/defense2006/defense2006.html
125) Pan Zhenqiang, "China's Nuclear Strategy in a Changing World Strategic Situation", Barry M. Blechman (ed.), *Unblocking the Road to Zero*(Stimson Center, 2009).

고 중국에 대한 핵 공격을 억제하기 위해 반격할 준비를 갖추게 될 것이다. 만약 중국이 핵 공격을 받는다면, 제2포병대는 독자적으로나 다른 핵무기 부대와 함께 적에게 결정적인 타격을 가하기 위해 핵미사일을 사용할 것이다.[126]

그러나 이러한 중국의 전략에 대한 비판도 있다. 핵 선제 불사용 공약은 근본적으로 비현실적이고 그래서 믿을 수 없는 '선언적 정책'이라는 것이다. 가령 중국이 다른 나라와의 재래식 전쟁에서 패배에 직면한 상황이라 해도 핵무기를 사용하지 않을 것인가 하는 반론이 가능하기 때문이다. 이러한 의심을 뒷받침하듯, 중국국방대학의 주청후 장군은 2005년 7월 양안 간의 분쟁 발생 시 미국이 개입해 중국 본토를 재래식 무기로 공격한다면 중국은 핵무기를 사용할 수밖에 없을 것이라고 말했다. 이는 중국 안팎에서 논쟁을 야기했는데, 중국 정부는 핵 선제 불사용 정책을 재확인하는 것으로 무마하려고 했다.[127]

최소 억제 전략에 기반을 둔 중국의 핵전략은 미국이 미·소 냉전 해체 이후에도 중국을 잠재적인 핵 공격 대상으로 올려놓고, 미사일 방어 체제 구축을 본격화하면서 변하기 시작했다. 매년 10퍼센트 이상 군사비를 늘리면서 군 현대화에 박차를 가해온 중국이 핵전력도 현대화하고 나선 것이다. 그래서 중국은 이동식, 다탄두 탄도 미사일은 물론이고 잠수함발사 핵미사일도 개발·배치하고 있다. 이러한 중국의 핵전력 강화는 크게 세 가지 동기에서 비롯된다. 첫째는 노후한 핵무기를 현대식 핵무기로 대체

---

126) China's National Defnse in 2008, http://www.gov.cn/english//official/2009-01/20/content_1210227.htm
127) Hui Zhang, "China's Perspective on a Nuclear-Free World".

한다는 것이다. 둘째는 미국의 미사일 방어 체제를 비롯한 최첨단 무기 체계에 대응해 자국 핵전력의 생존율을 높여 핵 억제력을 유지하고, 미국의 미사일 방어 체제를 뚫을 수 있는 핵무기를 갖춰야 한다는 것이다. 셋째는 기존의 최소 억제 전략에서 '제한 억제' 전략으로 바꾸면서 단순히 핵 보복 능력을 갖추는 데 머물지 않고 재래식 전쟁 및 핵전쟁을 억제하고 핵전쟁이 발발할 상황에 대한 통제력을 높이기 위해 핵전력을 강화한다는 것이다. 특히 미국에 대한 핵 억제력을 강화하기 위해 미국 본토를 공격할 수 있는 핵미사일 수를 현재의 20여 기에서 2015년을 전후해 100기 정도로 늘릴 것이라는 전망이 나오고 있다.[128]

중국 스스로도 핵전력의 현대화를 추진하고 있다고 말한다. 2006년 국방백서는 "국가 안보상의 필요를 충족시키기 위한 능력을 보유하기 위해 작지만 효과적인 핵전력 구축을 목표로 한다"라고 밝혔는데, 이는 자국의 안보 환경의 변화에 따라 핵무기의 현대화에 나설 수 있다는 것을 의미한다. 특히 중국은 미국이 보다 강력하고 포괄적인 미사일 방어 체제 구축에 나설 경우 자국의 핵무기 보유량을 대폭 늘릴 것임을 경고하고 있다. 이는 중국이 미국의 미사일 방어 체제 정책을 자국에 대한 포위 전략의 일환으로 간주하고 있기 때문이다. 오바마 행정부가 타이완에 패트리어트 최신형인 PAC-3을 판매하기로 한 것은 미국-일본-한국-대만을 잇는 동아시아 미사일 방어 체제 구상의 일환이며, 이는 "중국에 대한 전략적 포위의 핵심 부분"이라는 것이다.[129] 이에 따라 미국 주도의 미사일 방어 체제 구축이 가속화될수록 중국의 핵전력도 증강될 가능성이 높다. 2008

---

128) http://www.nti.org/e_research/profiles/China/Nuclear/index.html
129) *China Daily*(2010년 2월 22일).

년 국방백서는 "중국은 미사일 방어 체제가 전략적 균형과 안정에 해롭고 국제 안보와 지역 안보를 위태롭게 하며 핵 군축에 부정적인 영향을 준다는 입장을 고수할 것이다. 중국은 미사일 방어 체제를 예의 주시하고 있다"라고 밝혔다.

(3) 중국의 핵 군축에 대한 입장

한때 핵무기를 '종이 호랑이'에 비유했던 중국은 핵 무장 이후 대단한 자부심을 갖게 된다. 덩샤오핑은 "만약 중국이 원자 폭탄, 수소 폭탄, 인공위성을 갖지 못했다면, 우리는 현재와 같이 국제 사회에서 강대하고 영향력 있는 지위를 확보하지 못했을 것"이라며, 두 가지 폭탄과 하나의 위성, 즉 "양탄일성(兩彈一星)"은 "중국의 능력을 입증했고, 번영과 발전의 상징"이라고 말했다. 그의 후계자인 장쩌민도 1999년 당대회에서 "두 가지 폭탄과 하나의 위성은 중국의 국방력뿐만 아니라 과학 기술 발전에도 지대한 공헌을 했다"며, 이는 "신중국의 발전과 중화 민족의 영광과 자부심을 상징하는 위대함"이라고 극찬하기도 했다.[130] 사실 나라 이름만 중국에서 북한으로 바꾸면 북한이 핵 실험과 위성 발사 때 내놓는 성명과 구분하는 것이 불가능할 정도다. 이는 근본적으로 북핵 문제에 대한 중국의 발언권이 취약할 수밖에 없는 이유이기도 하다.

그렇다면 핵 군축에 대한 중국의 입장은 어떠할까? 중국의 입장은 1982년 유엔 총회에서 발표한 '군비 경쟁 중단과 군축을 위한 본질적 조치에 관한 제안'에 잘 담겨 있다. 이 '제안'의 요점은 다음과 같다. 첫째, 군축에 우호적인 환경을 만들기 위해서는 국제 평화와 안전이 전제되어

---

130) Hui Zhang, "China's Perspective on a Nuclear-Free World".

야 하고, 이를 위해 모든 나라가 유엔 헌장을 비롯한 국제 규범을 준수해 타국의 영토 통합과 주권을 침해하는 행위를 하지 말아야 한다. 둘째, 두 강대국인 미국과 소련(러시아)이 대대적인 핵 군축을 단행해야 하고, 이 것이 이뤄지면 다른 핵보유국도 군축 협상에 참여할 수 있다. 셋째, 핵 군축은 재래식 군사력 감축과 조화롭게 이뤄져야 하고, 다른 대량 살상 무기는 금지되어야 한다. 넷째, 군축 협상은 중소 국가들의 주권과 안전을 위협하거나 침해해서는 안 된다. 다섯째, 군축 협정은 엄격하고 효과적인 국제 검증을 수반해야 한다. 끝으로, 핵 보유 및 국력과 관계없이 모든 나라가 군축 협상에 동등한 자격으로 참여할 수 있는 권리가 보장되어야 한다. 중국은 이러한 기본 입장을 밝히면서 네 가지 즉각적인 조치로 핵보유국의 핵무기 불사용 약속, 미국과 소련의 핵 실험 중단 및 50퍼센트 핵 감축 단행, 미국과 소련 조치 이후 다른 핵보유국의 핵 실험 중단, 모든 나라가 재래식 무기로 타국을 공격하거나 점령하는 행위 중단을 제시했다.

중국은 이후에도 이러한 입장을 견지하면서 한편으로는 핵 보유를 안보와 국제 사회에서의 위상 확보의 수단으로 삼고, 다른 한편으로는 핵무기 사용 금지와 핵 군축에 대한 적극적인 제안을 내놓고 있다. 이러한 맥락에서 중국은 오바마의 '핵무기 없는 세계' 구상을 공식적으로는 적극 환영하고 있다. 그래서 오바마의 연설 4개월 후에 "중국은 다른 나라와 협력할 준비가 되어 있고, 조속히 핵 군축을 촉진하고 핵무기 없는 세계라는 목표를 달성하기 위해 부단한 노력을 기울일 것"이라고 발표하기도 했다. 또한 후진타오 주석은 2009년 9월 유엔 총회에서 이러한 입장을 거듭 확인했다. 그러나 미국 및 러시아와 비교할 때 자국의 핵전력이 양적·질적으로 크게 떨어진다고 판단하고 있는 중국은 이들 나라가 대폭적인 핵 감축을 실행하기 이전에는 독자적으로 핵 군축을 단행하거나 핵 군축 협상에 참여할 것으로 보이지 않는다. 핵무기 없는 세상이 산 정상이라고 한다면, 중국은 이미 산 중턱에 도착해 있는 반면에 미국과 러시아는 산 아래에 있다는 것이 기본적인 인식이다.[131]

또한 중국은 오바마 행정부의 구상을 환영하면서도 그 구상이 달성될 수 없는 목표라는 것을 잘 알고 있으며, 그래서 '핵무기 없는 세계'를 지지하는 것이라는 해석도 가능해 보인다. 오바마의 구상은 공화당은 물론이고 미국 행정부와 민주당 일각에서도 반대 의견이 제시될 정도로 초당적인 합의를 이루기 어렵고, 오바마의 재선 여부가 불확실하며, 포괄핵실험금지조약과 전략무기감축협정 후속 협정 등 '핵무기 없는 세계'로 가는 첫걸음에 해당하는 조약들의 상원 비준 여부도 불확실한 것이 현실이기 때문이다. 또한 러시아, 영국, 프랑스, 인도, 파키스탄, 이스라엘, 북한 등 다른 핵보유국들이 이 구상에 동참할지도 불확실한 것이 현실임을 중국은 잘 알고 있다.

'핵무기 없는 세계'에 대한 중국의 또 하나의 우려는 미국과의 '비핵' 무기 전력 차이이다. 중국이 급격한 경제 성장을 바탕으로 1990년 이후 대규모로 군사력 현대화에 나선 것은 사실이지만, 중국의 군사비가 미국의 10분의 1 정도인 것에서 알 수 있듯이 미국과 중국의 군사력 차이는 현격하다. 특히 중국은 미국의 '핵무기 없는 세계' 구상과 미사일 방어 체제 강화가 결합되면서 나타날 '이중 압박 시나리오'에 대해 강한 우려를 가질 공산이 크다. '핵무기 없는 세계'가 중국에도 핵 군축의 압박으로 작용할 수 있는 반면에, 미국의 미사일 방어 체제 능력 증강은 중국의 핵전력 증강의 압박 요인이 될 것이기 때문이다. 실제로 오바마는 핵무기 없는

---

131) Hui Zhang, "China's Perspective on a Nuclear-Free World".

세계를 주창하면서도 재래식 군사력 증강과 미사일 방어 체제 구축에 적극적이다. 특히 패트리어트 최신형인 PAC-3의 타이완 판매를 승인했는데, 이는 오바마의 지역 미사일 방어 체제 구상과 맞물려, "중국이 미국의 동아시아 미사일 방어 체제에 포위되고 있다"는 중국의 불만을 낳고 있다.[132]

이러한 점들을 종합해볼 때, 중국이 자국의 핵무기 감축에 적극적일 가능성은 극히 낮다. 중국은 정치적 수사 차원에서는 핵무기 없는 세계를 지지하지만, 자국이 오랫동안 주장해온 핵무기 선제 불사용 조약부터 체결하자고 여론화할 것이다. 또한 중국도 핵 군축에 나서야 한다는 국제 사회의 요구에, 자국이 오랫동안 견지해온 핵 선제 불사용 정책과 최소 억제 전략을 강조하는 것으로 대응할 가능성이 높다. 아울러 중국의 핵 군축 동참의 조건으로 미국과 러시아의 대대적인 핵 군축과 함께 미국 미사일 방어 체제 구상의 철회, 우주 군비 경쟁 금지, 재래식 군축 등을 요구하고 나설 것이다. 이는, 냉전 시대에 레이건의 전략방위구상이 미·소 핵 군축의 가장 큰 걸림돌이 되었듯이, 21세기 슈퍼파워로 등장한 중국의 핵 군축은 미국의 미사일 방어 체제와 밀접하게 연계될 것임을 예고해준다.

---

132) *China Daily*(2010년 2월 22일).

4. NPT 밖에 있는 핵보유국의 현황

(1) 이스라엘—모호성과 묵인의 교환

이스라엘은 세계에서 여섯 번째이자 중동에서 최초로 핵무기를 보유한 나라다. 1950년대 중반에서부터 핵 개발에 나선 이스라엘은 1960년대 중반 핵무기에 대한 연구·개발을 완료했고, 1970년대부터는 국제 사회로부터 핵보유국으로 인식되었다. 그러나 특이하게도 다른 나라들은 이스라엘이 핵무기를 갖고 있다는 것을 다 아는데, 정작 이스라엘은 이를 확인도 부인도 하지 않는 'NCND(Neither Confirm Nor Deny)'를 고수하고 있다. 핵 모호성 유지로 이스라엘의 정확한 핵전력은 여전히 베일에 가려져 있으나, 국제 사회는 이스라엘이 100~200개의 핵무기를 보유한 것으로 추정하고 있고, 다양한 운반 수단과 지휘 통제 시스템을 보유해 영국 및 프랑스와 비슷한 능력을 갖춘 것으로 보고 있다.

이러한 이스라엘의 핵 보유 야심은 1948년 건국 직후부터 잉태되었다. 이스라엘은 "이스라엘 자체를 승인하지 않는 아랍 국가들에 맞서 자국의 안보와 독립을 지키기 위해서는 핵 무장이 필수적"이라는 인식을 갖고 있었다. 아랍 국가들에 비해 인구, 영토, 자원 등에서 열세에 있던 이스라엘은 이를 만회하기 위해서는 과학의 힘에 의존할 필요가 있고, 그 과학의 힘은 바로 핵 무장에 있다고 생각한 것이다. 이스라엘의 이러한 인식은 1948~1949년 1차 중동 전쟁(이 전쟁을 아랍 측에서는 '팔레스타인 전쟁', 이스라엘 측에서는 '독립 전쟁'이라고 부른다는 점에서 양측의 근본적인 시각 차이가 드러난다)을 겪으면서 더욱 강해졌고, 1973년 4차 중동 전쟁을 거치면서 신념화된다. 중동의 시각에서는 1차 중동 전쟁이 이스라엘을 몰아내기 위한 '전면전'이었다면, 4차 전쟁은 1967년 이스라엘의 공격으로 빼앗긴 땅을 되찾기 위한 '제한전'이었다. 이스라엘은 1973년에 이집트와 시리아가 제한전을 벌인 것이 이스라엘의 핵 무장 덕분이라고 간주하고 있다. 전면전은 이스라엘의 핵 보복으로 이어질 수 있다는 공포감이 이집트와 시리아로 하여금 제한적인 목적을 추구하게 했다는 것이다.[133]

이러한 인식을 바탕으로 이스라엘은 1952년 이스라엘 원자력위원회를 만들어 핵 개발에 착수했고, 1957년에는 프랑스와 비밀 협약을 체결해 프랑스로부터 핵 개발 지원을 받기도 했다. 이 당시 이스라엘은 네 가지 경우에 핵무기를 사용할 수 있다는 정책을 마련했다. ▲아랍 군대가 이스라엘의 인구 밀집 지역까지 진격했을 때, ▲이스라엘의 공군력이 파괴되었을 때, ▲이스라엘의 대도시가 대규모 공습, 특히 생화학 무기로 공격당할 때, ▲이스라엘이 핵 공격을 받았을 때가 바로 그러한 경우다. 그러나 드골 대통령이 집권한 이후 프랑스가 핵 개발 지원을 중단하자 이스라엘은 자체적으로 핵 개발을 마무리했다. 또한 미국이 이스라엘의 핵 개발 움직

---

133) Shlom Brom, "Israeli Perspectives on the Global Elimination of Nuclear Weapons", *Unblocking the Road to Zero*(Stimson Center, 2009).

이스라엘의 메이어 총리, 미국의 닉슨 대통령과 키신저 백악관 국가 안보 보좌관(왼쪽부터)

임을 포착하자 이스라엘은 아이젠하워 미국 대통령에게 자국의 핵 개발이 '평화적 목적'에 국한된 것이라고 해명하면서 미국의 개입을 차단하려고 했다.

핵 비확산에 지대한 관심을 갖고 있던 케네디 대통령이 이스라엘 핵무기 개발에 반대하고 나서 한때 양국 관계가 긴장에 빠지기도 했지만, 케네디가 암살당하고 핵 비확산에 큰 관심이 없는 존슨이 등장하면서 이스라엘은 핵 개발을 완수했다. 미국도 1967~1968년에 이스라엘이 핵폭발장치 개발에 성공한 것으로 간주했다. 그러나 이스라엘은 미국을 자극하지 않으려고 이를 철저하게 비밀에 부쳤고, 미국도 이스라엘의 핵 무장을 공식 확인하지 않으면서 이를 묵인하는 태도를 보였다. 일례로 존슨 행정부는 1968년 이스라엘의 NPT 가입을 요구했다가 이스라엘이 자국의 안보를 명분으로 난색을 표하자 이스라엘의 입장을 수용하고 팬텀 전투기까지 제공했다. 뒤이어 집권한 닉슨 행정부는 1969년 여름에 이스라엘의 핵 개발을 억제하는 방안을 강구했다. 이스라엘의 핵 보유가 1968년부터 시작된 NPT 체결을 어렵게 하고 중동 정세 전반을 불안하게 만들 것으로 우려했기 때문이다. 그러나 1969년 9월 미국은 골다 메이어 이스라엘 총리와 비밀 협약을 체결한다. 이 협약의 골자는, 미국은 이스라엘의 핵 무장을 용인하고, 이스라엘은 핵 실험을 하지 않고 공식적으로 핵 보유를 선언하지 않으며 핵무기를 외교의 수단으로 삼지 않겠다는 이른바 '핵 모호성' 유지를 약속하는 것이었다. 당시 이스라엘은 미국이 요구한 NPT 서명과 관련해 11월 선거 이후 결정하겠다는 입장을 밝혔고, 이듬해 2월에는 "NPT에 가입할 의사가 없다"는 점을 분명히 전했다.[134]

이와 같은 미국의 묵인과 이스라엘의 모호성을 바탕으로 이스라엘의 핵전력은 비약적으로 성장해 공식적인 핵보유국인 영국과 프랑스에 버금가는 수준까지 올라서게 된다. 1970년대에 이미 전투기와 탄도 미사일에 핵무기를 장착한 이스라엘은 2000년대 들어 잠수함발사핵미사일 능력 확보에도 나섰다. 이에 성공할 경우 이스라엘은 육·해·공에서 핵무기를 사용할 수 있게 되어 억제 전략에서 요구되는 2차 핵 공격 능력을 확고히 갖게 된다. 이스라엘의 정확한 핵무기 보유량은 여전히 안갯속에 있지만, 100~200개를 보유한 것으로 추정된다.[135]

그사이 이스라엘의 안보 환경도 크게 바뀌었다. 이집트와 요르단 등 많은 아랍 국가들과 평화 협정을 체결했거나 추진하는 중이고, 미국의 전폭적인 지원에 힘입어 이스라엘의 재래식 군사력은 다른 아랍 국가들을 압도하고 있다. 이는 이스라엘의 가장 큰 핵 개발 동기, 즉 국가의 존립 자체를 위협하는 '존재론적 위협existential threat' 이 크게 줄어들었다는 것을 의미한다. 그러나 이스라엘은 아랍 국가들과의 평화 협정을 깨지기 쉬운 유리알로 간주한다. 이스라엘과 평화 협정을 맺은 대다수 국가들은 여론

---

134) Israel Crosses the Threshold, National Security Archive Electronic Briefing Book No. 189(2006년 4월 28일), http://www.gwu.edu/~nsarchiv/NSAEBB/NSAEBB189/index.htm
135) http://www.nti.org/e_research/profiles/Israel/index.html

의 반발과 정치 불안에 휩싸여 있기 때문이다. 또한 1979년까지 동맹 관계에 있던 이란이 이슬람 혁명 이후 '주적'으로 부상한 것도 이러한 인식을 더욱 강하게 만들었다. 특히 이스라엘은 이란의 핵 프로그램을 핵무기 개발용으로 간주하면서, 필요하다면 선제공격도 불사한다는 방침을 갖고 있다. 이스라엘의 존재 자체를 인정하지 않는 이란의 핵 무장은 자국에게 '존재론적 위협'이 된다고 보기 때문이다. 또한 이스라엘은 적대국의 생화학 무기 공격을 억제하는 수단으로서 핵무기가 대단히 유용하다고 여기고 있다.

중동 국가들은 이스라엘의 핵 문제 해결 없이는 진정으로 평화 체제를 구축하기는 불가능하다고 보고 중동 비핵 지대 창설을 지속적으로 요구해왔다. 이에 대해 이스라엘은 1990년대 중동 평화 협상 당시 핵무기뿐만 아니라 생화학 무기와 탄도 미사일 금지까지 포괄하는 '대량 살상 무기 금지 지대'를 논의할 수 있다는 입장을 밝혔지만, 이 사안은 중동 지역 전체의 평화가 정착된 이후에나 가능하다며 실질적인 협상은 거부하고 있다. NPT에 대해서도 이스라엘은 그 취지에는 공감하지만, 자국의 안보 문제를 해결하는 데 도움이 되지 않는다며 가입을 거부하고 있다. 특히 이라크, 이란, 리비아, 시리아가 이 조약을 위반한 사례가 있다며, 이들 나라가 NPT의 허점을 이용해 핵 개발에 나설 가능성을 배제할 수 없는 상태에서 이스라엘이 이 조약에 가입할 이유가 없다고 주장한다. 이러한 점들을 종합해볼 때, 이스라엘은 앞으로 '핵무기 없는 세계'로 가는 데 가장 큰 도전이 될 것이다. 본질적으로는 핵 무장을 안보 전략의 기축으로 삼으면서 대외적으로는 철저하게 NCND를 고수함으로써, 이스라엘의 핵 폐기를 요구하는 국제 사회의 목소리를 무시하는 전략을 취할 것이기 때문이다.[136]

(2) 남아시아의 인도와 파키스탄

1947년 독립 이후 인도는 외부 위협으로부터의 국가 안보, 국가 정체성 확립, 경제 성장 달성, 안정적인 민주 국가 수립이라는 네 가지 과제에 직면했다. 핵 무장과 관련해서는, 안보 차원에서의 핵무기의 필요와 간디의 비폭력 평화주의가 충돌하는 양태를 띠었다. 이를 반영하듯 네루는 인도는 핵무기가 필요하지 않지만, "만약 필요성이 커지면 방어적 목적의 가능성은 열어두어야 한다"고 말했다. 이에 따라 인도는 핵무기 개발은 자제하면서도 핵무기 개발로 전용될 수 있는 민수용 핵 프로그램을 지속적으로 추구했다. 이는 전 지구적 핵 폐기를 촉구하면서, 다른 나라가 핵무기를 보유하는 한 인도도 잠재적 능력은 갖고 있겠다는 기본 원칙으로 이어진다.[137]

그렇다면 왜 인도는 핵보유국이 되었을까? 인도의 핵 개발 역사에서 주목되는 것은 세 가지 지점이다. 첫째는 세계에서 여섯 번째로 1974년 핵실험을 했을 때다. 당시 인도는 '미소 짓는 부처'라고 명명한 이 실험에 대해 '평화적 핵폭발'이라고 주장했고, 이후 10여 년간 핵 실험과 핵무기 제조를 하지 않았다는 점을 강조한다. 그러나 인도와 분쟁 중이었던 파키스탄과 중국은 이를 핵 실험으로 간주했다. 둘째는 1989년 핵 실험을 하지 않고 비밀리에 핵무기를 제조했을 때다. 이때는 파키스탄이 핵 개발 성공의 문턱에 도달했다는 판단이 주효했다. 셋째는 1998년 수차례의 핵실험을 통해 공개적으로 핵무기 보유를 천명한 때다. 이 세 가지 변곡점

---

136) Ariel E. Levite, "Global Zero : An Israeli Vision of Realistic Idealism", *The Washington Quarterly*(2010년 4월).
137) 이하의 내용은 다음 두 자료를 바탕으로 작성한 것이다. Rajesh M. Basrur, "Indian Perspectives on the Global Elimination of Nuclear Weapons", *Unblocking the Road to Zero* (Stimson Center, 2009) ; http://www.nti.org/e_research/profiles/India/Nuclear/index.html

에 안보적 동기가 작용했음은 물론이다.

1974년 핵 실험 이전에는 중국이 핵심적인 위협이었다. 인도의 중국에 대한 위협적 인식은 1962년 국경 분쟁과 1964년 중국의 핵 실험을 거치면서 크게 높아졌다. 또한 1970년대 들어서면서 미국-중국-파키스탄 삼각관계가 부상하고 1971년 동파키스탄 위기가 발생하면서 인도의 외교안보 전략은 크게 요동쳤다. 이때 인도가 군사적·외교적으로 취한 조치는 세 가지다. 하나는 제한적인 수준에서 핵무기 개발을 탐색하는 것으로, 이에 따라 인도는 1974년 핵 실험을 실시했다. 그러나 앞서 언급한 것처럼 이것이 곧바로 무기화로 이어지지는 않았다. 오히려 인도는 재래식 군사력 강화로 중국의 위협에 맞서는 방식에 주안점을 두었다. 외교적으로는 1971년 8월 소련과 우호 조약을 체결해 '사실상의 군사 동맹' 관계를 맺은 것이 획기적인 변화였다. 독립 이후 비동맹주의와 자주권 유지를 핵심 정신으로 삼았던 인도로서는 소련과의 동맹 관계가 이러한 정신을 저해할 것임을 알면서도 급변하는 안보 환경에 대한 대응책으로 소련과의 유대 관계를 선택한 것이다.

핵 무장을 저울질하던 인도가 핵 무장의 길로 나선 것은 1980년대 들어서이다. 이때부터 파키스탄이 핵심적인 동기로 작용하기 시작했다. 인도가 파키스탄과 이미 카슈미르 분쟁을 두 차례 겪었고, 중국이 파키스탄의 핵 개발을 비롯한 군사력 강화를 지원하고 있었으며, 미국 역시 소련의 아프가니스탄 침공에 대한 대응책으로 파키스탄을 통한 무자헤딘 지원에 나서고 있었기 때문에, 파키스탄은 인도에 '현존 위협'으로 간주됐다. 특히 인도는 파키스탄이 칸Abdul Qadeer Khan 박사의 주도로 이미 핵무기 개발에 착수했다고 인식하고 있었다. 이에 따라 라지프 간디 총리는 평화 공세와 핵 개발을 동시에 추구했다. 1989년 유엔 총회에서 전 지구적 핵무기 폐기를 촉구하는 한편, 이듬해에는 핵폭탄 제조를 지시한 것이다. 그러나 이때에도 핵 실험은 실시하지 않았다.

 인도가 핵 실험을 통해 공개적인 핵보유국 지위를 추구한 시점은 1998년이다. 그해 5월 핵 실험을 두 차례 실시하고 "인도는 신뢰할 만한 최소 억제력을 보유하게 됐다"고 발표한 것이다. 여기에는 핵폭발 장치 개발에 성공한 파키스탄의 위협과 함께 1990년대 들어 강화된 비확산 체제가 중요한 동기가 되었다. 기존 핵보유국들의 핵 폐기 이전까지 핵 잠재력을 유지하고자 했던 인도는 비확산 체제와 관련해 두 가지 도전에 직면했다. 하나는 1995년 NPT 무기한 연장이었다. 인도는 NPT 비회원국이었지만 이 조약이 무기한 연장되면 핵클럽 가입의 문이 닫힐 것을 우려해 이에 반대했다. 그러나 NPT는 무기한 연장되었고 인도는 이를 무시하기로 했다. 인도는 마찬가지 관점에서 포괄적핵실험금지조약도 반대했다.

 인도의 한 핵 문제 전문가는 인도의 핵무기에 대한 이해는 다섯 가지에 기초하고 있다고 설명한다. 첫째, 간디의 비폭력 평화주의가 상징하듯, 인도의 지도자들은 핵무기를 비롯한 대량 살상 무기에 대해 도덕적으로 거부감을 갖고 있다. 둘째, 파키스탄 및 중국과의 전쟁이 대규모 인명 피해를 수반하지 않은 국경 분쟁 수준이라는 역사적 경험에 기초해, 인도는 대량 살상을 가져올 수 있는 높은 수준의 핵 억제력이 아니라 가능한 한 낮은 수준의 핵 억제력을 유지하려고 한다. 셋째, 인도가 직면한 안보 위협은 국가의 존망이 달린 근본적인 위협이라기보다는 제한적인 수준이다. 넷째, 제한적인 자원을 갖고 있는 민주주의 국가로서 인도는 대규모 핵무기 보유고에 기초한 핵 정책을 추진할 만큼 사치스럽지 않다. 끝으로, 인도 지도자들은 군부의 역할과 영향력이 확대되는 것을 원치 않는다. 이러한 인식을 기초로 인도는 공식적으로는 방어적 목적으로만 핵무기를 사용하겠다고 약속하고 있고, 핵무기 보유 개수도 100개 안팎으로 제한하고 있으며, 미국과 러시아처럼 핵 사용 준비 태세를 '높은 수준' 으로 유지하고 있지 않다.[138]

한편 1947년 독립할 때부터 인도와 영토 분쟁을 벌여온 파키스탄은 1970년대 중반부터 우라늄 농축 프로그램을 통해 핵무기 개발에 착수해 1990년경에 핵무기 제조 능력을 확보한 것으로 알려져 있다. 그리고 1998년 5월, 인도의 핵 실험 직후 파키스탄도 핵 실험을 통해 핵 무장 능력을 과시했다. 이미 60~120개의 핵탄두를 보유한 파키스탄은 40개 안팎의 핵무기를 만들 수 있는 고농축 우라늄을 비축해놓고 있고, 2000년대 들어서는 플루토늄 생산 시설 건설에 착수했다. 이러한 파키스탄의 핵 개발에는 중국의 지원이 주요하게 작용했는데, 이는 인도에 대한 견제책이었다고 할 수 있다. 그러나 중국이 2004년 5월 핵 공급 그룹에 가입하면서 중국-파키스탄의 핵 거래는 이전보다 많이 줄어들었다는 평가가 나오고 있다.[139]

파키스탄의 핵 무장 이면에는 대외적 안보 환경에 대한 독특한 인식이 자리 잡고 있다. 건국 이후 파키스탄은 내부적으로 세속주의와 이슬람 근본주의 사이에서 국가 정체성의 혼란을 겪어왔다. 친미-친이스라엘 성향의 대외 정책과 이에 대한 여론의 반감도 내부 불안을 고조시키는 원인이다. 아프가니스탄과 광범위한 국경을 공유하면서 알카에다와 탈레반의 활동 지역이 되고 있는 점도 내부적 · 외부적 안보 불안의 상승효과를 일으키고 있다. 이러한 내부적 불안이 핵 무장의 동기는 아니지만, 국민 통

---

138) Rajesh M. Basrur, "Indian Perspectives on the Global Elimination of Nuclear Weapons"
; http://www.nti.org/e_research/profiles/India/Nuclear/index.html
139) http://www.nti.org/e_research/profiles/Pakistan/index.html

합과 국가 정체성 확립이 어려운 조건에서 "핵 억제력 유지는 국민 통합의 상징"이라는 것이 파키스탄의 인식이다. 대외적으로는 파키스탄은 건국 당시부터 분쟁을 겪어온 인도는 물론이고 아프가니스탄과도 지속적인 갈등 관계에 있다. 이러한 대외적 안보 불안에 직면해온 파키스탄은 국가 생존을 위해 핵 무장이 불가피하다는 인식을 갖고 있다.[140]

파키스탄이 핵 개발에 착수한 결정적 계기는 1971년 인도와의 전쟁에서 패배해 동파키스탄이 방글라데시로 분할·독립한 일이었다. 이 전쟁을 겪으면서 파키스탄은 국제 사회의 지원을 믿을 수 없다고 판단하고 독자적인 핵 무장을 통해 인도를 견제하기로 했다. 게다가 1974년 인도의 핵 실험이 파키스탄의 핵 개발을 가속화했다. 이후에도 양국은 화해와 분쟁을 반복해오고 있는데, 파키스탄은 양국의 적대 관계는 본질적으로 해결되기 어렵다고 보고 있다. 영토 분쟁뿐만 아니라 정체성을 둘러싼 갈등, 군사력과 경제력의 불균형, 국제 사회에서의 위상과 영향력의 차이 등은 파키스탄의 인도에 대한 근본적인 불신과 위협의 근거로 작용하고 있다. 특히 인도에서 발생하는 테러 사건에 대해 인도가 파키스탄을 배후로 지목하고 있는 것도 양국의 불안 요인이다. 파키스탄은 1998년 자국의 핵 실험 이후 2009년까지 인도와 다섯 차례 분쟁을 겪었지만, 이 분쟁이 대규모 무력 충돌로 이어지지 않은 것은 자국의 핵 억제력이 효과를 발휘했기 때문으로 보고 있다. 또한 가난한 처지에 대내외의 안보 도전에 대처하려면 핵 억제력을 유지하는 것이 가장 경제적인 방법이라는 인식이 강하다. 최근 이란의 핵 개발 역시 파키스탄의 핵 보유 정당화 근거로 작

---

140) Feroz Hassan Khan, "Pakistan's Perspective on the Global Elimination of Nuclear Weapons", *Unblocking the Road to Zero*(Stimson Center, 2009).

용하고 있다. 이란까지 핵 무장에 성공하면 파키스탄은 핵보유국들인 인도와 이란 사이에 끼게 된다는 것이다.

재래식 전력과 핵무기 전력에서 인도보다 열세에 있는 파키스탄은 핵무기 선제 불사용 약속을 지속적으로 거부해왔다. 자국의 핵전력은 인도의 핵 공격은 물론이고 재래식 공격에 대한 억제책이라는 이유 때문이다. NPT 비회원국인 파키스탄은 핵분열물질생산금지조약과 관련해서도, 이미 보유하고 있는 핵분열 물질이 감축이나 폐기 대상에 포함될 경우 이를 반대한다는 입장을 갖고 있다. 인도에 비해 핵전력이 열세에 있는 만큼, 필요하다면 자국의 핵전력을 강화할 필요가 있다는 이유에서다. 아울러 핵 군축과 관련해서도 인도가 핵 포기에 나서면 자국도 핵을 포기할 수 있다는 입장을 고수해왔다.

2001년 9·11 테러 이후 부상한 파키스탄 핵 문제 가운데 가장 우려되는 부분은 '안전'이다. 파키스탄의 정치 혼란이 거듭되고 있는 가운데, 핵 프로그램 종사자가 테러 집단이나 핵 밀거래 집단과 유착될 가능성, 탈레반이 파키스탄 서부 지역에 있는 핵 시설을 장악할 가능성, 핵 시설이나 핵무기 보관 시설에 대한 테러 공격의 가능성, 파키스탄 정부가 전복되고 탈레반과 유착 관계에 있는 세력이 정권을 장악할 가능성 등이 자주 거론된다. 2003년에 실체가 벗겨진 A. Q. 칸의 비밀 핵 거래 네트워크는 이러한 우려를 더욱 증폭시켰다. 이러한 우려를 불식시키기 위해 파키스탄 정부는 2004년 수출 통제법을 제정하고 외교부 산하에 전략 수출 통제국을 만들어 핵 물질과 핵 기술 통제를 강화하는 한편, 핵 프로그램 종사자에 대한 사찰도 강화하고 있다.

파키스탄 핵무기가 '위험 세력'의 손에 넘어가는 것을 가장 크게 우려해온 미국도 다양한 방식으로 안전 확보에 심혈을 기울이고 있다. 파키스탄에 대규모 경제·군사 지원을 제공해 정권 안정화를 시도하는 한편, 파키스탄 정부의 동의 없이 이 나라의 테러 은신처를 공격해 양국 관계에서 마찰을 빚기도 한다. 또한 미국 내 일각에서는 파키스탄에서 급변 사태가 발생하면 특수 부대를 투입해 핵무기를 확보해야 한다거나, 아예 대규모 경제·군사 지원을 통해 핵무기를 사들여야 한다는 주장도 제기된다. 이러한 주장은 '핵 억제력' 유지를 최후의 보루로 삼고 있는 파키스탄 정부를 긴장시키고 있다. 무엇보다도 미국은 아프가니스탄과의 전쟁에서 승리하는 것이 파키스탄의 핵무기가 테러 집단의 손으로 넘어가는 것을 방지하는 데 최우선적인 과제라고 인식하고 있다.

전반적으로 볼 때, 인도와 파키스탄은 '핵무기 없는 세계'를 향한 지구촌의 열기와는 동떨어져 있다. 이미 고농축 우라늄을 통해 수십 개의 핵무기를 제조한 파키스탄은 2010년 들어 3기의 원자로 건설에 박차를 가하고 있는데, 이들 원자로에서 사용한 연료봉을 재처리하면 플루토늄을 추출할 수 있다. 이는 파키스탄이 우라늄 핵폭탄에 이어 플루토늄 핵폭탄의 제조도 눈앞에 두고 있다는 것을 의미한다. 인도 역시 무기급 플루토늄 생산에 박차를 가하고 있다. 인도는 부시 행정부와 원자력 협정을 체결했는데, 부시 행정부는 NPT 비회원국인 인도에 민수용 핵 기술과 장비를 제공하기로 해 국제 사회의 강한 비난을 받은 바 있다. 오바마 행정부 역시 이 협정을 추인했고, 특히 2010년 3월에는 2개의 재처리 시설을 건설하려는 인도 정부의 계획을 승인하기도 했다.[141] 미국이 파키스탄의 핵 능력 강화에 눈감고 있는 것 역시 문제점으로 지적된다. 파키스탄을 설득하는 것이 쉽지 않은 근본적인 이유는, 미국이 파키스탄과 경쟁 관계에

---

141) *The New York Times*(2010년 4월 12일).

있는 인도와 원자력 협정을 체결함으로써 파키스탄의 핵 능력 강화를 반대할 명분을 상실한 데 있다. 미국의 묵인과 방조 속에 핵전쟁 위협이 가장 높은 지역으로 거론되어온 남아시아의 군비 경쟁 열기는 식을 줄 모르고 있는 것이다.

5. 못 갖거나 안 가진 나라들

(1) 분단국의 선택—서독과 한국의 경우

 냉전 시대의 핵무기와 국제 정치의 관계에서 한국과 서독의 사례는 시사하는 바가 크다. 2차 세계대전 이후 분단된 두 국가는 유럽과 아시아 냉전의 최전선에 있었던 나라들이다. 또한 미국의 핵우산을 포함한 안전 보장 정책을 통해 외부의 위협에 대처했다는 공통점을 갖고 있다. 그러나 서독은 자발적으로 핵무기 개발을 포기한 반면에, 한국은 독자적인 핵무기 개발에 실패했다는 '차이의 역사'도 존재한다.

 동서 냉전 시대의 최전방에 있었던 서독은 1950년대 후반 들어 독자적인 핵무기 개발에 관심을 기울이기 시작했다. 미국 정보기관 역시 1961년 보고서에서 서독을 유력한 핵보유국 후보 명단에 포함시켰다. 2차 세계대전 전범국인 서독의 핵 무장 가능성은 미국, 영국, 소련 같은 당시 핵보유국들이 공유한 가장 큰 우려였다. 그러나 당시에는 핵 무장을 막을 수 있는 국제법적 근거도 없었고, 서독은 상당한 기술력과 경제력을 보유하고 있었음에도 불구하고 결과적으로 핵 무장을 선택하지 않았다. 서독의 이러한 선택의 배경에는 나토가 서독의 안전을 보장해줄 것이라는 확고한 믿음이 깔려 있었다. 서독은 나토의 핵 계획 그룹Nuclear Planning Group (나토의 핵 정책 수립·적용·변경에 회원국들의 참여를 보장하는 제도)에 참여하고 있었고, 또한 상당수의 미국 핵무기가 서독 영토 내에 배치되어 있었다. 그래서 서독은 독자적인 핵무기 개발보다는 미국을 위시한 동맹국의 확장핵 억제, 즉 핵우산을 통한 안보를 선택했다.

이를 뒷받침하듯, 1961년 국가 정보 평가 보고서에서 서독의 핵 무장 가능성을 경고했던 미국은 1974년 비밀 보고서에서는 서독의 핵 무장 가능성을 대단히 낮게 봤다. 기술력과 경제력을 감안할 때 서독이 핵 무장 능력을 갖고 있는 것은 사실이지만, 서독이 나토를 가장 확고한 안보 수단으로 간주하고 있고, 핵 프로그램이 신뢰할 만한 안전 조치 아래에 있으며, 자국이 핵무기를 보유할 경우 핵 확산과 핵전쟁의 위험이 커져 오히려 안보가 불안해질 것임을 서독이 잘 알고 있기 때문에, "나토 동맹이 완전히 와해되지 않는 한, 서독이 핵무기를 획득할 이유는 없다"고 본 것이다.[142] 통일된 이후에도 독일은 비핵화 의지를 분명히 했다. 서독 총리를 지낸 헬무트 콜의 1992년 발언은 서독이 핵무기를 어떻게 바라보았는지 잘 보여준다.

> 우리가 핵무기를 가질 필요가 뭐가 있습니까? 저는 프랑스 친구들이 핵무기를 갖고 있는 것을 매우 기쁘게 생각합니다. 우리 집에서 프랑스 국경까지는 불과 40킬로미터 떨어져 있습니다. 우리 독일인을 보호할 핵무기 정책 결정권을 갖고 있는 미국 대통령이 명령을 내릴 경우, 미군이 일곱 시간이면

---

142) Special National Intelligence Estimate 4-1-74, "Prospects for Further Proliferation of Nuclear Weapons"(1974년 8월 23일), Top Secret, http://www.gwu.edu/~nsarchiv/NSAEBB/NSAEBB240/snie.pdf

서독까지 올 수 있다는 사실을 떠올리면 마음이 편해집니다. 같은 권력을 갖고 있는 프랑스 대통령은 저희 집까지 40분이면 올 수 있습니다. 우리는 이러한 사실들에 주목해야 합니다. 우리는 핵무기가 전혀 필요하지 않습니다.[143]

1960년대에 서독이 나토라는 우산 아래에서 독자적인 비핵화와 나토 핵우산의 조합을 통해 '핵 딜레마'를 해결했다면, 한국은 1970년대 들어 독자적인 핵 무장을 시도하는 길을 걸었다. 직접적인 계기는 미국의 한국에 대한 안보 공약의 후퇴 조짐이었다. 미국이 베트남에서 수렁에 빠져든 1969년에 집권한 닉슨 행정부는 새로운 아시아 정책을 구상하기 시작했다. 이 구상의 핵심적인 내용은 베트남전의 조속한 종결, 중국과의 관계 개선, 아시아 안보에 대한 아시아 국가들의 책임 증대였다. '베트남 전쟁의 명예로운 종식'을 핵심적인 대선 공약으로 내세운 리처드 닉슨 대통령은 이를 위해 중국과의 적대 관계 종식을 추구했고, 소련과도 데탕트에 나섰다. 그리고 1969년 7월 25일 괌에서 '닉슨 독트린'을 발표했다. 닉슨은 이 독트린을 통해 핵우산 제공을 비롯해 동맹국과 맺은 안보 조약을 이행하겠다는 의지를 재확인하면서도 "우리는 위협에 직면한 해당 당사국이 자국의 안보를 위한 병력 동원에 우선적인 책임을 가져야 한다고 간주할 것"이라고 밝혔다. 그는 "아시아는 아시아인들의 것"이라고 말했다. 이는 한마디로 아시아 국가들의 안보는 그 국가들 스스로 책임지라는 의미였다.

이러한 독트린을 입증하듯, 닉슨 행정부는 아시아 주둔 미군의 대대적

---

143) Joseph Cirincione, *Bomb Scare : The History & Future of Nuclear Weapon*, 55쪽.

인 감축에 돌입했다. 우선 베트남에서의 철수를 본격적으로 진행해, 1969년 초에 72만 7,000명에 달했던 미군 병력 수가 1971년 말에는 28만 4,000명까지 줄어들었다. 그 결과 1973년에는 파리 평화 협정이 체결되었고, 미군의 철수에 더욱 가속이 붙었다. 이와 동시에 미국은 중국과의 관계 개선에도 박차를 가했다. 이미 집권 전부터 중국과의 관계 개선을 피력했던 닉슨은 1970년 8월 초 야히야 칸 파키스탄 대통령을 통해 비밀리에 특사를 파견하고 싶다는 의사를 저우언라이에게 전달했다. 닉슨은 파키스탄을 통해 "아시아는 중국과 같이 큰 나라가 고립된 상태로 남아 있다면 발전할 수 없고", "미국은 중국을 고립시키는 어떠한 조치에도 당사자가 될 의사가 없다"라고 밝혔다.[144] 당시 소련과의 국경 분쟁을 겪고 있던 중국도 소련의 위협에 대처하는 차원에서 미국과의 관계 개선을 타진하고 있었다. 이러한 양국의 전략적 계산의 변화는 1971년 '핑퐁 외교'를 거치면서 '나비 효과'를 내기 시작했다. 핑퐁 외교를 통해 양국은 서로에게 쌓인 적대감을 완화하는 데 성공한 것이다. 급기야 1971년 7월 중순 헨리 키신저 백악관 국가 안보 보좌관의 중국 방문, 1972년 2월 닉슨 대통령의 중국 방문이 이어지면서 미·중 간의 데탕트는 절정에 이르렀다.[145]

신아시아 정책에 시동을 건 닉슨 행정부는 주한 미군 감축에도 본격적으로 돌입했다. 존슨 행정부 때부터 주한 미군 감축을 검토하기 시작했던

---

144) Memorandum of Conversation between Ambassador Agha Hilaly and Harold H. Saunders, 28 August 1969, Source : Nixon Presidential materials project. National Security Council Files. Box 1032. Cookies II(Chronology of Exchanges with PRC Feb. 1969~April 1971), http://www.gwu.edu/~nsarchiv/NSAEBB/NSAEBB145/02.pdf
145) Zhaohui Hong · Yi Sun, "The Butterfly Effect and the Making of 'Ping-Pong Diplomacy'", *Journal of Contemporary China*(2000), 9(25), 429~448쪽.

미국은 '닉슨 독트린'을 계기로 이 구상에 속도를 냈다. 골자는 주한 미군 병력 수를 6만 명에서 4만 명으로 감축한다는 것이었는데, 1970년 7월 이를 통보받은 박정희 정권은 한국이 5만 병력을 베트남에 파병하고 있는 상황에서 주한 미군을 감축한다면 북한의 오판을 야기할 수 있다며 반대했다. 그러나 미국은 단호했다. 제7보병사단 및 3개 공군 비행대대의 철수를 단행하면서, '인계철선(引繼鐵線)'의 상징으로 간주되었던 비무장지대 최전선에 배치된 제2보병사단의 후방 이동을 강행했다. 그 대신에 5년간 15억 달러의 군사 원조를 제공해 한국군의 현대화를 돕겠다는 타협안을 내놓았다. 한·미 양국은 이러한 주한 미군의 감축과 한국군의 현대화를 골자로 한 공동 성명을 1971년 2월 6일에 발표했다.[146]

미국의 베트남에서의 철수, 공산 국가이자 한국 전쟁 참전국인 중국과의 관계 개선, 주한 미군의 감축은 한국으로 하여금 미국의 안보 공약에 대해 의문을 품게 했다. 그리고 이 의문은 '율곡 사업'을 통한 한국군 현대화와 함께 비밀 핵 개발 추진의 배경으로 작용했다. 박정희 정권은 핵 무장 잠재력을 확보하기 위해 1974년부터 캐나다와 프랑스를 상대로 협상에 돌입했다. 캐나다로부터는 중수로 heavy water reactor 구매를 시도했는데, 경수로 light-water type power reactor와 달리 천연 우라늄을 핵연료로 사용하는 중수로는 무기급 플루토늄을 추출하기가 상대적으로 용이한 원전이었다. 그러나 중수로의 사용 후 연료봉에서 플루토늄을 분리하려면 재처리 시설이 필요했다. 박정희 정권은 이것을 프랑스에서 수입하려고 시도했다. 계획대로 중수로와 재처리 시설을 확보하면 한국은 핵 무장에 필요한 시설을 갖출 수 있었다.

---

146) 김일영·조성렬, 《주한 미군 : 역사, 쟁점, 전망》(한울, 2003), 88~89쪽.

그런데 이 당시 미국은 한국이 10년 이내에 핵무기를 개발할 수 있는 잠재력을 갖고 있다고 생각하고 있었다.[147] 그래서 미국은 한국에 핵 개발 계획을 취소하라고 압박하는 한편, 캐나다와 프랑스에도 핵 시설과 핵 기술 이전을 취소하라고 종용했다. 1975년 하반기에 주한 미국 대사인 리처드 스나이더Richard L. Sneider는 박정희 대통령에게 "한국이 지금까지 걸어온 길을 계속 간다면, 양국 사이의 안보·정치 관계 전반에 영향을 줄 것"이라고 압박했다. 결국 박정희 정권은 핵 개발 계획을 취소하고 NPT에 가입한다.[148] 과유불급의 교훈을 일깨워주듯, 핵 무장의 꿈이 NPT 가입으로 귀결된 것이다.

이렇게 일단락된 것으로 보였던 한국 핵 문제는 1975년의 베트남 공산화와 주한 미군 철수를 공약으로 내세운 지미 카터 민주당 후보의 1976년 미국 대통령 당선으로 새로운 국면을 맞이한다. 카터 행정부는 취임 직후 주한 미군 철수를 구체화하기 시작해 1977년 5월 5일 대통령 명령을 통해 철수 일정을 공표했다. 골자는 1978년까지 제2사단 1개 전투 여단 6,000명 철수, 1980년 6월까지 또 하나의 여단과 비전투 병력 9,000명 철수, 그리고 1982년까지 잔여 병력과 핵무기 완전 철수였다. 특히 카터는 이러한 계획을 발표하면서 '협상 불가'를 천명하기도 했다. 그 대신에 미국은 해·공군력 유지, 정보·통신·병참 지원 유지, 2사단 보유 장비의 무상 제공, 해외 군사 판매(FMS)Foreign Military Sales 혜택 부여, 한·미 합동 군사 훈련의 지속 및 한미 연합사 창설 등을 제시했다. 그러나 이러한 계

---

147) Special National Intelligence Estimate 4-1-74, "Prospects for Further Proliferation of Nuclear Weapons" (1974년 8월 23일), Top Secret, http://www.gwu.edu/~nsarchiv/NSAEBB/NSAEBB240/snie.pdf
148) Joseph Cirincione, *Bomb Scare : The History & Future of Nuclear Weapons*, 56~57쪽.

획에 대해 한국뿐만 아니라 미국 내부에서도 반대가 거세게 일었다. 이러한 와중에 1978년 CIA는 북한의 군사력이 이전 평가 때보다 훨씬 강해졌다며 주한 미군 철수에 부정적인 의견을 담은 보고서를 제출했다. 한국의 반발과 미국 군부의 반대에 직면한 카터 행정부는 1979년에 주한 미군 철수 계획을 유보한다는 방침을 발표한다.[149]

카터 행정부 들어 한·미 관계가 최악으로 치달으면서 박정희 정권은 또다시 핵무기 개발 카드를 꺼내 들었다. 이미 1976년 10월에 한국원자력기술공사를, 11월에 한국핵연료개발공단을 세워 핵연료의 국산화 및 방사성 동위 원소 이용 기술 개발에 착수한 박정희 정권은 주한 미군 철수 계획에 가속도가 붙자 핵무기 개발에 다시 관심을 보인 것이다. 또한 핵무기의 운반 수단으로 이용될 수 있는 장거리 유도탄 시험 발사를 1978년 9월에 성공해 미국을 긴장케 했다. 이러한 박정희의 핵 개발 시도는 그의 암살에 미국이 개입했다는 의혹의 근거로 작용했다. 또한 박정희의 핵 개발은 "미국을 설득해 재래식 전력과 핵무기를 남한에 계속 주둔시키기 위한" 것이었다는 해석부터 "1970년대 한국의 자주 국방은 북한의 군사화를 초래해 1980년대 초반 한국의 대외 안보가 약화되었고 북한의 핵무기 추구로 이어졌다"는 의견에 이르기까지 다양한 평가를 낳고 있다.[150]

미·소 냉전 해체 이후 독일과 한반도의 희비가 엇갈렸듯이, 오바마 행정부 출범 이후 한국과 독일의 대응도 큰 차이를 드러내고 있다. 한국의 이명박 정부는 미국 핵우산에 강한 집착을 보이고 있고, 한국 내 일각에서는 '핵 주권론'이 강하게 부상하고 있다. 이런 반응의 직접적인 계기는

---

149) 김일영·조성렬, 《주한 미군 : 역사, 쟁점, 전망》, 94~95쪽.
150) Joseph Cirincione, *Bomb Scare : The History & Future of Nuclear Weapons*, 58쪽 ; 《한겨레 21》 (2005년 2월 18일).

2009년 5월 북한의 2차 핵 실험이었다. 반면에 독일 정부는 미국에 핵무기의 철수를 요구하고 나섰다. 오바마의 프라하 연설 5일 후 독일 외무부 장관인 프랑크-발터 슈타인마이어는 시사 주간지 《슈피겔》과의 인터뷰에서 "오늘날 미국 핵무기들은 군사적으로 아무 쓸모가 없다"며, "이제 미국 핵무기가 독일에서 철수될 때가 되었다"고 말했다.[151] 그리고 2009년 10월 24일 독일 정부는 미국 핵무기의 철수를 촉구하는 성명을 발표했다. 이처럼 독일과 한국이 차이를 보이게 된 것은 안보 환경의 차이에서 비롯된 측면이 강하지만, 동시에 한국의 반핵 문화가 그만큼 척박하다는 사실을 시사한다.

(2) 남아메리카의 선택—브라질과 아르헨티나의 경우

브라질과 아르헨티나의 핵무기 개발 포기는 안보 딜레마가 낳은 대표적인 사례다. 안보 딜레마란 한 나라가 자국의 안보를 증진시키기 위해 취한 조치가 상대방의 불안을 자극해 반작용을 야기함으로써 오히려 자국의 안보를 불안하게 만들 수 있다는 것을 의미한다. 핵 군비 경쟁에서도 이러한 경향은 잘 나타나는데, 브라질과 아르헨티나는 핵클럽에 가입하기 전에 비핵화의 길을 선택함으로써 안보 딜레마를 해소했다. 핵무기에 안보를 의존하기보다는 상호 핵 포기를 통해 더 나은 안보를 달성하고자 한 것이다. 두 나라는 1980년대까지 핵무기 개발을 추진했지만, 1990년대 들어 NPT에 가입하면서 핵 무장을 포기했다.

1960년대부터 핵 프로그램 개발에 착수한 브라질은 원자력의 평화적 이용뿐만 아니라 핵무기 제조에도 관심을 갖고 있었다. 대표적으로 해군

---

151) *Spiegel*(2009년 4월 10일).

의 관할하에 우라늄 농축 프로그램을 가동한 것이 지적된다. 아르헨티나 역시 1960년대부터 핵무기 개발로 전용될 수 있는 우라늄 농축 프로그램을 확보하고자 했다. 또한 1970년대에는 캐나다로부터 중수로를 구입해 가동에 들어가는 한편, 플루토늄 재처리 공장 건설에도 관심을 갖고 있었다. 이러한 프로그램을 완료하면 매년 수십 개의 핵무기를 제조할 수 있는 핵 물질을 확보할 수 있었다. 미국은 1974년 정보 평가 보고서에서 아르헨티나가 브라질보다 핵무기 개발 능력이 훨씬 앞서 있다고 평가하기도 했다.[152]

이러한 두 나라에서 핵 정책의 변화가 생긴 것은 민주적 정권 교체와 밀접한 관련이 있다. 아르헨티나의 핵 프로그램에 중대한 변화가 일어난 것은 7년간의 군부 독재가 막을 내리고 1983년 총선 결과로 라울 알폰신이 대통령이 되면서부터다. 민주 정권은 군부 관할하에 있던 핵 프로그램 통제권을 민간에 넘겼고, 브라질과는 신뢰 구축 및 원자력 통제 협정에 적극 나섰다. 또한 1982년 포클랜드 전쟁에서 비롯된 영국과의 적대 관계를 청산하고 외교 관계를 재정립했다. 브라질은 1987년 우라늄 농축 수준을 20퍼센트까지 높이는 데 성공했다고 발표하는 등 핵무기 개발에 박차를 가하고 있었지만, 1990년 페르난도 콜로르 데 멜로 대통령이 집권하면서 방향을 전환하기 시작했다. 그는 군부 관할하에 있던 핵무기 개발 계획을 취소하고 아르헨티나와의 신뢰 구축에 박차를 가했다. 양국은 1994년 중남미 비핵 지대에 가입했고, NPT에는 아르헨티나가 1995년에, 브라질이 1997년에 가입했다.

---

152) Special National Intelligence Estimate 4-7-74, "Prospects for Further Proliferation of Nuclear Weapons" (1974년 8월 23일), Top Secret, http://www.gwu.edu/~nsarchiv/NSAEBB/NSAEBB240/snie.pdf

원자력을 철저하게 평화적 목적으로만 이용한다는 것을 검증하기 위해 남아메리카의 경쟁자인 아르헨티나와 브라질이 사찰 기구를 만들어 상호 사찰을 계속하고 있는 것은 특기할 만하다. 두 나라는 1991년에 핵 물질 회계 통제국(ABACC)Argentine-Brazilian Agency for Accounting and Control of Nuclear Materials을 창설해 운영하고 있다.[153] 또한 같은 해에 IAEA 본부가 있는 오스트리아 빈에서 양국 정상과 IAEA 사무총장, 그리고 ABACC 의장이 참석한 가운데 '4자 협정'을 체결해 IAEA의 사찰 및 검증 권한을 강화하는 데 동의하기도 했다. 또 핵무기 개발은 포기하는 대신에 원자력 협력은 강화하기로 했다. 일례로 2008년 2월, 두 나라는 원자력 협정을 체결해 공동의 원자로를 건설·운영하는 한편, 우라늄 농축을 위한 합작 회사도 설립하기로 했다.

그러나 평화적 핵 이용은 언제든지 군사적 이용으로 전환될 수 있다는 점에서 이들 나라의 원전 사업도 비판적으로 검토할 필요가 있다. 브라질은 독자적인 핵연료 생산을 위해 2012년까지 우라늄 농축 시설을 만들 계획이다. 브라질은 2010년 현재 2기의 원자로를 가동하고 있고, 1기를 추가로 건설하는 중이다. 또한 2008년 12월에 새로운 국방 전략을 채택해, 핵 분야를 우주·사이버 공간과 함께 3대 전략 분야로 선택했으며, 핵연료 주기를 완성하고 핵 추진 잠수함도 2020년까지 건조한다는 방침을 세웠다. 특히 브라질은 IAEA의 추가 의정서에 아직 서명하지 않고 있는데, 2008년에 채택된 신국방 전략에서는 핵보유국의 핵 감축에 진전이 있을 때까지 이 의정서 서명을 유보하겠다는 입장을 밝혔다. 다만 앞서 보았듯이 1991년 아르헨티나, ABACC, IAEA와의 4자 협정을 체결해 고강도의

---

153) 이 기구에 대한 자세한 내용은 http://www.abacc.org/engl/index.asp에서 볼 수 있다.

사찰에는 응하고 있다.

브라질이 독자적인 우라늄 농축 시설 건설에 나서면서 이에 대한 우려도 가시지 않고 있다. 브라질 정부는 핵분열 물질인 U-235의 농축도가 3.5퍼센트에 불과할 것이라는 점을 강조하면서, 이 프로그램은 철저하게 평화적 이용에 한정된다고 주장한다. 그러나 브라질이 농축 시설을 완공하면 무기급 고농축 우라늄(U-235 90퍼센트) 제조 잠재력도 비약적으로 높아질 것이다. 저농축 우라늄을 고농축 우라늄으로 전환하면 매년 수십 개의 핵무기를 제조할 수 있는 핵 물질을 확보할 수 있기 때문이다. 그런데 저농축 우라늄을 고농축으로 전환하는 것은 기술적으로 용이해, 국제 사회에서는 이를 '돌파 능력breakout capability'이라고 부른다. 요컨대 브라질은 국제 사회가 대응하기 전에 핵무기를 제조할 능력을 갖출 수 있다는 말이다.[154] 특히 브라질이 1980년대까지 핵무기 개발을 추진한 것이나, IAEA 추가 의정서 서명을 거부하고 있는 것은 이러한 우려를 증폭시키고 있다.

남아메리카 최초의 원전 보유국인 아르헨티나 역시 원자력 이용에 관심이 많다. 2010년 현재 2기의 원자로를 가동하고 있는 아르헨티나는 전체 전력 생산의 7퍼센트를 원자력에 의존하고 있고, 1기를 추가로 건설하고 있다. 또한 자체적인 우라늄 농축 프로그램을 보유하고 있는데, 최근에는 우라늄 채굴을 재개하면서 농축 능력을 높이려 하고 있어 주목을 끌고 있다. 한편 2006년 7월에는 연구용 원자로에 남아 있던 무기급 우라늄 3.7킬로그램을 미국으로 인도해 핵 투명성을 과시하기도 했다. 또한 오스트레일리아, 리비아, 이집트에 연구용 원자로를 판매하는 등 원전 비즈니

---

154) Liz Palmer · Gary Milhollin, "Brazil's Nuclear Puzzle", *Science*(2004년 10월 22일).

스에도 관심이 많다.

(3) 남아프리카 공화국의 극적인 전환

남아프리카 공화국(이하 남아공)은 현재까지 자체적으로 핵무기 개발에 성공했다가 폐기한 유일한 나라라는 점에서 주목을 끈다. 더구나 남아공은 핵 포기 이후 남아프리카 비핵 지대 창설을 주도하고, NPT를 비롯한 국제 체제에서도 발언권을 높이면서 '비핵' 정체성과 위상을 강화하고 있다. 핵보유국에서 비핵 국가로의 탈바꿈, 백인 정권에서 흑인 정권으로의 평화적인 권력 이양, 넬슨 만델라의 비폭력 평화주의가 국제 사회에서 강력한 호소력을 발휘하면서 비핵 국가로서 국제 사회에서의 위상을 확립하고 있는 것이다.

초기 남아공의 핵 개발은 미국 아이젠하워 행정부의 '평화를 위한 원자력Atom for Peace'에 힘입은 바 크다. 두 나라는 1957년 원자력 협정을 체결했고, 1960년대 들어 미국 원전 회사가 원자로와 고농축 우라늄을 남아공에 제공했다. 또한 남아공은 미국 로렌스 리버모어 국립 연구소의 '평화적 핵폭발' 프로젝트에도 참여했는데, 이를 통해 핵폭발 장치 제조 기술을 배웠다. 이러한 과정을 통해 남아공은 1970년대 초반부터 핵무기 개발에 착수했다. 그리고 1974년 자체적으로 우라늄 농축 공장을 만들어 1970년대 후반부터 가동에 들어갔다. 남아공에 거주하던 독일인 스파이를 통해 이러한 사실을 전해 들은 소련 정부가 남아공의 핵 개발을 중단시키기 위해 우라늄 공장에 대한 선제공격을 미국에 제안했는데, 미국이 이를 거절한 일도 있었다. 남아공은 미국의 묵인하에 핵 개발에 박차를 가해 1977년에는 '총류형' 폭발 장치 개발에 성공했고 무기급 고농축 우라늄도 생산해 1978년과 1979년 잇따라 핵 실험을 단행했다. 그러나 남아공 정부는 부인으로 일관하면서, 1982년부터 핵무기 생산에 들어가 1989년에는 6개의 핵탄두를 보유하게 된다.[155]

이처럼 남아공이 핵 개발에 착수하게 된 데는 1970년대 남아공을 둘러싼 안보 환경 탓이 크다. 핵심적인 이유는 쿠바가 소련의 지원을 받아 앙골라의 재래식 군사력을 증강하는 일에 나선 데에 있었다. 당시 쿠바는 내전에 돌입한 앙골라의 좌파를 지원하기 위해 군사력을 증강했는데, 남아공 정권은 이를 자국에 대한 위협으로 간주했다. 또한 유엔은 남아공의 인종 분리 정책에 경제 제재를 부과해 남아공의 고립을 가속화했다. 특히 1980년을 전후해 남아공의 통제 아래에 있으면서도 소련의 지원을 받아 남아공 공격을 준비했던 나미비아 문제가 남아공의 안보를 위협하는 가장 큰 요소였다.

핵무기 개발과 함께 남아공은 3단계 핵 정책을 채택했다. 1단계는 자국의 핵무기 개발 여부에 대해 확인도 부인도 하지 않는 'NCND', 즉 '모호성'을 유지하는 것이었고, 2단계는 서방 국가들에 핵 개발 사실을 알려 만약 남아공이 나미비아 등으로부터 공격받을 경우에 서방 나라들로 하여금 개입하게 하는 것이었으며, 3단계는 1, 2단계가 실패할 경우 공개적인 핵 실험을 통해 남아공의 핵 능력을 과시하는 것이었다.[156] 그리고 3단계도 실패해 침공을 당하면 핵무기를 사용하겠다고 남아공은 엄포를 놓았다.

남아공의 안보 상황은 1980년대 후반 들어 극적인 변화를 맞이한다. 1989년에는 남아공-쿠바-앙골라가 휴전에 합의했고, 남아공과 쿠바는

---

155) 남아공의 핵 개발 역사에 대해서는 http://www.nti.org/e_research/profiles/SAfrica/Nuclear/index.html 참조.
156) Joseph Cirincione, *Bomb Scare : The History & Future of Nuclear Weapons*, 52~54쪽.

앙골라에 파견한 자국 군대를 철수시켰다. 또한 나미비아의 독립에도 합의했다. 대화를 통해 문제가 해결되자 남아공의 안보 우려가 크게 낮아져, 핵 보유 동기를 위축시켰다. 이 일이 있기 1년 전에 남아공은 IAEA의 한스 블릭스 사무총장에게 서한을 보내 남아공의 우라늄 판매를 허용한다면 NPT에 가입할 의사가 있다고 전했다. 그리고 1990년에는 NPT 가입 의사를 거듭 확인하면서 이웃 나라들의 가입을 조건으로 제시했다. 이에 미국과 소련은 잠비아와 탄자니아에 NPT에 가입하라고 설득했고, 이들 나라가 동의하자 남아공도 1991년 9월 이 조약에 가입하게 된다. 그 전에 남아공은 1990년부터 핵 폐기를 시작해 1991년 6월에 완료했다.

이때부터 남아공과 국제 사회의 관계는 '선순환'을 그리게 된다. 미국은 1986년부터 부과한 경제 제재를 해제했고, 남아공 의회는 '대량 살상 무기 비확산법'을 제정해 비핵화 의지를 과시했다. 1994년에는 전년도 노벨 평화상 수상자인 넬슨 만델라가 대통령에 취임하면서 남아공에 대한 국제 사회 이미지가 크게 바뀌었고, 만델라 정부는 이를 바탕으로 비핵 외교의 선봉에 섰다. 1995년 NPT 회의에서는 핵보유국과 비동맹 국가 사이의 중재 역할에 나서 NPT의 무기한 연장과 '핵 비확산 및 군축에 관한 원칙과 목적'에서 합의를 이루는 데 주도적인 역할을 했다. 그리고 1996년에 남아공 정부는 42개 아프리카 국가들과 함께 '아프리카 비핵지대 조약'을 체결한다. 남아공은 비핵화 의지를 과시하듯, 이 조약의 명칭을 남아공의 핵무기 개발 본산지였던 '펠린다바'에서 따와 '펠린다바 조약'으로 제안했고, 다른 나라들도 이에 동의했다.

(4) 구소련 국가들—우크라이나, 카자흐스탄, 벨라루스

1991년 12월 31일 소련이 공식적으로 해체되면서, 핵 문제는 새로운 국면을 맞는다. 우선 소련 붕괴 6개월 전에 체결된 미·소 간의 1차 전략무기감축협정 비준이 불확실해졌다. 또한 소련의 공식적인 핵무기 보유 승계국은 러시아가 되었지만, 우크라이나와 카자흐스탄, 벨라루스에도 구소련의 핵무기가 대거 남게 돼, 이들 나라는 차례로 세계 3, 4, 5위의 핵 보유국이 됐다. 러시아와 이들 세 나라의 핵무기 및 핵 물질 관리 소홀로 핵무기가 판매되거나 탈취될 수 있다는 우려도 팽배했다. 이러한 시나리오는 소련 붕괴를 전후해 할리우드 영화의 단골 소재로 등장하기도 했다.

일단 우크라이나와 카자흐스탄, 벨라루스에 배치된 약 3,000개의 전략 핵탄두와 3,000개의 전술 핵무기 처리 문제가 최대 과제로 부상했다. 이에 따라 러시아를 포함한 네 나라는 소련 해체 직후 각자가 보유하고 있는 핵무기를 공동으로 통제하기로 합의했다. 미국과 러시아도 발 빠르게 움직였다. 이들 세 나라를 1차 전략무기감축협정에 포함시키는 한편, 리스본 의정서를 통해 3국의 비핵화를 추진하기로 한 것이다. 미국과 러시아의 요구에 따라 이 두 나라와 우크라이나, 카자흐스탄, 벨라루스는 1992년 5월 23일에 리스본 의정서에 서명했다. 이 의정서의 핵심 내용은 5개국 모두 전략무기감축협정의 당사국이 되고, 우크라이나, 카자흐스탄, 벨라루스는 가능한 한 빠른 시일 내에 비핵 국가의 지위로 NPT에 가입하며, 이들 세 나라는 모든 핵무기를 러시아로 이전해 폐기한다는 것이었다.[157] 특히 미국은 협력적 위협 감소(CTR)Cooperative Threat Reduction 프로그램을 만들어 이들 나라의 핵무기를 비롯한 대량 살상 무기, 탄도미사일 폐기 비용과 기술을 제공할 의사를 밝혔다. 각 나라의 상황을 좀

---

157) 의정서 전문은 http://www.nti.org/e_research/profiles/Russia/Nuclear/full_text/treaties/start1/s1lis.pdf에서 볼 수 있다.

더 자세히 살펴보면 다음과 같다.

먼저 우크라이나는 소련 붕괴 이후 세계 3위의 핵보유국이 되었다. 1,900개의 전략 핵탄두와 2,275개의 전술 핵무기가 이 나라의 영토에 남은 것이다. 그러나 우크라이나는 핵 포기를 선택했다. 1996년까지 자국 내에 있는 핵탄두를 러시아로 이전시켜 폐기했고, 핵무기 운반 수단인 전략 폭격기와 대륙간탄도미사일 및 그 격납고도 2002년까지 모두 폐기하거나 러시아로 이전했다. 그러나 그 과정은 결코 순탄치 않았다. 신생 독립국의 경제와 안보를 핵무기와 연계해 사고하려는 경향이 강했고, 우크라이나 내부에서도 핵 포기 반대 여론이 높았기 때문이다. 특히 우크라이나는 러시아를 최대 위협으로 간주했다.

우크라이나 부총리는 1992년 11월에 가장 높은 가격을 지불하는 국가에 핵무기를 판매할 의사가 있다고 말해 국제 사회를 놀라게 했다. 그러자 나토 대표단이 황급히 우크라이나를 방문해 국방부 장관에게서 핵무기를 판매할 의사가 없다는 약속을 받아냈다. 그러나 우크라이나 정부는 핵무기를 포기하는 금전적 대가를 서방에 지속적으로 요구했다. 또한 핵무기를 유지하는 것보다 폐기하는 데 더 많은 비용이 소요된다며 서방에 핵 폐기 비용 부담을 간접적으로 요구하기도 했다. 아울러 일방적인 핵 폐기는 곤란하다며, 러시아와 미국의 핵무기 감축에 맞춰 핵 군축을 단행하겠다는 입장을 밝혀 러시아와 갈등을 빚기도 했다.

그러다가 1993년 3월 우크라이나 정부는 '과도기적 국가', 곧 핵무기를 보유하고 있으나 폐기할 의사가 있는 국가의 지위로 NPT에 가입할 의사를 밝혔다. 이는 '비핵 국가'로 가입하겠다는 리스본 의정서의 내용과 차이가 있는 것이었다. 또한 1993년 11월에 우크라이나 의회 라다는 결의안을 채택했는데, 그 내용은 핵무기 운반 수단의 36퍼센트와 핵탄두의 42퍼센트만 폐기하고, 러시아와 미국으로부터 확고한 안전 보장 약속을 받아낸다는 것이었다. 그러자 미·러 정상은 '3자 정상 회담'을 제안했고, 이듬해 1월 14일, 우크라이나가 비핵화를 달성하면 미국과 러시아가 우크라이나의 안전을 보장하겠다는 것과 러시아가 핵연료를 제공하겠다는 것을 골자로 하는 '3자 성명'을 채택했다. 또한 이들 세 나라는 119억 달러에 달하는 거래에 합의했는데, 그 내용은 미국이 러시아와 우크라이나의 고농축 우라늄을 사들인다는 것이었다. 3자 합의 4일 후에 중국은 우크라이나의 비핵화를 촉진하기 위해 안전 보장을 제공하는 한편, 재정 지원에도 나설 의사를 밝혔다. 그러자 우크라이나 의회도 전략무기감축협정을 비준했고, 5대 핵보유국의 소극적 안전 보장이 약속된 1994년 12월에 NPT에 가입했다.[158]

우크라이나가 핵 포기를 단행한 데에는 다양한 요소들이 작용했다. 미국은 협력적 위협 감소 프로그램을 통해 우크라이나의 핵무기를 비롯한 대량 살상 무기의 폐기와 군수 산업의 민수 산업으로의 전환을 적극 도왔고, 거액을 들여 우크라이나로부터 고농축 우라늄을 사들이기도 했다. 러시아는 우크라이나의 핵 포기에 대한 보상책의 하나로 우크라이나 원전에서 사용될 핵연료를 제공하기도 했다. 또한 5대 핵보유국들은 우크라이나를 공격하지 않겠다는 안전 보장을 약속해, 우크라이나의 안보 우려를 해소하려고 했다. 이후 우크라이나는 1995년에는 IAEA에, 1996년에는 핵 공급 그룹에 가입했고, 2000년과 2005년에는 각각 포괄핵실험금지조약과 IAEA 추가 의정서를 비준하기도 했다.

다음은 카자흐스탄의 경우다. 카자흐스탄은 소련 붕괴 직후 1,410개의

---

158) The Lisbon Protocol At a Glance, http://www.armscontrol.org/node/3289

핵탄두를 갖고 있었는데, 이는 세계 4위 규모였다. 또한 구소련 최대 핵 실험장인 세미팔라틴스크가 있는 지역이기도 했다. 그러나 우크라이나와는 달리 카자흐스탄은 독립을 선언하면서 비핵화 의지도 천명했다. 이에 따라 카자흐스탄의 모든 핵무기는 1995년 4월까지 러시아로 옮겨져 폐기되었고, 세미팔라틴스크 핵 실험장도 2000년 7월에 폐기됐다. 카자흐스탄의 핵 폐기에도 미국의 협력적 위협 감소 프로그램은 큰 공헌을 했다. 핵무기를 러시아로 옮기는 데 필요한 비용과 기술을 제공했고, 고농축 우라늄과 플루토늄을 미국으로 수입하거나 카자흐스탄에서 민수용으로 전환하는 것을 도왔다. 일례로 1994년 11월에 두 나라는 581킬로그램에 달하는 카자흐스탄의 고농축 우라늄을 미국으로 비밀리에 수송하는 '사파이어 프로젝트'를 실행하기도 했다.[159] 카자흐스탄은 1990년대에 들어와 NPT와 IAEA에 가입했고, 포괄핵실험금지조약 비준도 마쳤다. 또한 2000년대에는 중앙아시아의 다른 나라들과 세미팔라틴스크 조약을 체결해 중앙아시아 비핵 지대를 창설하기도 했다.

한편 전략과 전술 핵무기 825개를 보유했던 벨라루스의 비핵화도 비교적 순탄하고 신속하게 이뤄졌다. 1991년 독립과 함께 비핵화 의지를 밝힌 벨라루스는 이러한 의지를 과시하듯 세 나라 가운데 가장 빠른 1993년 7월에 NPT에 가입했다. 1990년대 중반 폴란드가 나토 가입을 추진하자, 벨라루스 정부는 폴란드에 나토 핵무기가 배치되면 러시아로의 핵무기 이전을 중단할 수 있다고 경고하기도 했다. 그러나 전술 핵무기를 러시아로 이전하는 작업은 1992년 5월 말에 완료됐고, 전략 핵탄두 이전은 1996년 11월에 마무리되었다.

---

159) Joseph Cirincione, *Bomb Scare : The History & Future of Nuclear Weapons*, 142쪽.

정리하자면, 세 나라 가운데 핵 폐기가 가장 어려웠던 나라는 우크라이나이다. 다른 두 나라와 달리 우크라이나가 핵 폐기를 하는 데에는 '3자 합의'가 결정적 계기가 되었고, NPT 가입도 5대 핵보유국이 소극적 안전 보장을 약속한 이후에 이뤄졌다. 그래서 일각에서는 북핵 문제의 해법으로 '우크라이나 모델'이 자주 거론되곤 한다. 안전 보장, 경제적·기술적 지원, 평화적 핵 이용 보장과 지원 등이 북핵 해법과 닮은꼴이기 때문이다. 그러나 우크라이나는 구소련의 핵무기를 물려받은 반면에, 북한은 자체적으로 핵무기를 개발했다는 차이가 있다. 무엇보다도 북핵 문제는 한반도와 동북아 냉전 구조에서 비롯된 측면이 강하기 때문에, 정치·군사적으로도 우크라이나와는 근본적인 차이가 있다.

(5) 부시가 사랑한 리비아

리비아는 21세기 들어 핵무기 프로그램을 비롯한 대량 살상 무기를 자발적으로 포기한 대표적인 사례로 꼽힌다. 리비아는 2003년 12월 19일 대량 살상 무기 포기 선언을 하고, 2004년에는 미국, 영국, IAEA와의 협력 속에서 이들 프로그램의 폐기를 완료했다. 이에 호응해 미국은 2006년에 리비아를 '테러 지원국'에서 해제하고 관계 정상화 조치를 취했다. 그래서 북한과 이란 핵 문제 해법으로 '리비아 모델'이 부상했는데, 이는 '선(先) 대량 살상 무기 포기, 후(後) 미국과의 관계 정상화'를 의미한다. 2006년 5월 콘돌리자 라이스 미국 국무부 장관은 "리비아는 북한과 이란 같은 나라에 중요한 모델"이라며, "2003년이 리비아 국민들에게 전환점이 됐던 것처럼 2006년은 북한과 이란 국민들에게도 전환점이 될 수 있다"고 강조했다. 이에 호응하듯 반기문 당시 한국 외교부 장관도 "리비아는 대량 살상 무기를 스스로 포기해 미국으로부터 여러 가지 인센티브를 받게 됐다"며, "정부는 북한이 핵 포기 시 자신들에게 밝고 좋은 미래가 있다는 점을 인식해서 조속히 6자 회담에 복귀해 북핵 문제가 빨리 해결되도록 촉구할 것"이라고 말했다. 그러나 후술하겠지만, 리비아 모델을 북한과 이란에 적용하는 것은 여러 가지 측면에서 한계가 있다.

리비아가 핵 프로그램 포기를 전격적으로 선언한 이후, IAEA의 사찰 결과 리비아의 핵 개발 수준이 예상보다 훨씬 진전되어 있었다는 것이 확인됐다. IAEA는 "1980년대 초부터 2003년 말까지, 리비아는 핵 물질을 수입하고 IAEA에 신고하지 않은 상태에서 광범위한 핵 활동을 하고 있었다"고 결론지었다. 구체적으로 리비아는 파키스탄으로부터 우라늄 농축에 필요한 원심 분리기를 도입해 가동하고 있었고, 중국제 핵무기 설계도와 제조 기술을 확보하고 있었던 것이다. 특히 1990년대 후반부터 2003년 10월까지 파키스탄의 '핵무기 아버지'로 일컬어지는 A. Q. 칸으로부터 원심 분리기를 밀수해 2003년 10월에 우라늄 농축 실험에 성공한 것과 고농축 시 핵무기 한 개를 만들 수 있는 분량의 '육불화우라늄(UF-6)' (금속 우라늄을 가스 상태로 전환한 것)을 수입한 것이 밝혀지기도 했다. 그러나 앞서 언급한 것처럼 리비아는 2003년 말에 대량 살상 무기 포기 선언을 하고 비핵화의 길을 걷게 된다. 참고로, 리비아는 1968년에 NPT에 서명해 1975년에 비준했고, IAEA 안전조치협정에는 1980년에 가입했다.[160]

그렇다면 중동과 북아프리카에서 강대국의 지위를 노린 리비아는 왜 핵무기를 비롯한 대량 살상 무기 개발을 포기한 것일까? 여기에는 여러

---

160) 리비아의 핵 프로그램과 포기에 대한 상세한 내용은 http://www.nti.org/e_research/profiles/Libya/Nuclear/index.html 참조.

가지 이유가 얽혀 있었다. 먼저 테러리즘과 대량 살상 무기 포기를 통해 국제 사회의 일원으로 복귀해야 하는 정치적·경제적 필요성이 커졌다. 그리고 대량 살상 무기를 포기하지 않을 경우 '이라크 다음에 리비아'라는 공포가 존재했다. 게다가 2003년 10월에 원심 분리기를 싣고 리비아로 향하던 선박이 중간에 나포되어 핵 프로그램 개발을 부인하기 어려워졌다. 한편 미국을 비롯한 국제 사회가 대량 살상 무기를 포기하면 정치적·경제적 혜택을 제공하겠다고 약속한 것도 한몫했다. 한마디로 이러한 여러 요인들이 종합적으로 반영된 결과였다고 할 수 있다.

리비아의 대량 살상 무기 포기에는 이러한 표면적인 이유들과 함께 영국이 주선한 미국과의 비밀 협상도 크게 작용했다. 비밀 협상의 이면에는 부시 행정부의 동기가 있었다. 2001년 9·11 테러 이후 부시 행정부가 전면에 내세운 '테러와의 전쟁'에 리비아의 협력이 필요했고, 에너지 전쟁이 격화되는 상황에서 리비아가 주요 산유국이라는 점이 고려되었으며, 자발적으로 대량 살상 무기를 포기한 사례를 만들어 북한과 이란을 압박할 수 있다는 계산이 있었다. 또한 이라크 전쟁에 대한 점증하는 안팎의 비판을 무마하기 위해 '이라크 효과'에 대한 선전이 필요했다. 즉 이라크에서 보여준 미국의 힘이 리비아의 자발적인 대량 살상 무기 포기를 가져왔다는 정치 선전이 필요했다. 당시 부시 행정부가 북한이나 이란과는 달리 리비아와 사실상 양자 협상에 나선 까닭이 바로 여기에 있었다.

이러한 맥락에서 볼 때 '리비아 모델'은 북한과는 근본적으로 차이가 있다. 우선 부시 행정부는 대량 살상 무기 포기와 관계 정상화를 시차를 두고 맞바꾸는 방식으로 리비아와 '직접' 협상한 반면에, 북한에 대해서는 2006년까지 양자 협상을 거부했다. 그뿐만 아니라 리비아와 협상을 진행하면서는 이전 정부 때 합의한 사항들을 이행함으로써 상호 간에 신뢰를 쌓은 반면에, 북한에 대해서는 기존 합의를 뒤엎는 선택을 했다. 1990년대 후반부터 관계 개선 접촉에 들어간 미국과 리비아는 카다피 정권이 '팬암 103기' 폭파 사건을 해결하는 데 노력하고 미국이 유엔의 리비아 제재 해제에 동의하는 등 신뢰 구축 조치를 밟았다. 리비아의 대량 살상무기 포기와 미국의 관계 정상화 결정에는 이러한 약속 이행에 기초한 신뢰 구축이 크게 작용했던 것이다. 반면 부시 행정부는 북한에 대해서는 클린턴 행정부 때의 합의 사항을 무시하면서 북한을 '악의 축'으로 지목하고 선제공격 대상으로 삼았다. 부시 행정부가 이처럼 북한과 리비아를 차별적으로 대한 것은 근본적으로, 대북 협상에 임하는 것보다는 북한의 위협을 구실로 미사일 방어 체제를 구축하는 등 군사적 기득권을 강화하는 것이 미국에 더 유리하다고 판단했고, 북한 정권 교체를 선호했기 때문이라고 할 수 있다.[161] 따라서 따지고 보면 실제로 리비아 모델을 거부한 당사자는 부시 행정부였다고 할 수 있다. 이를 반증하듯 북핵 해결에서 가시적인 성과가 나오기 시작한 것은 부시 행정부가 클린턴의 대북 포용 정책으로 되돌아가 북한과 '직접 협상'에 나선 2007년부터였다.

(6) 핵 강대국 일본?[162]

핵의 미래와 관련해 결코 빼놓을 수 없는 문제 중 하나는 바로 일본의 핵 무장 여부다. 1945년 피폭을 당한 일본은 핵 비확산 체제 강화를 대외정책의 핵심으로 삼아왔고, 일본 국민들의 핵에 대한 거부감도 대단히 강하다. 그러나 일본은 지구상의 어느 나라보다 미국 핵우산에 강한 집착을

---

161) 정욱식, 〈누가 리비아 모델을 거부하나〉, 《한겨레 21》 제611호(2006년 5월 30일) 참조.
162) 이 부분은 정욱식·강정민, 《핵무기 : 한국의 반핵문화를 위하여》, 223~230쪽의 내용을 대폭 수정·보완한 것이다.

보였을 뿐 아니라, 핵무기 개발에 필요한 핵 물질과 기술력을 보유하고 있으며, 핵무기 운반 수단인 로켓 기술에서도 상당한 수준에 이르러 있다. 이러한 일본이 핵 무장을 선택한다면 북핵 해결은 더욱 요원해지고, 한국의 핵 무장론과 중국의 핵전력은 강화될 것이며, 타이완, 인도, 파키스탄 등으로 연쇄적으로 영향이 미쳐 핵 비확산 체제의 종말이 재촉될 것이다. 또한 과거의 기억이 다시 깨어나 동아시아 전반에 걸쳐 '일본 제국주의 망령'이 되살아날 것이다.

핵무기에 대한 일본의 '이중 정체성'을 보여주듯, 일본은 오바마가 2009년 4월 5일 프라하에서 '핵무기 없는 세계'를 주창하고 나서자 이중적인 반응을 보였다. 원칙적으로는 미국의 구상에 환영을 표하면서도 이것이 일본에 대한 미국 핵우산의 약화 혹은 철수로 이어질 수 있다는 우려도 나타냈다. 오바마 연설 직후 가와구치 유리코 일본 외무상은 미국 핵우산 철수에 대비한 '현실적인 대안'이 필요하다고 말했고, 일각에서는 독자적인 핵 무장의 필요성을 제기했다.[163] 또한 미국이 토마호크 미사일에 장착되는 핵탄두 폐기 방침을 전달하자 자민당 정권은 반대 로비를 전개하기도 했다. 다행스러운 점은 비핵화를 최우선의 가치로 삼고 있는 일본 민주당이 54년 만에 정권 교체에 성공함으로써 단기적으로 일본이 핵 무장 카드를 만지작거릴 가능성이 거의 없어졌다는 것이다. 그러나 다시 보수 정권이 등장하거나 일본을 둘러싼 안보 환경이 급격히 악화되면, 핵 무장론은 언제든 다시 부상할 수 있다. 그렇다면 일본의 핵 무장을 가능케 하는 요소와 어렵게 하는 요인은 무엇일까?[164]

---

163) Matake Kamiya, "Realistic Proactivism : Japanese Attitudes toward Global Zero", *Unblocking the Road to Zero*(Stimson Center, 2009), 17~18쪽.

먼저 일본의 핵 무장 가능성을 뒷받침하는 요인들부터 살펴보자. 우선 평화 헌법을 비롯한 제도적 측면부터 짚어볼 필요가 있다. 자민당 시절 일본 정부가 평화 헌법에 대해 내놓았던 공식적인 해석은 헌법이 핵 무장을 금지하지 않는다는 것이었다. 평화 헌법은 일본이 공격용 무기를 보유하는 것은 금지하고 있지만, 자위를 목적으로 하는 최소한의 무장은 허용한다는 것이고, 따라서 핵 보유가 자위적 목적에 따라 이뤄지면 헌법에 저촉되지 않는다는 것이다. 1971년 일본 의회가 통과시킨 비핵 3원칙(핵 무기를 보유하지도, 만들지도, 반입하지도 않는다)은 일본의 국시(國是)로 간주되긴 하지만 법적 구속력이 없는 결의안이라는 점에서 일본의 핵 무장을 막는 법적 근거라고 보기는 어렵다. 이를 뒷받침하듯 과거 일본 정부는 비핵 3원칙에도 불구하고 핵무기가 탑재된 미국의 항공모함이나 잠수함이 일본의 항구에 정박하는 것을 허용한 바 있다.

방대한 원전 산업, 경제력과 기술력 등, 일본의 잠재적인 핵 무장 능력도 상당한 수준이다. 2010년 현재 55기의 원자로를 보유한 일본은 세계 3위의 원자력 강국이다. 또한 우라늄 농축 시설과 재처리 시설을 보유해 독자적인 '핵연료 주기'를 확보해놓았다. 특히 일본은 엄청난 분량의 플루토늄을 보유하고 있는데, 2009년 〈세계 핵분열 물질 보고서〉에 따르면 일본은 2008년에 50톤에 육박하는 플루토늄을 보유하고 있었다.[165] 참고로, 50톤의 플루토늄은 핵무기 1,000개를 만들 수 있는 분량이다. 일본은 이 플루토늄 대부분을 영국과 프랑스의 재처리 시설로 보내, MOX(우라

---

164) 일본의 핵 무장 가능성과 그 파장에 대한 글로는 Emma Chanlett-Avery · Mary Beth Nikitin, "Japan's Nuclear Future : Policy Debate, Prospects, and U. S. Interests", CRS Report for Congress(2008년 5월 9일).
165) Global Fissile Material Report 2009, http://www.fissilematerials.org

늄과 플루토늄이 혼합된 연료를 사용하는 원전) 핵연료로 재활용해 사용하고 있다. 그러나 2008년부터 로카쇼무라 재처리 시설을 가동하기 시작해, 자체적인 재처리 능력을 대폭 강화했다. 또한 핵무기 운반 수단으로 이용될 수 있는 로켓 기술에서도 일본은 상당한 수준에 있다.

그러나 일본의 핵 무장을 제약하는 요인들도 많다. 우선 일본은 세계 유일의 피폭 국가이고 핵무기를 제조하거나 보유하거나 도입하지 않겠다는 비핵 3원칙을 견지해왔으며, 핵 프로그램을 평화적 목적에 국한시켜야 한다는 원자력 기본법을 두고 있다는 점에서 핵 무장을 억제하는 규범적 요인이 대단히 강하다. 또한 일본은 1976년 NPT에 가입했고, 1997년과 1998년에는 각각 포괄핵실험금지조약과 IAEA 추가 의정서에 가입했다. 무엇보다도 미국의 핵우산을 비롯한 미일 동맹이 유지되는 한 일본이 자체적으로 핵 무장에 나설 동기가 강하다고 보기 힘들다. 신뢰할 만한 핵무기를 개발하기 위해서는 핵 실험이 필요한데, 일본 내에서 실험 장소가 마땅치 않다는 것도 제약 요인이다. 이러한 현실을 반영하듯 일본의 독자적인 핵 무장을 지지하는 여론은 대단히 낮다. 북한이 2006년 10월 1차 핵 실험을 하기 전까지 핵 무장에 대한 일본 국민의 지지율은 10퍼센트 안팎에 불과했고, 북한 핵 실험 한 달 후에 실시된 요미우리 신문사의 여론 조사에서도 그 수치는 17.6퍼센트에 불과했다. 이는 핵 무장 지지 여론이 50퍼센트를 넘나드는 한국과 비교할 때 대단히 낮은 수치라고 할 수 있다.

일본 정부의 전략적 선택 역시 아직까지 핵 무장과는 거리가 멀다. 일본은 1960년 말~1970년 초와 1990년대 중반에 핵무기 보유를 검토한 바 있다. 1964년 중국이 핵 실험에 성공하고 미국이 베트남 전쟁의 수렁에 빠지자, 일본 총리는 핵무기 개발의 득실을 따져보게 했다. 방위청 주도로 이뤄진 이 검토에서는 독자적인 핵 무장이 일본의 국익에 도움이 되지 않는다는 결론이 도출되었다. 1990년대 중반에는 더 심도 깊은 논의가 있었다. 1990년대 초반 북핵 문제가 터지고, 1995년 NPT 무기한 연장이 불확실해진 것이 주요 원인이었다. 또한 미일 동맹이 약화될 조짐을 보였던 것 역시 주요 배경이다. 이에 따라 일본 관리와 군부는 냉전의 해체가 미국과 러시아의 핵전략에 미치는 영향, 핵 확산의 위험 점검, 미국의 핵우산이라는 세 가지 문제를 집중적으로 토론하고 일본이 독자적인 핵 무장을 추구할 때 발생하는 득실을 비교했다.

검토 결과는 미일 동맹이 유지되는 한 일본의 핵 무장은 국익에 도움이 되지 않는다는 것이었고, 미일 동맹과 핵 비확산 체제가 해체되는 '최악의 시나리오'에서도 핵 무장은 득보다 실이 더 크다는 것이었다. 그러한 결론은 무엇보다 상대적으로 일본의 영토는 좁은 반면 인구는 많기 때문에 상호 확증 파괴 전략을 채택하기 어렵고, 국제적 비난과 제재에 직면해 무역 위축 등 큰 경제적 손실을 입게 되리라는 판단에서 비롯되었다. 이러한 검토 결과는 일본이 1995년 NPT의 무기한 연장을 지지하고 미일 동맹 정비 및 강화에 나서게 된 배경 가운데 하나였다.

결국 일본의 핵 무장 여부는 이를 부추기는 변수와 억제하는 변수가 어떤 조합을 이루느냐에 따라 결정될 것이다.[166] 일차적인 변수는 역시 북핵 문제의 미래다. 북핵 문제가 해결되어 한반도 비핵화가 달성되면, 일본 내 핵 무장론도 약해질 것이다. 반면에 북한이 확실한 핵보유국이 될 경우 일본의 핵 무장론도 강해질 것이다. 또한 일본은 아마 중국의 군비 증

---

166) 일본의 핵 무장 가능성과 관련해 국내외적 제약을 다룬 최근 글로는 다음 논문이 있다. Llewelyn Hughes, "Why Japan Will Not Go Nuclear Yet : International and Domestic Constraints on the Nuclearization of Japan", *International Security*(2007년 여름).

강에도 이와 비슷하게 반응할 것이다. 이에 따라, 북한의 핵 보유 및 중·일 관계의 악화는 일본의 핵 무장을 부추기는 조합이 될 것이고, 반대로 북핵 문제의 해결과 중·일 관계의 안정화는 일본의 핵 무장을 억제하는 조합으로 작용할 것이다. 그리고 북핵 문제가 해결되었는데 중·일 관계가 악화되는 경우나 그 반대의 경우에 일본의 핵 무장론에 미칠 영향은 중간 정도가 될 것이다. 북핵과 중국 변수보다 더 중요한 변수는 역시 미일 동맹이다. 핵우산을 비롯한 미일 동맹이 유지되면 핵 무장 동기는 약한 상태로 유지될 것이고, 미일 동맹에서 핵우산 제거와 같은 중대한 변화가 생기거나 동맹 자체가 파기되면 일본 내에서 독자적인 핵 무장론이 강하게 제기될 것이다.

일본의 안보 환경의 변화에 따른 일본의 핵 무장 가능성을 정리해보면 다음과 같다. 첫째로, 일본이 핵 무장을 선택할 가능성이 대단히 높은 조합은 '북한의 핵 보유+중·일 관계 악화+미일 동맹의 파기'다. 그러나 이러한 조합이 나타날 가능성은 대단히 낮다. 북한이 핵무기를 보유하고 중·일 관계가 악화될 가능성은 있지만, 이러한 상황에서 미일 동맹이 파기될 가능성은 거의 없기 때문이다. 둘째로, 첫째 시나리오와 정반대되는 경우다. 다시 말해, 북핵 문제가 해결되고 중·일 관계도 안정되고 미일 동맹도 유지될 경우, 일본이 핵 무장에 나설 가능성은 거의 없다고 할 수 있다. 그러나 이러한 조합도 가능성이 높지는 않다. 북핵 문제가 해결되고 북·미, 북·일 관계가 정상화되면 미일 동맹의 명분이 약해질 수 있는데, 그런데도 미일 동맹이 강화되면 중국의 반발을 야기하면서 중국과 미일 동맹 사이의 관계가 악화될 수 있기 때문이다. 결국 일본의 선택에 영향을 미치는 세 가지 안보 요인들, 즉 북핵 문제 해결 여부, 중·일 관계, 미일 동맹은 상호 간의 복잡한 조합을 만들어낼 것이다.

북핵 문제가 해결되지 않을 경우, 일본이나 미일 동맹이 '일본의 핵 무장 카드'를 꺼내 들 가능성도 생각해볼 수 있다. 이는 일본의 핵 무장 자체를 목적으로 하기보다는 일본의 핵 무장을 가장 많이 경계하는 한국과 중국을 압박해 대북 지원을 중단하고 북한에 대한 강압 외교 노선에 동참하게 하는 지렛대로 활용될 수 있다. 이와 관련해 2006년 10월 북한의 핵실험에 대한 일본의 반응은 두 가지 시사점을 준다. 첫째는 일부 정치인들이 핵무기 보유 문제를 '논의'해야 한다는 주장을 펴기도 했지만, 일반적 예상에 비해 일본의 핵 무장론이 거세게 제기되지는 않았다는 점이다. 둘째는 그럼에도 불구하고 일본은 '핵 카드'를 사용했다는 점이다. 일본의 핵 무장 논의에 대해 대다수 전문가들은, 일본이 자체적으로 핵 무장을 하기 위한 것이라기보다는 중국과 한국을 자극해 북한에 대한 압박을 높이고 미국의 핵우산을 확실히 재확인받으려는 것이라고 보았다.[167]

일본의 선택과 관련해 가장 중요한 변수는 역시 미국의 계산이다. 동맹국이자 핵 비확산 체제에 가장 크게 영향을 미치는 미국의 반대가 심해질수록 일본이 핵 무장으로 나아가기란 더욱 어려워진다. 반면에 미국이 묵인하거나 소극적인 반대에 머물 경우, 일본의 핵 무장 가능성은 그만큼 높아진다. 일본의 핵 무장에 대한 미국의 전략적 계산과 관련해 미국-인도 관계는 시사하는 바가 크다. 미국은 '강력한 인도'가 중국을 견제·봉쇄하는 데 필수적이라고 보고, 인도의 핵 무장을 현실로 인정했을 뿐만 아니라 인도의 평화적 핵 이용을 지원한다는 명분으로 핵 협정까지 맺었다. 이와 마찬가지로 '핵보유국' 일본이 미국 주도의 동맹 체제에 머물면

---

167) Hajime Izumi · Katsushisa Furukawa, "Not Going Nuclear : Japan's Response to North Korea's Nuclear Test", *Arms Control Today*(2007년 6월).

서 중국을 견제하는 데 필요하다고 판단할 경우 미국이 일본의 핵 무장을 용인할 가능성을 배제할 수 없다. 그러나 미국이 이러한 선택을 할 가능성은 낮다. 미국의 묵인 혹은 동조하에 핵무기를 개발한 이스라엘이나 인도는 NPT 비회원국이었다. 반면에 일본은 NPT 회원국이면서 IAEA 추가의정서에 서명까지 했다. 이러한 일본이 핵 무장에 나선다면 일본은 국제적인 비난과 제재에 직면하게 될 것이고, 이를 방조·묵인하는 미국의 신뢰도와 정당성도 땅에 떨어질 것이기 때문이다.

6. 이란 핵 문제와 중동 아마겟돈

(1) 이란 핵 문제와 유라시아 지정학

'거대한 그물망'처럼 여러 이슈가 복잡하게 얽혀 있는 지구촌에서 이란 핵 문제의 향방은 유라시아를 포함한 국제 질서의 미래를 가늠할 최대 변수 가운데 하나다. 만약 객관적으로 이란이 핵 무장에 근접하거나 미국과 이스라엘이 이란의 핵 무장이 임박했다고 판단하게 된다면, 그 파장은 엄청날 수밖에 없다. 이란이 핵클럽의 문턱에 가까이 도달할수록, 이스라엘이 '예방적 선제공격'에 나설 가능성도 높아진다. 시아파가 지배하고 있는 이란의 핵 무장에 불안을 느낀 사우디아라비아와 아랍에미리트 등 중동의 수니파 국가들 역시 핵 카드를 만지작거릴 것이다. 이것이 이른바 '중동 핵 도미노 시나리오'다. 이미 위기에 처한 핵 비확산 체제를 재건하는 일은 더욱 어려워진다. 미국과 이스라엘이 테러 집단으로 낙인찍은 헤즈볼라나 하마스 같은 세력과 이란이 유착 관계에 있다는 것 역시 이란 핵 무장의 파급력을 우려하게 만든다. 미국을 비롯한 서방에서는 '핵 테러 9·11'이 맹위를 떨치는 것이 되기 때문이다. 또한 이란 핵 문제의 전개 양상은 오바마의 이라크 철군 계획, 이스라엘-팔레스타인 평화 협상,

아프가니스탄 전쟁 등 중동과 그 인근 정세에도 상당한 영향을 줄 수밖에 없다. 특히 중장기적으로 미국과 이스라엘에 최악의 시나리오는, 핵 무장한 이란이 시아파가 권력을 장악한 이라크와 동맹을 맺는 것이다.

이란 핵 문제는 또한 동유럽 미사일 방어 체제를 비롯해 미·러 관계를 풀어나갈 키워드다. 이란의 핵미사일 위협에 대처하기 위해서는 동유럽 미사일 방어 체제가 필요하다는 미국과, 이를 러시아에 들어오는 '트로이의 목마'로 간주하는 러시아 사이의 갈등은 '제2의 냉전'이 자주 거론될 정도로 위험성을 내포하고 있다. 또한 이란 핵 문제를 둘러싼 미국, 러시아, 중국의 접근법의 차이도 주목된다. 미국의 입장은 모든 수단을 동원해 이란의 핵 개발을 저지한다는 것이지만, 이란에 대한 무기와 원전 판매에 관심을 갖고 있는 러시아와 이란으로부터 막대한 원유를 수입하고 있는 중국은 '평화적 해결' 원칙을 고수하고 있다.

이란 핵 문제는 우리에게 초미의 관심사인 북핵 문제와도 연관이 깊다. 이란은 2009년 2월에, 북한은 같은 해 4월에 위성을 발사했다. 그런데 미국은 이란의 위성 발사에 대해서는 '유감'을 표하는 수준에서 끝냈지만, 북한의 위성 발사 문제는 유엔 안보리로 가져감으로써 북한의 격렬한 반발을 야기했다. 또한 미국은 북한의 2차 핵 실험 직후 강도 높은 유엔 안보리 제재 결의안 채택을 주도했는데, 그 배경에 대해 제임스 존스 국가안보 보좌관은 "이란에 전하는 메시지로서의 성격이 있다"고 말했다. 이란이 북한처럼 핵무기 개발에 나서면 북한처럼 될 것이라는 뜻을 전달했다는 것이다. 이는 기본적으로 미국이 북핵보다 이란 핵 문제 해결에 더 비중을 두고 있고, 핵 비확산이라는 세계 전략 차원에서 두 사안에 접근하고 있다는 것을 보여준다.

이와 같은 이란 핵 문제의 파장과 성격은 오바마 행정부가 이란 핵 문제 해결을 대외 정책의 최우선 순위 가운데 하나로 올려놓은 배경이 되었다. 오바마는 대선 유세 때 "이란이 핵무기를 보유하게 되면 게임의 변경자가 될 것"이라며, "터프하고 직접적인 외교"를 통해 이란 핵 문제를 해결하겠다고 공언했다. 이를 뒷받침하듯 오바마는 취임 직후부터 이란에 대화의 손길을 내밀어왔다. 또한 중동 문제의 근원이자 미래를 좌우할 핵심 사안인 이스라엘-팔레스타인 협상에 적극적으로 개입할 의사를 밝히는가 하면, 러시아의 도움에 힘입어 이란 핵 문제가 해결된다면 동유럽 미사일 방어 체제 계획을 철회하겠다는 제안을 하기도 했다. 그러나 러시아가 두 사안을 연계하는 데에 부정적인 태도를 보이자, 오바마는 동유럽 미사일 방어 체제 계획을 '변경' 해 러시아의 환심을 사려고 했다.[168] 미·중 관계에서도 이란 핵 문제는 관건이다. 2010년 들어 오바마 행정부가 중국을 향해 목청을 높인 데에는 중국이 이란 제재에 적극적이지 않다는 이유가 중요하게 작용했다. 3월 들어 미국이 제임스 스타인버그 국무부 부장관을 중국에 보낸 것도 양국 관계를 회복해 이란 제재 노선에 중국을 동참시키기 위한 조치로서의 성격이 짙다.

그러나 이란은 우라늄 농축 프로그램 보유 등 '핵 주권론'에서 물러날 조짐을 보이지 않고 있다. 오바마 행정부는 임기 첫해에 이란 핵 문제 해결에서 진전을 거두지 못하자 본격적으로 '채찍'을 들 준비를 하고 있다. 제재의 목표는 이란 핵 프로그램을 실질적으로 관장하고 있는 이란 혁명수비대를 경제적으로 마비시키겠다는 것이다. 그러나 이란 정부도 제재

---

168) 부시 행정부 때 합의된 동유럽 미사일 방어 체제는 대륙간탄도미사일 요격까지 가능한 지상 배치 요격기(GBI)를 폴란드에, X-밴드 레이더를 체코 공화국에 배치한다는 것이었다. 그러나 이러한 계획에 러시아가 강력히 반발하고 나서자 오바마 행정부는 지상 배치 요격기보다 요격 범위가 좁은 SM-3 기반 미사일 방어 체제로 대체하겠다고 발표했다.

에 맞불을 놓겠다고 맞서고 있어, 압박과 제재와 봉쇄로 이란 핵 문제가 해결될 가능성은 미지수다. 시간이 갈수록 오바마는 미국 공화당의 안보 공세와 미국 정계에 막강한 영향력을 발휘하는 이스라엘 로비 단체들의 반발에 직면할 것이고, 이에 따라 2012년 재선 가도에 빨간 불이 켜질 것이다. 특히 오바마가 재선을 준비하게 될 2012년은 이란의 우라늄 농축 수준이 핵무기 개발 수준으로까지 발전할 가능성이 있다는 점에서 주목을 끈다.

이란 핵 문제에는 이란을 둘러싼 지정학적 모순이 반영되어 있다. 이란에서는 1959년 미국의 비밀 작전에 의한 친미 정권의 등장, 이라크와의 전쟁 및 미국의 이라크 지원, 카타르·바레인·오만·쿠웨이트·사우디아라비아 등 중동 지역에의 미군 주둔, 부시의 '악의 축' 발언, 미국의 이라크와 아프가니스탄 침공, 미국과 파키스탄의 유착 관계, 9·11 테러 이후에 이루어진 미군의 중앙아시아 주둔 등으로 이란이 미국에 포위되어 있다는 인식이 강하다. 특히 이스라엘의 핵 무장은 묵인·방조하면서 이란의 핵 프로그램은 '악'으로 간주하는 미국의 이중 잣대에 대한 이란의 불만이 크다. 이는 결국 이란 핵 문제의 해법은 중동의 지정학적 딜레마를 해소하는 과정에서 찾아야 한다는 것을 시사한다.

(2) 이란 핵 문제의 특성과 쟁점

이란은 원래 1968년에 NPT에 서명하고 1970년에 NPT를 비준함으로써 NPT 체제를 출범시키는 데 기여한 나라 가운데 하나였다. 이란은 1979년 혁명 이전까지 미국, 프랑스, 남아공 등과 무역을 통해 민수용 원자력 프로그램을 구축하고 있었다. 그러나 혁명의 여파로 상당수의 이란 핵 과학자가 다른 나라로 망명하고 최고 지도자 호메이니가 원자력 반대 입장을 천명하면서 핵 프로그램도 중단됐다. 그러다가 1984년 들어 호메이니가 원자력에 관심을 갖기 시작했고, 이라크와의 전쟁(1980~1988)을 통해서 핵 프로그램에 대한 이란의 관심이 더욱 커졌다. 특히 이라크가 이란을 상대로 화학 무기를 사용해 많은 사상자가 발생했는데, 이란에서는 자국이 핵무기를 갖고 있었다면 "이라크가 화학 무기를 사용하지 못했거나 자국이 효과적으로 보복할 수 있었을 것"이라는 정서가 팽배했다.[169] 그 결과 이란은 1987년과 1990년에 각각 파키스탄 및 중국과 원자력 협정을 체결했고, 이란 원전 사업에 러시아를 참여시켰다. 그러나 이란의 민수용 원자력이 군사용으로 전용될 것을 우려한 미국의 개입으로 이란 핵 프로그램은 지지부진하게 진전되었다.[170]

이란 핵 문제가 국제 사회에서 초미의 관심을 끈 것은 2002년 하반기에 들어와서다. 파리에 체재하던 이란의 반정부 단체가 IAEA에 신고하지 않은 핵 시설을 이란 정부가 보유하고 있다고 폭로한 것이다. 이에 대해 이란 정부는 소규모 농축 시설이 있다고 인정하면서 중수로와 핵연료 공장 등을 건설할 계획이라고 발표했다. 그러자 IAEA는 2003년 9~10월에 걸쳐 핵 사찰을 실시해 11월에 결의안을 채택했다. 핵심 내용은 이란이 IAEA 추가 의정서에 서명하기로 한 점을 환영하면서도, 과거에 이란에 은폐된 핵 활동이 있었고 신고된 내용과 IAEA의 사찰 결과에 차이가 있기 때문에, 이란이 결의안을 이행하지 않으면 유엔 안보리에서 제재를 논의할 필요가 있다는 것이었다.

한편 이란은 2003년 10월 유럽 3개국(프랑스, 영국, 독일)과의 합의를

---

169) Anoush Ehteshami, "Iranian Perspectives on the Global Elimination of Nuclear Weapons", *Unblocking the Road to Zero*(Stimson Center, 2009).
170) 이에 대해서는 http://www.nti.org/e_research/profiles/Iran/Nuclear/index.html 참조.

통해 IAEA 추가 의정서에 서명하고 우라늄 농축 활동을 잠시 중단하기로 했다(그러나 우라늄 농축에 필요한 원심 분리기 생산은 계속한다는 방침도 밝혔다). 또한 2004년 11월에는 유럽 3개국과 추가로 합의해 "호혜적인 방향으로 장기적인 외교적 해결책을 모색"하기로 했고, 우라늄 농축뿐만 아니라 원심 분리기 생산도 잠시 중단하기로 했다. 같은 해 11월에 CIA가 이란이 핵탄두를 탑재할 수 있는 '샤하브-3 미사일' 개량에 나섰다고 발표하고, IAEA가 이란의 은폐된 신형 원심 분리기 시설을 포착하면서 상황이 다시 꼬이는 듯했다. 다행히 이란이 비밀 우라늄 농축 프로그램을 인정하고 IAEA와의 협력을 다짐하면서 사태는 수습되었다. 이러한 온건 정책을 주도한 인물은 모하마드 하타미 대통령인데, 그는 서방과의 관계 개선을 통해 이란의 발전을 도모했다.

그러나 2005년 여름 이란 대선에서 대 서방 강경 노선을 표방한 아마디네자드가 대통령에 당선되면서 이란 핵 문제는 새로운 국면을 맞이한다. 그의 등장 배경에는 부시 행정부가 이란을 '악의 축'으로 규정해 정권 교체 대상국으로 삼고, 이라크 침공에 이어 이란 침공설이 제기된 점이 크게 작용했다. 2005년 8월 이란은 부시 행정부의 강경책과 유럽 국가들의 합의 위반을 비난하면서 우라늄 농축 활동을 재개한다고 선언했다. IAEA는 2006년 들어 이란 핵 문제를 유엔 안보리에 회부했고, 유엔 안보리는 의장 성명을 통해 이란에 즉각적인 농축 활동 중단을 요구했다. 이란 핵 문제가 유엔 안보리로 넘어가면서 중국과 러시아도 이 문제에 공식적으로 개입하는데, 안보리 상임 이사국 5개국과 독일(P5＋1)은 이란이 우라늄 농축 프로그램을 포기하면 핵연료를 비롯한 다양한 인센티브를 제공하겠다는 제안을 내놓았다. 이란이 이 제안을 거부하자 유엔 안보리는 부분적인 경제 제재를 부과하는 결의안을 채택했고, 아마디네자드 대통령은 이를 일축하면서 중수로 건설 계획을 발표해 서방 국가들과의 대립각을 분명히 했다. 이러한 과정을 거쳐 유엔 안보리의 제재 부과와 이란의 원칙 고수 태도는 악순환을 형성하게 된다.

그사이 이란은 우라늄 농축 활동을 계속해, 2009년 11월에는 1,763킬로그램의 저농축 우라늄을 보유하게 됐다. 이를 핵무기용 고농축 우라늄으로 전환하면 핵무기를 한 개 제조할 수 있는 분량인 20~25킬로그램을 생산할 수 있다. 또한 이란은 부셰르와 아라크에 중수로 원자로를 건설하는 일에도 박차를 가했는데, 천연 우라늄을 사용하는 중수로는 사용 후 연료봉을 재처리하면 경수로에 비해 무기급 플루토늄 추출이 용이한 원자로다. 아울러 이란은 2009년 9월에 나탄즈의 우라늄 농축 공장에 이어 쿰에 제2의 농축 시설을 건설하고 있다고 IAEA에 신고하기도 했다. 2009년 6월, 부정 선거 의혹 속에서도 재선에 성공한 아마디네자드 대통령은 농축 공장을 추가로 건설하겠다는 계획을 밝혔고, 이에 대해 오바마 행정부는 강도 높은 제재를 가하겠다고 경고하고 나섰다.

이러한 이란 핵 문제에는 몇 가지 근본적인 문제가 얽혀 있다. 우선 핵 개발을 둘러싼 첨예한 인식 차이가 존재한다. 이란이 자체적으로 보유하려고 하는 우라늄 농축 프로그램은 저농축을 하면 핵연료나 의료용으로 사용될 수 있는 반면에, 고농축을 하면 핵무기를 제조할 수 있는 핵분열 물질을 추출할 수 있다. 이에 따라 미국을 비롯한 서방 세계에서는 세계 3~4위의 석유 생산 대국인 이란의 핵 발전소가 필요하다는 주장에 의문을 제기한다. 그러나 이란은 "언제 고갈될지 알 수 없는 석유에만 의존할 수는 없다"며 에너지 수급 체제를 다변화하고 석유 고갈에 대비하기 위해 핵 발전소가 필요하다고 맞섰다. 또한 이란은 다른 나라와 마찬가지로 의료용 원자로 보유를 시도하고 있는데, 이 원자로에는 발전용으로 사용되는 저농축 우라늄(3~5퍼센트)보다 훨씬 수치가 높은 20퍼센트 농축 우라늄이 원료로 사용된다. 서방 국가들은 이란이 20퍼센트 농축 우라늄을 자체적으로 생산·보유하면 고농축 우라늄을 훨씬 빨리 확보할 것이라고 우려하고 있다.

둘째, 국제법에서 보장하는 권리와 관련된 문제다. 우선 이란의 우라늄 농축 프로그램 보유는 NPT 회원국으로서의 '양도할 수 없는 권리'라고 하겠다. 그러므로 이란이 IAEA의 사찰을 성실히 받는다면, 이란의 우라늄 농축 프로그램 보유를 막을 국제법적 근거는 극히 취약하다. 이를 근거로 이란은 자국의 자체적인 우라늄 농축 프로그램 보유는 주권 국가이자 NPT 회원국으로서 자국이 갖는 당연한 권리라고 못 박는다. 그러나 서방 세계는 이란이 우라늄 농축 프로그램을 확보하면, 언젠가 NPT에서 탈퇴해 북한의 길을 갈 것이라고 의심하고 있다. NPT가 최고의 국가 이익이 침해받을 때 이 조약에서 탈퇴할 권리를 인정하고 있는 반면에 이를 제재할 근거는 없는 상황이다. 그래서 미국은 NPT를 개정해 탈퇴국에 대한 제재 조항을 넣기를 희망하고 있다.

셋째는 대안을 둘러싼 논란이다. 핵 문제를 둘러싼 미국과 이란의 갈등이 커지면서 유럽 연합과 러시아는 여러 차례에 걸쳐 중재안을 제시한 바 있다. 원자로 가동과 의료용 연구 원자로에 필요한 핵연료를 외부에서 제공하는 조건으로 이란은 우라늄 농축 프로그램을 포기하라는 것이다. 특히 러시아는 핵연료를 제공하고 사용 후 연료봉을 회수하는 당사자가 되겠다며 적극적으로 입장을 개진하기도 했다. 그러나 이란 정부의 시각은 이와 다르다. 핵연료를 외부에 의존할 경우 그 연료를 제공하는 국가에 정치적·경제적으로 종속될 수 있으므로 자체적으로 핵연료 주기를 확보하겠다는 것이다. 이란의 주장에는 이른바 '핵 주권론'이 깔려 있다.

넷째는 핵 문제에 미국이 적용한 이중 잣대를 이란이 근본적으로 불신하고 있다는 것이다. 중동의 숙적인 이스라엘은 미국과 프랑스의 방조 속에서 핵무기 개발해 성공해 오늘날에는 100~200개의 핵무기를 보유한 핵 강대국이다. 중동 국가들은 이런 이스라엘의 핵 문제를 해결하지 않고는 이란을 포함한 중동 핵 문제의 근본적인 해결은 불가능하다며, '중동 비핵 지대 창설'을 오래전부터 요구해왔다. 그러나 NPT 비회원국인 이스라엘은 이 조약에 가입하는 것 자체를 거부하고 있고, 미국은 이스라엘 핵 문제를 NPT 회의에서 논의하는 것 자체를 꺼린다. 게다가 미국은 NPT 비회원국인 인도와 파키스탄의 핵 개발을 묵인했다. 더구나 '테러와의 전쟁'을 이유로 부시 행정부는 파키스탄에 지속적으로 경제적·안보적 지원을 했고, 인도와는 핵 협정을 체결해 핵 활동을 지원하기로 했다. 이러한 미국의 이중 잣대는 이란으로 하여금 '왜 나만 갖고 그러느냐'는 불만을 증폭시키면서 핵 문제 해결의 걸림돌이 되고 있다.

다섯째는 탄도 미사일 문제다. 핵무기는 운반 수단이 없으면 무용지물에 가깝기 때문에 핵보유국들은 전략 폭격기, 잠수함, 탄도 미사일 같은 운반 수단을 개발하고 보유하는 데에도 박차를 가한다. 특히 탄도 미사일은 신속한 중장거리 공격이 가능하고 중간에 격추당할 가능성도 적어서 핵무기 운반 수단으로 가장 유용하다. 한·미·일 3국이 북한의 장거리 로켓 발사에 촉각을 곤두세우고 있는 것도 이 때문이다. 이란도 마찬가지다. 이미 중단거리 탄도 미사일을 대량으로 보유한 이란은 2009년 2월 초, 3단계 로켓을 이용한 인공위성 발사에 성공해 서방 세계를 경악시켰다. 이론적으로 3단계 로켓은 탄두 중량을 늘리고 대기권으로 재진입하는 기술을 확보하면 대륙간탄도미사일로 전환될 수 있기 때문이다. 이란이 핵 개발에 이어 장거리 로켓 능력을 확보한 것은 서방 세계의 우려를 더욱 부채질하고 있다. 이에 이란은 인공위성 발사를 비롯해 로켓 능력을 보유하는 것은 주권 국가의 당연한 권리라고 맞서고 있다.

과연 이란은 핵 무장을 꿈꾸고 있는 것일까? 미국은 이란의 의도가 핵 무장에 있다고 믿고 있지만, 이에 대한 반론도 만만치 않다. 이와 관련해 이란의 핵 협상 대표와 국가 안전 보장 회의 수장을 역임한 하산 로와니 Hassan Rowhani의 2004년 발언을 주목할 필요가 있다. 이 발언 속에 이란의 목표와 핵 문제 해법이 담겨 있다는 분석이 제기되고 있기 때문이다.

세계는 파키스탄의 핵무기 보유도, 브라질이 핵연료 주기를 갖추는 것도 원하지 않았지만, 파키스탄은 핵무기를 손에 넣었고 브라질도 핵연료 주기를 갖게 되었다. 그리고 세계는 이들 나라와 협력하기 시작했다……우리의 문제는 그 어느 것도 아직 갖고 있지 못하다는 것인데, 우리는 이제 그 문턱에 서 있다. 핵무기 제조와 관련해 우리는 결코 그 길로 가기를 원하지 않는다. 그러나 아직 핵연료 주기도 완성하지 못했다.

이 발언의 핵심은 이란이 원하는 것은 핵 무장이 아니라 핵연료 주기를 완성해 핵무기 개발 잠재력을 보유하고 이를 통해 국제 사회에서의 위상을 강화하는 데 있다는 것이다. 이와 관련해 《뉴욕 타임스》는 "로와니의 연설은, 이란의 강경파와 온건파 사이에 전술적인 이견은 존재하지만 최종 목표에 대해서는 이견이 없다는 것을 보여주었다"고 평가했다. 이를 뒷받침하듯 이란 최고 지도자인 아야톨라 알리 하메네이는 2005년에 핵무기 생산을 금지하는 포고령을 발표하기도 했다. 이란 문제 전문가인 주안 코일Juan Coyle 역시 "이란의 목표는 핵 잠재력nuclear latency" 확보에 있다고 지적한다. 핵무기를 만들 수 있는 잠재력은 보유하면서도 핵무기를 만들진 않는 것이 목표라는 것이다. 그는 "핵 잠재력 확보는 핵 무장에 따른 불이익을 당하지 않을 것이라는 점에서 실제 핵 보유보다 이점이 많다"고 주장했다.[171]

이러한 분석을 바탕으로 미국이 문턱을 낮추면 이란 핵 문제 해결이 가능하다는 주장도 제기된다. 이란의 목표가 핵 무장 자체가 아니라 핵연료 주기 달성이라면, 협상의 여지는 충분히 있다는 것이다. 타협의 접점은 미국의 로비 단체인 재미 이란 동포 위원회 회장인 트리타 파르시Trita Parsi의 제안 속에 담겨 있다. 그는 《뉴욕 타임스》와 가진 인터뷰에서 "만약 이란의 목표가 우라늄 농축 프로그램을 유지하는 것이고, 미국의 목표가 이란에 핵무기가 없는 것을 확실히 하는 것이라면, 윈-윈 게임을 할 수 있다"고 주장했다. 미국이 이란의 우라늄 농축 프로그램 '불허'라는 비현실적이고 차별적인 목표를 거둬들이고 이란 핵 프로그램에 대한 모니터링과 검증 체제 강화를 선택한다면, 이란의 이해관계와 맞아떨어질 수 있다는 것이다.[172] 이를 뒷받침하듯 이란은 자국의 우라늄 농축 프로그램 보유 권리가 인정되면, IAEA의 감시와 사찰 강화에 동의할 수 있다는 입장을 밝혔다.

결국 관심의 초점은 미국의 선택에 모아진다. 이란의 제안을 일부 수용하면서 현실 가능한 해법을 모색할 것인지, 아니면 '우라늄 농축 시설 및 활동 불허'라는 기존의 입장을 고수할 것인지를 미국이 선택해야 할 시점이 다가오고 있기 때문이다. 사실 NPT와 IAEA 회원국인 이란의 우라늄 농축을 비롯한 핵연료 주기 보유를 막을 수 있는 국제법적 근거는 존재하

---

171) http://www.juancole.com/2009/10/iran-and-nuclear-latency.html
172) *The New York Times*(2009년 10월 14일).

지 않는다. 또한 중국과 러시아가 강력한 제재를 반대하는 상황에서 유엔 안보리의 압박과 제재를 통한 문제 해결도 현실적인 힘을 가질 수 없다. 그렇다고 이스라엘이 주장하는 이란 핵 시설 공격은 '지옥의 문'을 여는 결과를 낳을 것이라는 점에서 오바마 행정부의 현실적인 선택이 되기 어렵다. 이러한 상황에서 현실적인 해법은 이란의 우라늄 농축 프로그램 보유를 인정하면서 강력한 감시와 검증 체제를 구축해, 이것이 핵무기 개발용으로 전용되는 것을 차단하는 방안을 강구하는 데 있다. 검증 체제 강화 차원에서 이란에 IAEA 추가 의정서의 비준을 요구하는 것도 생각해볼 수 있다. 참고로 말하면, 이란은 IAEA 추가 의정서에 서명했지만, 2010년 4월 현재까지 비준은 하지 않고 있다.

그러나 오바마가 이러한 방안을 수용하는 것은 미국 국내 정치의 역학에서 볼 때 위험 부담이 대단히 큰 것 또한 사실이다. 우라늄 농축 프로그램 '불허'는 부시뿐만 아니라 오바마의 대선 공약 사항이다. 무엇보다도, 저농축을 하면 핵연료를, 고농축을 하면 핵무기 재료를 만들 수 있는 우라늄 농축 프로그램은 대표적인 '이중 용도' 기술이다. 특히 이란이 대규모 우라늄 농축 프로그램을 통해 '핵 임신'에 도달하면, 미국을 비롯한 국제 사회의 저지에 앞서 핵 무장에 성공하는 '돌파 능력'에 도달할 가능성이 있다. 따라서 미국 강경파들이 이란에 이러한 잠재력을 남기는 타협안을 가만둘 리 없다. 오바마가 이란의 제안에 기초한 타협안을 추진하면 아마도 미국 내에서 엄청난 후폭풍에 직면할 것이다. 미국 정계에 막강한 영향력을 발휘하는 이스라엘 로비 단체의 반격도 거셀 것이다. 이래저래 이란 핵 문제를 해결해야 하는 현실적 필요와 함께 2012년 대선을 앞둔 오바마의 고심이 커질 수밖에 없는 상황이다.

요컨대 이란 핵 문제 역시 '이중 용도'라는 핵 기술의 과학적 특성과 서방과 이란 사이의 정치적 적대 관계가 악순환을 형성하면서 문제 해결을 어렵게 하는 사례라고 할 수 있다. 부시 행정부가 이란을 '악의 축'으로 규정하고 선제공격 대상으로 언급한 것은 이란의 온건파였던 하타미 정권의 기반을 약화시키고 강경파인 아마디네자드가 집권하는 데 일조했다. 역설적으로 '악의 축'으로 지목된 하타미 정권이 교체되면서 핵 문제 해결 가능성이 더욱 요원해진 것이다. 또한 미국과 유럽 연합이 제재를 통해 이란에 대한 압박을 강화한 것 역시 별 소용이 없었다. 경제 제재는 이란에 적지 않은 타격을 주긴 했지만, 동시에 아마디네자드의 강경론을 돕는 결과를 낳았다. '제재파'는 중국과 러시아가 고강도의 경제 제재에 동의하지 않는 데 책임을 돌리고 있지만, 이들 나라가 강도 높은 제재에 동의할 가능성은 여전히 낮을뿐더러 이란이 이에 굴복할지도 미지수다.

(3) 중동 아마겟돈

이스라엘이 미국의 동조 혹은 묵인 속에서, 핵 무장을 하기 이전의 이란 핵 시설을 선제공격한다는 이른바 '예방 전쟁론'은 이란의 핵 능력이 좋아질수록 더욱 자주 거론될 것이다. 이스라엘은 이미 1981년에 이라크의 오시라크 원전을, 2007년에 시리아의 핵 의혹 시설을 선제공격으로 파괴한 바 있다. 이스라엘은 "이스라엘을 지도상에서 없애야 한다", "홀로코스트는 유대인이 이슬람 세계 한가운데에 유대 국가를 만들어내기 위해 사용한 신화다"와 같은 아마디네자드 이란 대통령의 강경 발언을 자주 거론하면서, "이란이 핵무기를 가지고 제2의 홀로코스트를 자행하기 전에 행동에 나서야 한다"고 목청을 높이고 있다. 이스라엘은 또한 이란이 2010 ~2012년에는 핵무기 제조에 필요한 농축 우라늄을 확보할 것으로 보고 있다. 그래서 이스라엘이 미국에 이란 핵 문제의 진전 시한을 2009년으로 제시했던 것이다.

그러나 오바마 행정부는 무력 사용론에 신중한 편이다. "모든 옵션이 테이블 위에 올려져 있다"는 원칙론은 유지하고 있지만, 이란 공격이 야기할 외교적·안보적·경제적 파장을 감당하기 어렵다고 판단하기 때문이다. 이를 반영하듯, 미국 관리들은 이란에 대한 이스라엘의 선제공격이 "매우 잘못된 권고이고, 아주 위험한 선택이며, 미국의 이익에도 부합하지 않는다"는 입장을 이스라엘에 지속적으로 전달하고 있다.[173] 민주당 성향의 싱크 탱크인 브루킹스 연구소의 연구원들은 이란이 핵 무장을 하더라도 냉전 시대에 소련과 중국을 상대했던 것처럼 봉쇄를 넘어선 무력 사용은 "생각조차 하지 말라"고 충고했다.[174]

이란 핵 문제의 평화적 해결 가능성이 갈수록 불투명해지고, 이스라엘이 선제공격 가능성을 암시하고 나서면서 이스라엘-이란 전쟁 시뮬레이션도 나오고 있다. 미국의 브루킹스 연구소가 2009년 12월에 실시한 전쟁 시뮬레이션이 대표적이다. 미국의 전직 고위 관료와 전문가들이 대거 참여한 이 시뮬레이션은 오바마 행정부의 고위 관료들에게 회람되었을 정도로 큰 주목을 끌었다. 시뮬레이션은 이스라엘이 미국에의 사전 통보 및 사우디아라비아의 허가 없이 사우디 영공을 통과해 이란의 핵 시설을 선제공격하는 것으로 시작된다. 미국은 즉각적으로 이스라엘에 군사 행동 중단을 촉구하면서도, 이란의 이스라엘에 대한 보복을 억제하기 위해 중동의 미군 전력을 증강한다. 그러나 미국의 경고에도 불구하고 이란은 이

---

173) Steven Simon, "An Israeli Strike on Iran", CPA Contingency Planning Memorandum No. (2009년 11월 5일).
174) Michael E. O'Hanlon·Bruce Riedel, "Do Not Even Think about Bombing Iran", *Financial Times*(2010년 2월 28일).

스라엘에 대한 미사일 공격을 시작하고, 헤즈볼라와 하마스도 이스라엘에 로켓을 퍼붓기 시작한다. 또한 이란 정부는 자국 내 반대파들에 대한 탄압을 강화하고 사우디아라비아의 석유 시설에 대한 공격을 개시한다. 그러나 미국의 전면적인 보복을 우려해 미국에 대한 공격은 자제한다. 이란과 헤즈볼라 및 하마스의 반격을 받은 이스라엘의 경제는 마비 상태에 빠지고 보복론이 거세게 제기된다. 미국으로부터 헤즈볼라에 대한 보복 공격을 묵인받기로 한 이스라엘은 레바논의 헤즈볼라 근거지에 대한 48시간 동안의 군사 작전에 나선다. 석유를 무기화하기로 한 이란은 사우디아라비아의 석유 산업 중심지인 다란에 대한 미사일 공격에 나서고 호르무즈 해협 봉쇄에 착수한다. 유가는 천정부지로 치솟고 호르무즈 해협에 있는 미군의 피해 가능성이 제기되면서 미국은 걸프 지역에 대규모 군사력을 파견한다. 이스라엘의 선제공격으로 시작된 전쟁은 8일 만에 끝나지만, 미국은 이란의 군사력을 파괴하는 방안을 모색하기 시작한다. 이스라엘의 공격으로 이란의 핵 프로그램이 어느 정도 마비되었는지에 대한 격론이 일어나고, 중동 정세는 더욱 짙은 불확실성에 휩싸인다.

이스라엘이 실제로 선제공격에 나설 수 있느냐 없느냐를 떠나, 이스라엘은 필요할 경우 이란 핵 시설을 폭격하기 위해 군사력 증강에 박차를 가해왔다. 이스라엘은 수백 기의 'F-16I'와 'F-15I'를 미국에서 구매했는데, 이 전투기들은 연료를 대량으로 탑재할 수 있고 필요하면 공중 급유를 받을 수 있어 이란 핵 시설을 작전 반경에 포함시킬 수 있다. 특히 이 전투기들은, 무게가 최대 5,000파운드에 달하고 GPS나 레이저로 유도되는 정밀 폭탄 'BLU-109'와 'BLU-113'을 탑재할 수 있다. 또한 이스라엘은 핵미사일을 탑재할 수 있는 잠수함 두 척을 독일에서 도입해, 탄도 미사일 탑재가 가능한 잠수함 전력도 다섯 척으로 늘렸다. 2008년 6월에는 지중해 동쪽과 그리스 인근에서 대규모 공군 훈련을 벌여 이란을 상대로 한 무력시위에 나서기도 했다. 이 훈련에는 'F-16'과 'F-15' 등 100대 이상의 전투기가 동원되었다. 특히 공군 조종사 구출용 헬기와 공중 급유기는 1,400킬로미터 비행 훈련을 벌였는데, 이 거리는 이스라엘과 이란의 나탄즈 우라늄 농축 시설 사이의 거리와 거의 같다. 그래서 국제 사회에서는 이스라엘의 군사 훈련을 이란 공격을 위한 '사전 연습'으로 보는 시각이 대세였다. 또한 이스라엘이 외교를 통해 이란 핵 문제를 해결하지 못하면 단독으로라도 공습에 나설 수 있다는 의지를 미국과 이란에 동시에 내보인 것이라는 해석이 뒤따랐다.[175]

그러나 이스라엘이 '단독으로' 이란 핵 시설을 일부 파괴해 이란의 핵 개발을 늦출 수는 있겠지만 완전히 무력화하는 것은 불가능하다는 지적이 압도적이다. 이라크 및 시리아의 경우와 달리, 이란의 핵 시설은 이란 전역에 분산되어 있고 일부는 지하에 설치되어 있다. 또한 이스라엘이 이란에 도달하려면 시리아와 이라크 같은 인접 국가들의 영공을 통과해야 하고, 지리적으로도 1,000킬로미터 이상의 거리를 통과해야 한다. 인접 국가인 이라크와 시리아의 핵 의혹 시설을 파괴하던 때와는 군사 작전의 조건이나 환경이 다른 셈이다.

이스라엘이 이란 핵 시설을 파괴하려면 크게 보아 두 가지가 충족되어야 한다. 첫째, 이스라엘과 이란 사이에 있는 시리아, 요르단, 이라크, 터키, 사우디아라비아 등이 이스라엘의 영공 통과를 허용하거나 이스라엘이 허가 없이 통과를 강행해야 한다. 이스라엘과 이란 사이 지역의 북부는 시리아와 터키의 접경 지역이고, 중부는 요르단과 이라크가 접하고 있

---

175) *The New York Times*(2008년 6월 20일).

으며, 남부는 요르단, 사우디아라비아, 쿠웨이트가 접하고 있다. 이들 나라 가운데 터키와 요르단은 이스라엘에 우호적이지만, 이들이 이스라엘에 영공 통과를 허용할 가능성은 낮다. 영공 통과를 허용하는 것은 이란에 적대적인 행동을 하는 것과 마찬가지여서 이로 인해 이스라엘-이란 전쟁에 휘말릴 가능성이 높기 때문이다. 가장 효과적인 루트는 이라크 통과라고 할 수 있다. 이에 따라 이스라엘은 2008년에 부시 행정부에, 유사시 이라크 영공 통과를 보장해줄 것을 요구하기도 했다. 그러나 군사적 효과와 확전을 우려한 부시 행정부는 이를 거절했다. 더구나 2008년 10월에 미국과 이라크는 안보 협정을 체결했는데, 이 협정에는 "미국이 이라크를 다른 나라를 공격하는 데 이용하지 않는다"는 조항이 포함되어 있다. 또한 이라크 집권 세력이 시아파인 만큼, 이라크 정부가 이스라엘에 영공 통과를 허용할 가능성은 극히 낮다.

둘째, 지하 관통형 무기, 즉 '벙커 버스터'가 있어야 한다. 나탄즈 우라늄 농축 시설을 비롯한 이란 핵 시설의 상당 부분은 지하에 설치되어 있는데 이스라엘은 이를 파괴할 수 있는 벙커 버스터가 부족한 상황이다. 이스라엘이 보유한 'BLU 폭탄'은 파괴력이 매우 강하지만, 지하 시설을 파괴하는 데에는 한계가 있고 수량 역시 부족하다. 이에 따라 이스라엘은 2008년에 부시 행정부에 벙커 버스터를 제공해달라고 요구했지만, 이 역시 거절당했다. 이 모든 정황으로 볼 때 이스라엘이 이란 핵 시설을 무력으로 파괴하는 것은 대단히 어렵다는 것을 알 수 있다.

그러나 이스라엘이 자국의 목적을 위해서 국제법을 수시로 위반해왔고, 또 미국이 이를 묵인하거나 방조해왔다는 점에서, 위에서 말한 제약 요인들이 이스라엘의 이란 공격을 불가능하게 만들지 못할 수도 있다. 또한 이스라엘은 지상과 잠수함에서 발사할 수 있는 탄도 미사일을 대량 보

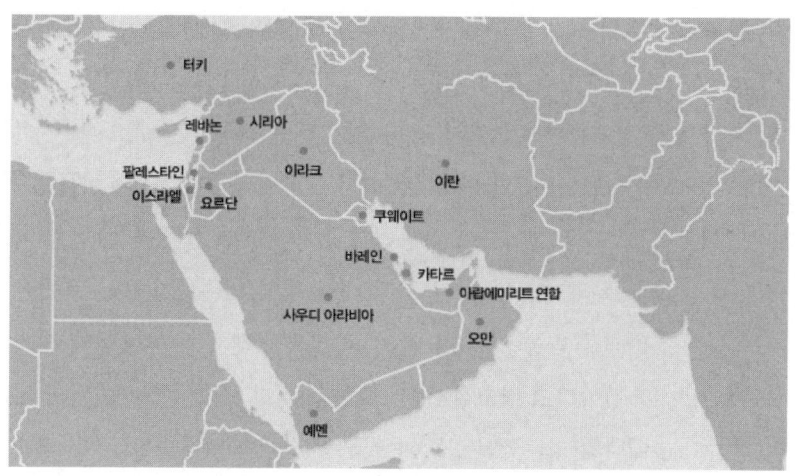
중동 지역의 지도. 인접 국가 등의 지리적 조건도 핵 공격의 중요한 변수이다

유하고 있다. 대표적으로 '예리코Jericho 3호'는 핵무기 탑재가 가능하고 사정거리도 4,500킬로미터에 달한다. 이스라엘은 2008년 6월에 이 미사일을 시험 발사하면서 "우리는 이란의 핵무기 개발을 저지하기 위해 어떠한 옵션도 배제하지 않을 것"이라고 경고하기도 했다. 이는 영공 통과 문제로 전투기를 이용한 공습이 여의치 않을 경우에 탄도 미사일을 사용할 수 있다는 것을 의미한다. 그러나 이를 통해 이란 핵 시설을 완전히 파괴하기란 불가능하다. 이와 관련해 이스라엘의 한 전직 고위 관리는 "2~3년 정도 이란의 핵 개발을 늦추는 것은 별 의미가 없다. 5~10년 정도 지연시킬 수 있다면 무력 공격에 나설 가치가 있다"라고 말했다.[176]

만약 이스라엘이 단독으로, 혹은 미국과 함께 이란을 공격한다면, 사태는 일파만파로 커질 것이다.[177] 이란의 반격 카드도 만만치 않기 때문이

---

176) *AP*(2008년 8월 7일).

다. 이란이 원유 생산을 중단하고 호르무즈 해협을 봉쇄하면 국제 유가가 천정부지로 치솟아 이미 침체기에 빠진 세계 경제를 더욱 악화시킬 수 있다. 미국의 한 경제학자는 1973년 석유 위기 때의 분석을 토대로 이란-이스라엘 전쟁이 발발하면 "단기적으로 유가가 배럴당 300달러에 이를 것"이며, 이로 인해 미국 실업률이 폭등하고 금융 위기가 더욱 악화될 것이라고 주장한다. 특히, 미국보다 중동에 대한 경제 의존도가 높은 유럽은 더욱 심각한 타격을 받을 것이고, 이는 전 세계적 경제 위기와 함께 사회 불안을 야기할 것이라고 경고한다.[178] 또한 에너지 부국인 러시아의 입지가 강화되고 에너지 의존국인 중국과 일본의 경제가 타격을 입는 등 강대국의 지형도도 요동을 쳐, 지정학에도 연쇄 파동이 일어날 것이다.

이란이 이라크의 시아파 민병대를 지원해 반미 투쟁을 격화시켜 미국을 더욱 궁지에 몰아넣을 수도 있다. 레바논의 헤즈볼라, 팔레스타인의 하마스와 연합 전선을 구축해 이스라엘에 공동으로 맞설 가능성도 있다. 미국과 이스라엘은 1979년 테헤란 주재 미국 대사관 인질 사건, 1982년 베이루트 미국 대사관 폭격, 1990년대 사우디아라비아 주재 미 공군 피격 사건, 그리고 2003년 이후 이라크 유혈 사태에 이르기까지, 이란이 반미 공격의 배후에 있었다고 보고 있다. 이렇게 되면 기존의 이라크 및 아프가니스탄 전쟁과 맞물려 중동 전체의 정세는 더욱 불안해질 수밖에 없다. 특히 반이스라엘·반미 정서가 더욱 팽배해 탈레반과 알카에다의 입지가 강화되고, 게릴라전이나 자살 폭탄 테러와 같은 유혈 사태가 확산되며,

---

177) 이스라엘이 이란을 공격했을 때 발생할 정치적·군사적 파장을 다룬 최근 보고서로는 다음을 참조하라. Anthony H. Cordesman, "Outline of Study on an Israeli Strike on Iran's Nuclear Facilities", *CSIS Report*(2009년 3월 14일).
178) Louis Galambos, "Israeli Attack on Iran Could be Disaster for U. S. Economy", *The Baltimore Sun*(2010년 1월 18일).

카타르와 바레인의 미군 기지가 주요 공격 대상으로 떠오를 것이다. 수많은 핵무기를 보유한 이스라엘은 묵인하면서, 핵무기 개발 자체가 의심스러운 이란에 대한 공격을 묵인·방조한 미국에 적대적인 여론이 중동에서 들끓을 것이기 때문이다.

이란이 '샤하브-3', '세질-2' 같은 탄도 미사일을 동원해 이스라엘을 보복 공격할 가능성도 얼마든지 있다. 이러한 가능성에 대비해 미국과 이스라엘은 이미 애로Arrow 미사일 방어 체제를 구축했고, 미국은 2008년 12월에 최첨단 레이더를 이스라엘에 배치했다. 또한 다층적multi-layered 미사일 방어 체제를 구축하고자, 양국의 합동 미사일 방어 체제 프로젝트인 '아이언 돔Iron Dome' 구축도 서두르고 있다. 또한 미국은 2010년 들어 카타르, 쿠웨이트, 아랍에미리트, 바레인에 각각 2개 포대씩 8개의 'PAC-3 부대'를 배치했고, 'SM-3 미사일'을 탑재한 이지스 함을 걸프 지역에 파견했다. 이를 두고 오바마 행정부의 한 관리는 "이란에 대한 억제를 강화하고 아랍 국가들을 안심시키고 이스라엘을 달래기 위한 조치"라고 밝혔다.[179] 군사적 압박을 강화해 이란의 양보를 이끌어내고, 미국의 안보 공약을 강화해 중동의 핵 도미노 현상을 차단하며, 미국의 의지를 과시해 이스라엘의 선제공격론을 조절하겠다는 말이다. 그러나 이란이 이러한 조치로 후퇴할 것으로 보이지 않아, 미국의 미사일 방어 체제 배치가 중동 긴장을 더욱 고조시키는 결과를 초래할 가능성을 배제할 수 없다. 미국이 1991년 걸프전, 1994년 북폭 추진, 2003년 이라크 침공에 앞서 가장 먼저 취한 조치가 바로 패트리어트 부대의 배치였다.

이란 폭격은 이란의 핵무기 보유 열망에 '찬물'이 아니라 '기름'을 붓

---

179) *The New York Times*(2010년 1월 30일).

는 결과를 초래할 것이라는 지적도 많다. 앞서 언급한 것처럼, 이란의 핵 시설은 여러 곳에 분산되어 있고 이 가운데 일부는 지하에 있어 제한적 공습을 통해 이를 완전히 파괴하기란 불가능하다. 오히려 이스라엘의 공격은 이란 핵 무장의 필요성을 확인시켜주었다는 인식이 강해질 것이고, 이란은 최고의 국가 이익이 침해되면 NPT에서 탈퇴할 수 있다는 제10조에 근거해 이 조약에서 탈퇴할 가능성이 높다. 이렇게 되면 외교적 노력에 따라 평화적 목적에 묶어둘 수 있는 이란 핵 개발이 핵무기 개발로 바뀔 것이다. 이는 핵 개발과 무력 사용이라는 상승 작용을 일으켜 '중동 아마겟돈'에 대한 우려를 더욱 증폭시킬 것이다.

이러한 맥락에서 볼 때, 이스라엘의 이란 공격은 중동에서 또 하나의 '지옥의 문'을 여는 결과를 초래할 것이다. 이스라엘은 미국이 사전에 동의하지 않더라도 자국이 일단 이란을 공격하면 미국도 지지하고 지원할 수밖에 없다고 믿을 공산이 크다. 그래서 오바마의 고민은 이란이 금지선 red line을 넘는 것 못지않게 이스라엘이 그 선을 넘는 것을 어떻게 막을 것인가에 있다.[180]

---

180) Roger Cohen, "Unthinkable Option", *The New York Times*(2009년 2월 4일).

한반도 핵 문제와 '3박자' 비핵화

1. 한반도 핵 문제의 재인식

(1) 북핵에 갇힌 한국의 핵 인식

핵무기에 대한 한국의 인식은 시간적·공간적으로 너무 협소하다. 2009년에 유행했던 '북핵 20년'이라는 표현이 보여주듯, 한반도 핵 문제는 1989년 프랑스 상업 위성이 북한의 영변 핵 시설을 촬영·공개한 것에서 출발한 것처럼 인식되어왔다. 그러나 한반도 핵 문제는 1945년 8월 6일과 9일, 미국이 히로시마와 나가사키에 원자 폭탄을 투하하면서부터 시작됐다. 당시 단 두 발의 핵폭탄으로 조선인 4만 명이 목숨을 잃고 3만 명이 부상했으며, 그 후유증으로 다수가 사망했고 소수는 병고에 시달리고 있다. 또 원폭 피해자의 고통은 2세에게까지 이어지고 있다. 그런데도 '강제 징용-피폭-외면'으로 이어진 조선인 피폭자의 통한은 '핵폭탄 투하가 조선의 해방을 앞당겼다'는 인식에 압도당하고 말았다. 미국과 일본에서는 핵폭탄 투하와 일제의 항복의 인과 관계에 의문을 품는 연구 성과가 연이어 나오고 있는데 정작 세계 2위의 피폭 국가인 한국에서는 그런 연구가 전무한 실정이다. 한국의 핵무기에 대한 굴절되고도 둔감한 인식의 뿌리는 바로 1945년 피폭과 해방에 대한 기억에서 시작된 셈이다. 이런 문제를 극복하는 출발점은, 당시 미국이 핵폭탄을 투하한 배경과 동기에 대한 객관적 인식과, 한국인 원폭 피해자에 대한 따뜻한 관심과 지원임은 물론이다.

2010년으로 60주년을 맞이한 한국 전쟁 때에는 어땠는가? 미국의 트루먼 대통령과 맥아더 사령관은 초기에는 중국의 개입을 저지하기 위해, 중국군의 개입 이후에는 북한군과 중국군에 어마어마한 타격을 입혀 전세를 역전시키기 위해 핵무기 사용을 검토한 바 있다. 핵무기 사용을 고집한 맥아더가 해임된 이후, 그리고 '한국 전쟁 종식'을 대선 공약으로 내세운 아이젠하워 대통령이 등장한 이후에도 미국은 유리한 휴전 조건과 조속한 협상 종식을 위해 핵무기 사용 위협을 공공연히 가했다. 만약 미국이 당시 북한이나 만주에 핵폭탄을 투하했다면, 1949년에 이미 핵 실험에 성공하고 한국 전쟁 당시 수십 개의 핵무기를 보유하고 있었던 소련의 개입을 불러와 한국 전쟁은 '3차 세계대전'으로 비화하고 한반도는 절멸의 땅이 되었을지도 모른다. 다행히 트루먼이 맥아더의 '핵 모험주의'를 제어하고, 3차 세계대전으로 비화할 것을 우려한 영국이 미국의 핵 사용 계획에 반대하고 나서면서 '코리아 아마겟돈'은 '글로벌 아마겟돈'으로 치닫지 않았다. 하지만 한국 내에서 한국 전쟁에 대한 수많은 연구가 수행되었음에도 당시의 핵전쟁 가능성을 다룬 연구 성과는 거의 없다.

한반도 핵 문제는 한국 전쟁을 거치면서 새로운 국면을 맞이했다. 아이젠하워 행정부의 존 덜레스 국무부 장관은 1954년 1월 '대량 보복 전략'을 천명했다. 이 전략은 적이 재래식 군사력을 동원해 공격할 경우에도 핵무기로 보복하겠다는 전략이었는데, 당시 미국이 유럽과 아시아에서 공산권보다 재래식 군사력의 열세에 있다고 판단한 것이 그 핵심 배경이었다. 한마디로 핵 보복 위협을 통해 적의 재래식 공격을 억제하고 이에 실패할 경우 핵무기를 동원해 승리하겠다는 전략이었다. 이를 위해 덜레스는 "지역 방위에선 대량 보복 능력을 통해 억제를 강화해야 한다"며 아시아와 유럽에 전술 핵무기를 배치할 방침임을 밝혔다. 그리고 1955년 1월, 서울을 방문한 미국의 합참의장은 이 전략에 한반도도 포함된다고 선언했다.

1958년부터는 주한 미군이 다양한 전술 핵무기를 전진 배치하기 시작했다. 이에 앞서 유엔군은 1957년 6월 판문점 군사 정전위원회를 통해 공산 측이 먼저 북한에 무기 반입을 시작했다며, 외부에서 한반도로의 무기 반입을 금지하는 정전 협정 '제13조 D항'의 파기를 선언했다. 또한 미국은 당시 오키나와뿐만 아니라 일본 본토에도 상당량의 핵무기를 배치한 상태였는데, 일본 내에서 반핵 운동이 거세지면서 핵무기 전진 배치 기지를 일본에서 남한으로 옮기기로 했다. 이후 미국은 핵대포, 지대지(地對地) 핵미사일, 핵미사일을 장착한 전투기, 핵지뢰, 핵중력 폭탄 등 다양한 핵무기를 남한 내에 대거 배치했다. 그 결과 1970년대 중반에는 남한에 핵무기가 700개가량 배치되었다가, 카터 행정부의 등장 이후 그 수가 감소하기 시작했다.[181]

한반도 핵 문제에서 빼놓을 수 없는 것이 바로 '팀스피릿 훈련'이다. 한반도 유사시를 상정한 이 훈련은 1976년부터 시작되었고, 한미 연합사가 창설된 1978년부터 본격화되었다. 그런데 1978년은 카터 행정부가 비핵 국가에 소극적 안전 보장을 선언한 때였다. 다시 말하면 당시 미국은 다른 비핵 국가에는 핵무기 불사용을 약속하면서 한반도에서는 북한을 상정한 핵 공격 훈련에 돌입한 것이다. 미국은 이 훈련에 핵무기 탑재가 가

---

181) 김일영·조성렬, 《주한 미군 : 역사, 쟁점, 전망》, 107~114쪽.

능한 'F-16 전투기' 뿐 아니라 'B-1B 전폭기' 등을 동원했고 핵미사일을 탑재한 잠수함도 참여시켰다. 또한 북한의 야포 전력을 초토화한다는 명분으로 핵대포 훈련도 수시로 했다. 북한이 팀스피릿 훈련이 실시될 때마다 극도의 긴장 상태를 유지하면서 전시 동원 체제를 가동한 속사정이 바로 여기에 있었던 것이다. 이후 한반도 정세는 팀스피릿 훈련에 따라 천당과 지옥을 오갔다. 한·미 양국이 전술 핵무기 철수와 함께 이 훈련을 잠시 중단한 것은 1991년 남북 기본 합의서와 한반도 비핵화 선언 채택에 결정적으로 기여했다. 그러나 1992년 말에 대통령 선거를 앞두고 이 훈련을 재개하기로 하면서 남북 기본 합의서는 사문화되기 시작했고, 1993년 팀스피릿 훈련이 강행되자 북한은 NPT 탈퇴를 선언했다. 이로써 한반도 핵 위기가 본격화됐다.

1994년 10월 제네바 합의 이후에는 팀스피릿 훈련의 중단 및 소극적 안전 보장 약속으로 미국의 대북 핵 위협도 해소되는 듯했다. 그런데 이마저 '기만'이었다. 클린턴 행정부 1기 때 핵 정책 특별 보좌관을 지낸 스티브 페터는 훗날 "만약 미국이 북한에 핵 선제공격을 하지 않겠다고 약속하면, 북한은 남한이나 일본을 더 쉽게 공격할 수 있게 되었다고 믿을 것"이라고 말했다. 이는 미국이 북한에 소극적 안전 보장을 제공하면 남한과 일본이 미국의 안보 공약이 후퇴한 것으로 간주할 것을 우려해, 대북 선제공격 전략을 유지하기로 했다는 것을 의미한다.[182] 이를 뒷받침하듯 클린턴 행정부는 제네바 합의 이후에도 대북 모의 핵 공격 훈련을 계속한 것으로 드러났다. 미국의 노틸러스 연구소가 2002년 9월 정보 자유법에 따라 입수한 미군의 대북 핵 공격 계획 비밀 해제 문서가 이런 사실을 뒷

---

182) *The Japan Times*(2005년 3월 6일).

받침해준다.[183] 미국은 1991년 한반도에서 핵무기를 철수한 이후에도 북한에 대한 핵 공격 계획을 계속 유지하기 위해 원거리 작전이 가능한 'F-15E', 'B-1' 같은 장거리 폭격기와 트라이던트 잠수함발사핵미사일 등을 이용하기로 한 것이다. 1998년 상반기에 노스캐롤라이나에 있는 세이머 존슨 미 공군 기지에서 실시된 수차례의 대북 핵무기 사용 모의 훈련은 이러한 미국의 계획을 잘 보여주었다.[184]

더욱 심각한 문제는 부시 행정부의 등장과 함께 불거졌다. 부시 행정부는 핵무기 사용을 '보복'에 한정하지 않고 유사시 이른바 '악의 축' 국가들이나 테러 집단에 먼저 사용할 수 있다는 '부시 독트린'을 채택했다. 특히 2001년 '핵 태세 검토 보고서'에서는 북한을 이라크와 함께 "고질적인 우려의 대상"이라고 언급하면서 최우선적인 공격 대상으로 삼았다. 아울러 기존의 지하 시설 파괴 무기로는 지하 깊숙이 숨어 있는 대량 살상 무기와 미사일, 지도부를 파괴하는 데 한계가 있다고 보고, 지하 시설을 파괴할 수 있는 '벙커 버스터' 핵무기 개발을 추진하기도 했다. 이는 물론 수천 개의 지하 시설로 전 국토를 요새화한 북한을 겨냥한 것이었다.

이렇듯 한반도 핵 문제는 '북핵'으로 한정될 수 없는 다양한 양태를 띠고 전개되어왔고, 이러한 양태는 아직까지도 지속되고 있다. 한국 원폭 피해자 지원 법률안은 17대 국회에 이어 18대 국회에서도 우선순위에서 밀려 빛을 보지 못하고 있으며, 오바마 행정부에 와서도 한국에 대한 핵우산 정책은 적어도 정치적 수사 차원에서는 더욱 확고해지고 있고, 북한

---

183) 이 문서의 원본은 노틸러스 연구소 홈페이지(http://www.nautilus.org/nukestrat/korea/postcw.html)에서 볼 수 있다.
184) 이 훈련에 대한 상세한 내용은 Hans M. Kristensen, "Preemptive Posturing", *Bulletin of the Atomic Scientists*(2002년 9/10월) 참조.

에 대한 핵 선제공격 옵션 또한 유지되고 있다. 북한의 2차 핵 실험과 한미원자력협정 개정 협상, 그리고 '원전 르네상스'를 맞아 한국 내에서는 '핵 주권론'이 강하게 부상하고 있다. 그러나 '글로벌 코리아'라는 정치적 수사와 달리, 북핵을 제외한 지구적 차원의 핵 문제에 대해서 한국은 여전히 무관심하다. 하지만 우리가 '북핵'이라는 좁은 시야에서 벗어나 역사적이고 구조적이며 지구적인 차원에서 핵 문제를 인식하지 못하면, 북핵 자체를 풀기가 대단히 어렵다. 이것이 바로 '북핵 21년', '한반도 핵 문제 65년'이 되는 2010년에 우리가 기억해야 할 교훈이다.

(2) 북핵 20년사와 '한반도 반전 드라마'

이제 북핵 문제에 초점을 맞춰보자. 1989년 프랑스 위성의 영변 핵 시설 촬영·공개로 시작된 '북핵 20년사'는 각본 없는 '반전 드라마' 그 자체였다. 북한은 1985년 소련으로부터 경수로 제공 약속을 받고 NPT에 가입했다. 그러나 소련은 약속을 지키기도 전에 한국과 수교를 맺었고 곧 해체되고 만다. 1991년 남북 기본 합의서와 한반도 비핵화 선언 채택으로 북핵 문제는 초기 단계에서 풀리는 듯했지만, 1993년 들어 한·미 양국의 팀스피릿 훈련이 재개되고 IAEA가 북한에 대한 특별 사찰을 결의하자, 북한은 이에 강력히 반발하면서 NPT 탈퇴를 선언했다. 당시 IAEA와 미국은 북한이 실험용으로 추출했다는 플루토늄 90그램은 자신들이 추정한 10킬로그램 안팎과 큰 차이가 난다며, 미신고 시설에 대한 특별 사찰을 하겠다고 북한을 압박한 것이다. 1992년 대선 때 '북풍' 효과를 톡톡히 본 김영삼 정부는 강경론에 사로잡혀 "핵을 가진 자와 악수할 수 없다"는 유명한 말을 남기면서 북·미 간의 협상에 제동을 걸었다. 결국 남·북·미 3국이 '치킨 게임'에 돌입하면서 한반도는 한국 전쟁 이후 최악의 전쟁 위기를 맞았다.

남한에게 전쟁 위기의 정점은 1994년 3월로 간주된다. 당시 한반도는 북핵 협상이 교착 상태에 빠진 가운데, 팀스피릿 훈련 재개, 미국의 패트리어트 미사일 반입을 비롯한 전력 증강으로 일촉즉발 상태였다. 바로 이때 북측으로부터 '서울 불바다' 발언이 날아왔다. 3월 19일 특사 교환 실무 회담에서 박영수 대표가 한 발언이었다. 그러자 남한 정부와 언론은 박영수의 발언을 거두절미하고 '서울 불바다' 발언만 소개해 남한을 일대 혼란에 빠뜨렸다. 그러나 당시 박영수의 발언은 '방어적 성격'이 짙었으며, 진정한 위기는 사실 우리도 모르는 사이에 워싱턴으로부터 오고 있었다. 당시 미국은 북한이 IAEA 사찰단을 추방하고 사용 후 연료봉을 원자로에서 빼내어 재처리를 강행하면 북폭도 불사하겠다는 입장이었다. 미국은 여러 차례의 워 게임을 통해 개전 3개월이면 한국군 사상자가 50만 명, 민간인 사상자가 수백만 명, 미군 사상자가 5만~10만 명에 달할 것이라는 가공할 만한 평가를 내렸다. 그럼에도 강경론이 득세한 워싱턴에서는 북폭론이 맹위를 떨치고 있었고, 6월 16일에는 클린턴 대통령의 재가를 위한 회의도 열렸다. 다행히 백악관에서 한반도 전쟁이 논의되고 있을 때 지미 카터 전 대통령이 김일성 주석을 만나 타협안을 만들었고, 이후 한반도 상황은 대화 국면으로 전환되었다. 1994년 10월에 이루어진, 북한은 핵을 포기하고 미국은 북한에 그에 상응하는 정치적 · 경제적 · 안보적 조치를 취한다는 것을 골자로 하는 제네바 합의는 이러한 진통 끝에 나온 '옥동자'였다.

그러나 미국 공화당의 눈에는 제네바 합의가 "악행을 보상하는" 모욕적인 결과로 간주되었다. 부시 행정부는 2001년 들어서 북 · 미 관계를 완전히 역전시켜놓기 시작했다. 부시 행정부는 대북 정책에서 '클린턴만 아니면 된다Anyting But Clinton'는 인식을 바탕으로 하고 있어서, 제네바 합의 재검토, 미사일 협상 중단, '악의 축' 발언, 대북 선제공격 전략 채택 등 강경 일변도로 나아갔다. 급기야 2002년 10월에는 고농축 우라늄 논란이 촉발되면서 '2차 한반도 핵 위기'가 시작되고 만다. 미국은 북한이 제네바 합의를 어겼다며 이 합의에 따른 중유 제공을 중단했고, 북한은 이에 맞서 IAEA 사찰단을 추방하고 2003년 1월에는 또다시 NPT를 박차고 나갔다. 한반도 위기가 또 한 번 고조되었지만, 부시의 우선적인 관심사는 이라크였기에 북한에 대한 무력 사용 옵션은 뒤로 미뤄졌다.

  2003년 3월 20일 미국의 이라크 침공, 4월 9일 바그다드 점령, 5월 1일 부시의 승전 선언 등이 잇따르면서 '다음은 북한'이라는 우려가 팽배했다. 그러나 끝난 줄 알았던 이라크 전쟁은 부시의 승전 선언을 비웃기라도 하듯 그때부터 본격화됐고, 미국은 결국 '이라크 수렁'에 빠져들고 만다. 이때부터 미국은 6자 회담을 통해 '관리 모드'에 접어들었고, 북한은 본격적으로 플루토늄 추출에 나서기 시작했다. 2003년 8월부터 시작된 6자 회담은 이렇다 할 성과를 내지 못했고, 부시가 재선에 성공하면서 북핵 문제는 새로운 국면을 맞이했다. 콘돌리자 라이스 미 국무부 장관은 북한을 '폭정의 전초 기지'라고 부르면서 강경한 자세를 누그러뜨리지 않았고, 이에 질세라 북한은 2005년 2월 핵 보유를 선언하고 말았다. 또다시 한반도 정세가 출렁거리기 시작한 것이다.

  그러나 부시는 이라크 수렁에 더욱더 깊이 빠져들고 있었고, 한국과 중국은 변하지 않는 부시에게 분노를 표출하기 시작했다. 미국이 뜻대로 북한을 몰아붙일 수 없는 상황이 된 것이다. 그러자 노무현 정부는 남북 관계 정상화를 시도하면서 북·미 관계 중재에도 나섰다. 이에 힘입어 2005년 7월에 6자 회담이 재개되었고 9월 19일에는 문제 해결의 기본 원칙을 담은 공동 성명(9·19 공동 성명)이 채택되었다. 노무현 정부는 이를 한반도 비핵 평화를 향한 '거보(巨步)'라고 표현하면서 큰 기대를 나타냈지만, 미국 네오콘은 그리 호락호락하지 않았다. 북한이 마카오 소재 방코델타아시아 은행을 통해 위조지폐를 제조·유통하고 있다며 미국이 북한에 금융 제재를 가하자 6자 회담은 또다시 '산소마스크를 낀 신세'로 전락하고 말았다. 방코델타아시아 은행 문제가 풀리지 않자, 북한은 2006년 7월에는 탄도 미사일 발사 실험을, 10월에는 최초의 핵 실험을 단행했다. 미국은 유엔 안보리 결의안을 주도해 북한에 강도 높은 경제 제재를 부과했고, 한국 내에서는 대북 포용 정책을 둘러싼 논란이 격화되었다.

　이번에도 한반도 반전 드라마는 쉽게 결론을 허락하지 않았다. 한사코 북·미 양자 대화를 거부했던 부시 행정부가 2006년 말에 양자 대화를 수용한 것이다. 이는 북한의 핵 실험에 화들짝 놀라 양보안을 제시한 것이라기보다는, 이라크 정책 실패의 여파로 네오콘들이 줄줄이 쫓겨나고 크리스토퍼 힐 6자 회담 수석대표 겸 국무부 차관보를 비롯한 협상파가 기지개를 켜게 된, '워싱턴 역학 관계의 변화'에 따른 것이었다. 2007년 1월 베를린에서 북·미 6자 회담 수석대표인 김계관과 힐이 만나 영변 핵 시설 폐쇄 및 금융 제재 해제에 대한 합의를 이뤄냈고, 이는 6자 회담의 2·13 합의를 통해 추인되었다. 이후 북핵 문제는 북·미 양자 회담과 6자 회담이 병행되면서 10·3 합의로 이어졌고, 2008년 들어 북한의 핵 프로그램 신고, 영변 냉각탑 폭파, 영변 핵 시설 불능화 착수, 대북 중유 지원, 미국의 대북 테러 지원국 해제 및 적성국 교역법 종료 등 가시적인 성과들이 쏟아져 나왔다. 한반도 반전 드라마는 바로 이때 극적인 모습을 연출한다. 북한을 '악의 축'으로 불렀던 부시 대통령이 북한을 테러 지원국에서 제외할 것이라고 누가 상상이나 했겠는가? 그러나 김정일과 부시는 마지막 고비로 부상한 검증 문제의 파고를 넘지 못하고 6자 회담은 새로운 위기 국면에 접어들었다. 이 과정에서 2008년 2월에 출범한 한국의 이명박 정부는 미국과 일본보다도 강경한 입장을 취하면서 6자 회담의 구도를 크게 흔들었다.

2009년 1월 일방주의와 군사 패권주의의 상징인 부시 행정부가 퇴장하고, 적대국과도 "터프하고 직접적인 외교"를 통해 문제를 풀겠다는 오바마 행정부가 등장하면서 한반도 정세의 대전환을 예측하는 목소리가 높아졌다. 그러나 한반도의 '반전 드라마'는 이러한 전망을 비웃기라도 하듯, 상반기 내내 일촉즉발의 위험한 상태로 나아갔다. 한·미·일 3국은 북한의 인공위성 발사에 대해 '위성의 탈을 쓴 탄도 미사일'로 간주했고, 이 문제를 유엔 안보리로 가져가 대북 제재 강화가 담긴 의장 성명을 채택했으며, 이에 분개한 북한은 2차 핵 실험으로 맞섰다. 그러자 유엔 안보리는 전례를 찾아보기 힘든 강력한 대북 제재 결의안을 채택했고, 북한은 "6자 회담은 끝났고 핵 포기도 기대하지 말라"며 격렬하게 반응했다. 이즈음 이명박 정부는 미국 주도의 대량 살상 무기 확산 방지 구상에의 전면 참여를 선언했고, 북한은 정전 협정 무효화를 경고하며 전면 대결을 선언했다. 이 무렵 남북 관계가 돌아올 수 없는 다리를 건넌 것이 아니냐는 우려가 팽배했다.

그러나 한반도의 반전 드라마는 비관론도 쉽게 허락하지 않았다. 2009년 6월 미국 여기자 두 명이 무리한 취재 욕심으로 북한 국경을 넘었다가 북한군에게 억류된 '우연한 사건'은 빌 클린턴 전 대통령의 방북과 김정일 위원장과의 면담으로 이어져 북·미 대화 재개의 디딤돌을 놓았다. 또 한 남북한의 화해 협력과 한반도 평화를 위해 일생을 바친 김대중 전 대통령의 서거는 북한의 최고위급 특사 조의단 파견과 조의단의 이명박 대통령 면담으로 이어졌고, 이는 결국 고 김 대통령이 우리 민족에게 건넨 마지막 선물이 되었다. 일본에서 54년 만에 이뤄진 정권 교체는 북·일 관계를 포함한 동북아 정세의 변화 가능성을 잉태했다. 그리고 12월 8~10일 스티븐 보스워스 대북 정책 특별 대표의 방북으로 이뤄진, 오바마 행정부 출범 이후 첫 북·미 간 공식 대화에서 양측은 6자 회담을 재개하고 9·19 공동 성명을 이행할 필요성이 있다는 데 동의했다.

(3) 북한의 패턴 대 미국의 패턴

2006년 10월, 1차 북한 핵 실험 때 북한이 오히려 국제 사회와의 대화가 재개되는 등 보상을 받았던 경험을 우리가 참고할 필요가 있다. 이번에도 이런 비슷한 패턴이 반복되지 않도록 국제 사회가 긴밀히 공조해 대응해야 한다. (이명박 대통령, 2009년 5월 26일 오바마 대통령과의 전화 통화에서)

과거의 북한에 행동 패턴이 있었다. 호전적으로 행동을 하고 오래 기다리면 도발 행위에 대한 보상이 있었다. 그렇지만 우리가 보내는 메시지는 그런 패턴을 깨자는 것이다. (버락 오바마 대통령, 2009년 6월 16일 기자 회견에서)

인용한 두 정상의 발언이 잘 보여주는 것처럼, 이명박-오바마의 대북 정책의 이면에는 '북한의 도발을 달래기 위해 대화를 하고 보상을 하는 지난 20년간의 패턴에서 벗어나야 한다'는 인식이 깔려 있다. 이는 '북한의 악행에 보상하지 않겠다'는 1기 부시 행정부의 접근법과 너무나도 닮았다. 부시를 강력히 비판하면서 미국 최초의 흑인 대통령으로 등장한 오바마에게서 '부시의 향기'가 느껴지는 것은 지독한 역설이 아닐 수 없다.

'엇박자'가 불가피해 보였던 이명박-오바마 조합은 북한의 연이은 강경책에 확고한 공조 체계를 구축했고, '북한의 패턴'을 종식하자는 데 뜻을 모았다. 피상적으로는 두 정상의 인식이 맞는 것처럼 보일 수 있다.

잠깐 과거의 일을 찬찬히 돌이켜보자. 1993년 북한이 NPT에서 탈퇴해 핵 개발에 나서자 미국은 대화를 재개하기 시작했고, 결국 북한의 핵 동결 및 궁극적인 폐기에 대한 보상으로 경수로와 중유 지원, 정치적·경제적 관계 정상화, 핵무기 불사용 등을 약속했다. 이것이 바로 미국의 강경파가 "북한의 도발에 미국이 굴복했다"고 말하는 1994년 10월 제네바 합의의 내용이다.

1998년 8월에는 북한 금창리 핵 의혹 시설 문제와 북한의 소형 인공위성 '광명성 1호'(한·미·일 3국은 이를 탄도 미사일인 '대포동 1호'로 부른다) 발사가 연이어 터졌다. 북·미 간에는 거친 신경전이 전개되었지만, 결국 미국은 북한의 핵 의혹 시설을 방문하는 대가로 50만 톤의 식량을 지원했고, 북한이 추가 미사일 발사를 유예한 것에 대한 보상으로 경제 제재를 부분 해제했다. 이러니 북한의 도발에 대한 보상처럼 보일 수 있다. 부시 행정부 막바지에도 이와 비슷한 패턴이 나타났다. 줄곧 북한과의 직접 대화를 거부했던 부시 행정부는 2006년 7월 북한이 탄도 미사일을 시험 발사하고 그 3개월 뒤에 핵 실험을 벌인 이후에야 비로소 직접 대화에 나섰다. 그리고 북한의 영변 핵 시설 봉인과 폐쇄에 대한 보상으로 방코델타아시아 은행 문제 해결, 20만 톤의 중유 제공을 약속했다. 미국의 방코델타아시아 은행 문제 해결이 지연되자 북한도 핵 시설 봉인과 폐쇄를 미뤘다. 2008년 8월에는 북한이 진행 중이던 영변 핵 시설 불능화를 중단했고 원상 복구를 경고했다. 그러자 미국은 테러 지원국 해제라는 '보상'을 하고서야 불능화 재개를 받아낼 수 있었다.

이명박 대통령은 물론이고 오바마 대통령도 이러한 북한 핵미사일 문제의 전개 과정에 상당히 문제가 있다고 생각한다. 두 정상의 눈에 비친 패턴은 북한이 도발을 하면 미국이나 한국이 보상하는 것이었기 때문이다. 그래서 북한의 2009년 4월 장거리 로켓 발사에 대해서도, 5월 2차 핵실험에 대해서도 북한이 과거와 같은 보상을 원하는 것으로 규정하고 '도발에는 보상이 없다'며 한목소리를 낸 것이다. 이러한 인식을 바탕으로 한·미 양국은 북한의 '광명성 2호'(한·미·일 3국은 이를 탄도 미사일인 '대포동 2호'로 본다)에는 유엔 안보리 의장 성명으로, 2차 핵 실험에는 고강도의 대북 제재가 담긴 안보리 결의안 1874호로 응수했다. 그리고 이후 북한의 적극적인 대화 제의에 한·미 양국은 극히 소극적인 태도로 일관했다.

그러나 지난 20년간의 북핵 협상을 '도발과 보상이 반복되는 패턴'으로 이해하는 것은 객관적인 진실과 상당한 거리가 있다. 1993년 3월 북한의 NPT 탈퇴에는 특별 사찰을 둘러싼 북한과 IAEA의 갈등, 한·미 양국의 팀스피릿 훈련 재개, 미국의 북·미 고위급 회담 불응이라는 원인이 있었다. 북한의 NPT 탈퇴 유보는 3개월 후 북·미 고위급 회담을 열어 상호 간의 우려를 대화로 풀기로 약속했기 때문에 가능했다. 이후 비교적 순탄하게 전개되던 북·미 협상은 "핵을 가진 자와 악수할 수 없다"는 김영삼 정부의 초강경 대북 정책과 미국 내 강경파의 반격, 그리고 북한의 핵 연료봉 인출 시도(이는 재처리의 전 단계로 간주되었다)가 맞물리면서 최악의 위기로 치달았다. 미국의 북폭론과 북한의 전쟁 불사론이 충돌하면서 전면전의 위기가 감돌았던 한반도 정세는 카터 전 대통령의 방북으로 극적인 반전에 성공했다. 북·미 고위급 회담이 재개되었고, 김영삼 정부의 강력한 반발에도 불구하고 그해 10월에 제네바 북·미 기본 합의가 체결되었다.

2차 핵 위기로 빛이 바래긴 했지만, 한·미·일 3국은 제네바 합의를 통해 북한의 핵 개발을 8년간 '동결' 시키는 성과를 얻었다. 만약 이 합의가 없었다면, 한반도에서 전쟁이 벌어졌거나 북한의 핵 보유 시점이 10년 정도 빨라졌을 것이다. 그러나 제네바 합의를 통해 북한이 얻은 것은 중유 수백만 톤밖에 없다. 2003년까지 지어주기로 한 경수로는 2003년부터 공사가 중단되었고, 미국이 약속한 소극적 안전 보장(핵무기 사용 및 사용 위협을 하지 않겠다는 약속)도 미국이 1990년대에 본토에서 북한을 상정한 모의 핵 공격 훈련을 실시했다는 것이 비밀문서 해제로 확인되면서 공약(空約)으로 끝났다. 북한과의 정치적·경제적 관계를 완전히 정상화하겠다던 미국의 약속도 지켜지지 않았다. 그러니 제네바 합의에 대한 배신감은 북한이 더 강하게 느낄 수밖에 없다.

제네바 합의 이후 미국의 관심사에서 멀어진 북한은 1998년 8월 금창리 핵 의혹 시설 문제와 '광명성 1호' 발사가 이어지면서 화려하게(?) 재등장했다. 그렇다면 이 두 가지를 북한의 악행이나 도발로 볼 수 있을까? 금창리 논란은 미국 정보기관이 《뉴욕 타임스》에 첩보를 흘리면서 불거졌다. 이로써 미국에서는 북한이 제네바 합의를 위반했다는 주장이 비등했다. 그러나 미국이 지하 핵 시설로 지목한 금창리는 '텅 빈 동굴' 이었다. 이것은 북한의 해명을 믿지 않았던 미국이 50만 톤의 식량 지원을 약속하고 두 차례에 걸쳐 금창리를 방문하고 나서야 확인한 사실이다. 이에 따라 금창리 논란의 결과는 '미국이 북한의 악행을 보상한 것' 이 아니라 '미국이 정보 조작의 대가를 스스로 지불한 것' 이라고 보는 것이 정확하다.

'광명성 1호' 혹은 '대포동 1호' 도 비슷한 맥락에서 이해할 필요가 있다. 기실 탄도 미사일인 '대포동 1호' 는 미국이 붙여준 이름이고, 북한이 당시에 발사한 것은 미국 정보기관도 나중에 인정한 것처럼 인공위성 '광명성 1호'였다. 당시에는 북한이 로켓 발사를 하지 않겠다고 약속한 적도 없었고, 이를 금지하는 유엔 안보리 결의안도 없었다. 쉽게 말해 당시 '광명성 1호' 발사는 어떠한 합의나 국제 규범을 위반한 일이 아니었다. 어쨌든 이 로켓 발사를 계기로 미국은 대북 정책을 재검토하기 시작했고, 김대중 정부의 적극적인 대미 개입에 힘입어 '페리 보고서'가 나올 수 있었다. 1999년 9월에는 북·미 간의 베를린 합의가 나와 북한이 추가적인 탄도 미사일 발사 유예를 약속했고, 미국은 경제 제재 완화를 약속했다. 9개월 후 이행된 미국의 경제 제재 완화는 상징적 수준에 머물렀다. 이는 테러 지원국 해제가 이뤄지지 않은 탓이 컸다.

북한의 탄도 미사일 시험 발사 유예 약속은 2006년 7월 초까지 지켜졌다. 2003년 북한은 부시 행정부의 대화 거부와 적대시 정책을 문제 삼으면서 유예 약속이 유효하지 않다고 발표하기도 했다. 그렇다면 북한이 미사일 발사를 유예한 8년간의 '협력'의 대가로 얻은 것은 무엇일까? 앞서 언급한 상징적 수준의 경제 제재 완화 이외에는 아무것도 없다. 클린턴 행정부 막바지에 타협 일보 직전까지 갔던 미사일 협상은 2001년 미사일 방어 체제 구축을 사활적 이해로 간주한 부시 행정부의 등장과 함께 없던 일이 되었다.

오히려 북한이 1994년 제네바 합의와 1999년 베를린 합의를 이행하고 있던 시기에 미국은 '악행'으로 응수했다. 부시 행정부는 2000년 양국 관계의 포괄적이고 근본적인 개선 방안을 담은 북·미 공동 코뮤니케를 무시하는 한편, 2001년 '핵 태세 검토 보고서'에서 북한을 핵 선제공격 대상으로 명시했고, 2002년 1월에는 9·11 테러와 아무런 관계가 없는 북한을 '악의 축'으로 지목했다. 그런데 당시에는 부시 행정부가 북한이 제네바 합의를 이행하고 있다며 중유를 제공하고 있었다. 따라서 미국은 북한의 '악행에 대한 보상'은 고사하고 '선행에 대한 배신'을 보인 셈이다. 북한이 2006년 7월과 10월에 탄도 미사일 시험과 핵 실험을 실시한 것 역시 방코델타아시아 은행 문제와 함께 부시 행정부가 직접 대화를 거부한 데에서 비롯된 측면이 강했다. 이를 반영하듯 2007년 초부터 북·미 직접 대화가 시작되면서 비핵화 과정이 빠르게 진행됐다.

2007년 2·13 합의에 따라 북한이 약속한 영변 핵 시설 봉인과 폐쇄의 '일시' 불이행 역시 마찬가지 맥락에서 이해할 수 있다. 당시 미국은 30일 이내에 방코델타아시아 은행 문제를 해결할 것을 약속했다. 그러나 미국은 이 시한을 지키지 못했고, 이에 따라 북한은 영변 핵 시설을 봉인·폐쇄하지 않았다. 그러나 방코델타아시아 은행 문제가 해결되자 북한은 즉각 약속을 이행했다. 2008년 하반기에도 비슷한 일이 발생했다. 8월 중순 북한은 10·3 합의에 따라 진행했던 영변 핵 시설 불능화를 중단하고 원상 복구를 경고하고 나섰다. 당시 국내외의 많은 전문가들은 이러한 북한의 강경 조치를 김정일 위원장의 건강 문제와 연계시켰다. 그러나 북한의 불능화 중단은 김정일의 건강 문제 때문이 아니라 미국이 8월 11일까지 하기로 한 테러 지원국 해제를 이행하지 않았기 때문에 벌어진 일이었다. 10월 중순에 미국이 이 약속을 지키자 북한도 불능화 작업을 즉각 재개했다.

이처럼 1993~2008년의 과정을 살펴보면, 이명박-오바마가 공유하고 있는 대북 인식은 역사적 진실보다는 '선입견'에서 비롯된 측면이 강하다는 걸 알 수 있다. 15년의 역사를 객관적으로 살펴보면 이러한 인식과 다른 세 가지 중요한 패턴을 발견하게 된다. 첫째, 흔히 일컫는 북한의 '도발', '악행', '벼랑 끝 전술'은 아무 이유 없이 나온 것이 아니라, 약속 불이행이나 대화 거부 등 미국의 정책에 대한 북한의 반응인 경우가 대부분이었다는 것이다. 둘째, 미국은 북한이 핵 개발에 나서거나 미사일을 쏘지 않으면 북한에 관심이 없다가, 북한이 '도발적인 행동'을 했을 때 비로소 관심을 가졌다는 것이다. 셋째, 미국은 북한이 협력하고 약속을 이행하면 엄청난 보상이 있을 것처럼 말했다가, 실제로는 북한의 '협력' 대가를 지불하는 데 대단히 인색했다는 것이다. 외교 안보란 상대가 있는 게임인 만큼, 북한의 패턴을 종식시키려면 미국의 패턴도 달라져야 한다는 것이 지난 역사가 전해주는 교훈이다.

2. 21세기 '코리아 아마겟돈'

(1) 북한의 핵 위협

군사적 위협은 객관적으로 존재하는 물리력과 인간의 주관적 인식의 '조합'이다. 가령 한국이 세계 최대의 핵보유국인 미국으로부터 위협을 느끼지 않는 것은 미국의 군사력이 약해서가 아니라 미국이 한국과 동맹 관계에 있기 때문이다. 핵보유국인 중국과 러시아를 심각한 위협으로 간주하지 않는 것 역시 한국이 이들 나라와 국교를 수립하고 정치, 경제, 외교, 문화 등 다방면에서 교류하고 있기 때문이다. 반면 북한의 핵 보유를 심각한 위협으로 간주하는 데에는 핵무기와 그 운반 수단인 탄도 미사일이라는 객관적 존재 못지않게 북한과의 적대 관계 및 이를 위협이라고 보는 사람들의 인식이 개입되어 있다.

그런데 북한의 핵 보유를 위협으로 인식하는 수준도 사람에 따라 천차만별이다. 극히 일부이지만, 남한에는 북한의 핵 보유가 미국의 선제공격을 억제해 한반도의 전쟁 방지에 도움이 된다고 생각하는 사람들도 있다. 이러한 생각을 위험하고 친북적이며 순진한 생각이라고 볼 수도 있다. 그러나 영국의 전략가인 로렌스 프리드먼Lawrence Friedman이 "미국의 무력 사용을 억제할 수 있는 가장 신뢰할 만한 방법은 스스로 핵무기를 갖는 것"이라고 말했고, 2003년 미국의 이라크 침공 이후 이라크 내에서 '우리가 북한처럼 핵무기를 갖고 있었다면 과연 미국이 침공할 수 있었을까' 라는 반문이 제기된 것을 떠올릴 필요가 있다.[185] 한편 유명환 외교통상부 장관은 "북한이 기도하는 것은 6·25 전쟁 후 지금까지 적화 통일"이고 "이를 위한 수단으로 핵무기를 개발한 것"이라며, "북한이 핵무기를 개발한 것은 미국과의 문제일 뿐이고 과연 남한을 향해 쓰겠느냐고 하는 것은 순박한 생각이며 위험하다"고 말했다.[186] 이명박 정부를 비롯한 보수파를 의식해 이런 발언을 한 것인지, 아니면 실제로 이렇게 인식하고 있는 것인지는 불확실하지만, 그가 북한의 핵 보유 의도는 적화 통일에 있고 북한이 남한을 향해서도 핵무기를 사용할 수 있다고 보고 있는 것은 확실하다. 이렇게 되면 이스라엘이 이란 핵을 일컬을 때처럼, 북핵은 남한에 '존재론적 위협existential threat'이 된다.

  북한의 핵 위협과 관련해 일차적인 관심사는 핵 무장 수준이다. 2010년 3월 현재 북한은 30~50킬로그램 정도의 플루토늄을 보유하고 있는 것으로 추정되는데, 이 양은 5~10개의 핵무기를 만들 수 있는 수준이다. 이 플루토늄은 영변 5메가와트 원자로의 가동과 재처리를 통해 추출된 것이다. 한편 북한은 2006년과 2009년 두 차례에 걸쳐 핵 실험을 단행했고 여기에 10킬로그램 정도의 플루토늄이 소비된 것으로 추정된다. 플루토늄 핵폭탄은 고성능 폭발 장치가 작동하는지 여부를 확인하기 위해 핵 실험을 필요로 하는데, 북한은 두 차례의 핵 실험을 통해 미국이 1945년 나가

---

185) Charles D. Ferguson, "The Long Road to Zero", *Foreign Affairs*(2010년 1/2월).
186) 《경향신문》(2009년 9월 19일).

사키에 투하한 '뚱보' 수준의 핵폭탄 제조 능력은 확실히 보유한 것으로 분석되고 있다.

향후 북한의 핵 능력과 관련해서는 크게 보아 두 가지 점이 주목된다. 첫째는 '양적' 증강이다. 5메가와트 원자로는 냉각탑 폭파를 비롯한 불능화가 일부 진행되어, 이 원자로로 플루토늄을 생산하려면 복구가 필요하다. 만약 북한이 5메가와트 원자로를 복구해 재가동에 들어가 사용 후 연료봉을 재처리한다면 연간 6킬로그램 안팎의 플루토늄을 생산할 수 있다. 그러나 이 원자로는 이미 노화되어 지속적인 가동 여부는 불확실한 상황이다. 북한이 핵무기를 제조할 수 있는 또 하나의 경로는 우라늄 농축 프로그램이다. 북한은 2009년 9월 우라늄 농축 실험에 성공했다고 발표했는데, 이 프로그램의 정확한 규모와 가동 여부는 안개 속에 가려져 있다. 북한이 우라늄 농축 프로그램을 통해 핵분열 물질을 확보하려면 다량의 원심 분리기와 전력이 필요한데, 이 수준의 능력을 확보하고 있는지에 대해서도 의문이 제기된다(우라늄 농축 프로그램은 외부에서 포착하기가 대단히 어렵다). 참고로, 핵무기 한 개를 만들 수 있는 25킬로그램의 고농축 우라늄을 확보하기 위해서는 약 1,000개의 원심 분리기를 1년 동안 쉬지 않고 가동해야 한다. 이러한 사정을 종합해볼 때, 단기적으로 북한이 핵무기고를 대폭 증강시킬 수 있는 우라늄 농축 프로그램을 확보하고 가동하기는 어려울 전망이다. 또 하나의 경로는 건설이 중단된 50메가와트 원자로를 완공하여 가동하는 방법이다. 공사를 재개하면 완공할 때까지 2~3년이 걸릴 것으로 보이는 이 원자로를 가동해 사용 후 연료봉을 재처리하면 북한은 매년 10개 안팎의 핵무기를 만들 수 있는 플루토늄을 추출할 수 있다. 북한이 이 카드를 꺼내 들지는 향후 최대 변수 가운데 하나다.

다음으로 북한 핵무기의 질적 측면이다. 여기서 중요한 것은 핵무기의 운반 수단인데, 항공기, 선박, 미사일, 포탄 등이 그 수단으로 사용될 수 있다. 그러나 항공기나 선박으로 핵폭탄을 운반하는 것은 상대적으로 포착이 용이하고 피격될 가능성이 높으며 시간도 많이 걸린다는 점에서 한계가 있다. 따라서 관심을 끄는 방식은 두 가지다. 하나는 핵무기를 소형화해 탄도 미사일에 탑재하는 것이고, 다른 하나는 '더티 밤'을 장사정포나 방사포로 쏘는 것이다. 핵폭발 장치가 아니라 재래식 폭탄에 방사능 물질을 섞어 사용하는 더티 밤은 투하 인근 지역까지 방사능으로 오염시킬 수 있기 때문에 엄청난 사회적 혼란을 야기할 수 있다. 그러나 실전에서는 유용성이 떨어지고 대량 살상이나 파괴 효과가 그리 크지 않다는 한계가 있다.

탄도 미사일의 경우, 북한이 '스커드', '노동', '대포동' 같은 미사일을 상당량 보유하고 있으므로 여기에 핵탄두를 장착하면 가공할 위협이 될 수 있다. '스커드'는 남한 전역을, '노동'은 일본 전역을, '대포동'은 미국 일부까지를 사정거리에 두고 있기 때문이다. 그러나 이들 미사일에 핵무기를 장착하기 위해서는 핵탄두를 반드시 소형화해야 한다. 북한의 능력이 어떠한지 정확하게 알려지진 않았지만, 소형 핵탄두를 제조하는 데에는 상당한 시간과 기술이 필요하다는 것이 대체적인 평가다. 참고로, 미국이 나가사키에 투하한 핵폭탄의 무게는 4.5톤이었고, 북한의 단거리 탄도 미사일인 '스커드'의 탑재 중량은 1톤 수준이다. 또한 사정거리가 길어질수록 탄두 중량은 가벼워진다. 이러한 한계를 반영하듯, 미국은 2010년 미사일 방어 체제 보고서에서 "북한이 대륙간탄도미사일급 탄두 능력을 입증하지 못했다"며, 북한의 지속적인 핵탄두와 미사일 개발을 전제로 하면 "북한이 10년 이내에 핵탄두 탑재 대륙간탄도미사일 개발에 성공할 것"이라고 분석했다.[187]

북한의 핵 보유가 현실로 굳어지고 그 양과 질이 향상될 경우 한반도 정세는 새로운 국면을 피할 수 없다. 일각에서는 북한이 핵을 앞세워 적화통일을 시도할 것이라고 주장하고, 다른 일각에서는 북핵이 미국이나 남한의 공격을 억제해 한반도 전쟁을 예방하는 데 도움이 될 수 있다고 생각한다. '미래의 불확실성'을 인정하더라도 이러한 극단적인 편향은 현실과는 거리가 멀다. 현실적이고 확실한 우려는 한반도 군비 경쟁이 격화되고 군사적 준비 태세가 강화되는 속에서, 조지 오웰이 말한 '평화 없는 평화의 상태', 곧 한반도 냉전이 고착화되는 것이다. '코리아 아마겟돈'의 시나리오도 배제할 수 없다. '코리아 아마겟돈'은 북한의 핵 무장과 급변 사태, 미국의 북핵 탈취론과 한국의 흡수 통일론이 만날 때 벌어질 수 있다. 서로 밀접한 연관을 갖고 있는 이 네 가지 조합이 만날 때, 한반도는 냉전을 넘어 열전(熱戰)을 맞게 될 것이다. "미군이 평양을 향해 진군하는데도 북한이 핵무기를 사용하지 않을 것이라고 기대할 수 있는 아무런 이유도 없기 때문이다."[188]

(2) 북한 급변 사태와 '코리아 아마겟돈'

북한의 핵 무장화는 북한 급변 사태 대비론을 새로운 차원에 올려놓았다. 1990년대에도 북한 붕괴론이 맹위를 떨쳤는데, 당시에는 북한이 자포자기식의 전쟁을 벌일 가능성에 대비하거나 북한 붕괴가 임박할 경우 '연착륙'으로 유도해야 한다는 대책이 주류를 이뤘다. 그러나 2000년대 들어 양상이 달라지기 시작했다. 북한을 '악의 축'으로 규정하고 북한의 '정

---

187) Department of Defense, *Ballistic Missile Defense Review Report*(2010년 2월).
188) Keir A. Lieber · Daryl G. Press, "The Nukes We Need", *Foreign Affairs*(2009년 11/12월).

권 교체'를 꿈꿨던 부시 행정부는 북한에 급변 사태가 발생하면 핵무기를 비롯한 대량 살상 무기가 위험한 세력의 손에 넘어가 테러 집단에 판매될 수 있다는 이유를 들어 한미 연합군 혹은 미군 특수 부대를 투입해 북한의 대량 살상 무기를 탈취·확보하는 군사 계획을 세웠다. 이것이 바로 '개념 계획(혹은 작전 계획) 5029'다. 그러나 노무현 정부가 주권 침해 및 한반도 전면전 발발의 우려를 들어 이를 구체화하길 꺼리고, 부시 행정부가 대북 정책 전환으로 북핵 협상에서 성과를 내면서 이 계획은 누그러졌다.

그러나 2008년 2월에 취임한 이명박 정부는 '개념 계획'으로 묶여 있던 '5029'를 작전 계획화하는 것을 검토하기 시작했고, 그해 8월의 김정일 건강 이상설, 2009년 4월의 북한 로켓 발사 및 5월의 2차 핵 실험을 거치면서 '5029'는 또다시 탄력을 받았다. 미국 내 움직임도 심상치 않았다. 주한 미군 사령관은 수시로 북한에 급변 사태가 발생하면 한미 연합군을 투입하겠다는 계획을 밝혔고, 뉴트 깅리치 전 하원 의장은 북한이 2차 핵 실험을 강행하고 미국 여기자 두 명에게 12년의 노동 교화형을 선고하자 "유일한 해법은 북한 정권 교체"라고 목청을 높였다. 미국 외교계의 거물인 키신저도 미국과 중국이 중심이 되고 한국·일본·러시아가 협력하는 가운데 장기적으로 북한을 정리하는 것이 북핵 해법이라고 주장했다.[189] 민주당계 싱크 탱크로 분류되는 브루킹스 연구소의 마이클 오핸런 선임 연구 위원은 "북한의 갑작스러운 붕괴는 하나의 시나리오가 되고 있고", 특히 북한이 핵무기 개발을 계속하고 있으므로 북한 붕괴에 대비한 "모든

---

189) Henry Kissinger, "North Korea's Nuclear Challenge", *International Herald Tribune*(2009년 6월 4일).

우발 계획contingency plan이 강구되어야 한다"고 주장했다.[190] "미국은 김정일 사후에 대한 대비책이 부족하다"며, 미국의 사활적 이해가 걸려 있는 한반도와 동북아에서 미국의 이익을 수호하기 위해서는 장기적이고 근본적인 대비책이 필요하다는 지적도 나왔다.[191]

이러한 요구를 반영하듯, 오바마 행정부도 핵무기를 비롯한 대량 살상 무기 보유국의 급변 사태 대비책을 국방 정책의 우선순위로 삼고 있다. 2010년 4개년 국방 정책 보고서는 취약 국가의 대량 살상 무기에 문제가 발생하는 "긴급 상황에 직면하면, 국방부는 대량 살상 무기 및 그 관련 물질을 육·해·공에서 나포할 준비뿐만 아니라 이들의 위치를 확인해 확보하는 능력도 갖출 것"이라고 명시했다.[192] 이러한 지침도 구체화되고 있다. 월터 샤프 주한 미군 사령관은 2010년 3월 10일 "미국은 북한의 대량 살상 무기 제거 부대를 운용 중"이며, 이 부대가 "현재 실시 중인 키 리졸브Key Resolve 훈련에 참가하고 있고 실제 전쟁에도 참가할 것"이라고 밝혔다.[193] 키스 스탤더 미국 태평양 해병대 사령관 역시 "일본 오키나와 주둔 미 해병대의 가장 중요한 임무는 유사시 북한 핵무기를 신속하게 제거하는 것"이라고 말했다.[194]

이처럼 한·미 양국에서 '북한 급변 사태 대비론'이 강해지고 있는 이유는 크게 세 가지다. 하나는 북한의 2차 핵 실험을 비롯한 '도발적 언행'은 김정일의 건강 이상과 권력 승계 불안에서 비롯되었다는 판단이다. 또

---

190) Michael E. O'Hanlon, "North Korea Collapse Scenarios", *The Brookings Institution*(2009년 6월 9일).
191) Sung-Yoon Lee, "Life After Kim", *Foreign Policy*(2010년 2월 16일).
192) Department of Defense, *The Quadrennial Defense Review*(2010년 2월).
193) 《조선일보》(2010년 3월 11일).
194) 《동아일보》(2010년 4월 2일).

하나는 북한의 목표가 핵 보유라는 것이 명확해져, 더 이상의 협상은 불필요하다는 '외교 무용론'이다. 끝으로 북한의 핵 실험 이후 국제 사회가 단일하고 강력한 목소리를 내고 있어, 북한에 대한 실질적 압박이 가능해졌다는 판단이다. 특히 한국 내 보수파는 북한 급변 사태 발생을 '통일의 호기'로 간주하는 경향이 대단히 강하다. 반면 미국은 북한 급변 사태와 통치 능력 상실로 핵무기를 비롯한 대량 살상 무기가 북한 내 급진주의자나 북한 밖 테러 집단 등 '위험 세력'의 손에 넘어가는 것을 차단하기 위해 군사 투입이 필요하다고 본다.

한·미 양국이 '5029'를 통해 북한의 급변 사태로 규정하는 상황은 ▲핵과 미사일, 생화학 무기 등 대량 살상 무기의 유출, ▲북한의 내전 상황, ▲북한 정권 교체, ▲북한 내 한국인 인질 사태, ▲식량 부족 등으로 인한 대규모 주민 탈북 사태, ▲대규모 자연 재해, 이렇게 여섯 가지다. 이와 동시에 이명박 정부는 2009년 말에 북한 급변 사태 대비책으로 '비상 계획-부흥'을 만들었는데, 여기에는 상기한 상황 이외에 김정일의 사망과 같은 통치 능력 상실도 포함된 것으로 알려져 있다. 특히 이 계획은 미국이 1947~1951년 서유럽 16개국의 재건을 지원한 '마셜 플랜'을 상정하고, 통일부와 국가정보원이 공동 참여하는 범정부 차원의 '통합 매뉴얼' 성격을 띠고 있다. 이명박 정부는 이러한 보도 내용이 "사실과 다르다"고 말했지만, 이 계획의 존재 여부에 대해서는 확인도 부인도 하지 않았다.[195] 그런데 여기서 주목할 점이 있다. 한미 연합군의 북한 내 투입이 고려되는 북한의 급변 사태에는 북한이 완전히 붕괴되지 않은 상태나 남한을 공격하지 않은 상태도 포함되어 있다는 점이다. 이는 평화 통일과 국군의 의

---

195) 《문화일보》 (2010년 1월 13, 14, 18일).

무를 국토 방위로 한정한 대한민국 헌법뿐만 아니라 제3자가 무력 공격을 해올 때 군사력을 발동한다고 적시한 한미상호방위조약도 위반하는 것이라고 할 수 있다.

주목할 점은 '5029'와 같은 북한 급변 사태 대비책에 대한 논의에서 그 적실성과 합법성은 물론이고 그 위험성에 대한 지적도 잘 나오지 않는다는 사실이다. 2008년 국방백서에 따르면, 북한의 병력은 정규군과 예비군을 합쳐 약 880만 명에 이른다. 영토는 수천 개의 지하 터널로 요새화되어 있고 80퍼센트 가까이가 산악 지형이다. 따라서 만약 북한과의 전쟁이 일어난다면, 미국이 이라크와 아프가니스탄에서 벌이고 있는 전쟁을 훨씬 능가하는 인명 피해와 장기전이 불가피한 상황이다. 더구나 미국의 핵심 목표는 북한의 핵무기 탈취이기에 미국은 지상전의 대부분을 한국군에 넘기려고 할 것이다. 북한을 '완충 지대'로 간주해온 중국군의 개입도 배제할 수 없다. 북한의 선제공격에 따른 전쟁이 아니라, 북한의 급변 사태 발생을 이유로 한미 연합군이 북한에 투입되어 발생한 전쟁이라면 중국의 상황 인식이 달라지기 때문이다. 이는 북한의 급변 사태 발생 시 한미 연합군의 투입이 '통일의 기회'가 아니라 '제2의 민족상잔의 비극'이 될 것임을 예고한다.

가공할 시나리오는 여기에서 끝나지 않는다. 한반도에는 핵전쟁의 위험까지 도사리고 있다. 북한은 2009년 5월 초 한미 연합사의 '5029'에 "핵 억제력 강화로 맞서겠다"고 반발했고 실제로 핵 실험을 강행했다. 한 달 뒤에는 "우리의 핵 억제력은 조선반도와 주변 지역의 평화와 안전을 수호하는 강력한 방어 수단으로, 나라의 존엄과 자주권을 조금이라도 건드리는 자들에게는 정의의 보복 타격을 가할 무자비한 공격 수단이 될 것"이라며 '핵전쟁 불사론'까지 들고 나왔다. 이러한 거친 발언은 2010년 들어서도 '보복 성전'이나 '제2의 6·25 전쟁' 등을 통해서 계속되고 있다. 이러한 북한의 발언은 2008년 2월 미국 국가정보위원회 존 매코넬 국장의 발언을 떠올리게 한다. 그는 "북한이 정권의 붕괴를 가져올 수 있는 군사적 패배에 직면하거나 급변 사태가 발생하지 않으면 핵무기를 사용하지 않을 것으로 본다"고 말했다. 뒤집어 말하면, 북한에 급변 사태가 발생해 한미 연합군이 투입되면 북한이 핵무기를 사용할 가능성이 있다는 얘기다. 이는 곧 미국의 '확장핵 억제' 정책과 맞물려, 북한에 급변 사태가 발생하고 한미 연합군이 투입되면 '코리아 아마겟돈'으로 이어질 수 있다는 것을 의미한다.

그렇다면 한반도에서 핵무기가 터지면 어떤 상황이 벌어질까? 미국의 천연자원보호협회가 2004년 10월에 작성한 심층 연구 보고서 〈한반도 핵 사용 시나리오Nuclear Use Scenarios on the Korean Peninsula〉는 '코리아 아마겟돈'의 단면을 보여준다.[196] 이 보고서 작성을 주도한 토머스 코크런Thomas Cochran은 1970년대부터 미국 정부 프로젝트에 참여해온 베테랑 분석가이고, 그가 사용한 기법은 펜타곤이 핵전쟁 발발 시 피해 정도를 측정하는 '위험 예측 및 평가 능력Hazard Prediction and Assessment Capability'이라는 점에서 권위를 인정받았다. 이 보고서가 상정한 시나리오는 두 가지다. 하나는 미국이 '벙커 버스터' 핵폭탄을 북한의 군사 요충지에 투하하는 것이고, 또 하나는 북한이 서울 용산에 핵 공격을 가하는 것이다. 그 피해 규모는 기상, 인구 밀도, 지형 및 주요 시설의 방호 수준과 도시화 수준 등 '객관적인 조건'과 핵폭탄의 위력, 투하 위치, 폭발 고

---

[196] 이 보고서의 원문 전문은 http://docs.nrdc.org/nuclear/files/nuc_04101201a_239.pdf에서 볼 수 있다. 또한 이 보고서를 참조해 작성한 글로는 강정민·황일도, 〈美 NRDC 한반도 핵폭격 시뮬레이션〉, 《신동아》 (2004년 12월)가 있다.

도 등 '공격자의 선택'에 따라 달라질 수 있다.

먼저 미국의 벙커 버스터 핵폭탄 투하에 따른 피해 수준을 살펴보자. 부시 행정부는 적대국의 지하 시설 파괴용으로 지표 관통형(벙커 버스터) 핵무기 개발을 추진했는데, TNT 400킬로톤과 TNT 1.2메가톤의 핵폭탄을 그 후보로 삼은 바 있다. 천연자원보호협회는 미국의 핵 공격 후보지로 북한의 15곳을 선정했고, 이 가운데 평안남도 북창 공군 기지와 함경남도 차호 해군 기지를 상세히 분석했다. 평양에서 북서쪽으로 80킬로미터 떨어진 북창 공군 기지는 미그기가 대거 배치된 핵심 공군 기지다. 여러 가지 공격 시나리오 가운데 북서풍이 부는 가을에 핵폭탄을 투하했을 때, 400킬로톤의 핵폭탄은 40만 명, 1.2메가톤의 핵폭탄은 110만 명의 사망자를 낼 것으로 예측됐다. 계절이 여름이면 사망자 수가 더욱 늘어날 것으로 추정됐다. 인구 밀도가 낮은 반면에 잠수함이 대거 배치된 차호 해군 기지에 핵폭탄이 투하될 시에는 최대 29만 명까지 사망자가 나올 수 있다고 분석됐다.

북한이 서울을 핵 공격할 경우엔 피해 규모가 더욱 끔찍하다. 천연자원보호협회는 북한이 이북에까지 방사능 낙진 피해가 미치지 않도록 15킬로톤의 핵폭탄을 북서풍이 부는 날에 국방부와 합참, 주한 미군 사령부와 한미 연합사가 있는 용산의 삼각지에 투하할 수 있다고 지목했다. 그리고 용산 상공 500미터에서 핵폭탄이 터지면 62만 명, 100미터 상공에서 터지면 84만 명, 지표면에서 터지면 125만 명까지 사망자가 발생할 것으로 봤다. 이러한 피해 규모는 핵폭발 충격파와 화구 fireball에서 발생하는 열 복사선, 방사선과 낙진에 의한 방사능 오염 등 핵폭발의 직접적인 원인으로 인한 사망자 수치이고, 여기에 도시가스 저장소와 주유소 화재, 건축물 폭파로 인한 잔해와 유리 파편으로 인한 간접적인 피해까지 고려하면,

피해 규모는 훨씬 커질 수 있다.

　미국이든, 북한이든 먼저 핵무기를 쓴다는 것은 비현실적인 가정이라고 여길 수도 있다. 먼저 핵을 쓰는 순간, 군사적 효용은 차치하고 정치적 패배자가 될 수밖에 없기 때문이다. 이러한 맥락에서 미국과 북한은 자국의 핵무기가 '억제용'이라고 주장한다. 문제는 억제가 실패할 경우에 발생한다. 군사력을 포함한 국력에서 한미 동맹에 비교가 되지 않는 북한은 군사적 패배에 직면할 경우 '최후의 수단'인 핵무기 사용 위협을 가하거나 실제로 핵무기를 사용할 가능성을 배제할 수 없다. 실제로 북한의 외무성은 2010년 4월 21일 비망록을 통해 "핵보유국과 야합하여 우리를 반대하는 침략이나 공격 행위에 가담하지 않는 한 비핵 국가들에 대하여 핵무기를 사용하거나 핵무기로 위협하지 않는 정책을 변함없이 견지하고 있다"고 밝혔는데, 이는 남한이 미국과 함께 대북 공격에 나서면 남한에 대해 핵 보복을 할 수 있다는 의미를 담고 있다. 이를 확인해주듯, 북한의 리영호 총참모장은 사흘 후에 남한과 미국이 "우리의 하늘과 땅, 바다를 0.001밀리미터라도 침범한다면 핵 억제력을 포함한 모든 수단을 총동원해 침략의 아성을 흔적도 없이 날려버릴 것"이라고 위협했다. 한국에 핵우산을 제공하고 있는 미국은 한반도 유사시, 특히 북한이 핵무기를 사용할 경우 '대량 보복 전략'에 따라 핵 보복에 나설 가능성이 있다. 오바마 행정부도 대북 핵 공격 계획을 유지하기로 했다. 여기에는 한국에 대한 안전 보장 차원을 넘어, 다른 동맹국들에게도 '핵우산'의 신뢰성을 입증하기 위해 북한을 희생양으로 삼을 수 있다는 계산이 깔려 있다. 이러한 '코리아 아마겟돈' 시나리오는 북한 급변 사태를 대비하는 데 새로운 접근법이 필요하다는 것을 시사한다.

　한·미 양국이 '5029'를 비롯한 군사 계획을 구체화하고 공개하고 있는 상황에서 북한 급변 사태가 발생하면 상황이 걷잡을 수 없을 정도로 악화될 수 있다. 한미 연합군이 실제로 투입되면 앞에서 말한 위험성을 고스란히 안게 될 것이다. 실제로 투입되지 않더라도, 한미 연합군의 사소한 움직임만으로도 북한의 경계 태세 강화와 맞물려 우발적 충돌의 위험이 높아질 수 있다. 특히 한국 국방부는 북한의 핵 공격 징후를 포착하면 선제타격으로 북핵을 파괴하겠다고 공언하고 있다. 북한은 한미 연합군의 '5029' 실행 가능성에 맞서 탄도 미사일 발사 준비 태세에 돌입하고, 한·미 양국은 북한의 선제 핵 공격에 대비해 선제타격 준비를 갖출 수 있다는 것이다.

이러한 일촉즉발의 상황을 예방하기 위해서는 '평시'의 관계가 대단히 중요하다. 서로 간의 불신이 팽배한 상태에서는 사소한 움직임을 오인하거나 오판하여 우발적 충돌이 일어날 위험이 높아질 수밖에 없기 때문이다. 또한 북한 급변 사태 발생이 엄청난 결과를 초래할 수 있으니 대북 정책의 최우선 목표는 '급변 사태 발생 시 흡수 통일'이 아니라 급변 사태 발생 자체의 '예방'에 두어야 한다. 그럼에도 급변 사태가 발생하면 군사적 수단보다는 비군사적 수단으로 안정을 유지하는 데 중점을 두어야 한다. 이러한 우발적 전쟁 방지, 북한 급변 사태 발생 예방 및 발생 시 평화적인 문제 해결의 대전제가 남북 관계의 정상화에 있다는 것은 재론할 필요도 없다.

최초로 핵무기를 손에 쥐어 그 무기를 사용한 트루먼은 "핵무기에 지나치게 사로잡혀 전쟁이 진짜 악마라는 사실을 망각해서는 안 된다"고 말했다. 이는 핵무기의 필요성을 강조하려는 취지에서 나온 발언이지만, 오늘날의 한반도와 관련해서도 새겨볼 필요가 있다. 북핵 해결이 반드시 달성해야 할 목표이긴 하지만, 전쟁이라는 "진짜 악마"까지 불사하는 선택을 해서는 안 되는 것이다. 북한의 급변 사태 발생을 '핵 문제 해결의 호기'로 인식하는 미국이나 '통일의 기회'로 간주하는 한국의 보수파들에게 이 말을 들려주고 싶은 것은 그 때문이다.

(3) 한국의 핵 주권론, 어떻게 볼 것인가

1970년대 박정희 정권의 핵 개발 시도가 실패한 이후에도 한국의 핵 주권론은 여전히 강력했다. 박정희의 좌절된 꿈을 다룬 김진명의 장편 소설 《무궁화 꽃이 피었습니다》는 450만 부가 팔렸고 영화로도 만들어질 정도로 큰 반향을 일으켰다. 2009년 하반기에 방영된 드라마 〈아이리스〉도 핵 주권에 대한 향수를 불러일으켰다. 여론 조사를 보더라도 한국인의 잠재된 핵 무장 욕구가 대단히 강하다는 것을 알 수 있다. 2005년 8월 《동아일보》가 실시한 광복 60주년 기념 여론 조사에서는 응답자의 53퍼센트가 핵무기 보유에 찬성하는 것으로 나타났다. 또한 "핵무기를 가지면 다른 나라의 공격을 막아낼 수 있다"는 주장에 62퍼센트가 동의했고, "핵무기를 가지면 국제 사회에서 더 강력한 정치적 영향력을 가질 수 있다"는 데도 63퍼센트가 그렇다고 대답했다. 또한 《중앙일보》가 북한의 1차 핵 실험 일주일 후인 2006년 10월 16일 실시한 여론 조사에서는 응답자의 65퍼센트가 한국의 핵 보유에 찬성했다. 동아시아 연구원이 북한의 2차 핵 실험 직후인 2009년 6월 실시한 여론 조사에서도 응답자의 60.5퍼센트가 핵 보유에 찬성했는데, 이 기관이 2004년에 실시한 여론 조사 때보다 이 수치가 10퍼센트가량 높아진 점도 주목된다.[197] 한국인들이 핵무기를 상

---

197) 정한울·정원칠, 여론브리핑 48-1호 〈북 핵실험 이후 국민 안보 의식 변화〉(동아시아 연구원, 2009년 6월 29일).

당히 긍정적으로 보고 있음을 확인할 수 있는 대목이다.

한국의 핵 주권론은 2009년 들어 새로운 국면을 맞이했다. 일차적인 계기는 5월 북한의 2차 핵 실험이었다. 일부 정치인들은 남한도 핵무기를 가져야 한다고 목청을 높였고, 적어도 우라늄 농축과 재처리를 포함한 '핵연료 주기'를 자체적으로 완성해야 한다는 주장이 제기됐다. 또한 이명박 정부가 원전 산업을 녹색 성장과 새로운 수출 동력 분야로 삼으면서 핵 주권론이 새삼 주목을 받기 시작했다. 이러한 핵 주권론은 2014년 만료되는 한미원자력협정 개정론에 힘을 실어주고 있다. 현재 협정은 한국의 우라늄 농축과 재처리를 금지하고 있는 만큼, 이를 개정해 핵연료 주기를 완성할 수 있는 능력을 확보해야 한다는 것이다. 이처럼 2000년대 들어 한국 내에서는 독자적인 핵무기 보유를 주장하는 '핵무기 주권론'에서부터 '원전 르네상스' 시대를 대비하는 '핵연료 주기 완성론'에 이르기까지 다양한 수준의 '핵 주권론'이 제기되고 있다.

한국이 처한 지정학적 현실을 고려할 때, 독자적인 핵 보유론이 전혀 이해 못할 것은 아니다. 두 차례의 핵 실험을 단행한 북한은 적어도 기술적으로는 핵보유국으로 분류되고 있고, 북핵 문제의 해결은 여전히 미지수다. 또한 주변 4강 가운데 미국, 중국, 러시아는 5대 핵보유국의 일원이고, 다량의 플루토늄과 첨단 로켓 기술을 보유한 일본도 '잠재적인' 핵 강대국으로 분류될 수 있다. 핵우산을 포함한 미국의 안전 보장 역시 100퍼센트 신뢰할 수 없는 상황이다. 조선을 일본의 손에 넘겨준 가쓰라-태프트 밀약, 북한의 남침 징후가 농후한 시기에 이뤄진 미군 철수, 1970년대 미국의 주한 미군 철수 계획 등은 미국이 언제든 한국을 포기할 수 있음을 보여주는 역사적 사례들로 지적된다. 또한 2012년에 전시 작전 통제권이 환수되고 나면 미국의 안보 공약이 더욱 약해질 것이라는 우려도 있다. 이러한 상황을 종합해볼 때, 보험 차원에서 독자적인 핵 무장이나 핵 잠재력 확보가 필요하다고 생각할 수 있다.

그러나 한반도의 지정학적 현실과 갈수록 강화되고 있는 국제 핵 비확산 체제를 볼 때 이러한 인식에 대한 비판적 재검토가 필요하다. 우선 한국이 독자적인 핵 무장을 추구할 경우, 한반도는 물론이고 동북아의 군비경쟁이 불가피해진다. 미국 내에서는 한국의 핵 주권론이 북핵 문제 해결에 부정적인 영향을 줄 수 있다는 우려가 제기되고 있다. 또한 남한이든, 북한이든, 통일 코리아든 '비핵화'를 유지해야 한다는 것이 주변 4강이 공유해온 핵심 목표다. 이는 한국의 독자적 핵 무장을 불가능하게 만들거나, 한국이 핵 무장을 했을 때 득보다 실을 훨씬 크게 만드는 지정학적 요인이다.

국제 핵 비확산 체제 역시 한국 핵 보유론의 근본적인 장애 요인이다. 한국은 NPT 회원국이자 IAEA 안전조치협정 및 추가 의정서 가입국이기에 IAEA의 상시적인 감시와 사찰을 받고 있다. 이와 관련해 2004년에 불거진 남한의 과거 핵 실험 논란은 시사하는 바가 크다. 한국이 연구 목적으로 추출한 핵분열 물질은 핵무기 제조용으로 턱없이 부족함에도 이를 IAEA에 신고하지 않았다는 이유로 국제 사회는 한국의 의도에 강한 의구심을 표명했다. 당시 미국 내 일각에서 한국도 유엔 안보리에 회부해야 한다는 주장이 나올 정도였다. 다행히 한국이 IAEA 특별 사찰을 받아들여 사태가 마무리되었지만, 사소한 실험조차 국제 사회의 강력한 반응을 야기할 수 있다는 것을 보여준 사례였다. 이러한 사례가 보여주듯, 한국이 비밀리에 핵 개발을 하는 것은 불가능할뿐더러 한국이 핵 무장을 추진할 경우 국제 사회의 강력한 대응과 제재가 따르게 된다. 특히 무역 의존도가 70퍼센트에 달하고 핵연료를 수입에 의존하고 있는 한국의 상황을 고려할 때, 핵 무장 시도는 한국 경제에 엄청난 재앙을 가져올 수 있다.

기술적인 능력에서도 한국은 핵 무장과 거리가 한참 멀다. 일부에서는 한국이 현재 원전 20기를 가동 중이라는 점을 들어 한국의 조기 핵 무장이 가능할 것이라고 보기도 한다. 이를 반영하듯 한 언론은 정부 관계자의 말을 인용해, "우리도 3개월이면 핵무기를 만들 수 있다"고 보도한 바 있다.[198] 그러나 이는 상당히 과장된 것이다. 원전에서 나온 사용 후 연료봉에는 플루토늄이 있지만, 이를 이용하려면 재처리를 통해 플루토늄을 추출해야 한다. 다른 경로는 우라늄 농축 시설을 이용해 고농축 우라늄을 생산하는 것이다. 그러나 한국에는 재처리 시설이나 우라늄 농축 시설이 없다. 이런 시설을 만들기 위해서는 한미원자력협정과 한반도 비핵화 선언 같은 규범적 장애를 극복해야 할 뿐만 아니라 엄청난 시간과 비용이 필요하다. 상대적으로 용이한 방법은 핫셀Hot Cell 실험실을 만들어 사용 후 연료봉에서 플루토늄을 추출하는 것이지만, 한미원자력협정에 따라 사용 후 연료봉의 형질을 변경할 때에는 미국의 사전 동의가 필요하고, IAEA의 감시를 받고 있기 때문에 이를 비밀리에 수행하는 것은 불가능하다. 비밀 핵 개발이 상대적으로 용이한 우라늄 농축 프로그램의 경우, 이란의 사례에서도 알 수 있듯이 시설을 확보하는 데에만도 수년은 족히 걸린다.[199] 아울러 핵폭발 장치 및 탄도 미사일 개발도 필요한데, 이 역시 상당한 시간과 비용이 든다.

설사 법적·경제적·기술적 장애를 넘어선다 하더라도 안보적 관점에서 핵 무장은 결코 '보험'이 되기 어렵다. 현실적으로 남한의 핵 무장과

---

198)《한겨레》(2006년 10월 21일).
199) 정욱식·강정민,《핵무기 : 한국의 반핵 문화를 위하여》, 103~106쪽.

북핵 해결이 양립 불가능하다는 점을 고려할 때, 남한의 핵 무장은 남북한 사이의 '핵 대 핵'의 대결 시대를 열 것이다. 그런데 핵 무장과 탄도 미사일 능력에서는 당분간 북한이 남한보다 우위에 있을 수밖에 없고, 인구 밀도 및 도시화, 원전을 비롯한 산업 시설의 규모에서는 남한이 현격하게 앞서 있기 때문에, 북한보다 남한이 핵 공격에 훨씬 취약한 상태다. 주변 국가들과의 관계 역시 마찬가지다. 민주 국가인 한국은 영토가 좁고 인구 밀도가 높기 때문에, 핵무기의 분산 배치가 어렵고 은폐하기도 쉽지 않다. 또한 수백 수천 개의 핵무기를 갖고 있는 미국, 러시아, 중국은 물론이고 수년 이내에 수백 개의 핵무기를 제조할 능력을 갖고 있는 일본에 비해 한국은 양적·질적으로 한참 뒤처질 수밖에 없다. 이는 핵 억제력의 핵심인 '제2의 공격 능력'을 확보하는 것이 불가능하다는 것을 의미한다. 오히려 한국이 핵 무장을 선택해 북한 및 주변 강대국들을 상대로 핵 군비 경쟁을 벌이는 것은 안보 딜레마만 심화시킬 뿐이다.

끝으로 '평화적 핵 주권론'의 문제점을 살펴보자. 기실 이 문제는 핵 무장론보다 훨씬 복잡하다. 우선 NPT 회원국인 한국은, 핵 무장은 금지되어 있지만 우라늄 농축과 재처리 시설 보유는 NPT 조약상 가능하다. 그러나 앞서 언급한 것처럼 한미원자력협정과 한반도 비핵화 선언에 따라 우라늄 농축과 재처리 시설 보유는 금지되어 있다. 핵연료 주기를 완성한 일본의 경우와 비교해도 차이가 크다. 한국의 불만은 한국이 일본과 달리 핵 이용에 제한을 받고 있다는 관점에서 비롯된다. 이러한 핵 주권론은 지구 온난화 방지를 배경으로 도래한 '원전 르네상스' 시대에, 원자력 기술력을 발전시키기 위해서는 핵연료 주기 확보가 필요하다는 주장과 만나면서 새롭게 주목받고 있다. 특히 사용 후 연료봉을 재처리해 재활용하면 경제적으로 큰 이익이라는 주장이 자주 제기된다. 미래의 불확실성에 대비해, 100퍼센트 해외 수입에 의존하고 있는 핵연료를 자체적으로 생산하자는 주장도 있다.

그러나 이런 주장에 대한 반론도 만만치 않다. 남한이 주권, 저탄소, 경제성이라는 논리를 앞세워 핵연료 주기 확보를 시도할 경우, 북핵 문제 해결이 더더욱 난망해질 수 있다는 것이다. 한국의 자체적인 핵연료 주기 확보는 한반도 비핵화 선언의 완전 폐기를 의미하는데, 이렇게 될 경우 북한의 우라늄 농축과 재처리 시설 폐기를 설득하고 압박할 근거가 더욱 취약해지기 때문이다. 원전이 저탄소 에너지원이라는 것도 검증이 필요한 주장이다. 원전을 가동할 때에는 탄소 배출이 낮지만, 원전을 건설하면서 막대한 탄소가 배출되기 때문이다. 경제성에서도 문제가 있다. 재생에너지와 비교할 때 오히려 단위당 발전 단가가 높을뿐더러 안전 유지와 핵폐기물 처리 비용이 대단히 높아 '고비용 저효율'이라는 반론도 만만치 않다. 재처리를 하더라도 방사능 오염도가 높은 고준위 핵폐기물의 처리는 미해결 과제로 남는다. 결국 재처리와 핵폐기물 처리 비용이 핵연료 재활용의 편익을 훨씬 상회한다. 안전성도 근본적으로 우려되는 사항이다. 원자력 선진국으로 일컬어지는 미국, 러시아, 일본 등에서 크고 작은 방사능 유출 사고가 있었다는 점에서 '원전의 확산'은 '불안의 확산'을 수반한다. 또한 한반도 유사시 원전이 우선적인 공격 대상이 될 수 있다는 점도 간과해서는 안 된다.[200] 이러한 점들을 종합해볼 때, 핵 주권보다는 '비핵' 주권에 대한 상상력이 요구된다. 이에 대해서는 이 책의 결론에서 자세히 다룰 것이다.

---

200) Steven E. Miller · Scott D. Sagan, "Nuclear Power without Nuclear Proliferation?", *Dealus* 138(4)(2009년 가을).

3. 한반도-동북아-세계를 잇는 '3박자 비핵화론'

(1) 왜 '3박자 비핵화' 인가

경제 위기와 신종플루가 여실히 보여주듯, 시간이 흐를수록 지구촌은 '거대한 그물망' 처럼 서로 얽히고설킨다. '핵 도미노' 라는 표현이 말해주듯 핵 문제 역시 마찬가지다. 워싱턴의 핵 정책은 모스크바에 영향을 미치고, 미·러 양국의 핵 협상은 지구적 차원에서 파급력을 갖는다. 지구 온난화를 틈타 고개를 들고 있는 '원전 르네상스' 는 핵 비확산 체제에 영향을 주고 있고, 핵분열 물질에 대한 국제적 통제 체제의 형성은 한미원자력협정 개정에도 영향을 미친다. 우리에게 사활적 이해가 걸려 있는 북핵 문제 역시 한반도, 동북아, 세계 안보와 핵 문제에 큰 변수가 될 수밖에 없다. 그러나 지금까지는 '부정적' 확산 효과와 상호 연관성에만 주목해왔다. 예컨대 북한 핵 보유가 일본-한국-타이완의 핵 무장을 부추길 것이라는 '동아시아 핵 도미노론' 이 나왔고, 북한이 국제 핵 비확산 체제를 위협하는 주범이자 테러 집단에 핵무기를 이전할 유력한 후보라는 주장이 나왔다. 이러한 우려가 타당성이 있긴 하지만, 북핵 해결을 위해서는 발상의 전환이 필요한 것 또한 사실이다. 북핵 문제를 면밀히 살펴볼 수 있는 '현미경' 과 함께, 동북아와 지구적 차원의 핵 문제와 연결시켜 바라 볼 수 있는 '망원경' 도 필요하다. 한반도-동북아-세계 사이의 핵 문제가 갖는 긍정적 상호 연관성과 파급 효과를 야기할 수 있는 '지역적이고 지구적인 시각' 이 필요하다는 말이다.

한반도-동북아-세계를 잇는 '3박자 비핵화론triple time denuclearization' 은 이러한 문제의식에서 비롯된 것으로, 내가 2009년 8월부터 제안하기 시작한 개념이다.[201] 이런 문제의식을 갖게 된 직접적인 계기는 일본에서 동북아 비핵 지대를 정책 공약의 하나로 내세운 민주당의 집권이 확실시 된다는 판단이었다. 실제로 일본 민주당은 지난 총선에서 54년 만에 정권 교체에 성공했다. 또한 미국의 오바마 행정부가 4월부터 '핵무기 없는 세계' 를 주창하고 나선 것 역시 이 아이디어에 영감을 불어넣어 주었다. 나는 무엇보다도 한반도 비핵화라는 당면 과제를 달성하기 위해서는 '비핵화' 의 개념과 목표를 둘러싼 한·미·일 3국과 북한 사이의 동상이몽을 해소하는 것이 중요하다는 생각을 갖고 있었다. 한·미·일 3국이 말하는 '한반도 비핵화' 는 사실상 북한의 비핵화를 의미하는 반면에, 북한이 말하는 '조선반도 비핵화' 는 남한에 대한 미국 핵우산의 철수를 비롯한 '미국 핵 위협의 해소' 도 포함하고 있기 때문이다.

3박자 비핵화론은 '한반도 비핵화' 와 '조선반도 비핵화' 사이의 간극을 해소하는 데 유력한 대안이 될 수 있다. '한반도 비핵화' 에 담겨 있지 않은 북한의 요구를 동북아 비핵 지대 및 '핵무기 없는 세계' 의 진전을 통해

---

201) 세 수준의 비핵화는 '한반도 비핵화denuclearization on the Korean Peninsula', '동북아 비핵 지대nuclear weapon free zone in Northeast Asia', '핵무기 없는 세계nuclear weapon free world' 로 달리 표현된다. 이 글에서는 개별적인 분석에서는 이러한 표현을 따르되, '3박자 비핵화론' 이라는 구상을 언급할 때에는 '비핵화' 로 표현하기로 한다.

상당 부분 해결할 수 있기 때문이다. 또한 한반도 비핵화 없이 동북아 비핵 지대 및 핵무기 없는 세계를 실현하는 것 역시 가능하지 않다. 이러한 상호 연관성에서 알 수 있듯이, 이 세 수준의 비핵화는 상호 보완적인 성격을 띠고 있다. 또한 3박자 비핵화론은, 한반도 문제 해결이 동북아 평화 증진에 기여하고, 동북아 문제 해결의 진전이 한반도의 비핵 평화 프로세스를 촉진하는 선순환 구도를 창출함으로써, 지구적 차원의 문제 해결에도 기여하는 긍정적 확산 효과를 발휘할 수 있는 유력한 접근법이기도 하다.

3박자 비핵화론은, 세 수준의 비핵화가 서로 연관되어 있고, 또한 그 실현을 위해서는 명시적·암묵적으로 상호 조율된 조치들이 포함되어야 한다는 점에서 '3단계' 비핵화와는 성격이 다르다. 그 결과에서는 '한반도→동북아→세계'로 연결되는 시차적 단계가 존재하지만, 과정은 상호 보완적이어야 한다는 의미다. 따라서 3박자 비핵화론은 결과 못지않게 과정을 중시한다. 내용적으로 동북아 비핵 지대와 핵무기 없는 세계의 구성 요소들이 하나둘씩 실현되는 과정이 한반도 비핵화를 촉진하고 실현시킬 수 있기 때문이다.

이러한 구상과 관련해 가장 먼저 제기되는 반론은 현실 가능성에 대한 회의감일 것이다. 북한의 핵 포기 가능성도 극히 불확실하고, 미국 핵우산에 의존해온 한국과 일본이 핵우산의 철수를 포함한 동북아 비핵 지대 창설에 적극 나설 가능성도 낮으며, 오바마 대통령 스스로도 밝힌 것처럼 '핵무기 없는 세계'가 가까운 시일 내에 달성 가능하지 않다는 점을 고려할 때, 3박자 비핵화론의 실현 가능성에 의문을 품는 것은 당연할 수 있다. 그러나 2009년의 정치적 환경의 변화는 이와 같은 회의론이 고정 관념일 수 있다는 것을 보여준다.

우선 미국의 변화에 주목할 필요가 있다. 미국 정부가 '핵무기 없는 세계'를 대외 정책의 거대 비전으로 제시하면서 미국 대통령이 직접 나서서 이 구상을 주도하고 있는 것은 유례가 없는 일이다. 핵무기에 대한 미국의 일관된 집착과 구체적인 내용, 그 진정성을 두고 한계를 지적할 수는 있겠지만, 이러한 변화는 분명 주목해야 할 현상이다. 또한 일본의 변화도 중요하다. 54년 만의 정권 교체였던 만큼, 일본 정부가 동북아 비핵 지대 창설을 정책 공약으로 내세운 것 역시 역사상 처음 있는 일이다. 지구상의 그 어떤 나라보다 미국 핵우산에 강한 집착을 보여온 일본의 전환은 한반도 비핵화와 핵무기 없는 세계의 가교 역할을 할 수 있는 잠재력을 잉태하고 있다. 이러한 일본의 변화는 한국의 퇴행과 극적으로 비교된다. 2006년 10월과 2009년 5월 두 차례 이어진 북한의 핵 실험을 거치면서 한국 내에서는 일본의 핵 무장을 우려하는 목소리가 높았지만, 일본의 새로운 정권은 비핵 지대를 포함한 비핵화 의지를 천명하고 있다. 반면 한국 내에서는 핵 주권론이 강하게 부상하고, 이미 쓰고 있던 미국 핵우산을 더욱 강화해달라고 미국을 조르는 상황까지 발생했다.

2009년 상반기 2차 핵 실험과 유엔 안보리 제재 직후 '핵 포기 불가'를 경고했던 북한의 변화 역시 주목된다. 2009년 가을에 접어들면서 북한은 "조선반도 비핵화는 김일성 주석의 유훈"이라며 협상 가능성을 타진하고 나선 것이다. 또한 부시 행정부 때 후퇴했던 미·러 간의 전략무기감축협정이 오바마 행정부 출범 이후 실질적 성과를 거둘 가능성이 높아지고 있고, 중국이 핵무기 선제 불사용과 소극적 안전 보장 정책을 고수하고 있는 것 역시 3박자 비핵화론에 활력을 불어넣을 수 있다.

이러한 정치적 환경의 변화를 고려할 때, 3박자 비핵화론이 당면한 과제는 크게 두 가지다. 하나는 세 가지 비핵화 사이의 교집합을 찾아내 이를 바탕으로 선순환 구도와 긍정적 확산 효과를 창출할 수 있는 정책 비전을 마련하는 것이다. 다른 하나는 주체의 형성이다. 외교 안보 문제의 일차적 행위자는 정부지만, 시민 사회가 정부 정책을 비판·감시하는 수준을 넘어 의제 설정 및 관철 능력을 갖춘 또 다른 행위자로 성장하는 것은 대단히 중요하다. 미국과 일본의 사례는 이러한 주체 형성이 불가능하지 않음을 보여준다. 오바마 행정부가 '핵무기 없는 세계'를 비전으로 제시할 수 있었던 데에는, 키신저와 페리 같은 전직 고위 관료들이 2007년과 2008년에 《월 스트리트 저널》을 통해 이러한 구상을 주도적으로 밝힌 것이 큰 힘이 되었다. 일본 민주당이 동북아 비핵 지대를 정책 공약에 포함시킨 데에도 피스데포를 비롯한 일본 반핵평화 운동의 역할이 대단히 컸다. 이제는 아이디어와 연대의 힘을 바탕으로, 이러한 비전이 실현될 수 있도록 국제 시민 사회가 힘을 모아야 할 시점이다.

(2) '한반도 비핵화'와 '조선반도 비핵화'의 차이[202]

'한반도 비핵화'와 '조선반도 비핵화'. 남북 양측의 국호에 따라 달리 사용되는 이 두 표현은 비핵화와 평화 프로세스에 대한 중대한 함의를 내포하고 있다. 두 표현 모두 '핵무기 없는 한반도'라는 공통점을 갖고 있지만, 구체적인 내용에서는 상당한 간극이 존재하기 때문이다. 한반도 비핵화는, 미국이 남한에 배치한 핵무기를 1991년 모두 철수했고 9·19 공동성명을 통해 "핵무기 또는 재래식 무기로 조선민주주의인민공화국을 공격 또는 침공할 의사가 없다는 것을 확인"했으며 한국이 비핵화 의무를

---

202) 이 부분은 졸저 《오바마의 미국과 한반도, 그리고 2012년 체제》(레디앙, 2009), 337~347쪽의 내용을 대폭 수정·보완한 것이다.

준수하기로 했기 때문에, 북한이 "모든 핵무기와 현존하는 핵 프로그램을 포기"하면 달성될 수 있는 목표다. 반면 조선반도 비핵화는 미국의 확고한 대북 안전 보장, 미국 핵무기의 남한 영토 재배치 및 일시 통과 금지, 한국에 대한 미국의 핵우산 철수, 남한의 핵 투명성 확보를 포함하고 있고, 이것들은 모두 검증되어야 한다는 것을 의미한다.

북한의 이러한 입장이 협상 몸값을 높이기 위한 '수단'인지, 실제로 관철하기 위한 '목표'인지, 시간을 끌면서 핵무기 보유를 정당화하기 위한 '구실 찾기'인지는 아직 불확실하다. 그러나 북한은 1, 2차 핵 실험과 2008년 검증 논란을 거치면서 조선반도 비핵화 입장을 더욱 분명히 하고 있다. 2009년 10월 말~11월 초에 있었던 북한의 리근 외무성 미국 국장과 미국의 성김 6자 회담 수석대표 사이의 접촉에서도 북한은 조선반도 비핵화 입장을 전달한 것으로 알려졌다. 이 자리에서 성김은 리근에게 북한의 핵 폐기와 NPT 복귀 등 9·19 공동 성명의 준수를 요구했지만, 북한은 조선반도 비핵화에 기초해 협상을 재개하자고 역제안했다. 이를 두고 《포린 폴리시》는 "미묘하지만 중요한 차이"라고 전했다. 이와 관련해 미국 관리는 "(북한의 주장은) 우리가 말하고 있는 범위를 넓히고 있는 것"이라며, "남한에 핵무기가 존재하지 않는다는 것을 다 알고 있기 때문에 북한의 주장은 어리석게 들리지만, 북한은 자신의 주장이 정치적으로 균형 있는 것으로 간주하고 있다"고 말했다.[203]

한국의 북한 전문가들도 대체로 북한의 조선반도 비핵화 주장에 대해서 냉담한 반응을 보이고 있다. 《중앙일보》의 김영희 대기자는 "지금의 북

---

203) Quiet progress made in u. s North Korea talks, 11/02/2009, *The Cable of Foreign Policy*, http://thecable.foreignpolicy.com/posts/2009/11/02/quiet_progress_made_in_us_north_korea_talks

핵 협상을 한반도의 비핵화, 구체적으로는 미국의 핵우산을 포함한 핵 군축 협상으로 변질시키려는 것이 바로 북한의 의도"라며, "여기에는 핵무기를 가진 북한을 기정사실로 만든다는 무서운 전제가 어른거린다"고 주장했다.[204] 정세현 전 통일부 장관은 "'조선반도의 비핵화'를 한반도 주변 해역 미군의 핵무기까지 간섭하는 논거로 쓰는 것은 현실적으로 북한의 비핵화 진의를 의심케 만드는 일"이라며, 이러한 요구를 삼가야 한다고 강조했다.[205] 노무현 정부 때 안보 전략 비서관을 지낸 박선원 역시 "(북한이) 한반도 전체 비핵화를 강조하는 대목에서는 시간을 끌려고 하는 것 아니냐 하는 의구심을 되살려놓았다"고 지적했다.[206] 이렇듯 '비핵화'를 둘러싼 관련국 사이의 동상이몽과 전문가들의 주장은 완전한 비핵화로 가는 길이 얼마나 험난한지를 잘 보여준다.

한편 한반도 핵 문제와 관련해 핵심적인 당사국들이 합의한 문서는 1992년 한반도 비핵화 공동 선언, 1994년 북·미 제네바 기본 합의, 그리고 2005년 6자 회담에서 채택된 9·19 공동 성명, 이렇게 크게 세 가지다. 남북한이 합의한 비핵화 공동 선언은 한반도 핵 문제의 핵심 당사자인 미국이 빠져 있고 북핵 문제가 본격적으로 대두되기 이전에 합의된 것이라는 점에서 현실적인 한계가 있다. 제네바 합의는 남한이 빠져 있는 동시에 비핵화에 관한 명확한 규정이 없다는 문제점이 있다. 반면 9·19 공동 성명은 3자를 포함한 6자의 합의 사항이고, 이 성명의 제1조는 비핵화에 대해 비교적 구체적인 개념과 목표를 서술하고 있다. 그 내용은 "6자

---

204) 김영희, 〈한·중·일의 그랜드 바긴 동상이몽〉, 《중앙일보》(2009년 10월 17일).
205) 정세현, 〈남-북-미 3각 관계와 한반도 비핵평화의 과제〉, 시민 평화 포럼 창립 1주년 기념 토론회 발표문(2009년 10월 13일).
206) 박선원, 〈보즈워스-강석주 평양 회담에 숨은 뜻〉, 《오마이뉴스》(2009년 11월 8일).

회담의 목표가 한반도의 검증 가능한 비핵화를 평화적인 방법으로 달성하는 것"에 있음을 확인한 것에서 출발한다. 북한의 의무 사항은 "모든 핵무기와 현존하는 핵 계획을 포기할 것과, 조속한 시일 내에 NPT와 IAEA의 안전 조치에 복귀할 것을 공약"하는 것이었고, 미국은 "한반도에 핵무기를 갖고 있지 않으며 핵무기 또는 재래식 무기로 조선민주주의인민공화국을 공격 또는 침공할 의사가 없다는 것을 확인"하는 것이었다. 그리고 한국은 "핵무기를 접수 및 배비하지 않는다는 약속을 재확인하고 자국 영토 내에 핵무기가 존재하지 않는다는 것을 확인"했다. 아울러 한반도 비핵화 공동 선언의 준수와 이행 의지를 재확인하고, 적절한 시기에 북한 "경수로 제공 문제에 대해 논의하는 데 동의"했다.

그런데 이 합의 이면에는 '숨은 그림' 이 있다. 북한은 공동 성명에 미국 핵무기의 남한 내 재반입 및 일시 통과 금지와 함께 핵우산 철수도 포함시킬 것을 요구했다. 그러나 크리스토퍼 힐 미국 측 6자 회담 수석대표는 "그것은 불가능하다. 한미 동맹은 이 회담 의제가 아니다"라며 거부했다. 이들 사안으로 북·미 간의 논쟁이 계속되자 "중국이 논의를 종결시켰다"는 것이 힐의 설명이다.[207] 미국이 이처럼 북한의 조선반도 비핵화 주장에 부정적인 인식을 드러낸 것은 미국 핵무기의 남한 내 재반입과 일시 통과, 그리고 핵우산 문제는 제3자가 관여할 수 없는 '동맹 문제' 라고 보기 때문이다. 오바마 행정부 출범 4개월 후인 2009년 5월 초 내가 만난 미국 국무부 관리 역시 "핵우산 철수를 포함한 미국 핵 정책은 한미 동맹과 관련된 사안이니 북한이 끼어들 문제가 아니다"라고 말했다.

그런데 이러한 미국의 입장은 북한이 말하는 조선반도 비핵화는 물론

---

207) http://www.usip.org/events/2005/0928_hill.html

이고 9·19 공동 성명 합의 사항과도 상당한 긴장 관계에 놓여 있다. 미국이 필요에 따라 핵무기의 남한 재배치나 일시 통과에 나서게 되면, 한국은 접수국이 되는 셈이므로 9·19 공동 성명의 해석에서 충돌이 발생한다. 또한 미국의 북한에 대한 소극적 안전 보장 약속과 남한에 대한 핵우산 유지 정책이 양립하는 것이냐는 문제 제기도 가능하다. 미국의 핵우산 정책은 북한이 재래식 군사력을 이용해 남한을 공격할 때 대량 보복 전략 차원에서 도입된 것이므로, 북핵이 해결된 이후에도 핵우산을 유지하겠다는 것은 한반도 유사시 북한에 대한 핵 공격 옵션을 유지하겠다는 의미로 해석될 수 있기 때문이다. 북핵을 해결하고 한반도 평화 협정을 체결한 이후에도 핵우산을 유지하는 것이 북한을 염두에 둔 것이 아니라 중국과 러시아를 견제하기 위한 것이라고 한다면 상황은 더욱 복잡해진다. 이에 대해서는 후술하겠다.

9·19 공동 성명은 한·미 양국의 북핵 해법 원칙과도 차이가 있다. 부시 행정부 1기 때, 미국이 주장하고 한국도 동조한 원칙은 "완전하고 검증 가능하며 불가역적인 핵폐기Complete, Verifiable and Irreversible Dismantlement"였다. 그러나 9·19 공동 성명에는 '완전한'과 '불가역적인'이라는 표현이 없다. 북한이 이 두 가지 표현은 패전국에게나 적용되는 것이라고 반발했기 때문이다. 한동안 사라졌던 이 표현들은 북한이 2009년 5월 2차 핵 실험을 실시하고 영변 핵 시설을 재가동하면서 다시 등장했다. 따라서 한·미 양국 모두 북핵 폐기의 '불가역성'을 기본 원칙으로 분명히 한 셈이다. 불가역성은 "모든 핵무기와 현존하는 핵 계획을 포기"하는 수준을 넘어 북한의 핵무기 개발 잠재력까지 제거해, 다시는 핵 개발을 할 수 없도록 만들겠다는 목표를 담고 있다.

이렇듯 9·19 공동 성명은 '한반도 비핵화'와 '조선반도 비핵화' 사이의 개념 충돌뿐만 아니라, 핵심 당사국의 협상 목표와도 차이가 있다는 점에서 수정·보완이 불가피하다고 할 수 있다. 한반도 비핵화를 '핵무기 없는 세계', '동북아 비핵 지대 구상'과 연결해 3박자 비핵화를 추진해야 하는 까닭이 바로 여기에 있다.

(3) 오바마의 '핵무기 없는 세계' 구상

지구적 차원에서 볼 때, 오바마의 의제 가운데 가장 주목되는 것은 '핵무기 없는 세계' 구상이다. 이를 대선 공약으로 내세운 오바마 대통령은 2009년 4월 5일 프라하 연설을 통해 이를 공식화했다. 또한 오바마는 같은 해 9월 24일에 열린 '핵 비확산과 핵 군축을 위한 유엔 안보리 회의'의 의장을 맡아 결의안 채택을 주도했다. 미국 대통령이 유엔 안보리 회의를 주재하는 것은 역사상 처음 있는 일로, 오바마가 핵 문제에 얼마나 관심을 갖고 있는지 엿보게 한다. 오바마는 이에 힘입어 많은 논란을 수반하면서 노벨 평화상 수상자로 선정되기도 했다. 오바마 행정부는 핵 구상을 뒷받침하기 위해 러시아와의 전략무기감축협정 후속 협상에 나섰고, 포괄핵실험금지조약 상원 비준 및 핵분열물질생산금지조약의 조속한 발효를 추진하고 있다. 이러한 오바마의 행보는 2010년 4월의 '글로벌 핵 안보 정상 회의'와 5월의 제8차 NPT 검토 회의를 거치면서 정점에 달할 것으로 보인다. 이와 동시에 미국의 중단기 핵 정책을 담는 '핵 태세 검토 보고서'는 '핵무기에 대한 안보 의존도를 줄이는 방안'으로 작성되었다.

프라하에서 오바마는 세계에서 가장 많은 핵무기를 보유하고 있고 유일하게 핵무기를 사용한 경험이 있는 미국에 "핵무기 없는 세계"를 만들 "도덕적 책무"가 있다고 역설했다. 그러나 "내 생전에 이뤄지지 않을 수도 있다"며, 핵무기 없는 세계로 가는 데 상당한 시간이 걸릴 것임을 인정했다. 그는 또한 "핵무기가 존재하는 한 미국은 적을 억제하고 우리의 동맹국에 대한 방어 공약을 준수하기 위해 안전하고 확실하며 효과적인 핵무기를 유지할 것"이라고 덧붙였다. 공교롭게도 북한은 오바마의 연설 일곱 시간 전에 미국이 '대포동 2호 탄도 미사일'로 여긴 인공위성 '광명성 2호'를 발사했는데, 오바마는 이를 자신의 구상에 대한 북한의 도전으로 간주하고 대북 강경책을 선언하기도 했다.

오바마의 구상은 2009년 9월 24일 유엔 안보리 회의를 통해 '국제화'하기 시작했다. 미국이 초안을 내고 안보리 이사국들의 검토를 거쳐 채택된 결의안 1887호, '국제 평화와 안전 유지 : 핵 비확산과 핵 군축'[208]은 2010년 4월의 글로벌 핵 안보 정상 회의와 5월 NPT 회의의 의제를 미리 엿볼 수 있다는 점에서 의미가 있다. 이 결의안 전문에는 ▲ '핵무기 없는 세계'의 조건 창출, ▲대량 살상 무기 및 그 운반 수단의 확산이 국제 평화와 안보에 위협을 초래함, ▲NPT 강화 및 이 조약의 세 기둥인 비확산-핵군축-핵에너지의 평화적 이용 사이의 조화로운 발전, ▲미·러 간의 전략 무기감축협정 협상 재개 환영, ▲지역 차원의 비핵 지대 확대와 창설 지지, ▲핵 테러리즘 예방을 위한 지구적 노력 배가 등의 내용이 담겨 있다.

29개 항으로 이뤄진 본문의 요구 사항들 중 상당 부분은 NPT 강화에 맞춰져 있다. 먼저 비확산 의무를 준수하지 않는 나라는 유엔 안보리에 회부해야 하고, NPT 의무를 이행하는 나라들에만 평화적 핵 이용 권리를 보장해야 한다. 특히 NPT 제10조의 탈퇴 권리에 따라 이 조약에서 탈퇴하더라도 NPT 회원국들이 이에 대해 집단적으로 대처하고, 탈퇴 이전에

---

208) http://daccess-ods.un.org/access.nsf/Get?Open&DS=S/RES/1887%20(2009)&Lang=E&Area=UNDOC

NPT를 위반했다면 해당 국가가 국제법적인 책임을 져야 한다. 또한 IAEA 안전조치협정을 위반했거나 NPT를 탈퇴한 국가에 대해서 그 나라에 핵 물질과 핵 장비를 공급한 국가가 그것들의 반환을 요구할 수 있는 권리가 확보되어야 한다. 아울러 다른 나라에 핵 물질과 핵 장비를 공급한 국가는 수출을 결정하기 전에 수입국이 IAEA 추가 의정서에 서명하고 그것을 비준했는지를 고려해야 한다.

또한 이 결의문은 NPT 비회원국들에게 조속히 비핵 국가 지위로 이 조약에 가입할 것을 촉구하고 있다. 현재 비회원국은 북한, 이스라엘, 인도, 파키스탄 4개국이다. 핵보유국들에 촉구하는 내용도 포함되어 있다. 우선 NPT 회원국인 비핵 국가들에 핵무기 사용 및 사용 위협을 하지 않겠다는 1995년 유엔 안보리 결의안 984호를 재확인했다. 또한 핵보유국들이 NPT 제6조에 규정된 핵보유국의 핵 폐기 협상 개시 의무를 성실히 이행하고, 포괄핵실험금지조약 발효를 위해 적극적인 역할을 해줄 것을 촉구했다. 핵무기 제조로 전용될 수 있는 핵분열 물질 통제 방안들도 구체적으로 제시됐다. 우선 핵분열물질생산금지조약의 조속한 발효를 촉구하는 한편, IAEA를 통한 핵연료 주기의 국제적·다자적 통제의 필요성도 역설했다. 아울러 핵 테러리즘 방지가 최우선 과제라는 점을 분명히 하면서, 수출입 통제 체제 강화, 유엔 회원국들 사이의 공조 체계 구축, 핵 밀수 차단을 위한 국내법적 체계 구축 등을 요구했다.

오바마의 이러한 핵 정책은 부시 행정부 때보다는 확실히 진일보했다고 할 수 있다. 부시 행정부는 자국의 의무 사항에는 눈감으면서 NPT를 북한 및 이란에 대한 압박 도구로만 이용하려 한다는 국제 사회의 비난 여론에 직면했었고, 이것이 NPT 위기의 핵심 요인이었다. 이에 반해 오바마 행정부는 NPT 재건 및 강화를 외교 정책의 핵심적인 목표로 삼아,

'미국도 모범을 보일 테니 다른 나라들도 협조하라'는 기조를 보이고 있다. 또한 부시 행정부가 '핵 선제공격 독트린'을 채택한 것과 달리, 오바마 행정부는 핵무기에 대한 안보 의존도를 줄여나간다는 입장이다. 그러나 미국이 이스라엘, 인도, 파키스탄 같은 NPT 비회원국이자 미국의 동맹국인 핵보유국들에 과연 실질적인 압력을 행사할지는 여전히 회의적인 부분이다. 또한 비핵 국가에 대한 안전 보장을 국제법으로 만들자는 일부 비핵 국가들의 요구를 수용할지도 의문이다. 한반도와 관련해서는, '핵무기 없는 세계'를 주창하면서도 한국에 대한 핵우산 강화를 천명한 것을 오바마의 한계로 지적할 수 있다.

오바마가 가는 길목 곳곳에는 암초들도 도사리고 있다. 북한과 이란 핵 문제의 해결 여부는 오바마 구상의 성패를 좌우할 핵심 변수다. 또한 40년간 지속되어온 핵보유국과 비핵 국가 사이의 근본적인 입장 차이가 2010년 NPT 회의에서 해소될지도 미지수다. 그러나 핵심 변수는 미국 '내부'에 있다. 오바마 행정부는 미국 스스로 모범을 보임으로써 핵 비확산 체제를 강화하고 핵무기 없는 세계로 가는 데 있어서 도덕적 지도력을 확보하려 하지만, 미국 내 현실은 그리 녹록지 않기 때문이다. 우선 미국 상원 의원 3분의 2의 찬성이 필요한 포괄핵실험금지조약 비준 여부가 불확실하다. 미·러 간의 전략무기감축협정 후속 협정에 대해서도 러시아는 미국의 미사일 방어 체제 구상이 러시아의 이익을 침해할 경우 이 조약에서 탈퇴할 수 있다고 선을 긋고 있는 반면에, 미국의 공화당은 새로운 협정이 미사일 방어 체제에 지장을 주면 비준에 동의하지 않겠다고 엄포를 놓고 있다. 또한 오바마 행정부는 핵무기의 개수와 역할을 크게 줄이는 방향으로 '핵 태세 검토 보고서'를 작성했지만, 핵 선제공격 전략을 유지하기로 하는 한계를 드러냈다. 이는 오바마 행정부가 공화당 등 미국

내 강경파를 의식한 조치라는 것이 유력한 해석이다.[209]

(4) 일본 민주당의 '동북아 비핵 지대' 구상

일본 민주당은 《2009년 정강 정책 자료집(마니페스토)》에서 ▲긴밀하고 대등한 미일 동맹 구축, ▲동아시아 공동체 구축을 위한 아시아-태평양 협력 체제 구축, ▲북한의 핵과 미사일 개발 중단 및 일본인 납치 문제 해결, ▲유엔에서 능동적인 역할 모색, ▲핵무기 폐기와 테러 근절을 위한 주도적 역할 수행 등을 공약으로 제시했다. 이 가운데 핵 정책과 관련된 것은 ▲동북아 비핵 지대 창설, ▲포괄핵실험금지조약과 핵분열물질생산금지조약 조기 발효 노력, ▲2010년 NPT 검토 회의에서의 주도적 역할 수행 등이었다.[210]

일본 민주당의 동북아 비핵 지대 구상은 민주당 내 '핵 군축 촉진 의원 연맹'이 작성·발표한 '동북아 비핵 지대 조약안'에 상세히 담겨 있다.[211] 민주당의 비핵 지대 조약안은 남북한과 일본의 비핵 국가화와 핵보유국인 미국, 중국, 러시아의 소극적 안전 보장 제공을 바탕에 둔 '3+3' 방식을 골자로 한다.[212] 이 조약안의 전문에서는 동북아가 세계 유일의 피폭 지역임을 강조하면서 일본은 물론이고 한반도도 원폭 피해 지역이라고

---

209) *The New York Times*(2010년 4월 8일).
210) DPT 2009 Manifesto, Aug. 18th, 2009, http://www.dpj.or.jp/english/manifesto/manifesto2009.pdf
211) 이 조약안의 영어 전문은 http://www.gsinstitute.org/pnnd/docs/NEA-NWFZ.pdf이다. 이 조약안은 '핵 군축 촉진 의원 연맹'이 작성한 것으로, 2010년 1월 기준 민주당 당론과 하토야마 정권의 공식적인 정책으로 확정되지는 않았다.
212) '3+3 동북아 비핵 지대'는 피스데포 대표 우메바야시 히로미치의 1996년 제안에 나오는 내용이고, 이후 피스데포와 한국의 평화 네트워크를 중심으로 꾸준히 수정·보완되어왔다. 두 단체는 그 결과물로 《동북아시아 비핵 지대》(살림, 2005)를 한국어와 일본어로 동시 출간했다.

언급한 부분이 눈에 띈다. 또한 이 조약안은 동북아 비핵 지대 창설이 "이 지역에서 협력적 안보를 발전시키는 데 가장 중요한 첫걸음"이라고 강조해, 동북아 비핵 지대 창설이 민주당의 동아시아 공동체 건설 구상과 맥락이 닿아 있음을 드러낸다.

이 조약안의 본문은 모두 13개 조로 구성되어 있는데, 차례대로 용어의 정의, 조약의 적용, 핵폭발 장치에 관한 근본 의무, 핵에너지의 군사적 이용 금지, 동북아 비핵 지대 위원회 창설, 집행위원회의 구성, 통제 체제 구축, 서명·비준·발효, 유보의 금지, 조약의 개정, 검토 회의, 분쟁 해결, 기간을 담고 있다. 용어의 정의에서 가장 중요한 특징은 남북한과 일본을 '지대 내 국가들intra-zonal states'로, 미국, 중국, 러시아를 '주변 핵보유국들neighboring nuclear weapon states'로 구분하면서도 6개국 모두를 본 조약의 '체결국contracting state party'으로 명시한 점이다. 이는 다른 비핵 지대 조약들이 핵보유국들을 본 조약이 아닌 추가 의정서 체결국으로 정의한 것과 구별되는 중요한 특징이다. 또한 6개국 모두 6자 회담 참가국이라는 점도 주목된다.

조약의 적용 조항에서 주목되는 것은 "지대 내 국가들의 영토에 있으면서 핵보유국들의 통제하에 있는 군사 시설"도 이 조약의 적용 대상이라고 명시한 부분이다. 이는 주한 미군 및 주일 미군 기지에도 동북아 비핵 지대 조약이 적용되어야 한다는 것을 의미한다. 가장 중요하면서도 논란이 될 수 있는 부분은 제3조 '근본 의무'다. 지대 내 국가들의 의무 사항에는 "자국 안보 정책의 모든 분야에서 어떠한 형태의 핵무기 또는 핵폭발 장치에 대한 의존도 완전히 배제한다"는 조항이 있는데, 이것은 미국이 한국과 일본에 제공해온 핵우산 정책과 연관된 사안이다. 이 조항에 따르면, 한국과 일본은 핵우산 정책을 포기해야 한다는 해석이 가능하지만,

동시에 핵우산을 명시하지 않았다는 점에서 해석을 둘러싼 갈등이 야기될 수 있다. 이와 관련해 동북아 비핵 지대안 작성에 주도적인 역할을 한 일본 민주당의 히라오카 히데오 의원은 "이 조항은 핵우산 정책의 포기를 의미한다"며, 동북아 비핵 지대가 창설되면 "지대 내 국가에는 소극적 안전 보장이 제공되기 때문에 핵우산은 무용지물이 된다"라고 설명했다.[213] 이 조항의 취지가 그러하다면, 조약문에 '핵우산 철수'를 명시하는 것이 해석의 모호성을 예방하는 길이 될 것이다.

　핵보유국의 의무 사항 가운데 가장 큰 논란거리는 핵무기 탑재가 의심되는 선박이나 항공기의 지대 내 기항과 영해·영공 통과 문제다. 이와 관련해 민주당 핵 군축 연맹의 조약안에는 "해당 지대 내 국가에 사전에 통보하고 허가를 받기 위해서는 사전 협의를 한다. 협의 후 이를 허가할 것인지 여부는 지대 내 당사국의 주권적 관리에 따라 자유재량에 맡긴다"라고 되어 있다. 그러나 이러한 접근법은 사전 협의제의 현실적 유용성, 한미 동맹과 미일 동맹의 성격과 위계 구조를 고려할 때 근본적으로 결함이 있을 수 있다. 따라서 이를 금지하는 내용을 담아야 한다는 반론이 제기될 수 있다.

　동북아 비핵 지대의 추진 조건과 구체적인 내용에 대해서는 이견이 존재할 수 있지만, 일본 민주당 정권 출범을 계기로 이 구상이 공론화되고 있는 것은 주목할 만하다. 우선 한·일 양국의 협력이 증진되고 있다. 양국의 국회와 시민 단체가 참여하는 '2+2' 회의가 2009년 11월 서울에서, 2010년 2월 도쿄에서 연달아 열렸다. 두 차례의 회의를 통해 양국은, 동

---

213) 히라오카 히데오, 〈민주당 핵 군축 의원 연맹이 내세우는 동북아 비핵 지대 구상〉, 한반도 비핵화와 동북아 비핵 지대를 위한 한일 국제 회의 발표문(2009년 11월 23일).

북아 비핵 지대 추진이 한반도 핵 문제 해결에 크게 기여할 수 있고, 오바마의 '핵무기 없는 세계' 주창과 일본 민주당의 집권, 전 세계적인 비핵화 논의 활성화를 계기로 동북아 비핵 지대 추진 환경이 호전되고 있으며, 이를 위해서는 미국의 핵우산 아래에 있으면서 비핵 국가인 한국과 일본의 역할이 대단히 중요하다는 데 인식을 함께했다.[214] 또한 오카다 가쓰오 일본 외상이 동북아 비핵 지대 조약안을 만든 민주당 핵 군축 촉진 의원 연맹 대표 출신이고, 하토야마 유키오 총리 역시 그 취지에 동감하고 있다는 점에서 일본 정부 차원의 정책도 주목된다.[215] 아울러 일본 민주당의 제안인 '3+3' 안이 6자 회담 참가국들과 정확히 일치하고, 6자 회담의 5개 실무 회담에 '동북아 평화 안보 체제'가 포함되어 있다는 점도 동북아 비핵 지대를 추진할 수 있는 현실적인 여건이라고 할 수 있다.

---

214) 서울 회의에 대해서는 http://peacekorea.org/zbxe/webzine/42909, 도쿄 회의에 대해서는 http://peacekorea.org/zbxe/webzine/44334 참조.
215) 일본 정부의 동북아 비핵 지대 입장에 정통한 일본 민주당 의원에 따르면, 하토야마는 동북아 비핵 지대 추진 시점을 북한 핵 문제 해결 이후로, 오카다 외상은 북핵 불능화 조치 완료 이후로 상정하고 있다고 한다(2010년 2월 28일 필자와의 인터뷰).

4. 3박자 비핵화론

(1) 공통분모의 발견

 그렇다면 '한반도(조선반도) 비핵화', '동북아 비핵 지대', '핵무기 없는 세계'라는 세 수준의 비핵화를 어떻게 해야 유기적으로 연결할 수 있을까? 우선 연관 관계와 공통점을 찾아내는 것이 필요하다. 지극히 당연하지만 중요한 공통점이 존재한다. 세 수준의 비핵화 모두 안보 정책에서 핵무기에 대한 의존도를 줄여나가고 궁극적으로 거기서 완전히 탈피한다는 정신과 목표를 바탕에 깔고 있다. 비유하자면, 이 점은 세 개의 구슬을 꿰어 보배를 만드는 실과 같다. 또한 3박자 비핵화가 불협화음이 아니라 환상의 하모니를 연출하기 위해서는 세 가지 비핵화의 모든 요소를 테이블 위에 올려놓고 교집합을 찾아내는 것이 중요하다. 이들 사이의 교집합은 '한반도 비핵화'와 '조선반도 비핵화' 사이의 간극을 메울 수 있는 출발점이 될 수 있기 때문이다.
 이러한 접근법을 가지려면 무엇보다도 역지사지의 태도가 필요하다. 핵보유국들은 물론이고 미국의 핵우산 아래에 있는 많은 나라들이 '핵 억제'의 유용성에 집착할수록, 북한이 주장하는 '핵 억제력'을 부정하기 어려워진다. 동북아 비핵 지대를 주창하는 일본의 의원들이 일본과 한국이 미국 핵우산 아래에 있으면서 북한에게 핵을 포기하라고 하는 것이 말이 되느냐고 지적하는 것도 이러한 맥락에서 음미할 필요가 있다. 역지사지의 태도는 '뺄셈의 정치'를 '덧셈의 정치'로 전환할 수 있는 기반이 된다. 가령 북한이 핵 포기의 조건으로 미국 핵우산 철수를 요구하는 것을 '뺄셈'의 관점에서 바라보면 수용하기 어렵지만, '덧셈'의 관점에서 보면 미국 핵우산 철수는 오바마의 핵무기 없는 세계와 일본 민주당의 동북아 비

비핵화 비교

쟁점	9·19 공동 성명	조선반도 비핵화	동북아 비핵 지대안	결의안 1887호
북한의 핵 포기	명시	조건부 가능	요구	요구
소극적 안전 보장	명시	요구	법적 구속력 부여	정치적 재확인
미국 핵무기 한국 재배치 및 일시 통과	모순	확고한 요구	피접수국의 주권에 위임	없음
핵우산 철수	없음	철수 요구	해석상으로 철수	없음
핵 실험 금지	없음	없음	금지	포괄핵실험금지조약 촉구
핵 물질 생산 금지	없음	없음	검증 강화 요구	핵분열물질생산금지조약 촉구
평화적 핵 이용	북한의 권리 존중	보장 요구	보장	보장
북한의 NPT 복귀	조속히 촉구	특수 지위 요구	복귀 필요	복귀 촉구
남북한 상호 사찰	명시적 규정 없음	요구	IAEA 권한 강화	IAEA 강화
북한에 경수로 제공	적절한 시점에 논의	조속한 제공	평화적 핵 이용 보장	원칙적으로 검증 강화를 전제로 평화적 핵 이용 보장
동북아 비핵 지대 창설 요구	없음	내용적으로 요구	조약안	동북아를 명시하지 않았지만 비핵 지대 창설 지지

핵 지대 구상과 조화를 이룰 수 있다. 333쪽의 표는 교집합의 실마리를 찾을 수 있다는 것을 보여준다.

이 표는 미국이 북한에 이행을 촉구하고 있는 9·19 공동 성명과 북한이 주장하는 조선반도 비핵화, 일본 민주당의 동북아 비핵 지대안 및 오바마 행정부 주도로 채택된 안보리 결의안 1887호 '국제 평화와 안전 유지 : 핵 비확산과 핵 군축'을 비교한 것이다. 표에서 알 수 있듯이 북한을 포함한 6자 간의 합의 사항인 9·19 공동 성명과 조선반도 비핵화 사이에는 큰 차이가 있다. 이는 한반도 핵 문제에 대한 뿌리 깊은 인식의 차이와 9·19 공동 성명에 대한 해석 차이와 함께, 9·19 공동 성명 채택 이후 북한이 두 차례의 핵 실험을 강행하고 2008년 검증 논란을 거치면서 조선반도 비핵화를 강하게 주장하고 나온 데에 기인한다. 그런데 주목할 것은 동북아 비핵 지대안이 이러한 차이를 상당 부분 해결할 수 있는 내용을 담고 있고, 결의안 1887호도 이에 기여할 수 있다는 점이다. 1887호는 동북아를 명시하지 않았지만 각 지역에서의 비핵 지대 창설을 지지한다고 명시했고, 이는 동북아 비핵 지대 창설을 NPT 회의 및 6자 회담에서 추진할 수 있는 근거가 될 수 있다. 이러한 맥락에서 볼 때, 동북아 비핵 지대는 '한반도 비핵화'와 '조선반도 비핵화' 사이의 간극을 해소하고 이를 '핵무기 없는 세계'로 연결하는 가교 역할을 할 수 있다.

물론 한반도 비핵화와 조선반도 비핵화의 간극을 해소한다고 해서 북핵 문제가 완전히 해결되는 것은 아니다. 북핵 문제에는 한반도 정전 체제와 군비 경쟁, 한미 동맹의 북한에 대한 압도적인 군사적 우위, 북미·북일 수교의 미실현, 미국 주도의 대북 경제 봉쇄와 북한의 극심한 경제난 등이 복합적으로 작용하고 있다. 이에 따라 북핵 해결을 위해서는 한반도 평화 체제의 구축과 군축 및 군비 통제, 북미·북일 관계 정상화, 대북 경제 제재 해제와 경제 협력 확대 등이 필요하다. 그러나 이 글의 초점은 핵 문제에 맞춰져 있고, 사안과 비전의 중요성에도 불구하고 그동안 논의가 제대로 이뤄지지 않았다는 문제의식을 바탕으로 아래에서는 비핵화를 둘러싼 핵심 쟁점들과 해결 방안을 소개하고자 한다.

(2) 비핵화를 둘러싼 핵심 쟁점과 해결 방안

앞서 언급한 것처럼, 북한이 주장하는 조선반도 비핵화에는 확고한 안전 보장과 미국 핵무기의 남한 내 일시 통과 및 재반입 금지, 그리고 상호 핵 사찰과 핵우산 철수가 있다. 이에 따라 일각에서는 북한이 '핵 군축 회담' 개최를 시도하고 있다고 분석한다. 그러나 북한이 말하는 핵 군축 회담이 무엇을 의미하는지 따져볼 필요가 있다. 북한이 핵 군축 회담을 제기하면서 목표로 삼고 있는 것은 '미국의 핵 위협 해소'다. 북한은 이에 대한 입장을 2005년 3월 31일 외무성 대변인 담화를 통해 구체화했다. 2005년 2월 북한이 핵 보유 선언으로 핵보유국이 된 만큼, 6자 회담은 북한의 핵 포기와 미국의 상응 조치를 주고받는 수준이 아니라 핵 군축 회담이 되어야 한다는 것이었다. 구체적으로는 ▲북핵뿐만 아니라 미국 핵 문제도 협상 대상에 포함할 것, ▲남한의 핵 투명성을 검증을 통해 확인할 것, ▲미국 핵우산을 제거할 것 등이었다. 그러나 9·19 공동 성명에는 한·미 양국의 남한 내 미국 핵무기 부재 확인 및 북한에 대한 핵무기 불사용 약속을 제외하고 북한의 나머지 요구 사항은 담지지 않았다. 그럼에도 북한은 이후에도 핵 군축 회담 요구로 해석될 수 있는 입장을 간헐적으로 밝히고 있다.

그러나 북한이 의도하는 것은 일반적 의미의 핵 군축 회담과는 다르다고 할 수 있다. 통상적으로 핵 군축 회담은 협상 당사자들이 핵무기 보유

고와 운반 수단을 줄여가면서 검증을 통해 이를 확인하는 것을 의미한다. 반면 북한은 미국 핵 위협의 해소, 곧 확고한 안전 보장 제공, 미국 핵무기의 남한 내 재배치 및 일시 통과 금지, 핵우산 철수, 남한의 핵 투명성 검증 등을 요구하면서도 자국의 핵 포기를 미국 핵무기의 감축 및 폐기와는 연계시키지 않고 있다. 이에 따라 북한이 간헐적으로 언급하고 있는 핵 군축 회담은 협상 주체끼리의 핵무기 감축이 아니라 '조선반도 비핵화' 협상으로 국한해서 이해하는 것이 좀 더 정확할 것이다. 이러한 분석을 바탕으로 하여 핵심적인 쟁점들과 해결 방안을 정리하면 다음과 같다.

첫째, 미국의 대북 핵무기 불사용 문제다. 미국은 9·19 공동 성명에서 "핵무기 또는 재래식 무기로 북한을 공격 또는 침공할 의사가 없다는 것을 확인"했다. 그런데 이 조항을 일반적 의미의 소극적 안전 보장으로 해석할 수 있는지에 대해서는 논란의 여지가 있다. 소극적 안전 보장은 비핵 국가에 '핵무기 사용 및 사용 위협을 하지 않는다'는 것을 의미하고, 이는 재래식 전쟁 상황에도 적용된다. 그런데 9·19 공동 성명에 담긴 내용은 이와 차이가 있을 뿐 아니라, 미국의 핵우산 정책에는 북한의 재래식 무기나 생화학 무기를 이용한 공격에도 핵무기로 보복한다는 생각이 깔려 있다. 따라서 미국의 대북 핵무기 불사용이 재래식 무기와 생화학 무기를 사용할 때에도 적용되는 것인지 여부가 중요한 쟁점이라고 할 수 있다.

그런데 미국은 1994년 제네바 합의 때 북한에 소극적 안전 보장 제공을 공식적으로 약속했었다. 그러나 클린턴 행정부는 북한에 안전 보장을 해 주는 것이 남한과 일본에 대한 미국의 안보 공약이 후퇴하는 것으로 비칠 것을 우려해 이러한 방침을 내부적으로 철회했다. 그리고 부시 행정부는 2001년 말에 작성한 '핵 태세 검토 보고서'에서 북한을 이라크와 함께 '고질적인 우려 대상'으로 언급하면서 선제 핵 공격 대상에 포함시켰다.

이러한 사례는 근본적으로 미국의 대북 소극적 안전 보장의 신뢰성에 의문이 제기될 수 있음을 보여준다. 미국은 대외적으로 소극적 안전 보장을 천명하면서도, 내부적으로나 동맹 차원에서는 핵 공격 옵션을 유지하거나 까다로운 조건을 붙이는 경우가 많다. 북한이 미국의 안전 보장도 검증 대상에 포함시켜야 한다고 주장하는 것 역시 이러한 맥락에서 이해할 수 있다.

그러나 미국이 핵무기를 보유하고 있는 한, 완벽한 소극적 안전 보장은 불가능하다. 따라서 현실적인 방안은 소극적 안전 보장의 신뢰성을 높이는 것이라고 할 수 있다. 구체적인 방법으로 네 가지가 있다. 첫째는 북·미 양자 차원의 신뢰성을 높이기 위해 정전 협정을 대체할 평화 협정에 소극적 안전 보장을 명시하는 것이다. 둘째는 동북아 비핵 지대 창설을 통해 핵보유국이 비핵 국가에 대해 법적 구속력을 갖춘 소극적 안전 보장을 제공하는 것이다. 셋째는 NPT 개정이나 별도의 조약을 통해 소극적 안전 보장 및 핵무기 선제 불사용을 국제법화하는 것이다. 끝으로, '핵 태세 검토 보고서'에서 북한을 소극적 안전 보장 적용 대상에서 제외한 오바마 행정부가 이를 철회하는 것이다. 이러한 다차원적인 안전 보장은 북한의 불신을 완화할 뿐만 아니라 동북아와 지구적 차원의 비핵화를 촉진하는 데 기여할 것이다.

둘째, 미국 핵무기의 남한 내 재반입과 일시 통과 문제다. 이와 관련해서도 북·미 간에는 근본적인 시각 차이가 존재한다. 북한은 줄곧, 조선반도 비핵화를 달성하기 위해서는 미국 핵무기의 남한 내 재반입 및 일시 통과 금지도 포함되어야 하고, 주한 미군 기지 사찰을 통해 이를 확인해야 한다는 태도를 보였다. 반면 미국은 이를 미국의 일반적인 핵전략 및 한미 동맹과 관련된 사안으로 바라보면서, 한반도 비핵화가 자국의 핵무기 재반입과 일시 통과의 권리까지 제약해서는 안 된다는 입장을 취하고 있다. 한편 일본 민주당의 비핵 지대안에서는 이를 비접수국, 즉 한국과 일본의 주권적 판단으로 위임해놓고 있다. 다만 오카다 가쓰야 외상이 취임 직후에 미·일 간의 '핵 밀약'에 대한 조사를 지시하는 등, 미국 핵무기의 일본 내 반입에 부정적인 태도를 보이고 있는 것이 주목된다.

미국이 자국의 필요에 따라 핵무기의 남한 배치나 일시 통과의 권리를 계속 갖겠다고 하는 것은 북한의 핵무기 포기를 주저하게 만드는 요인일 뿐만 아니라, '핵무기 없는 세계' 정신에 부합한다고도 보기 어렵다. 또한 미국 핵무기의 재반입 및 일시 통과는 한반도 비핵화에 관한 공동 선언과 9·19 공동 성명에서 핵무기를 "접수하지 않는다"고 한 남한의 공약과도 모순된다. 다만 6자 회담에는 미국뿐만 아니라 또 다른 핵보유국인 중국과 러시아도 참가하고 있는 만큼, 이들 세 나라가 핵무기의 한반도 배치나 일시 통과를 하지 않겠다고 함께 공약하는 것도 대안으로 검토해볼 만하다. 이는 내용적으로 동북아 비핵 지대 프로세스를 촉진하는 효과가 있다. 아울러 동북아 비핵 지대 역시 이 사안을 피접수국의 주권적 판단에 위임할 것이 아니라 금지를 명시하는 것이 요구된다.

셋째, 상호 핵 사찰 문제다. 이는 2008년 하반기 6자 회담의 최대 쟁점이자 향후 협상의 최대 난제인 검증 문제와도 직결되어 있는 사안이다. 당시 부시 행정부는 시료 채취 등 '국제적 기준'에 따른 검증을 요구했고 북한은 '현 단계'에서 합의할 사안이 아니라고 반박했다. 이와 관련된 북한의 기본 입장은, 검증은 현 단계가 아니라 '최종 단계'에서 실시되어야 하고, 그 대상에는 북핵뿐만 아니라 미국 핵까지 포함되어야 하며, '행동 대 행동' 원칙에 따라 '상호 사찰'이 이뤄져야 한다는 것으로 정리할 수 있다. 북한은 2009년 1월 14일 외무성 대변인 성명에서도 "미국 핵무기의 남조선 반입과 배비, 철수 경위를 확인할 수 있는 자유로운 현장 접근이 담보되고 핵무기가 재반입되거나 통과하지 않는가를 정상적으로 사찰할 수 있는 검증 절차가 마련되어야 한다"는 입장을 거듭 확인했다.

한편 남북한은 1992년 1월 한반도 비핵화 공동 선언을 채택해, 상호 사찰을 실시하기로 한 바 있다. 이 합의에 따라 양측은 남북 핵 통제 공동 위원회를 구성해 1993년 1월 말까지 스물두 차례 회의를 거쳐 상호 사찰의 범위와 방법, 절차 등을 논의했다. 당시 미국도 주한 미군 기지에 대한 북한의 사찰에 동의한 것으로 알려져 있다. 그러나 그해에 한·미 양국이 팀스피릿 훈련을 재개하고 북한이 NPT에서 탈퇴하면서 협의는 중단됐다. 이러한 전례에 비춰 볼 때, 비핵화 협상이 진전되면 상호 사찰이 논의될 가능성은 충분히 있다. 문제는 그 범위와 대상이다. 한·미 양국은 한국의 핵 투명성 및 미국 핵무기의 부재를 확인해줄 수 있는 사찰에는 동의할 가능성이 있지만, 재반입과 통과 금지를 확인하는 사찰에는 동의하지 않을 가능성이 높다. 현실적으로도 북한이 미국의 선박과 항공기를 일일이 검색한다는 것은 무리가 있다. 또한 남한의 핵 투명성은 IAEA 감시와 사찰을 통해 확보되고 있다. 반면 북한은 한·미·일 3국이 요구하는 북핵에 대한 '국제적 기준'의 검증은 최종 단계에서나 가능하다는 입장을 고수할 가능성이 높다. 이러한 정치적 문제와는 별도로 기술적으로도 북한의 과거 핵 활동과 우라늄 농축 프로그램을 검증하는 데에는 상당한 어려움이 따를 공산이 크다.

이러한 현실을 고려할 때, 핵 사찰 문제는 북한의 핵 포기가 가시권에 들어올 때, 미국이 핵우산의 철수 및 핵무기 일시 통과와 재반입 금지에 합의함으로써 북한이 상호 사찰을 요구하는 근본 원인을 해소하는 방향으로 풀어가야 할 것이다. 동시에 북한은 NPT와 IAEA에 복귀하고 IAEA

추가 의정서에 서명·비준함으로써 국제적 기준으로 검증받는 방향을 모색해야 할 것이다.

(3) 핵우산의 경우

가장 근본적이면서 관련국 사이에 이견이 큰 사안은 역시 핵우산 문제다. 향후 6자 회담 및 북·미 협상에서 가장 주목되는 변수 가운데 하나는 북한이 자국의 핵무기 폐기에 상응하는 조치 가운데 하나로 미국의 대남 핵우산 철수를 요구할 것인지 여부다. 북한은 2005년 2월 핵 보유 선언 이후 미국 핵우산의 철수를 요구해왔다. 오바마 행정부 출범 직전에 발표한 성명에서도 "남조선에 대한 미국의 핵우산이 없어질 때에 가서는 우리도 핵무기가 필요 없게 될 것"이라고 밝혀, 이러한 입장을 거듭 확인했다. 북한이 이를 양보할 수 없는 조건으로 내세울 경우, 북핵 폐기 협상에는 상당한 진통이 따를 것이다. 한국에 대한 핵우산의 철수는 미국 핵전략의 근본적인 변화와 맞닿아 있을 뿐만 아니라, 한국 내부에서도 강력한 반대에 직면할 수 있기 때문이다. 이를 반영하듯, 한국과 미국은 핵우산 정책을 계속 유지한다는 방침이다. 특히 양국은 북한의 2차 핵 실험 이후 2009년 6월의 한·미 정상 회담에서 "핵우산을 포함한 확장 억제"를 공동 성명에 포함시켰고, 10월에 채택된 제41차 한미 안보 협의 회의(SCM)ROK-US Security Consulative Meeting 공동 성명에서도 이를 거듭 확인했다. 오바마 대통령도 '핵무기 없는 세계'를 주창하면서 "핵무기가 존재하는 한 미국은 적을 억제하고 우리의 동맹국에 대한 방어 공약을 준수하기 위해 안전하고 확실하며 효과적인 핵무기를 유지할 것"이라고 덧붙였다.

따라서 일차적인 관건은 북한의 입장이다. 북한은 자국의 핵 보유를 정당화하기 위해 미국의 핵우산 철수를 요구할 수도 있으며, 핵우산 철수를 양보할 수 없는 핵 폐기의 조건으로 내세울 수도 있고 다른 양보를 받아 내기 위한 협상 지렛대로 삼을 수도 있다. 그런데 이에 대한 예측은 쉽지 않다. 북한도 핵우산 철수가 실현될 수 없는 요구라고 인식할 수 있고, 북·미 관계 정상화와 한반도 평화 협정 체결 등을 통해 자국에 핵무기가 사용될 수 없는 정치적 환경을 조성하는 것이 차선책이라고 생각할 수도 있다. 또한 한반도 비핵화 공동 선언과 제네바 합의, 2000년 북미 공동 코뮤니케에서는 핵우산 철수가 언급되지 않았다는 점에서 북한이 이를 비타협적인 요구로 내세우지 않을 것이라고 판단할 만한 경험적 사례들도 있다. 그러나 세 가지 합의 당시에는 북한이 스스로 핵무기가 없다는 입장을 취했던 반면에, 2005년 2월에는 핵보유국임을 천명했고, 2006년 10월과 2009년 5월에는 핵 실험을 강행했다는 근본적인 차이가 있다. 또한 관계 정상화와 평화 협정은 언제든 공수표가 될 수 있고, 북한이 핵우산 철수가 병행되지 않는 자국만의 핵 폐기는 불공정하고 불균형한 일이라고 판단할 수도 있다.

핵우산 문제의 해법을 모색하기 위해서는 한국에 대한 미국 핵우산 정책을 제대로 이해해야 한다. 북한의 핵 실험 이후 한국 내에서는 '북한이 핵을 가졌으니 미국의 핵우산이 필요해졌다'고 여기거나 핵우산 정책을 '북한의 핵 공격 시 핵무기로 보복하는 것'으로 이해하는 경향이 짙었다. 그러나 이는 역사적 사실과 거리가 멀다. 미국의 핵우산 정책은 북한의 핵 개발 훨씬 이전인 아이젠하워 행정부 시절로 거슬러 올라간다. 한국 전쟁 직후 미국 정부는 북한의 재래식 공격에도 핵무기로 대응하겠다는 '대량 보복 전략'을 채택했고, 이를 구체화하듯 남한 내에 1,000개 가까운 핵무기를 배치했다. 이러한 정책의 배경에는 북한의 남침 가능성과 남한에 대한 재래식 군사력의 우위, 한국의 독자적인 핵무기 개발이나 대규모 재래식 전력 증강에 대한 규제의 필요성, 한국의 독자적인 대북 공격에 대한 방지 기능, 일본에 대한 안보 공약 등이 깔려 있었다. 실제로 미국은 1991년 전술 핵무기를 모두 철수한 이후에도 핵우산 정책을 유지하고 있다.[216]

그런데 이러한 미국의 핵우산 정책의 근거들은 오늘날 상당 부분 해소되었다. 북한의 남침 위협은 현저하게 줄었고, 한미 연합군의 재래식 전력은 북한을 압도하고 있다. 한국의 독자적인 핵무기 개발 가능성도, 한국이 북한을 선제공격할 것이라는 우려도 크게 줄었다. 일본 민주당 정권도 동북아 비핵 지대 창설을 주창하는 등, 안보 정책에서 핵무기에 대한 의존도를 줄이길 희망한다. 따라서 남은 문제는 북핵이다. 그래서 북핵과 미국 핵우산의 조화로운 해결이 필요하다. 핵우산 철수 문제도 협상 의제로 삼음으로써 북한의 비핵화 의지를 확인하고 이를 촉진할 필요가 있다. 이를 통해 6자 회담 합의문이나 평화 협정에 '미국은 북한의 핵무기 폐기가 완료됨과 동시에 핵우산을 철수한다'는 내용을 담아야 할 것이다.

핵우산 문제와 관련해, 핵보유국인 중국과 러시아의 '불확실한 위협'에 대비하기 위해 핵우산이 필요하다는 주장도 있을 수 있다. 그러나 한반도 비핵화가 달성되고 평화 협정이 체결되었는데도 핵우산을 유지한다는 것은 중국과 러시아와의 신뢰 구축에도 부정적인 영향을 준다는 점에 주목해야 한다. 한국은 이들 나라와 이미 수교를 맺었고 여러 분야에서 서로 이익을 공유하고 있기 때문에 이들이 한국을 핵무기로 위협하거나 한국에 핵무기를 사용한다는 것은 극히 비현실적인 가정이다. 특히 중국은 핵보유국 가운데 유일하게 소극적 안전 보장과 핵무기 선제 불사용 정책을

---

216) Patrick Morgan, Considerations Bearing on a Possible Retraction of the American Nuclear Umbrella Over the ROK, http://www.nautilus.org/DPRKPolicy/Morgan.pdf

공식적으로 천명한 나라다. 상황이 이러한데도 미국의 핵우산을 유지한 다는 것은 그만큼 한국이 중국을 믿지 않는다는 반증이 되고, 이는 상호 간의 전략적 불신을 심화할 것이다. 한국이 미국의 핵우산을 계속 쓰고 있는 것은 미국과 중국 사이에 갈등이 발생할 때 한국이 미국을 지원하겠 다는 것과 다를 바 없는 조치이며, 유사시 한반도에서 핵전쟁이 발발할 위험을 높이는 조치다. 무엇보다도 중국과 러시아의 핵 공격에 대비한 핵 우산론은 신뢰의 문제를 품고 있다. 중국이나 러시아가 한국에 핵 공격을 가하고 미국이 핵 보복에 나서면, 미국은 중국이나 러시아로부터 핵 공격 을 받을 것이다. 이는 '미국이 서울을 방어하기 위해 과연 워싱턴을 희생 시킬 수 있느냐' 하는 근본적인 질문과 연결된다.

(4) 뜨거운 감자 '경수로'

'북핵 20년사'를 관통하는 가장 핵심적인 사안은 경수로 문제다. 북한 이 소련의 요구에 따라 1985년 NPT에 가입한 조건은 소련의 경수로 제공 약속이었다. 그러나 소련은 이 약속을 지키지 못한 채 몰락했고, 그 승계 국인 러시아는 자기 코가 석 자였다. 북한은 소련의 약속이 물거품이 되 자 전력 생산용으로는 비효율적이지만 플루토늄을 추출하는 데는 용이한 흑연 감속로를 건설하고 가동하는 데 박차를 가했고, 이것이 1차 한반도 핵 위기의 원인이 되었다. 제네바 합의에서는 경수로 건설 기간 동안 흑 연 감속로 등 북한의 핵 시설 가동을 동결하기로 했고 경수로가 완공되면 이들을 폐기하기로 했다. 당시 김영삼 정부는 곧 망할 정권을 상대로 부 질없는 거래를 했다고 불만을 토로했고, 미국의 공화당은 "악행을 보상했 다"며 클린턴 행정부를 맹폭했다. 이러한 공화당의 부시 행정부는 집권 직후부터 경수로 사업 중단을 공공연히 암시하고 나섰고, 북한은 미국의 의도에 강한 의구심을 품기 시작했다. 결국 목표 시한인 2003년을 앞두고 북·미 간에는 고농축 우라늄을 둘러싸고 격전이 벌어져 경수로 사업은 제네바 합의와 운명을 같이했다.

그러나 경수로에 대한 북한의 집착은 대단했다. 6자 회담이 열릴 때마다 경수로 사업 재개를 요구했고, 결국 9·19 공동 성명에서는 "적절한 시점에 논의"하자는 합의를 받아냈다. 북한이 이렇게까지 경수로에 집착한 이유는 무엇일까? 우선 북한은 경수로를 고 김일성 주석의 유훈 사업으로 받들고 있다. 또 경수로를 통해 풍부한 우라늄 광산을 이용할 수도 있다. 그뿐 아니라 북한은 평화적 핵 이용 권리가 부정되는 것을 패전국 대우를 받는 것과 마찬가지로 보고, 원전 보유를 강성 대국의 조건으로 간주한다.

이처럼 지난 20년간 '뜨거운 감자'였던 경수로는 9·19 공동 성명을 통해 잠시 손에서 내려놓는 수준에서 미봉되었다. 합의 직후에는 '적절한 시점'을 둘러싼 논란이 벌어졌는데, 한·미 양국은 "북핵 폐기가 완료되고 북한이 NPT와 IAEA에 복귀해 국제 사회의 신뢰를 확보한 다음"이라고 주장했고, 북한은 "경수로 제공 이전에 핵 폐기는 있을 수 없는 일"이라고 반박했다. 이에 따라 6자 회담이 열리면 '선 경수로, 후 핵 폐기'를 주장해온 북한과 '선 핵 폐기, 후 경수로'를 요구해온 한·미 양국의 입장 차이가 또다시 충돌할 가능성이 상당히 높다. 특히 북한이 제네바 합의 때처럼 핵폐기를 경수로 공정과 연계시킬 경우 협상에 상당한 진통이 따를 것이다.

경수로 문제에 대한 해법을 모색하기에 앞서, 두 가지 중요한 사실 관계를 환기할 필요가 있다. 35퍼센트 공정률을 보인 경수로 사업은 2004년에 일시 중단되었고, 2006년 12월에 공식적으로 종료되었다. 이에 따라 경수로 사업이 재개되더라도 1기 완공까지는 5년 정도의 시간이 필요하다. 또한 경수로 사업이 보장되기 위해서는 북·미 간에 원자력 협정이 체결되어야 한다. 핵심 부품의 라이선스를 미국 기업이 보유하고 있기 때문이다. 그런데 미국이 NPT를 탈퇴해 핵무기를 제조한 북한과 원자력 협정을 체결할 가능성은 극히 낮다. 따라서 미국은 핵 폐기가 완료되고 북한이 NPT와 IAEA에 복귀한 다음에 경수로 제공을 논의할 수 있다는 입장을 견지할 가능성이 높다. 그러나 북한은 핵 폐기와 NPT 및 IAEA 복귀 조건으로 경수로 제공을 요구하고 있다. 미국의 주장은 사실상 경수로를 제공하지 않겠다는 의미로 해석될 수 있어, 북한이 받아들이기 어렵다. 한편 경수로를 완공하는 데 최소한 5년 이상은 걸리는데, 북한이 경수로가 제공된 이후에 NPT와 IAEA에 복귀하겠다고 하는 것은 북한의 핵 포기 의지에 대해 의구심만 불러일으킬 뿐이다.

따라서 이 문제에 대한 접근법은 '동시 행동'의 원칙 및 신뢰 구축 조치를 바탕으로 단계적으로 추진하는 것일 수밖에 없다. 향후 경수로 사업 일정을 '논의 개시→공사 재개 합의→공사 재개→북·미 원자력 협정→1호기 완공→2호기 완공'으로 정리한다면, 이러한 사업 일정의 '초기'와 북한의 핵 포기 단계를 연계시켜나가는 것이 현실적이라는 것이다. 더 구체적으로 말하면, 향후 협상 의제에 경수로 '논의'를 포함시키고 추가 합의 사항이 도출될 때 공사를 재개하며, 북한과 미국이 원자력 협정을 체결함과 동시에 북한이 NPT와 IAEA에 복귀하는 것이다. 물론 이러한 단계적 조치는 영변 핵 시설과 핵무기, 그리고 핵 물질의 폐기 및 이에 대한 상응 조치로서의 평화 협정 및 북·미, 북·일 관계 정상화 등과 병행되어야 한다.

이러한 접근법은 한반도 비핵화를 순탄하게 만든다는 장점이 있다. 우선 경수로 제공 의사를 명확히 하면 북한의 핵 포기에 인센티브를 제공할 수도 있고, 북한이 이에 불응할 때에는 제재를 가할 수도 있다. 앞서 언급한 것처럼 경수로 완공에는 5년 정도의 시간이 필요하기 때문에, 북한이 약속을 이행하지 않을 경우에는 공사 중단과 같은 벌칙을 부과할 수 있다. 또한 경수로 제공에 반드시 필요한 북·미 원자력 협정을 북한의 NPT 및 IAEA 복귀와 연계시키면, 또 하나의 뜨거운 쟁점인 검증 문제를 풀 수 있는 실마리가 생긴다. 북한의 복귀는 '국제적 기준'을 적용할 수 있는 근거가 되기 때문이다.

일각에서는 북한에 경수로를 제공할 경우 군사적으로 전용될 수도 있고 안전 문제가 발생할 수도 있다고 우려한다. 우선 핵무기로의 전용을 방지하려면 경수로를 제공하는 조건으로 북한이 우라늄 농축 및 재처리 시설을 완전히 포기하도록 해야 한다. 경수로가 있더라도 연료봉 제조에 필요한 우라늄 농축 시설이나 사용 후 연료의 재처리 시설이 없으면, 경수로를 핵무기 제조용으로 전용하는 것이 원천적으로 불가능해진다. 또한 북한이 IAEA 안전조치협정에 재가입하고 추가 의정서를 서명·비준함으로써 IAEA가 상시적으로 경수로 운영을 감시할 수 있는 체제를 구축하는 것도 필요하다.

이와 함께 경수로 문제를 포함해 북한의 에너지난을 해소하는 데 주도적인 역할을 할 기구의 창설도 염두에 둘 필요가 있다. 북핵 문제 해결의 틀이 6자 회담으로 짜인 만큼 경수로 제공을 비롯한 북한의 에너지 문제 해결 방안들을 마련하기 위해서는 새로운 기구가 필요할 것이기 때문이다. 이와 관련해 제네바 합의의 산물이었던 한반도에너지개발기구(KEDO)Korean Peninsula Energy Development Organization를 확대·개편해 동북아에너지협력기구(NAECO)Northeast Asian Energy Cooperation

Organization를 창설하는 방안을 적극 검토할 필요가 있다. 이 기구에는 한반도에너지개발기구 회원국이었던 한국, 미국, 일본, 유럽 연합 이외에도 6자 회담 참가국인 북한, 중국, 러시아를 회원국으로 포함시킬 수 있을 것이다. 이 제안은, 중유를 비롯한 대북 에너지 제공 주체에 한반도에너지개발기구 회원국이 아닌 중국과 러시아가 포함되었고, 향후 한반도에너지개발기구를 대체할 새로운 기구가 필요해질 것이며, 6자 회담의 2·13 합의에서 경제 및 에너지 문제를 논의하는 실무 그룹이 구성되었다는 점을 종합적으로 고려한 것이다. 또한 에너지를 둘러싼 동북아 국가들의 각축전이 치열해지고 있고, 에너지 사용량의 폭발적인 증가로 환경 문제도 심각해지고 있다는 점을 고려할 때, 향후 에너지 협력 문제가 동북아에서 중요한 현안으로 대두될 수 있다는 판단도 반영한 것이다. 아울러 2차 세계대전 이후 유럽에서의 석탄 철강 공동체 형성이 유럽의 통합과 안보 협력을 이끌어내는 데 중요한 역할을 한 것처럼, 동북아에너지협력기구도 그와 유사한 역할을 할 수 있다는 기대도 깔려 있다.

실제로 동북아에너지협력기구의 역할과 의미는 중요하다. 이 기구는 중유 등 대북 에너지 제공의 실행 주체가 될 수 있을 뿐만 아니라, 논란이 되고 있는 경수로 문제의 합리적인 해결 틀이 될 수 있기 때문이다. 동북아에너지개발기구가 북한의 우라늄 광산을 이용해 경수로 발전용 원료를 제공하고 경수로 운영권을 갖는다면, 경수로는 IAEA 감시와 동북아에너지협력기구의 통제라는 이중 통제하에 놓이게 되어 핵무기 제조용으로 전용될 소지를 완전히 차단당하게 된다. 또한 향후 북한의 핵 시설 폐기 및 방사능 제염(원전 기기에 붙어 있는 방사성 물질을 닦아내는 것) 등 환경 정화, 그리고 핵 시설 종사자의 직업 전환도 중요하게 대두될 수 있는데, 이 기구가 미국의 '협력적 위협 감소(CTR)' 프로그램과 함께 이러한 역할을 수행하는 것도 고려할 법하다.

(5) 대타협—평화 협정 체결과 북한의 NPT 복귀

6자 회담과 북·미 대화가 재개되면, 한반도 비핵화와 평화 체제로 가는 길이 얼마나 멀고도 험한지를 실감하게 될 것이다. "악마는 디테일에 있다"라는 표현이 말해주듯, 사소해 보이는 문제로 인해 협상 국면은 언제든 대결 국면으로 전환될 수 있다. 1994년 한반도를 전쟁 위기로 몰아갔던 플루토늄 불일치 문제[217], 2차 핵 위기의 발단이 되었던 우라늄 농축 논란, "적절한 시점에 논의"하기로 한 경수로, 대북 에너지 지원 재개, 대북 제재 해제, 북핵 검증 등은 앞으로 6자 회담의 장을 뜨겁게 달굴 핵심 쟁점들이다. 또한 지금까지의 6자 회담이 몸풀기 수준이었다면, 앞으로는 근본 문제를 논의해야 할 단계에 접어들 것이다. 한·미·일 3국은 시한과 방식까지 포함한 핵무기 및 핵 물질의 폐기를 요구할 것이 확실하다. 북한은 원칙적으로 비핵화에 동의하더라도, 경수로 제공 및 평화 협정 체결, 북·미 관계 정상화, 핵우산 철수 등 근본 문제 해결을 요구하고 나설 것이다. 특히 향후 북핵 폐기 완료와 평화 협정 체결의 선후 관계가 핵심 쟁점으로 떠오를 가능성이 높고, 평화 협정 논의 시 북방한계선(NLL)[218]이

---

217) 당시 북한은 플루토늄 추출량이 90그램이라고 신고한 반면에, IAEA와 미국은 핵무기 1~2개 분량에 해당하는 10킬로그램 안팎이라고 보고 특별 사찰을 요구했다. 그러나 북한은 미신고 시설에 대한 특별 사찰을 주권 침해로 간주해 거부했고, 이에 미국 내에서는 북폭론이 제기되었다.

218) 평화 협정 협상이 시작되면 미확정 분계선의 획정이 논의될 가능성이 높은데, 북방한계선은 남북한 사이에 미합의선으로 남아 있다. 북방한계선은 한국 전쟁 직후 유엔 사령관이 일방적으로 선포한 것으로, 남한이 이를 해상 분계선으로 간주해 고수하려 하는 반면에 북한은 이를 '유령 선'이라고 일축하고 있다. 특히 이곳에서 세 차례의 교전까지 발생해, 평화 협정 논의 시 남북 양측의 격렬한 충돌이 예상되는 의제이다.

'뜨거운 감자'로 부상하게 될 것이다. 이처럼 서로 다른 성격의 사안들을 어떻게 동시 이행 차원에서 상호 조율된 형태로 진전시킬 수 있을지가 6자 회담의 성패를 좌우할 핵심 변수라고 할 수 있다.

나는 앞서 '한반도 비핵화'와 '조선반도 비핵화'의 차이가 핵 문제 해결의 걸림돌로 작용하고 있고, 이를 해소하는 유력한 방안으로 한반도-동북아-세계의 비핵화를 연결하는 '3박자 비핵화'를 제안했다. 세 가지 비핵화 모두 안보 정책에 있어서 핵무기에 대한 의존도를 점차 줄여나가 궁극적으로 핵무기 의존에서 완전히 탈피한다는 '공통분모'를 갖고 있다는 점에서 출발한 해법이다. 특히 한미 양국이 핵우산 철수를 비롯한 미국 핵 문제도 협상 테이블에 올려놓는 접근법이 필요하다고 강조했다. 이를 통해 북한의 핵 포기 의지를 확인하고, 또한 촉진할 수 있다고 보기 때문이다. 무엇보다도 핵우산은 대표적인 냉전 시대의 유산이라는 점에서 북한의 핵 포기 완료와 함께 철수하는 것이 탈냉전의 정신에도 부합한다. 일각에서는 '핵우산 철수=미국의 안보 공약 약화'라며 우려할 수 있지만, 핵우산이 철수되더라도 한미 동맹이 유지되는 한 '비핵' 우산은 계속 남게 될 것이고, 핵우산 철수는 북한의 핵 포기를 전제로 하고 있기 때문에 오히려 안보를 증진하는 효과를 가져올 수 있다.

그러나 많은 사안들이 복잡하게 얽혀 있는 한반도 문제를 해결하는 데 '3박자 비핵화론'만으로는 부족한 것 또한 사실이다. 앞서 언급한 세세한 문제들이 '악마화'되어 전체 프로세스를 흔들지 못하도록 지혜롭게 관리하는 한편, 보다 큰 틀에서의 창의적이고도 포괄적인 접근이 요구된다. 한 가지 유력한 대타협의 방안으로 평화 협정 체결과 북한의 NPT 체제 복귀를 동시에 추진하는 방안을 강구할 필요가 있다. 6자 회담이 재개되면 '선 비핵화, 후 평화 협정 체결'이라는 한국의 입장과 '선 평화 협정 체결, 후 비핵화'라는 북한의 입장이 강하게 충돌할 가능성이 높다. 미국은 동시 행동을 선호하고 있는 것으로 보이지만, 핵 폐기 완료 이전에 평화 협정을 체결해야 한다는 북한의 입장은 대단히 완강할 것으로 전망된다. 북한은 "당사자들이 서로 총부리를 겨눈 교전 상태에서는" 신뢰 구축과 비핵화 논의에 한계가 있을 수밖에 없다며, 평화 협정 체결을 통한 적대 관계의 종식이 "조선반도 비핵화를 빠른 속도로 적극 추동하게 될 것"이라는 입장이다.[219] 평화 체제가 구축되기 전에 핵 폐기를 완료하면 상대방의 약속 이행을 담보할 지렛대를 상실할 것으로 북한은 우려하고 있다.

북한의 NPT 복귀와 평화 협정 체결을 동시에 추진하자는 제안은 이러한 맥락에서 큰 매력을 지닌다. 비핵화와 평화 협정 사이의 우선순위를 둘러싼 갈등을 해소하고, 두 개의 수레바퀴를 함께 굴릴 수 있는 유력한 방안이라고 할 수 있기 때문이다. 이와 관련해 1991년 12월 소련 해체 후 세계 3, 4, 5위의 핵보유국이 된 우크라이나, 카자흐스탄, 벨라루스의 사례는 북핵 해법에도 시사하는 바가 크다. 이들 나라는 미국, 러시아, 중국, 유럽 국가들로부터 안전 보장과 경제 지원을 받는 대가로 핵 폐기 시한과 방식에 동의하고 핵 폐기 완료 '이전'에 "과도기적 지위"로 NPT에 가입한 사례가 있다. 이와 흡사한 방식으로 평화 협정 체결과 동시에 북한이 핵 폐기 시한과 방식에 동의하고 NPT 조약 복귀 및 IAEA 안전조치협정 재가입을 단행하는 해법을 강구할 필요가 있다. 이렇게 하면 "북한의 핵 폐기 준비 시" 평화 협정을 체결할 수 있다는 미국의 입장과도 조화를 이룰 수 있고, 핵 폐기 완료 이전에 평화 협정을 체결하면 비핵화 초점과 동력이 떨어질 수 있다는 이명박 정부의 우려도 해소할 수 있다. 또한 북한

---

219) 연합뉴스(2010년 1월 11일).

이 NPT 체제에 복귀하면 최대 쟁점인 경수로와 검증 문제의 해법도 마련할 수 있다. 북한의 NPT 체제 복귀는 평화적 핵 이용 권리를 다시 확보하는 동시에 "국제적 기준"에 따른 북핵 검증을 수반하기 때문이다.

북한의 NPT 복귀와 평화 협정 체결의 '동시 교환'은 한반도는 물론이고 동북아와 세계의 비핵화에도 크게 기여할 수 있다. 평화 협정 체결은 북핵 문제의 근원이라고 할 수 있는 정전 체제의 종식을 의미한다는 점에서 북핵의 뿌리를 캐내는 유력한 방법이다. 또한 한반도 핵 문제 해결의 진전은 일본 민주당 정권의 공약인 동북아 비핵 지대 논의를 본격화하는 계기가 될 수 있다. 일본 정부는 북핵 문제 해결에 진전이 있으면 비핵 지대 논의를 시작할 수 있다는 입장인데, 북한의 NPT 복귀는 그 조건을 충족시킬 수 있을 것이다. 아울러 NPT에서 탈퇴한 북한이 이 조약에 복귀하면 그 자체로 NPT 강화에 기여하게 될 뿐만 아니라, 이스라엘, 인도, 파키스탄의 NPT 가입을 촉진하고 이란의 NPT 탈퇴를 더욱 어렵게 만드는 환경을 조성하게 될 것이다. 이러한 맥락에서 볼 때, 북한의 NPT 복귀는 3박자 비핵화론을 부각시킬 수 있는 유력한 계기가 될 수 있고, 이를 가능케 하는 외교적 노력은 그럴 만한 가치가 있다.

맺는말

핵에 의한 평화에서 핵무기 없는 평화로

오바마의 두 얼굴

인류 사회는 60년 넘게 지구촌을 공멸의 위협으로 내몬 '핵의 시대'를 끝낼 수 있는 반환점에 와 있는 것일까? 미국의 버락 오바마 대통령은 2009년 4월 5일 체코 프라하에서 선언했다. "나는 확신을 가지고 말한다. 미국은 핵무기 없는 세계의 평화와 안전을 추구할 것이다." 그해 6월 10일에는 러시아의 실세인 블라디미르 푸틴 러시아 총리가 화답했다. "만약 핵무기를 만들고 사용한 나라가 핵을 포기할 준비를 한다면, 희망컨대 다른 핵보유국들도 모든 가능한 수단을 동원해 핵무기 없는 세계를 추구할 것이다."

냉전의 개막과 함께 '핵의 시대'를 열었고, 오늘날에도 전 세계 핵무기의 90퍼센트 이상을 보유한 두 나라 지도자들의 발언에서 전환의 징후는 발견된다. 2차 세계대전 말기에 핵무기를 먼저 손에 넣은 미국의 트루먼은 핵무기를 소련을 압박할 수 있는 '마스터카드'로 생각했다. 소련의 스탈린은 미국의 히로시마와 나가사키 원폭 투하를 자국에 대한 '협박 외교'로 규정하고 과학자들에게 핵무기 개발을 다그쳤다. 당시와 비교해보면, 오늘날 두 강대국은 적어도 정치적 수사 차원에서는 '거대한 전환'을 보여준다. 특히 미국이 자국의 핵 문제에는 눈을 감고 북한, 이란 등 이른바 '깡패 국가들rouge states'의 핵 확산이나 테러 집단의 핵무기 탈취 및 사용 가능성에만 주목했던 관성을 깨고, 스스로 모범을 보이겠다고 천명한 것은 분명 진일보한 상황이다.

양대 핵 강대국인 미국과 러시아는 2010년 들어 핵 군축에 다시 시동을 걸었다. 두 나라 사이의 핵 군축 협상은 냉전 해체기인 1991년 7월에 1차 전략무기감축협정(START I)을 체결해 핵탄두는 6,000개, 운반 수단은 1,600개까지 줄이기로 한 이후에 사실상 중단됐었다. START II는 서명까지 갔으나 발효되지는 못했고, START III는 협상 단계에서 끝나고 말았다. 부시 행정부 때 체결된 전략공격무기감축협정(SORT)은 감축한 핵무기를 비축하는 것을 허용함으로써 '무늬만 핵 군축'이라는 비난을 받았다. 이러한 핵 군축의 '잃어버린 20년'을 딛고 오바마와 메드베데프 러시아 대통령은 2010년 4월 8일 체코 프라하에서 새로운 전략무기감축협정(New START) 서명식을 가졌다. 프라하는 2009년 4월 5일에 오바마가 '핵무기 없는 세계' 연설을 한 곳이다. 그로부터 1년 후 미·러 정상의 핵 군축 협정 조인식까지 열림으로써 프라하는 '핵무기 없는 세계'의 상징적인 도시로 떠올랐다.

그러나 두 나라가 약속대로 2017년까지 실전 배치된 전략 핵탄두를 1,550개로, 그 운반 수단을 800개로 줄이더라도, 여전히 지구를 파괴할 수 있는 수준의 핵무기가 남는다. 또한 러시아는 미국의 미사일 방어 체제가 자국의 이익을 침해할 경우 이 조약에서 탈퇴할 권리를 확보해놓았다. 미국의 공화당 일각에서는 이 내용을 문제 삼으면서 전략무기감축협정 후속 협정 비준에 협조하지 않을 수도 있다고 엄포를 놓고 있다. 두 나라에 남아 있는 수천 개의 전술 핵무기와 비축된 전략 핵탄두의 감축도 과제이다. 오바마 행정부는 전술 핵무기 폐기 협상을 원하고 있지만, 재래식 군사력에서 미국에 크게 밀린다고 판단하는 러시아는 전술 핵무기를 재래식 군사력의 열세를 만회하는 '이퀄라이저'로 간주한다. 중국, 영국, 프랑스 등 다른 핵 강대국들은 핵 군축 협상에 동참하기 위해서는 먼저 미국 및 러시아와의 핵전력 균형이 달성되어야 한다는 입장이다. NPT 비회원국이면서 핵보유국들인 이스라엘, 인도, 파키스탄, 북한의 핵 문제는 여전히 남아 있다. 이란 핵 문제를 둘러싼 갈등도 비등점을 향해 치닫고 있다. 이른바 '원전 르네상스' 시대를 맞이해 이중 용도로 사용되는 핵 기술과 핵 물질을 어떻게 통제할 것인가도 미완의 숙제로 남아 있다. 아직 '핵무기 없는 세계'로 가는 길은 멀고도 험한 것이다.

이 책을 편집하고 있는 중에 개최된 '글로벌 핵 안보 정상 회의'는 '소문난 잔치에 먹을 것 없다'는 속담이 딱 어울릴 법한 행사였다. 2010년 4월 12~13일에 미국 워싱턴에서 열린 이 회의에는 오바마의 초청을 받은 47개국 정상들과 유엔 사무총장, AEA 사무총장 등 전 세계의 거물급 인사들이 대거 참석했다. 핵 문제를 주제로 이처럼 큰 정상 회담이 열린 것은 처음일뿐더러, 미국 대통령이 주재하는 정상 회의로도 1945년 루스벨트 대통령이 유엔 창설을 논의하기 위해 제안했던 샌프란시스코 회담 이후 최대 규모이다. 그런데 그 규모에 비해 회담 의제는 대단히 협소했다. 오바마 행정부는 핵 테러리즘 방지를 위한 국제 네트워크 구축을 목표로 내세우면서 핵무기 제조에 이용될 수 있는 플루토늄과 고농축 우라늄의 통제를 의제로 한정했다.

이에 따라 오바마 스스로 주창한 '핵무기 없는 세계'를 비롯해, 핵무기 선제 불사용 및 소극적 안전 보장을 국제법으로 만드는 문제, 인도와 파키스탄의 핵 군비 경쟁 억제 방안, 중동 비핵 지대 창설, 핵보유국들의 핵 미사일 발사 준비 태세 완화 등 중대한 의제들은 '장외'에서 맴돌았다. 특히 북한과 이란은 이 자리에 초대조차 받지 못했다. 두 나라의 핵 문제가 대단히 중요함에도 불구하고, 이들 나라는 핵 확산의 주범이기 때문에 워싱턴에 올 자격이 없다는 설명이었다. 오바마가 대선 공약 때 "터프하고 직접적인 외교"를 통한 이들 나라의 핵 문제 해결을 최우선 과제로 내세웠음에도 불구하고, 오바마 행정부의 전반적인 분위기는 대화는 뒷전으로 밀어놓고 이들 나라를 압박하고 제재하는 데 쏠려 있다는 것을 거듭 확인할 수 있는 대목이다.

이 회의에서 오바마는 역설했다. "테러 집단이 핵무기를 손에 넣을 가능성은 장기적으로는 물론이고 중단기적으로도 미국의 유일하고도 가장 큰 위협이다. 만약 뉴욕이든 런던이든 요하네스버그든 어디선가 핵폭발이 일어난다면, 경제적·정치적·안보적 파장은 재앙이 될 것이다. 우리는 알카에다와 같은 조직이 핵무기를 손에 넣으려 한다는 것을 알고 있다." 9·11 테러가 지구촌을 뒤흔들었듯이 만약 핵 테러리즘이 발생하면 오바마의 경고대로 국제 질서는 엄청난 시련에 봉착할 것이다. 그리고 핵 기술과 핵 물질이 확산되고 있고 테러 집단이 핵무기 획득에 지대한 관심을 보이고 있음을 고려할 때, 그러한 가능성을 배제할 수 없는 것이 현실이다.

그러나 오바마의 '핵 테러리즘 세일 외교'에서 미국 패권주의의 또 다른 얼굴을 발견하게 된다. 부시가 9·11 테러를 이유로 "나의 편이 아니면 테러리스트의 편"이라며 세계 각국에 줄서기를 강요했듯이, '핵 테러리즘'을 최대 위협으로 규정한 오바마는 이러한 미국의 위협 인식에 국제 사회도 동의해야 한다고 목소리를 높이고 있다. 핵 테러리즘의 가능성과 위험성을 인정하더라도, 유독 이 문제를 부각시키는 것은 착시 현상을 유발한다. 미소 냉전 해체 이후 미국이 강대국들의 핵 문제는 도외시하면서 북한, 이라크, 이란 등 일부 국가들의 핵 문제만 문제 삼았던 것과 닮은꼴이다. 이렇듯 핵 테러리즘을 부각시키는 데는 미국의 패권주의 논리가 숨어 있다. 우선 미국은 북한과 이란이 테러 집단에 핵무기나 핵 물질을 넘길 가능성을 부각시키면서 이들 나라를 '악마화' 함으로써 강경책을 정당화하는 기재로 이용한다. 제4장에서 다룬 것처럼 오바마의 '핵 테러리즘 저지' 논리는 우리에게는 생사가 달린 문제이기도 하다. 북한 급변 사태 발생 시 미국 특수 부대를 투입해 핵무기를 제거하겠다는 미국의 군사 계획은 '코리아 아마겟돈'으로 이어질 수 있기 때문이다.

또한 '오바마의 전쟁'으로 불리는 아프가니스탄-파키스탄 전쟁을 정당화하는 데에도 핵 테러리즘은 전가의 보도처럼 이용되고 있다. 미국은 아프간 전쟁을 승리로 이끌지 못하면 알카에다와 탈레반이 파키스탄의 핵무기를 탈취해 미국과 동맹국을 공격할 것이라는 공포의 논리를 펴고 있다. 특히 오바마는 테러리스트의 은신처로 추정되는 마을을 무인 폭격기로 공격해 많은 사상자를 내고 있다. 이를 두고 영국 일간지 《가디언》은 부시 행정부가 테러 혐의자를 관타나모 수용소에 수감한 반면에, 관타나모 수용소 폐쇄를 결정한 오바마는 테러 용의자들을 사살하는 데 초점을 맞추고 있다고 지적한다. 《가디언》은 이를 '오바마 독트린'이라고 부르면서 '부시 독트린' 보다 나을 바가 없다고 비판했다.[220]

이처럼 오바마의 '핵무기 없는 세계'라는 거대 비전은 그 본래의 취지에서 멀어진 채, 북한과 이란 등 일부 국가들을 몰아붙이고 핵 테러리즘

---

220) *The Guardian*(2010년 4월 12일).

위험을 부각시켜 무차별적인 인명 살상과 전쟁을 합리화하는 도구로 전락할 위기에 처해 있다. 이는 우리가 오바마의 화려한 정치적 수사에 숨어 있는 미국의 패권 논리와 그것의 문제점에 주목해야 할 까닭이 아닐 수 없다.

'핵에 의한 평화'를 넘어

'핵무기 없는 세계'로 가기 위해서는 핵무기가 전쟁을 억제하고 평화를 지킨다는 핵무기주의nuclearism를 극복하는 것이 전제되어야 한다. 그러나 핵무기주의의 뿌리는 대단히 깊고도 넓다. 냉전 시대에 극심한 이념과 세력권 대결을 벌인 미국과 소련 사이에 전쟁이 없었던 핵심적인 이유는 핵무기로 인한 '공포의 균형'에 있었고, 이에 따라 인류 사회는 냉전 시대를 '긴 평화long peace'로 끝낼 수 있었다는 인식이 핵무기주의를 대표한다. 아랍권에 섬처럼 존재하는 이스라엘이 '존재론적 위협'으로부터 살아남게 된 힘은 핵무기에 있다는 인식도 핵무기주의의 변종이다. 인도에 비해 군사력을 비롯한 국력이 크게 떨어지는 파키스탄이 핵무기를 '생명 보험'으로 간주하는 것이나, 북한이 자국의 핵무기 덕분에 '조선반도 전쟁을 억제하고 평화를 유지하고 있다'고 주장하는 것도 핵무기주의에 뿌리를 두고 있다. 핵무기를 갖고 있지 않지만 미국 핵우산 아래 있는 많은 동맹국들의 인식도 마찬가지이다.

그런데 이러한 핵무기주의는 적대국의 핵 무장을 절멸의 위협으로 간주하면서 그 나라의 핵무기를 수단과 방법을 가리지 않고 제거해야 한다고 주장하는 '일방주의적 반핵주의'의 다른 얼굴이기도 하다. 적대 관계에 있는 나라가 핵무기를 개발해 자국이나 동맹국을 위협하기 전에 선제 공격을 통해 그 위협을 제거해야 한다는 '예방 전쟁론'은 핵의 시대에 맹위를 떨쳐왔다. 본문에서 살펴본 것처럼, 핵보유국들은 적대국의 핵 보유를 저지하기 위해 선제공격론을 제기했고, 또 일부는 그것을 실행에 옮겼다. 또한 이라크처럼 핵무기 개발의 사실 여부와 관계없이 그 의혹만으로 전쟁의 희생양이 되는 경우도 있었다. 이처럼 '나나 내 친구가 갖고 있는 핵무기는 평화를 위한 것이고, 적이 갖고 있거나 가지려 하는 핵무기는 나를 위협하고 전쟁을 하기 위한 것'이라는 일방주의적 사고는 오늘날 세계 평화를 가장 크게 위협하는 인식론적 바탕이다. 이러한 일방주의적 해석과 이에 따른 정책을 주도하는 것이 미국을 비롯한 핵 강대국들임은 물론이다.

결국 '핵에 의한 평화'를 극복하고 '핵무기 없는 평화'를 만들기 위해서는 위협 인식의 상호성이 요구된다. 즉, '상대방의 핵무기에 내가 위협을 느끼듯이 나의 핵무기도 상대방에게 위협이 된다'는 지극히 상식적인 사실을 인정해야 한다는 것이다. 이는 나와 타자의 안보를 제로섬으로 바라보면서 핵무기를 비롯한 강력한 군사력을 통한 전쟁 억제를 추구하는 일방적 안보에서 협력적 안보로의 패러다임 전환을 가능케 하는 인식론적 근거이다. 협력적 안보, 혹은 공동 안보는 '타자가 안전해야 나도 안전해질 수 있다'는 인식을 바탕으로, 분쟁을 사전에 관리하기 위한 예방 외교, 기존의 갈등이 분쟁으로 확대되는 것을 막기 위한 위기관리, 군사적 투명성을 제고하고 낮은 수준의 군사력 균형을 달성하기 위한 군비 통제 등의 조치를 통해 안보 불안 요소의 본원적이고 진취적이고 평화적인 해결을 추구하는 것이다.[221]

---

221) 박건영, 〈한반도 평화체제 구축을 위한 동북아다자간안보협력 전략〉, 《한국과 국제정치》 제22권 제1호(2006년 봄).

이러한 인식론적 전환은 핵 억제 전략과 정책의 변화로 이어져야 한다. 제1장에서 설명한 것처럼, 핵 억제 이론은 다양한 관점에서 비판 가능하다. 논리적으로나 현실적으로 가장 큰 모순은 '내가 갖고 있는 핵무기의 전쟁 억제 효과는 신봉하면서 적이 갖고 있는 핵무기의 전쟁 억제 기능은 전면적으로 부정한다'는 것이다. 미국과 소련이 서로를 파멸시킬 수 있는 엄청난 핵무기를 보유함으로써 전쟁을 억제할 수 있었다면, 그리고 이러한 강대국 간의 핵 억제 전략이 여전히 유효하다면, 남아시아에서 핵 군비 경쟁을 벌이고 있는 인도와 파키스탄의 '지역적 공포의 균형'이 전쟁을 억제한다는 주장을 비판하기 어렵다. 마찬가지로, 북한의 핵 무장이 미국의 핵 위협과 한미 연합군에 대한 북한의 재래식 군사력의 열세를 만회해 전쟁을 억제한다는 주장도 비판하기 어려워진다.

미국과 그 동맹국들의 정부와 많은 언론 및 전문가들은 북한, 이란, 이라크 등을 '깡패 국가', 혹은 '일탈 국가', 더 극단적으로는 '악의 축'이라고 부르면서 이들 나라의 지도자들은 대단히 비이성적이고 예측 불가능하다고 강조한다. '미치광이 정권'이 언제 어디서 어떻게 핵무기를 사용할지 알 수 없고 테러 집단에 핵무기를 넘길 수도 있기 때문에, 절대로 이들이 핵무기를 손에 쥐게 해서는 안 된다는 것이다. 그러나 이러한 '낙인론' 역시 일방적인 것이다. 이들 나라의 지도자들이 비이성적이라면 합리성을 전제로 한 핵 억제론은 논리적으로 성립할 수 없다. 반대로 이들 정권의 합리성을 인정하면, 미국이 한때 '악의 제국'이라고 불렀던 소련에도 통용되었던 억제 전략이 소련보다 훨씬 약한 이들 나라에 통하지 않는다고 주장하기도 어려워진다. 이러한 자가당착에 빠진 미국은 명확한 답을 내놓지 못한 채 선제공격론과 협상론 사이에서 갈팡질팡해왔고, 결국 북한과 이란을 악마화해 억제력 강화와 미사일 방어 체제 추진의 구실로 삼는 데 머물러 있다.

이러한 맥락에서 볼 때, 미국이 북한과 이란의 핵 무장을 절대로 용인하지 않으려 하는 배경에는 이들 나라의 핵 무장이 미국의 군사적 개입에 차질을 줄 수 있다는 우려가 더 강하게 깔려 있다고 봐야 한다. 미국은 공세적 목적에서든 방어적 목적에서든 필요하다고 판단할 경우 군사적 개입에 나선다는 것을 대외 전략의 핵심으로 삼아왔는데, 적대국이 핵 무장을 하면 자국의 군사적 개입의 자유가 제약당하리라는 것을 우려한다. 세계에서 가장 강력한 공격력을 갖춘 미국이 적대국의 탄도 미사일을 요격하기 위한 미사일 방어 체제 구축에 적극적인 까닭도 바로 여기에서 찾을 수 있다. 거꾸로, 미국과 적대 관계에 있는 나라들은 미국의 무력 사용을 억제하기 위해 핵무기와 탄도 미사일 같은 가공할 보복 수단을 갖고 있어야 한다는 강박관념을 갖게 된다. 결국 미국이 북한과 이란 핵 문제의 해법을 원한다면, 이들 나라에 대한 핵무기 사용 위협 제거를 포함한 포괄적이고 근본적인 관계 개선에 나서야 하는 것이다.

'핵무기 없는 세계'에 부합하는 억제 전략의 변화는 두 가지 차원에서 이루어져야 한다. 하나는 '핵' 억제 전략의 변화가 필요하다는 것이다. 이는 개별 국가 차원이든, 지역 차원이든, 전 지구적 차원이든 안보 정책에 있어서 핵무기에 대한 의존을 줄여가다가 궁극적으로는 그러한 의존에서 완전히 탈피한다는 정신을 바탕으로 한다. 이를 안보 전략에서의 핵무기의 '탈가치화 devaluation'라고 부를 수 있다. 다른 하나는 현실적으로 인류 사회가 핵무기 없는 세계를 지향하더라도, 거기에 도달하기까지는 상당한 시간이 걸린다는 것이다. '핵무기 없는 세계'를 주창하고 나선 오바마는 "내가 살아 있는 동안에는 불가능하더라도"라고 덧붙였다. 또한 전 세계 저명 인사들이 참여해 캠페인을 벌이고 있는 '글로벌 제로'는 완전한 핵 폐기 시한으로 2030년을 제안했는데,[222] 많은 전문가들은 이조차 너무 야심찬 것이라고 평가한다.

핵의 시대에서 핵무기 없는 시대로의 전환기에 요구되는 구체적인 정책 과제는 크게 세 가지로 정리할 수 있다. 첫째는 모든 핵보유국들이 핵무기의 유일한 목적을 '순수한 방어'에 두어, 상대방의 핵무기 사용 시 보복하는 것 이외의 핵전략을 포기하는 것이다. 핵보유국들이 이러한 방침을 천명하고 이를 국제법으로 만드는 것이 구체적인 대안이 될 수 있다. 둘째는 미국과 러시아가 냉전 해체 이후에도 20년 동안 유지해온 '경보 즉시 발사launch on warning' 혹은 '일촉즉발hair-trigger' 태세를 해제하는 것이다. 이러한 태세는 오판과 오인, 혹은 비인가자unauthorized에 의한 핵전쟁의 위험을 높이는 핵심적인 원인으로 지목되어왔기 때문이다. 셋째는 지역적 변화에 발맞춰 미국과 그 동맹국들의 핵우산 정책도 전향적으로 바꾸는 것이다. 가령 북한의 핵 포기가 완료되는 시점에 미국이 한국과 일본 정부와의 협의를 거쳐 핵우산을 철수하는 것이 필요하다.

그러나 핵무기 없는 세계로 가기 위해서는 '핵' 억제 전략의 전환만으로는 불충분하다. 재래식 군사력과 미사일 방어 체제, 그리고 우주의 군사화에 의존하는 군사 전략의 변화가 수반되지 않으면, 핵무기 없는 세계에 대한 모든 나라의 동의와 참여를 이끌어낼 수 없기 때문이다. 적대 관계에 있는 나라들 사이에서 재래식 전력이 밀리는 쪽은 핵무기를 '이퀄라이저'로 간주한다. 탈냉전 이후 미국과의 군사력 격차가 갈수록 벌어지고 있다고 판단하는 러시아는 자국의 핵전력에 더욱 큰 가치를 부여하고 있다. 특히 미국이 미사일 방어 체제 구축에 돌입하자, 러시아는 한편으로

---

222) 이 캠페인에 대한 자세한 내용은 http://www.globalzero.org 참조.

는 핵무기 수를 줄이면서도 다른 한편으로는 핵전력의 현대화를 꾀하고 있다. 러시아가 전술 핵무기 감축에 부정적인 까닭도 여기에 있다. 미국과 경쟁 관계에 있는 중국은 5대 핵보유국 가운데 유일하게 핵무기 보유 수를 늘리면서 질적 현대화도 꾀하고 있다. 인도와 날카롭게 대립하고 있는 파키스탄은 자국의 핵전력을 인도의 핵전력뿐만 아니라 재래식 군사력에도 대처할 수단으로 삼고 있다. 한미 동맹을 대하는 북한의 태도도 파키스탄과 대단히 흡사하다.

이에 반해 오바마 행정부는 한편으로는 "안보 전략에서 핵무기의 비중과 역할을 줄이겠다"면서도, 다른 한편으로는 재래식 군사력 증강과 미사일 방어 체제 구축을 통해 줄어든 핵무기의 공백을 메우려고 한다. 일견 타당해 보일 수 있지만, 미국에 비해 군사력이 처지는 나라들은 자국의 핵무기를 미국 군사력에 대한 '이퀄라이저'로 간주한다는 점에서, 미국의 비핵 군사력이 강화될수록 핵무기 감축과 폐기에 더욱 부정적이 될 가능성이 높다. '글로벌 제로'로 가기 위해서는 핵 억제 전략뿐만 아니라 재래식 군사력의 감축과 미사일 방어 체제 중단, 그리고 우주 군비 경쟁의 예방도 필요하다는 주장은 이러한 맥락에서 나온다.

핵 주권에서 '비핵' 주권으로

많은 나라들은 강요에 의해서든 자발적 선택에 의해서든 핵 주권 문제로 씨름해왔다. NPT 협상 당시 많은 나라들은 조약이 불평등한데다 NPT가 자국의 주권을 침해할 소지가 크다며 가입을 주저했다. 이후 미국과 소련의 핵우산 제공과 압박, 그리고 NPT 가입이 평화적 핵 이용에 도움이 되리라는 판단에 따라 많은 나라들이 이 조약에 가입했지만, 핵 주권 문제는 NPT 안팎에서 여전히 뜨거운 감자로 남아 있다. 강대국에 둘러싸여 있고 북한과 대치하고 있으면서도 한미원자력협정과 한반도 비핵화 선언에 의해 핵무기 개발은 물론이고 우라늄 농축과 재처리 시설 보유도 금지당하고 있는 한국에서도 핵 주권은 대단히 민감한 사안이다. 한국의 핵 주권론은 북한의 핵 실험과 '원전 르네상스'에 편승한 원전 수출 붐, 그리고 한미원자력협정 개정 문제를 거치면서 더욱 뜨거워지고 있다.

제4장에서 살펴본 것처럼 한국의 핵 주권론은 '핵 무장론'에서부터 '핵 연료 주기 완성론', 그리고 '재처리 능력 보유론'까지 다양한 스펙트럼을 이루고 있다. 그리고 이들 사안의 문제점은 제4장에서 이미 다루었다. 그렇다면 대안은 무엇일까? 나는 '비핵' 주권을 말하고자 한다. 핵 주권으로 표현되는 '핵으로 인한 자유freedom of nuclear'에서 비핵화를 안보와 에너지 정책, 그리고 대외 정책의 핵심으로 삼는 '핵으로부터의 자유freedom from nuclear'로의 발상의 전환이 필요하다는 것이다. 이는 타국의 간섭과 요구에 따라 자국의 권리 행사가 제약받는다는 소극적 인식에서 벗어나, '비핵'을 한국의 정체성과 비전으로 삼으면서 이를 지구적 차원으로 확산시키는 적극적이고 능동적인 태도 변화를 일컫는다.

이러한 발상의 전환은 핵 문제가 5대 강대국을 비롯한 핵보유국 사이의 문제만으로도, 또한 핵 개발을 시도하는 나라와 이를 저지하려는 국가들 사이의 문제만으로도 국한될 수 없는 독특한 특징을 갖고 있다는 점에서 출발한다. 규모와 지역에 따라 차이가 있을 수 있지만, 소규모의 핵전쟁으로도 무고한 시민들과 주변 국가들, 그리고 미래 세대까지 피해를 입게 된다. 특히 강대국 간의 핵전쟁은 인류 문명과 지구 생태계의 절멸을 의미한다는 점에서 이를 예방하고 그 가능성을 없애는 것은 지구적 과제이자 주권 국가들의 숙제이다. 3대 강대국에 둘러싸여 있고, 미국의 핵우산 아래에 있으며, 잠재적 핵 강대국인 일본과 이웃하고 있고, 북핵 문제에 직면해 있는 한국으로서는 이러한 관점 정립이 더더욱 절실하다.

'비핵' 주권론은 오늘날의 세계 질서와 인류 사회의 비전에서도 맥락을 찾을 수 있다. 이념 대결과 핵 군비 경쟁을 핵심적인 특징으로 하는 냉전이라는 지구적 구조하에서 한국과 같은 약소국의 자율성은 크게 제약을 받았다. 이에 따라 미국의 핵무기는 한국인의 의사와 관계없이 배치되었고 핵우산은 한국의 안보를 지켜주는 상징처럼 간주되었다. 미국이 말하는 '제한 핵전쟁'은 미국 본토에서 핵전쟁을 벌이는 것이 아니기 때문에 미국에는 '제한적'이지만, 한반도에서는 민족 절멸의 위험을 내포한 '전면전'이라는 관점을 갖는 것조차 어려웠다. 그러나 미·소 냉전 해체라는 지구적 구조의 변화는 한국의 정책 자율성의 범위를 넓혀주었고, 이는 민주화와 시민 사회의 성장과 더불어 통일외교안보 문제에 대한 관점의 확대와 만났다. 동시에 이러한 기회를 살리지 못해 한반도 냉전 해체를 달성하지 못함으로써 한국은 20년째 북핵 문제와 씨름하고 있다.

그러는 사이에 지구적 차원에서는 핵 확산을 방지해야 한다는 국제 규범이 더욱 강화되었고, 미국의 오바마 행정부 출범을 계기로 '핵무기 없는 세계'는 지구적 담론과 비전으로 떠올랐다. '원전 르네상스'라는 신조어가 등장했지만, 이중 용도의 기술과 물질이 핵무기 개발로 전용되는 것을 차단해야 한다는 목소리도 높다. 그 전제는 추가적으로 우라늄 농축이나 재처리 시설을 금지하는 것이며, 국제 핵연료 은행 등 국제기구를 통해 그것에 접근하는 것이다. 반면에 박정희 정권의 핵 개발 시도, 과거의 플루토늄과 농축 우라늄 추출 실험을 IAEA에 신고하지 않았다가 2004년에 발각된 사례, 그리고 최근 한미원자력협정 개정을 통한 재처리 기술 확보와 NPT 비회원국인 인도와의 원자력 협정 체결 추진 등으로 한국은 국제 사회에서 핵 확산 우려국의 하나로 분류되고 있는 실정이다.

더구나 한국은 제2차 핵 안보 정상 회의를 2012년 서울에서 개최하기로 했다. 이에 대해 이명박 정부는 "국제 비확산 체제에 대한 한국의 기여를 국제 사회가 평가한 것"이라고 주장하고 있지만, 실상은 이와 거리가 멀다. 2009년 9월 유엔 총회에서 있었던 핵 문제 관련 결의안에 대한 한국의 표결 현황에서도 이는 잘 나타난다. 이명박 정부는 비핵 국가에 대한 핵보유국의 핵무기 사용 및 사용 위협을 국제법적으로 금지하자는 '소극적 안전 보장'에 관한 결의안과 핵무기 사용과 위협의 합법성에 관한 국제사법재판소의 권고 의견을 재확인하는 결의안, 핵 군축을 촉구하는 결의안 등에 기권 표를 던졌다. 이들 결의안 표결에 참여한 국가들의 찬성률이 80퍼센트를 상회했다는 점을 고려할 때, 이는 국제 사회의 여론과 '핵무기 없는 세계'에 대한 열망과는 배치되는 선택이 아닐 수 없다. 그러므로 이명박 정부는 2012년 서울 회의를 앞두고 핵 정책에 대한 총체적인 재검토에 나서야 할 것이다. 이러한 맥락에서 볼 때, 비핵 주권론은 변화된 세계 질서의 반영이자 인류 사회의 비전과 정합성을 갖추는 것일 뿐만 아니라, 비핵 외교 무대에서 변방에 머물러온 한국의 위상을 크게 제고하는 길이 될 것이다.

본문에서 다뤘듯이, 비핵 주권을 실천하고 있는 나라들도 있다. 몽골은 자체적으로 비핵법을 제정해 유엔 안보리 국가들의 안전 보장과 유엔 총회의 승인을 받았다. 남아프리카 공화국은 비밀 핵 개발 국가라는 오명을 핵 폐기와 NPT 가입으로 씻어내고 비핵 외교를 주도함으로써 국제 사회에서 위상을 높이고 있다. 뉴질랜드는 미국과의 마찰을 무릅쓰고 비핵법을 제정해 평화롭고 깨끗한 나라라는 이미지를 제고해왔다. 다자적·지역적 움직임도 주목할 필요가 있다. 멕시코, 남아프리카 공화국, 스웨덴, 뉴질랜드, 아일랜드, 브라질, 이집트는 '신의제 연합'을 창설해 핵 군축 논의를 주도해왔는데, 이는 '핵 문제는 지구 생존과 직결되어 있다'는 판단에 근거한 것이다. 또한 말레이시아와 코스타리카는 NPT의 한계를 지적하면서 핵무기금지협약 체결 운동의 최전선에 서 있다. 독일은 오바마의 '핵무기 없는 세계'를 적극 지지하면서 유럽에 남아 있는 미국 핵무기의 철수를 요구하고 있고, 미국의 핵우산과 핵 밀약으로 '무늬만 비핵 3원칙'이라는 비판을 받은 일본도 민주당 정권 출범을 계기로 '비핵화'를 대외 정책의 핵심 목표로 내세우고 있다. 그러므로 이러한 국제적 흐름과 동떨어진 채 미국 핵우산의 강화와 핵 주권론을 주장하는 한국의 현실을 성찰해야 할 시점이 아닐 수 없다.

한국의 '비핵' 주권의 확립은 당면 과제인 북핵 문제 해결에도 기여할 수 있다는 점 또한 중요하다. 한국이 핵무기에 의한 안보 의존에서 완전히 탈피하고 그 구체적인 선언으로 북한의 핵 포기 시 핵우산에서도 벗어나겠다는 입장을 정하는 것은 북한의 핵 포기를 촉진할 수 있는 유력한 상응 조치 가운데 하나이다. 또한 자체적으로 우라늄 농축 및 재처리 시설을 계속 보유하지 않겠다는 입장을 확고히 하면, 북한에도 폐기 대상에 이들 프로그램을 포함시키도록 요구할 근거를 확보할 수 있다. 아울러 일본과 함께 동북아 비핵 지대를 주창하고 논의를 주도하는 것 역시 한반도 비핵화 달성에 크게 기여할 수 있다.

'원자력의 평화적 이용'에 대해서는 단기적·중장기적 대처가 가능할 것이다. 단기적으로 원전 사용이 불가피하다면, 비경제적이고 불필요한 재처리 시설 보유는 포기하고 핵연료는 국제연료은행 창설에 적극 참여함으로써 그곳을 통해 안정적으로 공급받는 방안을 강구해야 할 것이다. 이미 이러한 방안은 IAEA를 중심으로 제안된 바 있고, 2010년 4월 핵 안보 정상 회의에서 깊이 있게 논의된 바 있다. 특히 한국과 같이 우라늄 농축과 재처리 시설을 보유하고 있지 않으면서 원전을 가동하고 있는 나라가 이러한 논의에 적극 참여해 이를 주도한다면, 국제 사회에서 발언권을 크게 강화할 수 있다. 그러한 방안은 핵연료 수입 및 사용 후 연료봉 처분 단가를 낮춰 경제성을 높이는 근거가 될 수 있을 뿐만 아니라,[223] 미국, 러시아, 중국 등 대규모 시설을 갖춘 나라들에 무기급 핵분열 물질 생산 중단을 요구할 근거도 될 수 있기 때문이다. 이를 위한 대전제는 원전을 신성장 동력이나 수출 주력 산업으로 삼는 정책을 지양하고 원전에의 에너지 의존도를 줄여나가는 것이다.

중장기적으로는 원전을 통한 에너지 부족 해결과 지구 온난화 대처보다는 재생 가능한 비핵 에너지의 적극적인 개발과 지구화를 시도할 필요가 있다. IAEA는 비핵 국가의 평화적 핵 이용은 지원하면서 이들 프로그램이 핵무기 개발로 전용되는 것을 방지하기 위한 사찰과 검증의 기능을 수행해왔다. 그러나 원자력은 근본적으로 이중 용도의 기술이고 사고 발생 시 치명적인 피해를 낳을 수 있다. 따라서 '국제비핵에너지기구'와 같은 새로운 국제 체제를 구축해 지속 가능하고 재생 가능한 에너지를 원자력의 대안으로서 지구화하는 것이 요구된다.

반핵평화 운동을 위하여

나는 제1장에서 핵무기를 영화 〈반지의 제왕〉에 나오는 절대반지에 비유했다. 핵무기가 절대반지처럼 공포와 매력을 동시에 갖고 있다는 특성

---

[223] 일례로 미국의 핵 전문가들은 우라늄 농축 및 재처리 시설 비보유국과 보유국 사이의 다자적 협정을 통해 비보유국에 경제성 있는 방안을 제시함으로써 핵 확산 방지에 기여할 수 있다고 주장한 바 있다. John Deutch et al., "Making the World Safe for Nuclear Energy", *Survival* (2004~2005년 겨울).

때문만은 아니다. 결국 절대반지를 파괴한 주인공은 가장 작고 나약한 존 재로 비친 호빗족이었던 것처럼, 핵무기라는 '인간계의 절대반지'를 없앨 수 있는 힘도 반핵평화 운동과 같은 작은 힘들에서 나올 수 있다는 함의 가 가능하기 때문이다. 이러한 주장이 이상적으로 들릴 수 있지만, "현대 핵 군비 통제와 군축 조치들은 전 세계적인 시민들의 행동과 현대사에서 가장 규모가 큰 대중 운동에 힘입은 바 크다". 시민 행동과 대중 운동은 안보를 핵무기에 의존하려는 정부의 정책 결정자들에게 큰 영향력을 행 사해 핵 군비 경쟁을 억제하고 핵전쟁을 예방할 수 있었다. 미국의 정책 결정자들은 핵 군축과 핵전쟁 예방이 자신들의 지혜와 자제력에 따른 것 인 양 포장하면서 반핵 운동을 폄하하는 경향이 있지만, 이는 "민권 운동 을 언급하지 않으면서 시민권이 성장했다고 말하는 것과 다름없다".[224] 1945년 핵무기가 탄생할 때부터 시작된 반핵평화 운동은 핵무기를 절대 사용하면 안 되는 '금기의 무기'로 만드는 데 크게 기여했다.

일례로 소련의 유럽을 겨냥한 SS-20 핵미사일 배치와 미국의 Pershing II 유럽 배치로 1970년대 말부터 본격화된 유럽과 미국의 반핵 운동은 미 국과 소련이 핵무기를 최초로 감축하기로 한 중거리핵미사일폐기협정'을 낳는 데 크게 기여했다. 또한 1996년 국제사법재판소가 핵무기 사용의 위 법성과 핵보유국의 핵 군축 의무를 강조한 판결을 내린 배경에는 전 세계 적인 반핵평화 운동이 자리 잡고 있었다. 가까운 일본에서도 최근의 사례 를 찾을 수 있다. 2009년에 54년 만에 정권 교체에 성공한 일본 민주당이 반핵평화 운동 단체인 피스데포의 동북아 비핵 지대안을 수용한 것이다.

---

224) Lawrence S. Wittner, *Toward Nuclear Abolition : A History of the World Nuclear Disarmament Movement, 1971 to the Present*, 485~486쪽.

이 단체는 1990년대 후반부터 동북아 비핵 지대를 창설하기 위해서 정부 정책 감시, 시민 교육, 국제 연대, 정치인과의 교류, 언론 로비 등 다양한 방법을 통해 동북아 비핵 지대를 일본 국내뿐만 아니라 국제 사회에서도 여론화했고, 이는 결국 일본 민주당이 정책 공약 가운데 하나로 동북아 비핵 지대를 채택하게 된 결정적 배경이 되었다. 이러한 성과는 한·일 간의 연대로도 확대되고 있다. 양국 시민 단체와 국회는 2009년 11월에 서울에서, 2010년 2월에 도쿄에서 동북아 비핵 지대 국제 심포지엄과 전략 회의를 개최해 연대와 협력의 수준을 높이기 시작한 것이다.

한·일 간의 반핵 운동 연대에 대한 본격적인 서술에 앞서, 과거 한·일 간의 반핵 운동과 정치권력의 차이를 반추해볼 필요가 있다. 역사를 과거와 현재의 대화이자 미래를 비추는 거울이라고 볼 때, 두 나라의 상반된 경험적 차이는 현재와 미래에도 중요한 함의를 갖기 때문이다. 세계 유일의 피폭 국가라는 특수한 지위에 있는 일본에서는 1954년 미국의 수소 폭탄 실험으로 태평양에서 조업 중이던 일본 어민들이 피해를 당하면서 반핵 운동이 본격화됐다. 그런데 1952년 체결된 미일안보조약에 따르면 미국이 극동 지역에서 군사 작전을 벌일 때 일본과의 사전 협의 없이 일본 내 기지를 자유롭게 이용할 수 있게 되어 있고, 핵무기를 비롯한 모든 무기를 일본 정부의 의사와 관계없이 일본에 배치할 수 있게 되어 있다. 그러나 일본의 민주화와 반핵평화 운동이 성장하면서 미일안보조약의 불평등성에 대한 일본의 비판 여론이 커졌고, 결국 1960년 신안보조약을 통해 일본 정부와의 사전 협의가 명문화되기에 이르렀다. 또한 일본의 반핵 여론은 1967년 일본 정부가 '비핵 3원칙'을 제정하는 데 밑거름이 되었다. 비록 사전 협의제가 잘 지켜지지 않았고 핵 밀약을 통해 자민당 정권이 미국 핵무기의 반입을 허용하기도 했지만, 미일안보조약의 개정과 비핵 3

원칙, 그리고 오키나와 반환은 일본 민주화와 반핵평화 운동의 성장과 궤를 같이했다.

그러나 당시 한국이 택하려고 했던 길은 상반된 것이었다. 일본에 대규모 핵무기를 배치하기 어렵게 된 미국은 상당수의 핵무기를 한국으로 옮겼다. 일본에서 경험한 야당과 시민 사회의 저항 및 반대를 한국에서는 걱정할 필요가 없다는 데 큰 이유가 있었다. 또한 박정희 정권은 일본의 오키나와 반환 요구로 곤궁에 처한 미국에 제주도를 대안으로 제시하기도 했다. 1970년 2월 주한 미국 대사 포터가 미 상원 청문회에서 밝힌 박정희와의 대화[225]는 당시 한국 정부의 굴절된 인식을 잘 보여준다.

포터 : 당신은 미국이 오키나와에서 포기해야 할 것들을 대체하기 위해 남한에 새로운 해군과 공군 기지를 건설할 것을 제안하는 것인가요?

박정희 : 이 점에 관한 한 우리의 입장은 명백합니다. 오키나와가 어떻게 되든 우리는 제주도를 기꺼이 새로운 미군 기지로 제공할 것입니다.

포터 : 만일 미국이 오키나와에서 핵무기를 옮겨다 놓으면 남한은 미국의 핵무기 전진 기지가 될 텐데요.

박정희 : 만일 제주도가 미국의 군사 기지로 이용된다면 핵무기를 설치하는 것은 불가피할 수도 있습니다.

포터 : 한국 국민이 이를 환영할까요?

박정희 : 환영하지는 않겠지만, 허용할 것입니다.

이 사례에서도 알 수 있듯이, 반핵평화는 그 나라의 시민 사회 운동과

---

[225] 이는 이삼성, 《20세기의 문명과 야만》, 289쪽의 내용을 재인용해 구성한 것이다.

민주화 수준의 반영이라고 할 수 있다. 일본 정부와 달리 박정희 정권은 야당과 시민 사회의 반대와 저항을 걱정하지 않아도 된다거나 억압할 수 있다는 자신감을 내보였고, 이는 거꾸로 당시 한국의 민주화와 시민 사회의 성장이 대단히 취약했음을 반증한다. 이러한 맥락에서 볼 때, "평화 운동은 민주주의를 통해 가능하며, 민주주의를 위한 노력의 일부가 평화 운동"이고, "진정한 평화 운동의 사회정치적 기초로서 언급하는 민주주의란 끊임없이 심화되어가는 민주주의를 의미"한다는 지적을 음미할 필요가 있다.[226] 반핵평화는 정책적으로 외교, 안보, 국방과 친화성을 갖는데, 이 영역들은 이른바 '고위 정치'의 영역으로 불리면서 전문성과 비밀 유지를 이유로 정부와 소수의 전문가들에게 독점되는 경향이 강하다. 그러나 이들 영역에서 정책이 실패할 경우 가장 큰 피해를 입는 당사자는 일반 시민들이라는 점에서 이들 영역은 시민 사회의 개입이 절실히 필요한 곳이기도 하다.

한반도와 일본, 동아시아, 그리고 지구적 차원에서 볼 때, 한·일 시민 사회의 반핵평화 운동의 활성화와 연대는 대단히 중요한 의미를 갖는다. 두 나라는 많은 것을 공유하고 있고 또 공통점을 갖고 있기 때문이다. 우선 두 나라는 세계 1, 2위의 피폭 국가이다. 이는 피폭의 경험을 어떻게 공유할 것인가 하는 과제로 이어진다. 대체로 한국 내에서는 당시 미국의 핵폭탄 투하가 일본의 항복을 가져왔고 그래서 조선이 해방됐다는 차원에서 핵폭탄이 '해방의 무기'로 인식된다. 거꾸로 일본에서는 항복의 구실을 미국의 핵폭탄이라는 '잔악무도한 무기'의 사용에서 찾고, 가해자의 역사를 망각하고 피해자로서의 역사를 부각하는 데 핵폭탄을 이용하는

---

[226] 이삼성, 《20세기의 문명과 야만》, 287~291쪽.

경향이 있다. 그러므로 한·일 양국이 갖고 있는 이러한 역사 인식의 편향성을 극복하는 것이야말로 역사를 바로세우고 동북아 비핵 지대를 포함한 공동의 정체성과 비전을 확립하는 기본 토대이다.

안보적 관점에서 한·일 양국은 미국의 핵우산 아래에 있다는 중요한 공통점이 있다. 이에 따라 한·일 양국이 비핵화를 향한 공동의 목소리와 비전을 갖지 못하면, 안보를 핵무기에 의존해온 동아시아 질서를 바꾸기는 대단히 어렵다. 또한 한·일 양국은 현재까지 동북아 6개국 가운데 비핵 국가로 남아 있고 핵무기를 독자적으로 개발할 가능성이 높지 않은 나라들이다. 반면에, 북핵 문제가 평화적으로 해결되지 못할 경우 가장 큰 위협을 느끼게 된다는 것도 양국의 중요한 공통점이다. 정치사회적으로 볼 때도 한·일 양국은 민주주의 국가이고 시민 사회가 활성화되어 있다는 점을 공유한다. 이러한 공통점들에 기초해 양국 시민 사회가 반핵평화 운동의 연대를 발전시켜나간다면, 전 세계적인 반핵 운동의 활성화와 '핵무기 없는 세계'에 크게 기여할 수 있을 것이다.

부록

핵확산금지조약(NPT) 전문*

본 조약을 체결하는 국가들(이하 "조약당사국"이라 칭한다)은,

핵전쟁이 모든 인류에게 엄습하게 되는 참해와 그러한 전쟁의 위험을 회피하기 위하여 모든 노력을 경주하고 제 국민의 안전을 보장하기 위한 조치를 취하여야 할 필연적 필요성을 고려하고,

핵무기의 확산으로 핵전쟁의 위험이 심각하게 증대할 것임을 확신하며, 핵무기의 광범한 확산방지에 관한 협정의 체결을 요구하는 국제연합(유엔) 총회의 제 결의에 의거하며, 평화적 원자력 활동에 대한 국제원자력기구(IAEA)의 안전조치 적용을 용이하게 하는 데 협조할 것임을 약속하며,

어떠한 전략적 장소에서의 기재 및 기타 기술의 사용에 의한 선원물질 및 특수분열성물질의 이동에 대한 효과적 안전조치 적용원칙을 국제원자력기구의 안

---

* 이 번역문은 한국 외교통상부 번역본을 따랐다.

전조치제도의 테두리 내에서, 적용하는 것을 촉진하기 위한 연구개발 및 기타의 노력에 대한 지지를 표명하며,

핵폭발장치의 개발로부터 핵무기 보유국이 인출하는 기술상의 부산물을 포함하여 핵기술의 평화적 응용의 이익은, 평화적 목적을 위하여 핵무기 보유국이거나 또는 핵무기 비보유국이거나를 불문하고 본 조약의 모든 당사국에 제공되어야 한다는 원칙을 확인하며,

상기원칙을 촉진함에 있어서 본 조약의 모든 당사국은 평화적 목적을 위한 원자력의 응용을 더욱 개발하기 위한 과학정보의 가능한 한 최대한의 교환에 참여할 권리를 가지며 또한 단독으로 또는 다른 국가와 협조하여 동 응용의 개발에 가일층 기여할 수 있음을 확신하며,

가능한 한 조속한 일자에 핵무기 경쟁의 중지를 성취하고 또한 핵군비축소의 방향으로 효과적인 조치를 취하고자 하는 당사국의 의사를 선언하며,

이러한 목적을 달성함에 있어 모든 국가의 협조를 촉구하며,

대기권, 외기권 및 수중에서의 핵무기 실험을 금지하는 1963년 조약 당사국들이, 핵무기의 모든 실험폭발을 영원히 중단하도록 노력하고 또한 이러한 목적으로 교섭을 계속하고자 동 조약의 전문에서 표명한 결의를 상기하며,

엄격하고 효과적인 국제감시하의 일반적 및 완전한 군축에 관한 조약에 따라 핵무기의 제조 중지, 모든 현존 핵무기의 비축 해소 및 국내 병기고로부터의 핵

무기와 핵무기 운반수단의 제거를 용이하게 하기 위하여 국제적 긴장완화와 국가 간의 신뢰증진을 촉진하기를 희망하며,

국제연합헌장에 따라 제 국가는, 그들의 국제관계에 있어서 어느 국가의 영토보전과 정치적 독립에 대하여 또는 국제연합의 목적과 일치하지 아니하는 여하한 방법으로 무력의 위협 또는 무력사용을 삼가해야 하며 또한 국제평화와 안전의 확립 및 유지는 세계의 인적 및 경제적 자원의 군비목적에의 전용을 최소화함으로써 촉진될 수 있다는 것을 상기하여,

다음과 같이 합의하였다.

제1조

핵무기 보유 조약당사국은 여하한 핵무기 또는 기타의 핵폭발장치 또는 그러한 무기 또는 폭발장치에 대한 관리를 직접적으로 또는 간접적으로 어떠한 수령자에 대하여도 양도하지 않을 것을 약속하며, 또한 핵무기 비보유국이 핵무기 또는 기타의 핵폭발장치를 제조하거나 획득하며 또는 그러한 무기 또는 핵폭발장치를 관리하는 것을 여하한 방법으로도 원조, 장려 또는 권유하지 않을 것을 약속한다.

제2조

핵무기 비보유 조약당사국은 여하한 핵무기 또는 기타의 핵폭발장치 또는 그러한 무기 또는 폭발장치의 관리를 직접적으로 또는 간접적으로 어떠한 양도자로부터도 양도받지 않을 것과, 핵무기 또는 기타의 핵폭발장치를 제조하거나 또는 다른 방법으로 획득하지 않을 것과 또한 핵무기 또는 기타의 핵폭발장치를

제조함에 있어서 어떠한 원조를 구하거나 또는 받지 않을 것을 약속한다.

제3조

1. 핵무기 비보유 조약당사국은 원자력을, 평화적 이용으로부터 핵무기 또는 기타의 핵폭발장치로 전용하는 것을 방지하기 위하여 본 조약에 따라 부담하는 의무이행의 검증을 위한 전속적 목적으로 국제원자력기구 규정 및 동 기구의 안전조치제도에 따라 국제원자력기구와 교섭하여 체결할 합의사항에 열거된 안전조치를 수락하기로 약속한다. 본조에 의하여 요구되는 안전조치의 절차는 선원물질 또는 특수분열성물질이 주요 원자력시설 내에서 생산처리 또는 사용되고 있는가 또는 그러한 시설 외에서 그렇게 되고 있는가를 불문하고, 동 물질에 관하여 적용되어야 한다. 본조에 의하여 요구되는 안전조치는 전기당사국 영역 내에서나 그 관할권하에서나 또는 기타의 장소에서 동 국가의 통제하에 행하여지는 모든 평화적 원자력 활동에 있어서의 모든 선원물질 또는 특수분열성물질에 적용되어야 한다.

2. 본 조약 당사국은, 선원물질 또는 특수분열성물질이 본조에 의하여 요구되고 있는 안전조치에 따르지 아니하는 한, (가) 선원물질 또는 특수분열성물질 또는 (나) 특수분열성물질의 처리사용 또는 생산을 위하여 특별히 설계되거나 또는 준비되는 장비 또는 물질을 평화적 목적을 위해서 여하한 핵무기 보유국에 제공하지 아니하기로 약속한다.

3. 본조에 의하여 요구되는 안전조치는, 본 조약 제4조에 부응하는 방법으로, 또한 본조의 규정과 본 조약 전문에 규정된 안전조치 적용원칙에 따른 평화적 목적을 위한 핵 물질의 처리사용 또는 생산을 위한 핵 물질과 장비의 국제적 교

환을 포함하여 평화적 원자력 활동분야에 있어서의 조약당사국의 경제적 또는 기술적 개발 또는 국제협력에 대한 방해를 회피하는 방법으로 시행되어야 한다.

4. 핵무기 비보유 조약당사국은 국제원자력기구 규정에 따라 본조의 요건을 충족하기 위하여 개별적으로 또는 다른 국가와 공동으로 국제원자력기구와 협정을 체결한다. 동 협정의 교섭은 본 조약의 최초 발효일로부터 180일 이내에 개시되어야 한다. 전기의 180일 후에 비준서 또는 가입서를 기탁하는 국가에 대해서는 동 협정의 교섭이 동 기탁일자 이전에 개시되어야 한다. 동 협정은 교섭 개시일로부터 18개월 이내에 발효하여야 한다.

제4조

1. 본 조약의 어떠한 규정도 차별 없이 또한 본 조약 제1조 및 제2조에 의거한 평화적 목적을 위한 원자력의 연구생산 및 사용을 개발시킬 수 있는 모든 조약당사국의 불가양의 권리에 영향을 주는 것으로 해석되어서는 아니된다.

2. 모든 조약당사국은 원자력의 평화적 이용을 위한 장비 물질 및 과학기술적 정보의 가능한 한 최대한의 교환을 용이하게 하기로 약속하고, 또한 동 교환에 참여할 수 있는 권리를 가진다. 상기의 위치에 처해 있는 조약당사국은, 개발도상지역의 필요성을 적절히 고려하여, 특히 핵무기 비보유 조약당사국의 영역 내에서, 평화적 목적을 위한 원자력 응용을 더욱 개발하는 데 단독으로 또는 다른 국가 및 국제기구와 공동으로 기여하도록 협력한다.

제5조

본 조약 당사국은 본 조약에 의거하여 적절한 국제감시하에 또한 적절한 국제적 절차를 통하여 핵폭발의 평화적 응용으로부터 발생하는 잠재적 이익이 무차별의 기초 위에 핵무기 비보유 조약당사국에 제공되어야 하며, 또한 사용된 폭발장치에 대하여 핵무기 비보유 조약당사국이 부담하는 비용은 가능한 한 저렴할 것과 연구 및 개발을 위한 어떠한 비용도 제외할 것을 보장하기 위한 적절한 조치를 취하기로 약속한다. 핵무기 비보유 조약당사국은 핵무기 비보유국을 적절히 대표하는 적당한 국제기관을 통하여 특별한 국제협정에 따라 그러한 이익을 획득할 수 있어야 한다. 이 문제에 관한 교섭은 본 조약이 발효한 후 가능한 한 조속히 개시되어야 한다. 핵무기 비보유 조약당사국이 원하는 경우에는 양자협정에 따라 그러한 이익을 획득할 수 있다.

제6조

조약당사국은 조속한 일자 내에 핵무기 경쟁 중지 및 핵군비축소를 위한 효과적 조치에 관한 교섭과 엄격하고 효과적인 국제적 통제하의 일반적 및 완전한 군축에 관한 조약 체결을 위한 교섭을 성실히 추구하기로 약속한다.

제7조

본 조약의 어떠한 규정도 국가의 집단이 각자의 영역 내에서 핵무기의 전면적 부재를 보장하기 위하여 지역적 조약을 체결할 수 있는 권리에 영향을 주지 아니한다.

제8조

1. 조약당사국은 어느 국가나 본 조약에 대한 개정안을 제의할 수 있다. 제의된 개정문안은 기탁국 정부에 제출되며 기탁국 정부는 이를 모든 조약당사국에 배부한다. 동 개정안에 대하여 조약당사국의 3분의 1 또는 그 이상의 요청이 있

을 경우에, 기탁국 정부는 동 개정안을 심의하기 위하여 모든 조약당사국을 초청하는 회의를 소집하여야 한다.

2. 본 조약에 대한 개정안은, 모든 핵무기 보유 조약당사국과 동 개정안이 배부된 당시의 국제원자력기구 이사국인 조약당사국 전체의 찬성을 포함한 모든 조약당사국의 과반수의 찬성투표로써 승인되어야 한다. 동 개정안은 개정안에 대한 비준서를 기탁하는 당사국에 대하여, 모든 핵무기 보유 조약당사국과 동 개정안이 배부된 당시의 국제원자력기구 이사국인 조약당사국 전체의 비준서를 포함한 모든 조약당사국 과반수의 비준서가 기탁된 일자에 효력을 발생한다. 그 이후에는 동 개정안에 대한 비준서를 기탁하는 일자에 동 당사국에 대하여 효력을 발생한다.

3. 본 조약의 발효일로부터 5년이 경과한 후에 조약당사국회의가 본 조약 전문의 목적과 조약규정이 실현되고 있음을 보증할 목적으로 본 조약의 실시를 검토하기 위하여 스위스 제네바에서 개최된다. 그 이후에는 5년마다 조약당사국 과반수가 동일한 취지로 기탁국 정부에 제의함으로써 본 조약의 실시를 검토하기 위해 동일한 목적의 추후 회의를 소집할 수 있다.

제9조

1. 본 조약은 서명을 위하여 모든 국가에 개방된다. 본조 3항에 의거하여 본 조약의 발효전에 본 조약에 서명하지 아니한 국가는 언제든지 본 조약에 가입할 수 있다.

2. 본 조약은 서명국에 의하여 비준되어야 한다. 비준서 및 가입서는 기탁국

정부로 지정된 미합중국, 영국 및 소련 정부에 기탁된다.

3. 본 조약은 본 조약의 기탁국 정부로 지정된 국가 및 본 조약의 다른 40개 서명국에 의한 비준과 동 제국에 의한 비준서 기탁일자에 발효한다. 본 조약상 핵무기 보유국이라 함은 1967년 1월 1일 이전에 핵무기 또는 기타의 핵폭발장치를 제조하고 폭발한 국가를 말한다.

4. 본 조약의 발효 후에 비준서 또는 가입서를 기탁하는 국가에 대해서는 동 국가의 비준서 또는 가입서 기탁일자에 발효한다.

5. 기탁국 정부는 본 조약에 대한 서명일자, 비준서 또는 가입서 기탁일자, 본 조약의 발효일자 및 회의소집 요청 또는 기타의 통고접수일자를 모든 서명국 및 가입국에 즉시 통보하여야 한다.

6. 본 조약은 국제연합헌장 제102조에 따라 기탁국 정부에 의하여 등록된다.

제10조

1. 각 당사국은, 당사국의 주권을 행사함에 있어서, 본 조약상의 문제에 관련되는 비상사태가 자국의 지상이익을 위태롭게 하고 있음을 결정하는 경우에는 본 조약으로부터 탈퇴할 수 있는 권리를 가진다. 각 당사국은 동 탈퇴 통고를 3개월 전에 모든 조약당사국과 국제연합 안전보장이사회에 행한다. 동 통고에는 동 국가의 지상이익을 위태롭게 하고 있는 것으로 그 국가가 간주하는 비상사태에 관한 설명이 포함되어야 한다.

2. 본 조약의 발효일로부터 25년이 경과한 후에 본 조약이 무기한으로 효력을 지속할 것인가 또는 추후의 일정기간 동안 연장될 것인가를 결정하기 위하여 회의를 소집한다. 동 결정은 조약당사국 과반수의 찬성에 의한다.

제11조

동등히 정본인 영어, 노어, 불어, 서반아어 및 중국어로 된 본 조약은 기탁국 정부의 문서보관소에 기탁된다. 본 조약의 인증등본은 기탁국 정부에 의하여 서명국과 가입국 정부에 전달된다.

이상의 증거로써 정당히 권한을 위임받은 하기 서명자는 본 조약에 서명하였다.

1968년 7월 1일 워싱턴, 런던 및 모스크바에서 본 협정문 3부를 작성하였다.

체결일자 및 장소 : 1968년 7월 1일 런던, 모스크바 및 워싱턴에서 작성

발효일 : 1970년 3월 5일

글로벌 아마겟돈
핵무기와 NPT ☢

초판 1쇄 펴낸날 2010년 6월 1일

글쓴이 정욱식
펴낸이 김직승
펴낸곳 책세상

주소 서울시 마포구 신수동 68-7 대영빌딩
전화 영업부 02-704-1251 편집부 02-3273-1333
팩스 02-719-1258
이메일 bkworld11@gmail.com
등록 1975. 5. 21 제1-517호

ISBN 978-89-7013-770-4 03340

© 정욱식, 2010

책값은 뒤표지에 있습니다.
잘못된 책은 바꿔드립니다.